# 孔道大通

翟淑平 —— 著

巴塘城的
历史人类学研究

BROAD ROAD
CONNECTING ALL DIRECTIONS
A HISTORICAL ANTHROPOLOGICAL STUDY
ON BATANG

社会科学文献出版社
SOCIAL SCIENCES ACADEMIC PRESS (CHINA)

# 前　言

20世纪60年代以来，人类学界逐渐对汉族地区的城市给予关注，其中以西方学者为主的人类学家尤其重视东南沿海地区的城市研究，视之为理解中国社会整体的重要途径。相比之下，少数民族地区的城市较少得到关注，原因在于，这些地方因其被赋予的"偏僻"和"落后"等色彩，一直被视为乡野之地，且到了20世纪50年代之后，又被赋予"民族"的色彩，其城市一直没有受到重视。正是基于这样的思考，本书选取位于西南地区藏彝走廊地带的巴塘城为研究区域，希望通过经验研究为西南地区较为单一的"民族""乡土"色彩加进它原本就应该具有的城市文明和区域性特征，进而说明民族地区的城市对于理解中国社会同样具有重要意义。

在历史上，藏彝走廊作为中国与外界沟通的关键环节，是多种文明相互接触的广泛地带，曾有中央设置的军镇、茶马互市的古镇以及实行间接统治的土司之城。位于走廊地带的巴塘在不同的历史时期历经这几种城镇形态，至今依稀保留着旧有的城镇区位格局。通过这一格局，人们能够理解历史上不同文化群体在此相遇，在互动交流之中，如何不断地造就和丰富着巴塘城的演变历史。

因此，本书利用人类学田野调查方法、历史方法和文献研究方法，借助芝加哥学派城市人文区位学研究路径，结合历史人类学的方法视角，关注巴塘城人文区位格局的现实状况，追溯其历史演变过程，并将这一过程放置于"人"和"城"相互交织的生命史历程之中进行考察。巴塘城从其形成之初，就不断见证着不同民族群体的交流与互动，正是这些外来者的不断进入与持续混融，才营造出巴塘城现实的社会文化图景。初次进入巴塘，能够比较明显地感知到巴塘城的现实区位格局呈现出藏族与非藏族的二元区分，且以藏族为主体。而长期实地调查则表明，这笼统的非藏族概述之下包含着回、汉、彝、纳西等多民族的杂糅与混居，各民族在空间、节庆、仪式等层面上展开着社会生活，既相互区分，又彼此关联，构成了巴塘城现实的文化多元性。若回到历史情境中考察，则能够发现，现在巴塘城的藏族实际上是在纳西、蒙古、回、汉等群体先后进入巴塘，并与本土藏族不断交融的过程中形成的混融性共同体。这些历史上的外来者通过空间、节庆、仪式等方面，在异乡展开其社会生活，进而持续地互相交流、交融。通过对现实和历史的双重多元性展开考察，以及人与城相互交织的生命史的梳理，本书认为巴塘城的叙事逻辑应立足其作为文化复合体的本质特征，以民族交往交流交融的关系主义视角，方能呈现民族地区城市的多民族共居、共生格局。本书的研究从学理上有助于挖掘民族地区城市作为方法论单位的重要意义，以及它们作为多元文明交汇的重要单位，不只具有区域性特征，更彰显出城市作为文化复合体的普遍学理意义。

在理论方法上，本书尝试将早期芝加哥社会学派的人文区位学与历史人类学加以结合。芝加哥学派的城市人文区位学对城市内群体关系的研究，是借助生态学中的竞争、淘汰、演替和优势等概念，来处理城市中人和空间的互动关系，注重种族、职业和阶层在人群分化中的作用，其逻辑在某种层面上说是生态性和经济性的，且侧重从横向层面分析人与空间的结构关系，以此呈现城市的社会整体情状。然而，本书通过对巴塘城的考察，希望探讨以一种文化的逻辑去研究城市的可能性和可行性，尤其关注文化对城市内人群区分具有的重要意义，并通过历史人类学的引入，注重在历史纵深之处梳理城市的整体历史，从文化、宗教、生活宇宙观等层面分析不同民族群体如何在不断的交往交流中形成共生互补关系，塑造城市的人文区位格局。这两种理论方法的综合，有助于在纵横交错之中把握民族地区城市的文化复合性和开放包容性。此外，因为历史视角的引入，并通过节庆、仪式、日常生活的具体实践，本书在人文区位学对于"人-空间"关系的强调外，引入了时间维度。换句话说，空间因为时间而获得了更具体和实在的内容，这是一种从时间去看空间的路径。而在时间与空间相结合的过程中，芝加哥社会学派人文区位研究提出的"人-空间"模式就能够被进一步扩充为"人-空间-时间"的模式，诸如宗教信仰、神灵体系、节庆安排、仪式活动都是后一模式的重要组成部分。若是将"人-空间-时间"模式中的时间因素再向纵深之处拉伸和追溯（也就是说，对城市区位构成进行历史分析），由于这种分析在关注空间格局演变过程之外，涉及了人、信仰、神灵、节庆、仪式等内容，更能够反映城市的整体历史，这便是人文区位学和历史人类学的综合。

从现实意义看，研究民族地区城市中的民族交往交流交融，有助于从城市这个方法论单位去理解中华民族共同体的生成过程和逻辑。我国各民族在长期的交往过程中逐渐生成了丰富的内生性生存智慧和实用性交往策略，在政治（共识）、生态（共享）、经济（共利）、社会生活（共处）、文化（共融）和心理（共情）等层面形成了复合性共生体系。从民族地区的城市出发具体考察这种共生体系的生成过程，为理解中华民族共同体的形成提供了珍贵的视角。这种动态性能够贯通现实和历史，从历史上各民族的共生实践中汲取智慧，有助于更加高效和恰当地构建民族交往交流交融的现实平台，通过各民族的多维度嵌合，铸牢中华民族共同体意识。

# 目　录

第一部分

# 研究背景

# 导　论

## 一　缘起：巴塘初印象

　　刚读博的那个学期，导师问我，藏族的传统区域中，有种很有名的说法，叫"三塘"，你知道指的是什么吗？我当时并不知道巴塘、理塘、建塘①有统称"三塘"的说法，查阅资料才得知，是有一种传说，认为这三塘的领地原是连在一起的，是藏王封给自己三个儿子的土地。② 在现在的巴塘、理塘一带，人们依然习惯将两地连在一起，以"巴理"称呼。"塘"在藏语中意为平坦开阔的坝子，巴塘、理塘、建塘三城从地貌上来看，确实都属于开阔之地，具有地理上的相似之处。这"三塘"引起了我极大的研究兴趣，然而，当我想要更深入地查阅资料时，才发现关于"三塘"的学术论述寥寥无几。因此，我利用那个学期的寒假时间，把这"三塘"都走了一遍，做了一番初步的调查和比较。在巴塘看到的种种文化现象非常打动我，促使我生发出进一步深入研究的念头。

　　巴塘县城坐落在一片开阔的坝子上，东西都是高山，巴曲河沿河谷由北而南流下，巴久曲河则由东往西南流出，两河交汇，城区就在两河之间铺展开来。四周的村落与城区非常自然地结合在一起，山、水、人、土地构成一幅和谐的画面。城区地处河谷，海拔不足3000米，气候温暖，又有两河提供灌溉水源，土地肥沃。因此，城区及四边的村落多以农耕为生计，城区的庄稼一年竟能收获两季，这是巴塘人颇引以为豪的

---

　　① 建塘是云南省迪庆藏族自治州香格里拉市治地，是茶马古镇及今滇藏公路必经重镇，现分为古城独克宗和新城两部分。

　　② 木霁弘等：《滇藏川"大三角"文化探秘》（第2版），云南大学出版社，2003，第37页。

事情。他们虽兼牧牛羊，但放牧的规模有限，更有不少家庭将数量不多的牛羊委托给专事牧场的人代为管理，产出的其他酥油和牛奶算作帮忙放牧的报酬。

巴塘城区方圆不过数平方公里，随处可见的白色佛塔点缀在四周的村落之中，每个村子都有自己专属的转塔之处，每日都有附近村民沿塔而转，早晚更为热闹拥挤。城区靠南方向有一座规模颇大的寺院，名曰康宁寺，是巴塘县城的主寺，是城区民众拜佛念经、举行法事活动的主要场所，平日里香火旺盛、法事不断。巴塘老城内有一小寺，虽不起眼，规模也相当小，却是城区保护神翁图阿琦①的供奉地，因此，朝拜的居民络绎不绝。城区四周的各个村落也都有自己的村庙，是村民平日供佛、聚会的场所，然而遇到每月的吉日或是其他宗教节日，或者有事要打卦求神问佛，他们也不会吝惜一二十分钟的脚程，到康宁寺去。日常可见的仪式活动多可纳入藏传佛教范畴，更有老年人自发组织规模颇为壮观的"念经团"，专事念经。他们不仅有自己专门的地点，还在城区四周的各个村庙之间穿梭游动，念经祈福。在他们看来，这是为自己、为家人、为巴塘城，更为六道轮回中的众生。

他们说着巴塘藏话，街头所见的本地人也喜欢穿藏装，稍年长者更甚。妇人大都梳着长长的发辫，以红色、蓝色头绳编入其中。手中佛珠、经筒是常见之物，做事、说话的同时，他们也不忘念诵经文，并急急拨动念珠计数。很多老人到了一定年纪，几乎专理佛事，家中年轻者也非常支持，承担起家庭事务，并为老人提供念经的费用。

巴塘城区的建筑，在新城多为藏汉结合风格，高楼林立。而在老城与附近的扎金顶、架炮顶、河西等村，都保留着巴塘藏房的传统风格。高二层或三层，一层养牛羊，二层及以上住人，设经堂，并留夕口，房顶以泥沙和碎石铺就，用以晾晒粮食，藏房围墙用扎金顶村山坡的红泥巴涂抹。近些年，也有居民响应政府旅游开发的号召，接受一定补助，用油漆将外墙涂成赭红色。城镇建设的推进使城区的房屋建筑以钢筋混凝土为主，周边的民居也不断接受这种风格，加上建传统藏房需要大量的木头做柱头，

---

① "翁图阿琦"女神是西藏直孔噶举派护法神祖母曲吉卓玛，后文会涉及。

而现在木头购买不易且价格不菲，故多用水泥浇筑，代替原来的木头柱头，钢筋水泥建成原先藏房的基本结构，外观保留一些藏式风格，汉藏结合，房屋内部亦然。

我初入巴塘，便是上述景象一股脑映入眼帘。从寺院、佛塔到人们的念经、法事活动，都让人感受到一股浓浓的藏族风格。然而，在巴塘待上哪怕短短一周时间，就会发现上述的初步印象多半是一种对于他者的浪漫想象，所谓浓浓的藏族风格也是自己选择性观察的先入为主。

先说康宁寺，据史料记载，其现在的所在地，最初是纳西木氏土司管理巴塘地区时所修的官寨，后被蒙古和硕特部占据，最后才高价卖给康宁寺的前身、信奉噶举派的扎塔寺。再说现在巴塘一年一度的"央勒节"①专属场所龙王塘，它得名于汉族很早以前所修的一座龙王庙，而庙子所守望的泉水也成了今日巴塘人口中的神泉，住有鲁神②，周围成了他们"央勒节"和藏戏演出的神圣之所。而城区保护神所供奉的翁图阿琦女神，原来不过是西藏土官第巴③驻守巴塘时，一同带来的家庙神。

细听巴塘藏话，会发现里面有大量的汉语借词。在一个自称为老巴塘的家庭中借宿两天，会发现他们的日常饮食竟以面食为主，从锅盔、饺子、包子，到各种制作工艺复杂的"猴子耳朵""金丝冒面""巴叉面"，再到果子、点心等面点，都做得非常精致灵巧，且需要相当高的技巧。若询问原因，他们会毫不在乎地说："哦，这是很早以前，'老陕'来巴塘教我们的！"端午节时，他们也在大门口挂艾草和菖蒲，还要蒸巨大无比的包子，名曰团结包子，也叫蒸肉。中秋节，有的家庭会做陕西风格的月饼，称作"始仙"，只是将馅儿换成了巴塘本地产的奶渣子。腊八节他们也过，只是腊八粥换成了一种叫作"纤"的粥，由牛肉或者腊肉与舂碎的青稞一同熬煮。而相传在以前，燃灯节时，巴塘本地藏族在家中做面疙瘩纪念宗喀巴大师，会赠送给周围的邻居，到了腊

---

① "央勒节"是巴塘城区一带的传统节日，意思是"送夏节"，一般在藏历的八月十五前后举行，届时僧俗都集中在巴塘的龙王塘，其间要表演藏戏，寺庙僧人要念"送夏经"。后文会进一步阐述。
② 在藏族斯巴苯的三界宇宙观中，鲁神是居住于地下的，掌管水。
③ 清初西藏地方政府管理卫藏行政事务最高官员名称的藏语音译，又称"第司"，俗称藏王。

八节，巴塘的汉族则做腊八粥回赠。到了今日，他们早已分不出彼此，两个节都过。

此外，巴塘人"带姓的"很多，例如有好几个叫扎西泽仁的，其他人就会喊他们"张扎西泽仁""李扎西泽仁"等，加以区分，而这样的姓氏冠名则是因为这些人的祖上是从内地来的汉族，虽然后来变成了藏族，取了藏名，但祖姓不可丢，仍然延续下来。调研过程中，笔者遇到一个肖姓家庭，家庭成员名字诸如肖·安德烈、肖路德、肖雅敏（由便雅悯改来），这些名字都来自《圣经》，因为他们的父辈是来巴塘定居的汉族，后来在美国人开设于巴塘的基督教堂内接受了洗礼，为示对上帝的虔诚，将所有孩子都以《圣经》中的圣徒名命名，保留至今。据肖雅敏老人讲，前几年过圣诞节时，他还装扮成圣诞老人，提着一个大袋子，在小学门口，等孩子们放学后，发糖果给他们吃。这些有趣的事情都给巴塘增添了很多魅力，深深吸引着初次到巴塘做调查的我。

一些习俗似乎也并非专属藏族，例如很多家庭会在大门的门楣上挂镜子、铝算子，或者倒扣一个竹编的小篓，都是取辟邪之意。这些和汉地的习俗很相似。春节的时候，巴塘城区的家庭都要贴对联。他们说，以前看看门上贴对联的，就知道是汉族家庭的，但是现在，汉族、藏族都贴对联，就分不出来了，甚至有的对联还用藏文书写。巴塘城区的丧葬形式也非常多元，但以土葬为主，城北有集中的陵园、坟地，土葬的仪式中，汉族的出殡和藏族的法事活动都要兼顾。

巴塘城区里还居住有回族和纳西族，他们在自己的节日期间，也要聚集一处，共同庆祝。而且，巴塘城区自称为"老巴塘"的人非常强调自己作为"巴塘人"的身份，基于此而生发出来的城乡区别、"巴塘人"和"非巴塘人"的区别，都显示出一种刻意的边界区划，似乎是要把城区从巴塘这片土地之中提取出来，加以特殊化处理，以彰显其独特气质。

因此，巴塘城区从节日庆典、仪式风俗、饮食、语言、建筑、民族构成等方面所展现出来的混杂和多元风格，将初印象中的"浓浓藏风"瞬间吹散，这些不难在短时间内获得的经验现象，都在不断修正着我对巴塘的最初印象。

这样一来，就让我产生了一系列的疑问。

第一，巴塘城区的巴塘藏族似乎并非初入巴塘乍一看所形成的那种藏族印象，其中包含了诸如汉族、回族、纳西族这些群体的文化成分。那么，这些不同民族群体经历了怎样的交流与互动、如何形成了现在所观察到的巴塘藏族群体？巴塘城镇的生命历程究竟是被哪些群体共同塑造而成的？塑造的过程和逻辑是怎样的？

第二，在人类学的学术场域中，民族研究与城市研究都有自身的理论脉络和路径，民族地区的城市研究必然要将这两个理路加以统合。因此，在这项研究中我也尝试对此加以思考和践行。

第三，在当前，巴塘的民族旅游开发强调和突出藏族特色，视其为颇具特色的藏族古镇，这种纯化身份的开发活动能否妥帖地表现出巴塘的历史脉络和文化特征？若是将历史上的民族交流灵活地融入当地的文化遗产建设与旅游发展，是不是能够更好地兼顾历史情境与现实表述，进而将学术研究和现实应用有机地融合起来？

正是带着这样的问题意识，我和导师商议，将巴塘作为我的博士学位论文研究地点，从 2014 年 3 月至 2015 年 4 月，我在巴塘进行了连续 13 个月的田野调查，之后几年也不断地带着新的问题重返巴塘，以补充材料。本书就是基于这些田野调查所获得的材料完成的。

## 二　相关研究回顾

选定巴塘城作为研究对象，要关注的层次首先是它作为城市的基本形象。以城市为对象和主题的研究包括城市学①、城市史②、城市经济学③、

---

① 城市学，是以城市总体为研究对象，探讨城市的发生、发展、结构、功能、组合、分布等方面的客观规律，以及各种城市问题产生、发展和解决的机制，既要研究城市的共同规律，又要研究不同类型城市的特殊规律。参见牛凤瑞主编《城市学概论》，中国社会科学出版社，2008。

② 城市史研究作为一门学科，涉及地理学、历史学、社会学、经济学、建筑学、政治学、人口学、生态学、统计学、文化人类学等社会科学和自然科学多门学科，主要论述城市发展的历史和规律，借此理解人类文明发展的历史。参见〔美〕乔尔·科特金《全球城市史》（修订版），王旭等译，社会科学文献出版社，2010。

③ 城市经济学是研究城市在产生、发展的过程中的经济关系及其规律的经济学科。参见〔美〕阿瑟·奥沙利文《城市经济学》（第 6 版），周京奎译，北京大学出版社，2008。

城市地理学①、城市建筑学②、城市社会学、都市人类学等。前五个学科的共同之处在于它们都借助于历史学、地理学、经济学、建筑学等学科的理论与方法来研究城市这个宏大的主题，关注城市整体的结构、功能、分布和发展的普遍规律，目的是服务于城市的良性运行，它们一般都是历史学、地理学等学科的分支学科。

相比之下，社会学、人类学领域内的城市研究除上述关注外，还引入社会学和人类学的结构、功能、组织、文化等概念，更加集中于对具体城市个案的整体分析。其中，城市社会学（又称"都市社会学"）是社会学的分支之一，它以城市为主体，关注城市内社会结构、社会组织、社会心理、社会问题、社会发展规律等。③ 它凭借两个方面确立其学科地位：一是"空间"，它关注社会关系与物理空间的互动；二是"生活方式"，它将城市生活看作一种新型的生活方式。在空间（城市物理环境）和时间（城市化）的交错中，放入社会生活共同体（家庭、邻里、朋辈群体、社区、阶层等）。④ 都市人类学是人类学的一个分支，以城市和城市居民为对象，以都市为空间单位，聚焦都市区域的文化与社会过程，研究人类文化的特点和变化，它受社会学的影响极深，因此也十分关注都市化、贫穷与新自由主义等议题，最终在研究主题和研究方法上融于都市社会学。

（一）民族地区城市研究的状况

对于中国人类学而言，一种关注农村社区而相对忽视城市的学科传统存在了很长一段时间。大致来说，20世纪30年代，马林诺夫斯基所开创的民族志方法进入中国之后，就与村落社区形成了密不可分的关联。1936

---

① 城市地理学是研究不同地理环境中，城市（镇）的形成、发展、空间结构变化和分布规律的学科，既是人文地理学中聚落地理学的重要分支，又是城市科学群的重要组成部分。参见周一星《城市地理学》，商务印书馆，2003；许学强、周一星、宁越敏编著《城市地理学》（第2版），高等教育出版社，2009。

② 城市建筑学是把建筑和城市理论相结合，为城市规划、建设、管理、开发等提供专业知识的借鉴。参见〔意〕阿尔多·罗西《城市建筑学》，黄士钧译，刘先觉校，中国建筑工业出版社，2006。

③ 王佳煌：《都市社会学》，三民书局，2005。

④ 蔡禾主编《城市社会学讲义》，人民出版社，2011。

年，拉德克里夫-布朗来燕京大学社会学系访学时，就特别指出乡村研究对理解中国社会的重要性。他说："在中国研究，最适宜于开始的单位是乡村，因为大部分的中国人都住在乡村里，而且乡村是够小的社会，可供给一两个调查员在一二年之内完成一种精密研究的机会。"[①] 布朗的这一提议更使以吴文藻为首的老一辈社会学家、人类学家结合当时中国的现实情况，强调中国的乡土性并以村落研究来理解中国社会的整体，这样的研究模式对于中国人类学后来的发展产生了长久不衰的影响。然而这种"目光向下"的村落社区研究的意义和价值至少在两个层面上是值得再进行讨论的。第一，能否从村落和乡土研究中理解中国社会的整体？尤其是现在随着越来越多的人口生活在城市之中，乡土性更值得重新思考。第二，民族志方法是否仅局限于村落社区？

对于第一个问题，许多学者都进行过详细的讨论，例如 20 世纪 60 年代，弗里德曼（Maurice Freedman）和施坚雅（G. William Skinner）就分别从不同的角度对村落民族志研究理论和方法提出过批评，认为这种方法是无法理解作为文明体因而内部存在着多元性和差异性的中国整体社会的。要回答第二个问题，首先要从如何理解"民族志"这一名称的含义入手，也有不同的学者对之进行过分析。例如王铭铭教授指出，"民族志"（ethnography）是指对某地或某族群的社会和文化的全面描述。[②] 张小军从 ethnography 的构词分析入手，他认为，"ethno-"是不同的"文化群"，"graphy"是"志"，因此合起来较为贴切的译法是"不同文化群的志"。[③] 因此，民族志应该是一个较为广义的范畴，除不同民族、种族这些文化群的指称之外，也包含诸如部落、村落、寨子、市镇、城市等空间区域的研究。

正是基于这样的反思，20 世纪 60 年代之后，人类学开始逐渐关注中国的城市研究，但其更倾向于将眼光投向现代城市或都市，将那些所谓"落后"的民族地区城市排除在外。例如，施坚雅主编的《中华帝国晚期

---

① 北京大学社会学人类学研究所编《社区与功能——派克、布朗社会学文集及学记》，北京大学出版社，2002，第 304 页。

② 王铭铭：《远方文化的谜——民族志与实验民族志》，《西北民族研究》1996 年第 2 期。

③ 张小军：《三足鼎立——民族志的田野、理论和方法》，《民间文化论坛》2007 年第 1 期。

的城市》① 一书，结合区系体系的宏观方法和对具体城市的微观分析方法，考察了前现代中国城市领域内的种种体系关系——从苏州、广州、汉口等商业城市到中心市镇，从长江下游地区相对宽敞的城市到岭南地区拥挤不堪的城市。内容涉及中国晚期城市的三个方面：（1）城市的建立和扩展以及影响其形式和发展的诸种因素；（2）从空间结构关系理解城市在各自的腹地和区域扎根，论述城市以及城市和乡村之间的联系；（3）将城市作为社会体系，关注城市内部的社会结构。其研究的城市主要集中在长江下游和岭南地区，大多是东部沿海城市，注重从城市经济体系的层面来理解中国社会。②

这群研究者将眼光投向苏州、南京、广州、汉口、宁波、上海等东南沿海城市，以中国东南地区来透视中国。对于其中的原因，王铭铭教授曾做出分析：西方帝国主义势力对中国疆域的认识也不是很清楚，而西南地区比较偏僻，东南地区更靠近西方的殖民地，这一地区集中了最早的通商口岸，对外开放较早，能够让他们接近。因此，西方人类学家对东南地区的研究经验更为丰富，比如从 19 世纪末开始国外学者高延（J. J. M. de Groot）就已经对厦门做过研究。③ 到了 20 世纪 50 年代，西方人类学界进入中国大陆进行田野调查的行为受到限制，他们开始转向对新加坡以及中国香港和台湾地区的华人社会进行研究，希望以此为基础了解中国社会整体。例如弗里德曼先是在新加坡研究中国的家庭、婚姻、法律、宗教、社区组织等方面，20 世纪 50 年代他从东南亚华人社会转向中国东南部研究，《中国东南的宗族组织》④ 一书就是这一时期的

---

① 〔美〕施坚雅主编《中华帝国晚期的城市》，叶光庭、徐自立、王嗣军等译，陈桥驿校，中华书局，2000。

② 早在 1949 年夏天，施坚雅在四川进行村庄田野调查时，就发现局限于村庄的孤立研究并不能更好地理解中国社会，于是他超越村庄，将研究的视野扩展到宏大的集市经济区域，从一个更大范围的地域内部探究社会经济结构的性质，并采用区域研究与历史研究相结合的方法对成都的地理、生态和社会经济结构等问题进行研究，为他日后的区位体系理论打下了基础。之后他对中国城市社会结构的兴趣又进一步在他对曼谷和雅加达的研究过程中得到强化。

③ 参见王铭铭于 2009 年 4 月 1 日在西南民族大学所做的专题讲座，讲座主题为"人类学的西南研究对世界人类学的可能贡献"。

④ 〔英〕莫里斯·弗里德曼：《中国东南的宗族组织》，刘晓春译，王铭铭校，上海人民出版社，2000。

作品。1963 年，他与他的学生裴达礼（Hugh Baker）等人开始在中国香港和台湾地区进行田野工作，主要作品有《中国的宗族与社会：福建和广东》①。此后弗里德曼的另一个学生英国人类学家王斯福（Stephan Feuchtwang）通过对台北市一些重要的民间宗教（popular religion）寺庙进行研究，勾勒出政权更迭之下台北所经历的变化。② 还有汉学人类学家武雅士（Arthur P. Wolf）基于台北的田野，以神、鬼、祖先为中心对中国民间宗教所做的分析。③ 西方学者这种关注中国东南并以此来论述中国的思维甚至延伸到 20 世纪八九十年代。例如美国历史学家罗威廉（William T. Rowe）的《汉口：一个中国城市的商业和社会（1796—1889）》，作者从 19 世纪汉口这一城市的盐贸易、茶叶贸易、信贷、金融、商业和城市社会组织等方面入手，对清末汉口的商业经济系统和城市社会体系进行了深入、细致的研究，以大量鲜活的对旧时景观和风俗的描绘，呈现出一个国际商都绚烂精彩的昔日生活。以不同侧面为切入点对城市进行的研究，还有瑞士学者何爱莲（Ellen Hertz）在 20 世纪 90 年代对上海股票市场的民族志研究。④

　　对比之下，通过西部民族地区的城市研究来了解中国整体社会，其重要性没有得到足够重视。即使到了 20 世纪 80 年代西南地区向西方学者开放的时候，这一区域的城市仍然没有得到重视。实际上，我国西南地区的人类学、民族学研究经历过较长的范式转变历程，从"夷夏二分"的文明论，到族体分类学、民族识别、社会形态比较研究，再到现代化与全球化理论——族群理论实为这一理论的分述，族群概念看起来是为了将民族学从 20 世纪 50 年代的民族叙事中解放出来，但作用恰恰相反——因为它掩

---

① Maurice Freedman, *Chinese Lineage and Society: Fukien and Kwangtung*, London：The Athlone Press, 1966.

② 〔英〕王斯福：《帝国的隐喻：中国民间宗教》，赵旭东译，江苏人民出版社，2009，"附录三：三个政权之下的台北城市寺庙"。

③ Arthur Wolf, "Gods, Ghosts, and Ancestors", in Arthur Wolf ed. , *Religion and Ritual in Chinese Society*, Stanford：Stanford University Press, 1974, pp. 131-182.

④ Ellen Hertz, *The Trading Crowd: An Ethnography of the Shanghai Stock Market*, Cambridge：Cambridge University Press, 1998.

盖了分族的心态和事实。① 中国人类学"南派"关注族源、流动、变迁，结合历史文献考证和实地调查，考察我国各个民族的互动关系。到了抗战时期，中国西南地区的学术研究带有较强的边政学色彩，建设一个多民族国家成为主要的诉求。② 这种诉求延伸到 20 世纪 50 年代就直接体现为民族识别工程的展开，"民族"成为了解西南地区的方法论单位，其作为民族地区的色彩也被大力强调。在共同语言、共同地域、共同经济生活和共同心理素质的民族概念的影响之下，西南地区的一个个民族按照这样的标准被识别出来，大量学者对各民族的社会生活进行了横断面式的调查研究。这种分族写志在我国的少数民族社会历史研究中持续了相当长的一段时间，而注重民族关系、交流和变迁的"南派"在意识形态的感染下，转为对少数民族社会形态的阶段论划分的关注。这样的范式一直延伸到 20 世纪 80 年代。在这期间的很长一段时间内，西南民族地区被视为"乡土的""少数民族的"，其城市文明很少被关注。

20 世纪 80 年代学科恢复重建后，中国大陆重新向国外人类学开放。许多人类学家从原来基于对东南亚、中国港台汉族社会的研究来了解中国社会转向直接进入西南民族地区，对少数民族进行研究。他们在认识到中国社会的多元性和异质性的同时，带来了诸多西方人类学理论。例如，美国西雅图华盛顿大学人类学系的东南亚研究知名学者查尔斯·凯斯（Charles Keyes）和中国研究专家斯蒂文·郝瑞（Stevan Harrel）影响了该系的几位老师和很多学生，将他们中国研究的主题设定在国族解析、族群与民族的性质对异，以及少数民族的建构过程等问题上。③ 许多西方人类学理论被引进西南民族地区，如巴特（Fredrik Barth）、郝瑞、埃里克·穆格勒（Erik Mueggler）等人的研究。然而这些研究深受"民族－国家"理念以及政治经济学派的"中心－边缘"二元模式的影响，虽然对区域有所关注，但重点是族群和族群认同，同时开始重新思考 20 世纪

---

① 王铭铭：《中间圈："藏彝走廊"与人类学的再构思》，社会科学文献出版社，2008，第 140 页。

② 吴文藻：《边政学发凡》，《边政公论》（第 1 卷），1942。

③ 彭文斌、汤芸、张原：《20 世纪 80 年代以来美国人类学界的中国西南研究》，《西南民族大学学报》（人文社会科学版）2007 年第 11 期。

50 年代国家主导的民族识别、民族大调查，讨论"去政治化""文化化"① 等议题。在这期间，西南这一广大民族区域的城市研究仍然没有受到足够关注。

总之，从东南到西南，民族地区的城市总是处于缺席的状态，民族、族群、认同、边界是西南民族地区研究的关键词，市镇、城市作为方法论单位的意义被忽视，尤其是西南少数民族地区，其城市较少得到关注。

近些年来，王铭铭教授的研究从东南扩展到西南，将民族志和历史方法相结合，开创了历史人类学视野下的城市研究。他带领一批年轻学者，在西南地区藏彝走廊这个"中间圈"地带，进行了一系列的城市（镇）研究，例如郑少雄②、张原③、汤芸④、刘琪⑤、吴银玲⑥等人均涉足此一议题。他们的研究分别围绕这一地带的军事屯堡、土司之城、军镇、卫所、茶马古镇等不同的城市形态展开。在历史上，藏彝走廊中的民族互动与文化流动相当频繁，但同时因地形复杂、沟壑纵横，其族群与文化之间的边界也易于得到维持。作为中央与外界沟通的关键环节，这条走廊又是不同文明相互接触的地带，历史上曾有中央设置的军镇、茶马互市的古镇及实行间接统治的土司之城，这些不同类型的古城镇依旧保留其旧有的人文区位格局。⑦

本书延续了这一研究进路，选取位于藏彝走廊地带的巴塘城为研究对象，希望通过经验研究为西南地区较为单一的民族、乡土色彩加进它原本就应该具有的城市文明和区域性特征，进而说明民族地区的城市对于理解中国社会同样具有重要意义。巴塘在历史上经过不同文化群体的不断积累

---

① 马戎：《理解民族关系的新思路——少数族群问题的"去政治化"》，载中国统一战线理论研究会民族宗教理论甘肃研究基地秘书处编《当代中国民族宗教问题研究》（第 2 集），甘肃民族出版社，2007。

② 郑少雄：《康定土司的政治过程——以清末民初的末代明正土司为中心》，博士学位论文，北京大学，2011。

③ 张原：《在文明与乡野之间：贵州屯堡礼俗生活与历史感的人类学考察》，民族出版社，2008。

④ 汤芸：《以山川为盟：黔中文化接触中的地景、传闻与历史感》，民族出版社，2008。

⑤ 刘琪：《命以载史——20 世纪前期德钦政治的历史民族志》，世界图书出版公司，2011。

⑥ 吴银玲：《独克宗：中间地带城镇的历史民族志》，博士学位论文，北京大学，2015。

⑦ 王铭铭、翟淑平：《松潘、巴塘、中甸——记三个西部城镇的研究》，《西北民族研究》2017 年第 2 期。

形成了其现今的城镇人文区位格局，回归到历史情境中去追溯其历经的族群和文化流动，在学理层面上有助于补充西南民族地区城市研究的不足，在现实层面上有助于认识历史上民族地区城市中的民族互动和交往，进而在城市维度理解中华民族共同体的具体生成逻辑。

（二）城市人文区位学

对于城市内不同群体相互关系的分析，芝加哥学派的城市人文区位学可谓最早的系统性理论。

城市人文区位的研究主要隶属于城市社会学，它是由早期芝加哥社会学派创立的。这一理论的本质观点是以生态学中的竞争、淘汰、演替和优势等概念来分析城市中不同人群与地域空间的互动关系，并在已形成的城市空间结构中研究城市的发展规律。其形成受到埃米尔·涂尔干（Emile Durkheim）、斐迪南·滕尼斯（Ferdinand Tönnies）、马克斯·韦伯（Max Weber）、格奥尔格·齐美尔（Georg Simmel）等社会学先驱的影响。涂尔干对机械团结和有机团结概念的区分、滕尼斯对共同体与社会概念的区分，都使后来者在研究城市时更关注其中人与人在劳动分工等方面的功能互补和依存，对于人文区位学有直接的影响。韦伯在对城市的类型学展开讨论时，将城市的本质视作"市场聚落"，[①] 更强调经济和市场对于城市的本质意义，这一观点直接引发了之后对于城市本质的讨论。而齐美尔将城市文化与现代文化等同，并认为其源自货币经济的支配作用。[②] 这使后人对于研究城市文化和现代性产生了极大的热情。关注人口地域性空间聚集模式的人文区位学便是城市社会学诸多理论之一，其又以1925年罗伯特·帕克（Robert Ezra Park）、欧内斯特·伯吉斯（Ernest Watson Burgess）和罗德里克·麦肯齐（Roderick Duncan McKenzie）合著的论文集《城市社会学——芝加哥学派城市研究文集》[③] 为标志。该书系统地阐述了城市人文区位学的主要观点和理论。具体而言，他们将城市视作一个文化复合体，

① 〔德〕马克斯·韦伯：《非正当性的支配——城市的类型学》，康乐、简惠美译，广西师范大学出版社，2005，第4页。
② 〔德〕G. 齐美尔：《桥与门——齐美尔随笔集》，鸿涯、宇声译，上海三联出版社，1991。
③ 〔美〕R. E. 帕克、E. N. 伯吉斯、R. D. 麦肯齐：《城市社会学——芝加哥学派城市研究文集》，宋俊岭、吴建华、王登斌译，华夏出版社，1987。

是"各文化互相混合、作用的熔炉"，也是"人性的产物"，正是由于城市具有的这些特征，各种类型的人类群体才可以在其中共存，而包容性的城市生活也可以将各种人类个性和特征充分地展示出来并将其放大。因此，帕克认为宜将"城市当作一个实验室或者诊疗所，从中对人类特性和社会过程好好地进行研究"，并提出了城市研究的纲要，为后来的芝加哥社会学派奠定了理论基础。随后产生了两队人马，一个是研究城市的空间利用状况，就是人文区位学；另一个是研究城市不同人种所构成的社会群体，即人种学派，也有人称之为"研究现代性的学派"。①

人文区位学最为人熟知的是伯吉斯为城市发展和空间组织方式构建的动态模型——"同心圆模型"，他从静态和动态两个方面分析了城市的空间分割形式以及对应的人群分布，这些观点集中在其文章《城市发展：一项研究计划导言》②和他与帕克合著的《社会学导论》中。后来者基于对伯吉斯"同心圆模型"的继承和批评，出现了霍默·霍伊特（Homer Hoyt）1939 年提出的扇形假设（Sector Hypothesis）③和乔塞·哈里斯（Chauncy Harris）与爱德华·厄尔曼（Edward Ullman）1945 年提出的多核心理论（Multiple Nuclei Theory）。这些理论的基本原理是一致的，均将城市视为一种生态秩序，认为竞争和共生是支配城市社区的基本过程。持此观点的学者可被称为传统人文区位学派。

到了 20 世纪 50 年代后，芝加哥社会学派面临着越来越多的批评，现代人文区位学派在回应这些批评中逐渐兴起。现代人文区位学派重新肯定了人文区位学对于城市研究的价值，在关注城市土地利用造成的空间结构问题之外，开始关注城市区位结构变化的本质。例如社会文化区位学开始关注文化对于人类行为的决定作用，并将其引入城市区位的研究之中，非常著名的个案调查是沃尔特·弗瑞（Walter Firey）对于波士顿土地的分析④，

---

① 〔美〕R. E. 帕克、E. N. 伯吉斯、R. D. 麦肯齐：《城市社会学——芝加哥学派城市研究文集》，宋俊岭、吴建华、王登斌译，华夏出版社，1987，第 68 页。

② 〔美〕R. E. 帕克、E. N. 伯吉斯、R. D. 麦肯齐：《城市社会学——芝加哥学派城市研究文集》，宋俊岭、吴建华、王登斌译，华夏出版社，1987，第 48 页。

③ Homer Hoyt, *The Structure and Growth of Residential Neighbourhoods in American Cities*, U. S. Government Printing Office, 1939.

④ Firey Walter Irving, *Land Use in Central Boston*, Harvard University Press, 1947.

克里斯顿·乔纳森（Christen Jonassen）对于纽约挪威人社区的调查。① 而新正统区位学也在传统区位学的基础上引入了更多的研究视角，重新系统地阐述了区位学的观点。

芝加哥社会学派的人文区位学研究传入中国之后，在理论和方法上影响了中国社会学和人类学的社区研究，然而很多都是在村落社区这一单位层次上进行的，对于城市区位、空间结构、人口分布、建筑景观等方面的研究，更多地体现在建筑和城市规划等领域。例如张晓春所著《文化适应与中心转移——近现代上海空间变迁的都市人类学研究》② 一书，从都市人类学的视角出发，把上海的城市空间视为被不同文化分割和竞争的对象，将城市规划和建筑视作都市中实施社会控制的工具，关注城市空间转换的过程及其所折射的城市文化的历史变迁。又如挪威建筑学家克纳德·拉森和阿蒙德·辛丁·拉森在《拉萨历史城市地图集：传统西藏建筑与城市景观》中对古老拉萨城的地形、自然环境、历史发展、建筑物和城市景观所做的讲述，引发关于拉萨的未来规划问题以及面对城市发展如何保护拉萨历史城市景观的争议。③ 杨上广、王春兰从宏观、中观和微观三个层面分析上海居住空间分异的态势，探讨城市居住空间分异的社会效应，在此基础上对当前中国大城市居住空间分异与重构的演变态势进行一定的思考。④

然而这类研究大都没有超越芝加哥学派人文区位学对人与空间的关系模式所做的分析，这种模式建立的基础是职业、种族、阶层，并未真正触及城市的文化生活核心。

## （三）民族共生研究

与芝加哥学派人文区位学不同，我试图将巴塘城的现实人文区位放置在历史脉络中加以追溯，使现实和历史加以关联，除了重视政治经济视

---

① Christen T. Jonassen, *Shopping Center Versus Downtown*, Ohiost College of Admin Science, 1955.

② 张晓春：《文化适应与中心转移——近现代上海空间变迁的都市人类学研究》，东南大学出版社，2006。

③ 〔挪〕克纳德·拉森、阿蒙德·辛丁·拉森：《拉萨历史城市地图集：传统西藏建筑与城市景观》，李鸽、木雅·曲吉建才译，中国建筑工业出版社，2005。

④ 杨上广、王春兰：《上海城市居住空间分异的社会学研究》，《社会》2006 年第 6 期。

角，更注重从宗教、宇宙观、文化层面来分析不同民族群体如何在长期的交往中形成了共生、交融的整体格局。因而有必要对民族共生的研究进行简要的梳理。

共生（Symbiosis）是源自生物学的重要概念，德国生物学家安东·德贝里（Anton de Bary）在 1879 年首次提出，简单来说，指的是不同物种经由共同生活逐渐形成的系统。① 实际上，芝加哥社会学派的人文区位学也是基于这个共生概念，构建了概念和理论体系。20 世纪中期后，共生概念被不断地扩展至人文社会科学领域。②

在中国，社会共生论由胡守钧最早提出，他注重探究社会共生的条件、机制、演变和优化路径等问题。③ 之后，涌现出一批以共生视角来研究中国民族关系的学者。袁年兴首次提出民族共生理论，认为民族关系的本质是共生关系，并试图构建一种经验的、定性的探讨与逻辑的、量化的检验相结合的分析框架，来理解中华民族共同体。④ 许宪隆、袁年兴以作为动态过程的共生来分析中华民族关系的进化过程，认为民族共生互补具有阶段性和递进性，最完善的状态是政治、经济、文化等多层面的一体化共生模式。⑤ 我基于这些研究成果，结合巴塘的汉藏共生历程，提出了多民族的复合性共生体系，包括政治上的共识、生态上的共享、经济上的共利、社会生活上的共处、文化上的共融和心理上的共情等维度。⑥ 此外，围绕族际共生不断涌现出角度各异的研究，例如多民族经济共生⑦、民族

---

① 〔美〕马古利斯：《生物共生的行星——进化的新景观》，易凡译，上海科学技术出版社，2009，第 1 页。
② 翟淑平：《跨越、连接与交融作为中华民族共同体的生成逻辑——以四川巴塘汉藏共生关系为例》，《北方民族大学学报》2023 年第 1 期。
③ 胡守钧：《社会共生论》（第 2 版），复旦大学出版社，2012。
④ 袁年兴：《民族共生理论的构建——基于社会生物学的学术共鸣》，《岭南学刊》2009 年第 5 期；袁年兴：《族群的共生属性及其共生逻辑》，《广西民族研究》2009 年第 4 期。
⑤ 许宪隆、袁年兴：《中华民族的多元一体与各民族的共生互补——兼论第二代民族政策》，《中南民族大学学报》（人文社会科学版）2012 年第 5 期。
⑥ 翟淑平：《跨越、连接与交融作为中华民族共同体的生成逻辑——以四川巴塘汉藏共生关系为例》，《北方民族大学学报》2023 年第 1 期。
⑦ 周智生、缑晓婷：《藏彝走廊地区多民族经济共生关系促动机制及其演变模式》，《云南民族大学学报》（哲学社会科学版）2014 年第 3 期；王峰、周智生：《藏彝走廊多民族经济共生时空演进模式及其优化路径》，《西南民族大学学报》（人文社会科学版）2015 年第 8 期；吴映梅：《西部少数民族聚居区经济发展及机制研究》，人民出版社，2006。

互嵌和文化共生①、族际通婚与民族共生②、人口流动与族际共生③、民族共生模式和路径的探讨④等。近年来，又出现了一些从共生视角更为综合和宏观地分析中华民族共同体的研究，例如沈再新从共生空间、政治共生态、经济共生态、文化共生态等维度探讨中华民族多元一体格局中的共生思想⑤；刘勇从历史嬗变的角度提出中华民族经历了从"自在共生"到"自觉共生"的转变⑥。

值得注意的是，由于本书注重宗教和宇宙观层面的共生关系分析，所以民族宗教学围绕民族和宗教的讨论也对本书有启发。例如牟钟鉴基于费孝通先生提出的"中华民族多元一体"格局思想，将中华民族的信仰格局界定为一种"多元通和模式"，并从以下几个层面进行了解释：（1）其文化基因具有综合性，宗教信仰从开始就是多教、多神，有至上神，没有绝对唯一神；（2）其信仰既包容各民族的特殊信仰，又在多样性信仰之间保持共通性，即以尊天敬祖为基础性信仰，以儒学礼教为轴心；（3）宗教关系以和谐为主旋律，各教之间渐行渐近；（4）信仰文化保持民族主体性的同时，对外开放，不断包纳外来的宗教和哲学；（5）多元通和模式形成的最主要原因在于历史上各个民族之间持续不断的互动。⑦ 另一位学者张践也以"中华民族多元一体"的"一体"和"多面"来论证我国宗教多元

---

① 张晗：《民族互嵌与文化共生——对芒旦傣族村"与汉为邻"的文化透视》，《西北民族大学学报》（哲学社会科学版）2016 年第 5 期。
② 马喜梅：《族际通婚对滇西北多民族共生格局的调适与优化》，博士学位论文，云南大学，2017。
③ 周智生、陈静：《清末民初云南藏区多民族人口流动与族际共生》，《云南师范大学学报》（哲学社会科学版）2013 年第 6 期；李志农、邓云斐：《明清时期的汉族移民与云南藏区文化生态分析》，《思想战线》2015 年第 6 期；周智生：《明代纳西族移民与滇藏川毗连区的经济开发——兼析纳藏民族间的包容共生发展机理》，《思想战线》2011 年第 6 期。
④ 马光选、刘强：《民族关系的"互嵌-共生模式"探讨——对云南省民族关系处理经验的提炼与总结》，《云南行政学院学报》2016 年第 6 期。
⑤ 沈再新：《从"中华民族多元一体格局"到"共生互补"》，《湖北民族学院学报》（哲学社会科学版）2010 年第 3 期。
⑥ 刘勇：《中华民族"共生"特质嬗变：从自在到自觉》，《人民论坛》2015 年第 21 期。
⑦ 牟钟鉴主编《民族宗教学导论》，宗教文化出版社，2009，第 49 页。

并存又具有共通之处的观点。① 此外，王志捷②、游斌③、曹兴④等学者也从不同角度对民族和宗教的关系进行了讨论。

对于多元宗教并存共生的具体经验研究也有很多。尕藏加和德吉卓玛以巴塘基督教堂、盐井天主教堂、昌都清真寺和拉萨清真大寺为例，说明藏族社会并非藏传佛教一统天下的单一局面，而是多元宗教并存和共生。⑤ 颜小华根据对西藏芒康县盐井所做的调查研究，分析了该地多元民族和多元宗教并存的历史和现状。⑥ 马宁通过陇西走廊中的藏汉接合部舟曲地方的田野调查，探讨了苯教、藏传佛教、民间信仰和基督教等多种宗教并存的格局，展现了藏汉信众在民族交融过程中成为复合型宗教信徒的过程，总结了藏汉接合部的地方性宗教知识和宗教对话模式。⑦ 高志英和熊胜祥对藏彝走廊西部边缘地区的多民族与多元宗教的互动关系，进行了历时性的梳理和共时性的比较。⑧ 马居里和寸炫研究了云南省怒江丙中洛地区原始宗教、藏传佛教、天主教和基督教等多种宗教信仰并存的状况。⑨ 刘晓鹏以迪庆藏族自治州香格里拉县独克宗节庆中的"乐斯"为研究对象，探究了"乐斯"期间宗教仪式中不同民族的多元宗教文化并存现象。⑩ 此外，

① 张践：《多元宗教信仰与各民族的和谐共生》，载牟钟鉴主编《宗教与民族》（第6辑），宗教文化出版社，2009。
② 王志捷：《概论宗教与民族文化的关系》，载牟钟鉴主编《宗教与民族》（第6辑），宗教文化出版社，2009。
③ 游斌：《民族与宗教互动的欧洲经验》，载牟钟鉴主编《宗教与民族》（第6辑），宗教文化出版社，2009。
④ 曹兴：《民族问题与宗教问题互动的个案分析：东帝汶问题》，《"东南亚民族关系"学术研讨会论文汇编》，2003。
⑤ 尕藏加、德吉卓玛：《藏区多元宗教共存之历史与现状》，《中国藏学》2008年第2期。
⑥ 颜小华：《多元民族与宗教的和谐共处——对藏边盐井村的历史与现状考察》，载陈声柏主编《对话：中国传统文化与和谐社会》，中国社会科学出版社，2011，第274~285页。
⑦ 马宁：《藏汉结合部多元宗教共存与对话研究》，博士学位论文，中山大学，2010。
⑧ 高志英、熊胜祥：《藏彝走廊西部边缘多元宗教互动与宗教文化变迁研究》，《云南行政学院学报》2010年第6期。
⑨ 马居里、寸炫：《云南怒江丙中洛地区多元宗教文化的调适与共容》，载何明主编《西南边疆民族研究》（第7辑），云南出版社，2010。
⑩ 刘晓鹏：《独克宗"乐斯"中的多元宗教文化及其社会功能研究》，硕士学位论文，云南大学，2013。

张庆松①，李陶红②，李晓莉、杨甫旺③等人也都对民族地区多元宗教并存现象进行了经验调查。这些研究多集中在西部民族地区，主要以村落为单位，从民俗、仪式、物质文化、饮食、艺术形式等方面去分析多元宗教和多元民族的互动关系，很少从城市整体层面去探讨多元宗教互动下的民族关系。

### （四）巴塘的民族互动研究

我在近几年一直关注着巴塘，围绕着巴塘的民族互动、城镇史、文化杂糅等发表过一些学术论文。分别是：从巴塘的汉藏共生关系来厘清中华民族共同体的生成逻辑④，从巴塘关帝庙的生命史来梳理巴塘汉藏互动⑤，从巴塘的水利设施来呈现巴塘城的营造脉络⑥，从巴塘藏戏的人－神－物关系体系分析巴塘的地方性和超地方性⑦，从巴塘城区保护神"翁图阿琦"的身份转变呈现历史上巴塘和西藏的关联⑧，从地名学分析的角度来呈现巴塘与外部世界的关联⑨。这些研究成果在一定程度上为本书构筑了研究基础，因为它们都呈现了巴塘城在历史上的开放性、包容性和文化多元性。

也有不少学者在巴塘的范围内关注多民族互动交往，主要是通过巴塘弦子、巴塘关帝庙变迁、汉族移民在巴塘的活动等，来看待汉族和藏族的交融如何在巴塘发生，也有的研究涉及早期天主教和基督教在巴塘的活动

---

① 张庆松：《云南多元宗教对民族关系的影响》，《学园》2010 年第 6 期。
② 李陶红：《大理沙址村多元宗教文化研究》，硕士学位论文，云南大学，2013。
③ 李晓莉、杨甫旺：《石羊盐区多元宗教的形成、融合及变迁》，《云南民族大学学报》（哲学社会科学版）2010 年第 1 期。
④ 翟淑平：《跨越、连接与交融作为中华民族共同体的生成逻辑——以四川巴塘汉藏共生关系为例》，《北方民族大学学报》2023 年第 1 期。
⑤ 翟淑平：《漂泊与融合——从巴塘关帝庙看汉藏互动下的身份认同》，载何明主编《西南边疆民族研究》（第 26 辑），社会科学文献出版社，2018。
⑥ 翟淑平：《水以载史——从水利视角看巴塘城镇史》，《西北民族研究》2017 年第 4 期。
⑦ 翟淑平：《"人、物、神"：巴塘藏戏的地方性与超地方性》，载四川大学中国藏学研究所编《藏学学刊》（第 18 辑），中国藏学出版社，2018。
⑧ 翟淑平：《从家族护法神到城区保护神——巴塘"翁图阿琦"的身份转变》，《天府新论》2020 年第 2 期。
⑨ 翟淑平：《地名与神话中的地方世界：四川巴塘地名研究》，《百色学院学报》2020 年第 6 期。

情况，还有一些关于巴塘康宁寺历史沿革、经济活动的调查。具体如下。

康·格桑梅朵在《巴塘藏族民间"谐"舞多元融汇性特征》[①] 一文中，从对构成"谐"舞的乐器、歌词、曲调、舞姿、服饰等元素的分析入手，强调巴塘藏族民间"谐"舞一方面突出了自己鲜明的地域文化、民族文化特色，另一方面也吸纳和融汇了其他民族和周边地域文化的精髓，因而带有多元文化融汇的特征，并进一步显示了巴塘作为各种政治、经济和文化频繁交汇的地区所具有的多元混融性。石硕和邹立波所写的《汉藏互动与文化交融：清代至民国时期巴塘关帝庙内涵之变迁》[②] 一文通过对巴塘关帝庙的历史考察来看汉藏互动的历史。他们认为巴塘关帝庙早期具有会馆性质，经过汉、藏民众的长期交融，转变为两者共同的公共空间，并吸纳了部分藏族宗教元素，但是其早期会馆性质的社会角色依然发挥着重要功能。在《清代至民国时期汉族移民在巴塘活动之面面观》[③] 中，作者友珍指出，明清两代经营川藏线，大量汉族进入四川涉藏地区，而位于川、滇、藏交界的巴塘一时成为汉藏文化交流的活跃区域。汉族进入巴塘之后，在朝廷的支持下，开始开荒垦殖、开设商户、兴办学校、组织帮会等活动，促进了汉藏之间的通婚和文化交流交融。刘传英在专著《巴塘藏族反教卫国斗争史略》[④] 中详细地叙述了 19 世纪后半期和 20 世纪初，天主教进入巴塘对当地的社会状况造成的影响，以及巴塘民众对其进行多次反抗和驱逐的情况，对理解当时的巴塘社会具有重要作用。赵艾东、洪泉湖叙述了美国传教士史德文在巴塘的活动[⑤]，苏发祥研究了基督教在巴塘地区的传播情况[⑥]。

---

① 康·格桑梅朵：《巴塘藏族民间"谐"舞多元融汇性特征》，《康定民族师范高等专科学校学报》2009 年第 5 期。
② 石硕、邹立波：《汉藏互动与文化交融：清代至民国时期巴塘关帝庙内涵之变迁》，《西南民族大学学报》（人文社会科学版）2011 年第 6 期。
③ 友珍：《清代至民国时期汉族移民在巴塘活动之面面观》，《西藏研究》2010 年第 1 期。
④ 刘传英：《巴塘藏族反教卫国斗争史略》，四川人民出版社，1993。
⑤ 赵艾东、洪泉湖：《1908~1922 年美国传教士史德文在巴塘的医疗活动及与康藏社会的互动》，载四川大学藏学研究所编《藏学学刊》（第 7 辑），四川大学出版社，2012；赵艾东：《美国传教士史德文在 1917~1918 年康藏纠纷中的活动与角色》，《西藏研究》2008 年第 6 期。
⑥ 苏发祥：《一位美国传教士在藏区的经历——兼谈基督教在巴塘地区的传播》，北美华人基督教学会会议，2003 年 6 月。

这些研究都从不同角度呈现了巴塘城所具有的文化交汇特点，围绕不同民族群体在历史上的互动来书写巴塘的现实状况。在《滇藏川"大三角"文化探秘》① 中，木霁弘称巴塘为"多元文化交汇的亮点"，并指出云南的建塘（云南中甸）和四川的理塘、巴塘原先是连在一起的，传说中三个地方的领主是三兄弟，因此这"三塘"的渊源不仅仅让巴塘人自认为是多血统的，更为其多元文化交汇增添了理由。

上述这些研究基本上都从文化局部入手来反映巴塘地区的多元民族交汇，很少关注巴塘城的整体。而本书则以巴塘城的整体为研究范围，呈现其多元民族和多元文化状况，并引入历史人类学的视角，回归巴塘城生命史，在历史情境中为其多元性寻找渊源。正如前文所言，巴塘城有藏、汉、回、彝、纳西等不同民族并存，他们基于各自的宗教信仰，在空间利用的同时，也会有一套符合自己生活节奏的仪式安排，他们在相互关联时，除了生活上的交流，也会在节庆和仪式上开放自身，吸纳他者，最终形成各自在同一时空内的交织和互动，而这种多重时空体系在巴塘城内的并存，则来自历史上不同民族群体的互动，因此，需要将其放入巴塘城的整体生命史历程中追寻原因。

## 三　研究方法和路径

本书在理论与方法上受到芝加哥社会学派人文区位学、历史人类学、民族宗教学等方面的启发，而芝加哥学派的人文区位学是本书所要直接采用的研究路径和对话对象。一方面，城市人文区位学对城市中人和空间关系的探讨，对巴塘城不同民族群体混居方面的分析仍然有效；另一方面，巴塘城多元民族和多元宗教的并存共生，使人文区位学主要基于职业、阶层的分析路径显得不太足够。因此，本书也尝试将不同民族基于文化和宗教的多元性而形成的公共神圣空间纳入研究视野，关注空间中发生的年度周期和仪式活动，并引入历史人类学的视角，来追溯巴塘城人文区位格局在其生命史中的变化历程。因此本书所采用的方法是田野调查和历史文献

---

① 木霁弘等：《滇藏川"大三角"文化探秘》（第 2 版），云南大学出版社，2003。

方法的结合。具体从两方面展开。

从现实民族志调查角度来看，首先通过仔细地选择家族等单位为样本，围绕巴塘城的藏族、汉族、回族、纳西族等公共空间和神圣空间，例如寺庙、广场、市场等，从活动于这些空间的民族群体入手，以他们在不同时段的社会活动、空间表现为切入点，观察他们周期性仪式活动和公共时间节奏与安排。例如，他们在家庭内的时间安排和活动空间，他们参加公共活动的时间规律和空间占据，以及在工作单位，即在工作中的空间定位和时间规律。通过这样的现实观察，勾画出基于不同民族群体的多重性空间和时间状况，并通过具体而现实的社会活动和仪式表演去展现巴塘城人文区位格局与神圣空间的紧密关系。

从历史人类学研究的角度来看，不同民族群体的公共空间有其形成和演变的过程，不同群体的仪式活动、节庆安排也由于文化互动而发生着不断的变化，都需要借助历史文献的查阅、口述历史的还原来认识。例如各种外部文化纷纷进入巴塘，带来的商品、信仰、观念、权力变更等在当今的城市区位格局上留下了可以观察到的痕迹（寺庙、广场、房屋、桥梁等），这些是可以通过现实的考察看到的。但是漫长的过程还需要借助历史文献、地方传说等进一步梳理。因此在具体的调查中，本书还充分利用了已有的历史材料，包括：一是利用当地的档案馆、文化馆、博物馆、寺庙等留存资料；二是访谈当地的一些老人、寺庙里的年长僧人、博物馆里年长的工作人员等；三是依靠当地文化精英的知识储备和资料保存。除历史资料之外，巴塘目前的区域规划、发展目标、旅游开发、治安管理等方面也有所参考和利用。

总结起来，本书从横向与纵向两个层面分别展开。横向上，通过实地考察，展示巴塘当下现实中不同民族群体如何以各自的公共空间为载体，围绕着这些公共空间，以节庆、仪式活动为内容，相互之间发生关联，这是形成巴塘城多层次时空体系和复合型共生体系的方式，也呈现出城内各民族群体在空间分布和占据方面的状况。然而，现实中观察到的这种多重时间体系与空间格局状况，虽然表现为特定时间横截面上的几何构成，实际上却是经过不间断的历史事件而一层层地添加上去的，因而应该有一个纵向的，也就是历史的视角去分析。因此，本书采用纵向与横向相结合的方式，在现实和历史的互相观照下，通过对不同民族群体的公共空间、经济生活、节庆周期、仪式活动、宗教信仰、神灵体系等方面的分析，尽量详细地呈现巴塘城的总体生命历程。

　　具体来说，本书要考察的问题集中在以下方面：（1）巴塘城的现实人文区位格局，包括回族、汉族、彝族、纳西族、藏族等如何构成一种现实生活的多民族杂糅共生体系，具体从公共空间、节庆周期、仪式、日常生活等层面展开；（2）从巴塘城生命史的追溯中呈现其人文区位格局的历史演变历程，并从"城"和"人"的双重角度来呈现多重外来者和多元文化如何共同塑造了巴塘的文化复合性和开放包容性。

# 第一章　时空坐落中的巴塘

四川省甘孜藏族自治州巴塘县位于青藏高原南部，坐落于金沙江中段的东侧，从现在的行政区位看，是川、滇、藏三地的交会处。在历史上由于交通位置的重要性获得了政治军事方面的价值，经历了较为频繁的政治变更，也见证了多元民族群体的互动往来，形成了包括藏族、回族、汉族、纳西族等在内的多元文化杂糅格局，塑造了巴塘在自然地理和社会文化方面的复合文化特征和开放包容气质。

## 第一节　"孔道大通"

巴塘县城东两公里外的鹦哥嘴有一片古石刻群，其中一处上书"孔道大通"，是吴嘉谟所题。清末，赵尔丰在巴塘改土归流后，将巴塘置为巴安县。为发展教育，他将川边学务局移驻巴安，学务局内设印刷局，从内地聘请学者编写官话课本、印刷教科书，并在巴安大办学校，希望以巴安为中心，带动周边地区的教育，而吴嘉谟就是他请来的学务总办。题词之人已经作古，而镌刻在岩石之中的四个大字却保留了下来，并引得后人对其含义纷纷猜测。

在巴塘，人们对"孔道大通"的释义有多种说法。一种说法认为"孔"是指孔子，"道"指思想、学说、道德观念，"大"作副词，意思是非常、特别，"通"，指通顺、通达、通畅之意。四个字合起来，意思是：孔子的思想、学说、道德观念非常通达。巴塘城的一些有学识的老人这样认为：被聘为学务总办的吴嘉谟在巴塘推广教育，因而在内地流布了两千

25

图 1-1　巴塘县城东两公里外的鹦哥嘴石刻（翟淑平拍摄，2014 年）

多年的孔子之道便在巴塘广泛传播，并广为人们接受，在异乡通畅、通达，或许他正是心怀感慨之意，故而挥笔写下这四个大字，命人雕刻在岩石之中。① 另一种说法，认为"孔道"是指非常狭窄的道路，而"大通"指连接和沟通了重要的地方。也就是说，巴塘鹦哥嘴之地虽然高山环绕，狭窄险峻，却东连汉地，西通西藏，而距此不远的另一个石刻上书"竺国通衢"，表明此处也曾是通往印度的古道。按照这种释义，"孔道大通"不仅指明了鹦哥嘴的重要交通位置，也映射了巴塘地理位置的重要性。

巴塘县位于川西青藏高原南缘，金沙江中游东岸的川、滇、藏三省（区）接合部，东与理塘、乡城两县接壤，南与得荣县毗邻，西以金沙江为界，与西藏的贡觉、芒康县和云南的德钦县相望，北与白玉县相连。因扼川西边陲的咽喉与门户，巴塘在历史上被视为康南重地，其军事、交通重要地位使之成为川、滇、藏的政治、经济、文化交汇之地，因为政治和军事的经营，商客、文人、名士、工匠、垦夫等也不断随军进入此地，为之带来了多元文化，造就了今日汉、彝、回、羌、纳西、蒙古、苗等民族与藏族共存的局面。②

巴塘地方志书上有一段话描述巴塘地界："上至章清里德以下，下至

---

① 四川省巴塘县志办公室编《巴塘志苑》，《巴塘志苑》编辑室，2003，第 41 页。
② 翟淑平：《漂泊到融合——从巴塘关帝庙看汉藏互动下的身份认同》，载何明主编《西南边疆民族研究》（第 26 辑），社会科学文献出版社，2018。

曲更岗曲以上，属都康精粹地区巴塘。"① 北至白玉县的章清里德，南至得荣县的曲更岗曲，东抵理塘洼须地界的夏日拉山和然岸东拉山，西达芒康的拉蹲和恶卡呷，四个方向所圈定的这个地区总称为巴塘地区。

吴嘉谟题写"孔道大通"之时，想必已经意识到了巴塘是一个重要的交通要道。当时的巴塘城呈现出各种文化交汇、各种群体杂居的热闹景象。赵尔丰拟在西康建省并以巴塘为行省，经营的重点就放在巴塘，甚至修建了巡抚衙门，大有轰轰烈烈之势。傅嵩炑在《西康建省记》中写道："康地数千里，惟巴塘一地，气候和暖，产粮亦丰，建城之所，可容数千户，左右两小河，绕城急流，西有金沙江，东有大阴山，南北亦层峦叠嶂，可称天险。"② 然而，后因辛亥革命爆发，西康建省搁浅。贺觉非曾作诗曰："雄都作镇首巴安③，带水依山亦壮观。尘世自来多变局，新衙古寺两心酸。"④ 在巴塘建西康省虽然未果，却留下了巡抚衙门，往来于此的各路人马总会或多或少为巴塘留下点什么，纵观巴塘的历史，更会发现它的这一特点。

相传，巴塘之地的古部落，周时被称为戎，秦时称西羌，汉系白狼国，唐属吐蕃，宋末归附元朝，明隆庆二年（1568）至崇祯十二年（1639），被云南丽江纳西木氏土司占领，明末清初受青海蒙古族和硕特部控制，清康熙三年（1664）为西藏达赖喇嘛管理，达赖喇嘛在巴塘设第巴（地方土官）两名，管理地方事务。康熙五十八年（1719），蒙古准噶尔部进军西藏，清廷派定西将军噶尔弼进驻打箭炉，副将军岳钟琪进军西藏途中抵达巴塘，巴塘第巴归附清廷，岳钟琪上奏清廷，将两名第巴设为正副土司，管辖巴塘、得荣、盐井、中甸、阿墩子（今德钦）等地，自此，巴塘正式为清廷管辖。雍正四年（1726）置粮台，设宣抚司，以土司任之，因巴塘气候温和、土地肥沃等良好的自然条件，逐渐成为康南的政治、经济中心。光绪三十四年（1908）因凤全事件⑤爆发，赵尔丰被清廷委派到

① 贡布吉村、洛桑吉村：《桑梓巴塘颂》，格桑曲批译，《巴塘志苑》1986 年第 1 期。
② 傅嵩炑：《西康建省记》，台北，成文出版社，1968，第 10 页。
③ 赵尔丰在巴塘改土归流时改名为巴安。
④ 贺觉非著，林超校《西康纪事诗本事注》，西藏人民出版社，1988，第 121 页。
⑤ 光绪三十一年（1905），驻藏帮办大臣凤全在巴塘推行较为激进的宗教改革政策，引起巴塘僧俗不满，后凤全被戕，引起清廷震怒，派赵尔丰来巴平叛。

巴塘，率先进行全面的改土归流，置巴安县，同年升巴安府。民国二年
（1913）复称巴安县，民国十四年（1925）归西康省管辖。1951年10月改
名为巴塘县，1955年10月隶属于四川省甘孜藏族自治州至今。[①]

图 1-2　从西边象鼻山俯瞰巴塘城全景（翟淑平拍摄，2014年）

　　巴塘所经历的历史流变甚为丰富，尤其是明清两代，中央王朝为了阻
断西藏和北方蒙古势力的联系，就加大了经营川藏线的力度。到了清康熙
末年，川藏线南路确定为出入西藏、行军遣吏、钱粮周转的主要道路，而
位于南线的巴塘经过康熙、雍正、乾隆、嘉庆四代的经营，尤其是清末川
边改土归流，成为行军、遣吏、钱粮进入西藏的咽喉之地。内地的汉商、
回商、垦户、匠人等随军进入巴塘，带来了丰富多元的外来文化，形成了
藏、汉、彝、回、羌、纳西、蒙古、苗等民族共居的历史格局。此外，清
末民初，英、法等国为了达到占据西藏的目的，妄图从巴塘入藏。尤其是
鸦片战争之后，一系列不平等条约的签订使"洋教"在四川的发展甚为迅
速。到1901年，在川的外国教会已达9个，男女传教士315人，教堂221
个，布道室1230多个，教徒人数为10万到17万人，其中90%以上是法国

---

　　①　四川省巴塘县志编纂委员会编纂《巴塘县志》，四川民族出版社，1993，第6页。

天主教徒。① 巴塘作为当时四川入藏的重要门户，具有进可援藏、退可拒盗的重要战略地位。从咸丰九年（1859）到光绪二十九年（1903）期间，法国天主教在巴塘加大传教力度，相继在巴塘辖区内建立了 3 处教堂。后来随着巴塘反教情绪的高涨和力度的加大，法国天主教的势力渐渐衰退，而以美国为首的基督教势力又逐渐延伸到巴塘，他们以行医、教育、收留孤儿等手段在巴塘经营传教事宜，很快就得到当地人的信任，设立基督教教堂，传教洗礼接踵而至。

纵观这粗略的历史线条，我们很容易发现，作为小小"孔道"的巴塘在历史上经历了多元文化的碰撞和交融，从古至今就是政治历史风云、宗教派别演变、经济文化交流活动频繁的地方。这个活跃的藏边城市经历了一个丰富与鲜活的发展历程，儒家、道家、藏传佛教、西方基督教和天主教、伊斯兰教等在不同时期都对它产生了相应的影响，这些影响必然会塑造和改变着巴塘的人文区位格局。

## 第二节 "巴塘"名称的由来

"巴塘"这一地名的来源在当地有不同的说法和解释，多以传说和故事的形式流传下来，广为当地人所传讲。

一种说法是，在古时候，巴塘北区某地（巴塘当地老人普遍认为这个地方是郎多）的一块岩石上，突然出现了几只羊，"咩咩"地叫了几声。人们认为这是神羊出现，而它们的叫声是吉祥之兆，遂以羊的叫声作为地名，后来"咩"转为"巴"。而藏语里称开阔的平坝子为"塘"，合在一起就是现在所叫的"巴塘"，意为"有神羊叫声的平坝"。

另一种说法与羊的叫声有关，也与巴塘的首尊活佛，即包活佛有关。包活佛的第一世曼呷巴，为了护佑当地信众和这片土地，赐予他们吉祥如意，在慈悲心和佛力的驱使下，幻化为绵羊，驾临此地，"咩咩咩"连叫三声，予以加持。人们为了表达感激和崇敬之心，就取名为"咩"，后来

---

① 刘传英：《巴塘藏族反教卫国斗争史略》，四川人民出版社，1993，第 53 页。

由此变音为"巴",从此得名"巴塘"。①

　　也有人讲,从前,巴塘城这片大坝子是半沼泽的灌丛草坝,古人入居这里之后,以驯养动物为生。首先驯养成功的是较为温顺的带羔绵羊,人们早上将母羊放到灌丛草坝上吃草,因担心它们不归,便把羊羔都关在圈里。母羊一边啃草一边惦记着圈中的小羊羔,因此嘴里含着草时还不停地发出"叭叭"的叫声,呼唤着自己的小羊羔。人们每天都能听到这样的叫声响起在这片草坝上,便把这片灌丛草坝取名为"叭通",汉语译音是"巴塘",意思就是"能听到叭叭羊叫声的坝子"。

　　与这个传说相近的还有另外一个故事。很久以前,古人在巴塘这片土地上生活,他们开垦土地,种植作物,勤奋劳作。这片土地东边是泥潭,西边是半沼泽,人们以"荡叭通"来称呼自己生活的地方,意思是半沼泽半泥潭的坝子。后来,"荡叭通"地势渐渐抬升,东边变成可开垦耕种的沙壤灌丛草坝,西边则变成了泥滩草坝,没有了沼泽,人们就把"荡叭通"的"荡"音取消,只叫"叭通",意思是泥滩坝,汉语译音就是"巴塘"。②

　　总结起来,上述这几个不同版本的传说和故事主要涉及两个重要因素:羊和生计方式。在人们的各种讲述之中,羊或者是从天而降的神羊,或者是活佛幻化而成来守护此地的圣者,都表明他们相信巴塘最初曾经历过放牧这样的生计方式,后来渐渐开始垦田种植。

　　除了用这种与生计方式有关的传说来解释巴塘地名的由来,还有人从政权治理方面加以分析,认为巴塘这一名称是得自古时的会盟制度。

　　巴塘籍学者健白平措撰文称,"巴"对应的藏文含义是协议双方为确保严格履行已经商妥的各项条件所交付的"保证金",如果有任何一方违反条件,或拒不执行协议,就得接受处罚,失去"保证金"。古时候,部落联盟、民间纠纷都会采取这样的规矩,这在藏地由来已久,广为流行。敦煌出土的古藏文吐蕃历史材料显示,在公元6世纪末,松赞干布的父亲朗日松赞统治时就存在会盟制度,赞普为了巩固自己的政权,维护内部的

---

①　健白平措:《巴塘地名一探和历史略述》,《巴塘志苑》1984年第4期。
②　张苹措:《巴塘地名的传说》,《巴塘志苑》2008年第2期。

团结和稳定，瓦解和兼并其他部落，就不断地同各部落酋长或者自己属下的大臣结盟，在盟誓中，大家都必须遵守和履行事先商定好的各项条件。松赞干布征服了西藏高原上的各部落之后，建立了统一的吐蕃王朝，历代赞普（据现有可靠藏文资料记载，直到尺热巴中时代）积极向外扩张势力，盟会举行得愈加频繁，甚至每年两次，地点也由卫藏本部逐渐扩展到被征服的吐谷浑、于阗和南诏等地。地区性会盟的内容包括：征收贡赋、制定法令、任免和奖惩官吏、清点人口、摊派兵员和战马、积极支援战争等。大型的地区会盟，由吐蕃王朝的高级官员尚论一级的大臣主持，有时赞普也会亲自参加。康区的道孚和邓科等地，都曾是盟会的地点，而巴塘地区紧邻西藏，也经过吐蕃王朝的统治与管辖，虽不见于史料记载，但并不能排除它作为盟会地点的历史可能性。基于上述分析和论述，健白平措认为，"巴塘"之中的"巴"有可能是得自它曾作为盟会的地点，而与藏语"巴"所具有的"保证金"之意密切相关，人们将它与"塘"连在一起，称呼这个地方。①

以上这种历史分析相较于"羊"主题的神话解释，因其援引的史料记载而更显可信，为巴塘曾受吐蕃统治提供了证据。然而，因充当过盟会地而得此名，并未涉及在那之前以何名出现，而比较之下，神羊主题的神话传说则试图解释巴塘地区更早的状况。无论是神话传说，还是历史材料，都表明巴塘地区的人们在关注自身的历史，并试图予以说明和解释。关于巴塘地区如此，而关于本书所集中探讨的巴塘城区，相关的神话传说也有不少。

## 第三节 "夏邛"与"鹏城"②

有人以无比神圣的口吻来描述巴塘城区：

① 健白平措：《巴塘地名一探和历史略述》，《巴塘志苑》1984年第4期。
② 翟淑平：《地名与神话中的地方世界：四川巴塘地名研究》，《百色学院学报》2020年第6期。

31

　　巴塘坐落在犹如大鹏展翅的土地上，巴塘胜地，苍天如八辐佛轮，大地似八瓣莲花，神山翁戈扎白岩，呈现八吉祥瑞相，东方的虎头山从田坝中看去，犹如立穴猛虎，南方杜鹃山如腾飞的碧龙，西方象鼻山像展翅火鸡，北方帕拉山（猪头山）似潘海龟鳖。城郊东面的东隆山，如正襟危坐的本师释迦牟尼，东北郊的扎金顶像右侧登地的手势，虎头山在它面前又像左侧静定手势上斟满甘露的钵盂，扎当当石包之声召集僧众聚会的雷鸣般的锣声，田坝之中，古桑抱石长在大石墩上，像奇特的南瞻部之树，民歌唱道："石上长的神树，巨石中的古桑，它在这个地方，不是珍宝是什么！"象鼻山其势宽阔雄伟，山脉绵亘稳固；拉玛多杰、东隆山，山顶是土地神，腰是小庙、佛堂，麓有江河环绕；守护祖籍的格聂山、阿妈党顶玛山，山顶由地山神族旋绕，山腰坐落着幽静而令人向往的老牛泉寺庙（拉卡根托），这座寺庙和日登寺、四里龙寺、河西寺分布在巴塘周围，在这些寺庙内，每年要举行忏悔礼佛供神，"禁食斋"①，善业八戒②。巴曲从东向南流去，在康宁寺外与更曲汇合，再向南流入金沙江。金沙江则在巴塘西面由北向南缓缓流淌，注入东海。因而又有人说巴塘是"水乡泽城"。③

　　这一叙述基本上将巴塘城区的大致轮廓勾勒出来，山与水界定了巴塘城区的整体范围。东面并立的"巴杰东隆"和"拉玛多杰"是巴塘城区最著名的两座神山，虎头山是拉玛多杰的祭台；西面的象鼻山宽阔雄伟，其中有"小格聂"神山，是河西村的神山；北有"猪头山"；南有"杜鹃山"。四面高山合围，形成了巴塘城区的平坝。巴曲河与更曲河在康宁寺外交汇，向南注入金沙江，两河让巴塘成为"水乡泽城"。

　　这山水之间的城也被热爱家乡的人们编织成了美丽的故事。

　　人们说，很久很久以前，巴塘城所在的地方原是一个很大的湖泊，四面由高山环绕，山中森林郁郁葱葱，守护着中间那碧波荡漾的

---

① 宗教徒断炊以修苦行的一种活动。
② 于阴历每月初八、十五、三十举行。
③ 贡布吉村、洛桑吉村：《桑梓巴塘颂》，格桑曲批译，《巴塘志苑》1986 年第 1 期。

湖泊。湖中有块白玉石，上面长着一棵珊瑚树，枝头结满珊瑚珠。从远处看，碧绿的湖水、洁白的玉石、紫红色的珊瑚珠在阳光之下越发显得色彩斑斓，耀眼夺目。此番景象引得四面山中居住的神灵都想一看究竟，东山的老虎、西山的大象、北山的黑猪、南山的杜鹃凑在一起，但它们谁都不知道湖水的深浅，所以不敢下湖去看。老虎认为是东边来的巴曲河水积成了湖泊，就去堵住东边来的巴曲河水；黑猪认为是北边来的更曲河水积成的湖泊，就去堵住北方来的更曲河水；大象和杜鹃认为只有挖沟把湖水放完才是上策，就一同去挖沟放水。结果大象和杜鹃把湖水放干了，老虎和黑猪也没能把东来的巴曲河水和北来的更曲河水堵住，两条河水仍然挡住了它们探宝的去路。

湖水干了，日复一日，年复一年，珊瑚树变成了桑树，珊瑚珠化作桑葚，又后来，桑葚掉落，再也结不出来新的果实，没有湖水滋养，玉石也变成了石头，形成了现在还能看到的"古桑抱石"奇景。而老虎、黑猪、大象、杜鹃的躯体则变成了山脉，仍旧保留着那一探究竟的模样。[①]

"古桑抱石"的由来除了嵌合在这个"山-水-城"的神话故事框架之中，还在其他的神话传说中出现，与现在被称为鹏城的巴塘城关联起来，同时也与神山、寺院密不可分。让我们从"古桑抱石"说起。

巴塘人都说，"古桑抱石"的那棵桑树是不结桑葚果的，有的解释是依据上述的那个故事，也有人用另外的故事去说明原因。

这个故事是这样的。[②] 最初，巴塘这个地方还没有人类居住，草坝茵茵，水流潺潺，动物遍地，植物丰富。名叫斯莫抓普的女妖主宰着这片美丽而富饶的土地，她住在岩洞里；红脸、龅牙，形象恐怖。女妖平日在洞中修行，饿了就来到森林中打猎、喝水，无聊时就到草坝上游玩、散步，过得好不快活。这样的日子不知过了多久，有一天，一群人的到来打破了原来如水般平静的生活。这群人来自西藏雅鲁藏布江一带，他们想要寻找新的生息落脚地，就相互结伴，往东迁徙，却一直没找到完全满意的地

---

① 扎西朱扎：《"古桑抱石"及其传说》，《巴塘志苑》1998 年第 1 期。

② 此故事是根据笔者在巴塘田野调查期间收集的口述材料整理而成。

方。终于有一天，他们来到巴塘一带时，看到这里草木繁茂、河水充沛、动物成群、地势平坦，沿河的平坝又十分广阔，一下子就认定这是一个适宜定居的好地方，众人商议后决定在此落脚。他们先是放牧牛羊，安定下来之后，又凿石建房，开垦荒地，种植粮食，慢慢建立起在异乡的新家园。

这片土地的最初主宰者斯莫抓普女妖，见这群人竟如此这般地占了自己的领地，恼怒万分，大兴妖法，杀伤了许多人。这群人无力抵抗女妖，就祈求上天帮助，天老爷在天界听到人们的哀求，就把东隆和拉玛多杰两位神灵派下来，帮助人们对付女妖。谁知女妖竟有许多部下，东隆和拉玛多杰拼尽全力，才将女妖和其部下制服，但最后他们也受伤身亡，无法再回到天界，于是化为两座大山，矗立在这片他们舍命战斗过的土地上。得救的人们感激不已，为了纪念东隆和拉玛多杰，就开始祭拜两座大山。拉玛多杰在天界的未婚妻等啊盼啊，就是不见他归来，就从天界下到巴塘去找。听闻他已经战死并化为大山，她就在山脚下的一块巨石上坐着，面向昔日的恋人，天长日久，就化作一棵桑树，与巨石长在一起，成为今日的"古桑抱石"。因为她从未与拉玛多杰有过交合，所以那棵桑树不会结果。

这个神话传说除了解释"古桑抱石"的由来、桑树不结果的原因，还说明了另外两件事情：一是人类最初是如何踏上巴塘之地，开始了社会生活；二是巴塘两座重要的神山是怎么来的。巴塘的创世故事和神山来历交织在同一个神话叙事逻辑之中，让这片由妖怪盘踞之地转变而来的人类生存乐园，第一次被神性的光芒照耀。不过，在很久之后，另一个神灵的到来，又一次改变了这片土地的命运。这些事情流传在另外一个神话传说之中。

女妖被东隆和拉玛多杰制服后，乖乖待在山洞之中修行，不敢再出来兴风作浪、危害四方。这群从西藏来的人逐渐安定下来，休养生息，过着平静的生活。但谁也不知道从何时起，大湖之中突然出现了一条恶龙，它每年都要把一个人卷进湖中吃掉，人们斗不过它，只好接受一年向它献祭一个人的事实。当时管理巴塘的国王有两个儿子，分别是多吉和格绒，还有一个女儿，叫梅朵，三个孩子都十分可爱。一天，三人一起去湖边捕鱼，见有许多姑娘在湖边洗衣服，头戴白头巾的梅朵也拿着一方红手帕，在旁边戏水玩耍，谁知她不小心掉到水里去了。捕鱼的两位哥哥见她落水，飞奔来救，多吉跳下水，双手把梅朵举起，往岸边游，格绒伸手正准备拉她上岸，一股波浪卷涌过来，把多吉和梅朵都吞没在湖中。格绒只抓到梅朵头上的白头巾，之后白头巾顺势飞出，飘落到拉玛多杰的山顶，变成终年不化的白雪。格绒顺着湖边，一面找，一面喊，却无人应答，悲痛欲绝的他跑到梅朵头巾飘落的高山之上，放声大哭，七天七夜不停，眼泪汇成了海。忽然之间，电闪雷鸣，狂风呼啸，海里冒出两个人，格绒一看，正是多吉和梅朵，便向他们跑去，并拼命喊叫："多吉，梅朵，我在这儿！"两人听见后也奋力向格绒游去，三兄妹的手刚碰到一起，一声霹雳，立刻把他们都霹死了。杀死兄妹三人的正是水里的恶龙。

　　远在西藏布达拉宫的一位高僧得知这件事情后，十分震怒，认为恶龙不满足于一年一人的献祭，实在是太过贪心，便派他自己喂养的一只大鹏神鸟前去降服恶龙。这只鹏鸟神通广大，能日越千山，眼睛能洞悉诸事实情，嘴巴像铁钳一样坚硬锋利。得到高僧命令后，鹏鸟便日夜兼程、翻山越岭，来到巴塘。在高空盘旋俯瞰之时，它被那宽广肥美的草原、宁静秀丽的湖水吸引，一时间将重任搁置一边，俯冲到湖中，尽情游玩起来。它不停地游动，把湖底的龙宫翻腾起来。恶龙心想，这只鸟一定功力非凡，是来对付我的，要趁它不注意时先下手为强。于是，恶龙唤来旱神，说，让湖水干涸，把鹏鸟陷死在湖底的淤泥之中！旱神拿着一把金斧子往南一砍，湖水全部流向南边，形成一条气势汹汹的大河，就是今天的巴曲河。水一下子流干了，鹏鸟未来得及起飞，便陷到淤泥之中。它怒火万丈，往恶龙身上扑去，经过一番激烈的争斗，最终用铁嘴把恶龙撕得粉碎，却因过度劳累再也飞不起来，它巨大的身躯俯在它战斗的地方，化成沃土，滋养着巴塘这片土地。

　　不知过了多少年，也不知是包活佛的哪一代转世，某一天他站在鹏鸟化身之地，面对东隆和拉玛多杰以躯体化成的两座高山，一时感慨万千，于是将巴塘唤作鹏城，把东隆和拉玛多杰分别封为两座高山的山神，而已经延续多年的祭山活动，更为人们遵从，一直流传至今。

　　上述两则神话具有连贯的情节和逻辑。首先，第一个故事讲述了巴塘有人类居住之初的情况和神山的由来，第二个则涉及鹏城巴塘如何形成，都属于起源神话的范畴。其次，两则神话的情节都是妖魔作恶、人类遭难，而神灵出手相救，最终妖魔被制服，人类得以安居乐业，但神灵却献出了自己的生命，有的化作巴塘的神山，有的化为巴塘的大地。

然而，两者又有非常不同的细节之处。在第一个神话之中，降妖的是天界的"天老爷"派下来的天界神灵，传说故事中的恶龙实际上是苯教中的"鲁"，由于受到汉文化的影响，在长期的传讲中变为龙，这个神话的逻辑符合苯教的"天界—人间—地下"三界宇宙观图式；而在第二个神话中，对付恶龙的则是西藏布达拉宫的佛教僧人所派的大鹏神鸟夏邛，说明这个时期的巴塘已经进入了佛法时代。

尽管这两则神话故事在流传过程之中或许经过不断的"添油加醋"，成为当地人口中"没啥科学依据的摆谈"，而正是不断的层累和添加才使不停变更的历史能在没有文字记录的时代留下痕迹。巴塘最早出现于史料的记载已是在相当晚近的清康熙年间，从当地人津津乐道的白狼国时代到有史料记载的漫长历史时段，也只有通过数量众多的传说和神话故事来呈现一些粗略的线条。我并不敢妄言要从神话之中书写历史，然而透过神话却也能把巴塘之地所历经的原始信仰—苯教—藏传佛教这一信仰流变过程大致勾画出来，或可与当地流传的包活佛世系相互印证。当地人相信巴塘的首席活佛包活佛从苯教到噶举派，最后到格鲁派历经二十世转世，其在不同的教派都有相应的神话传说，而且对应的寺庙及所在的地点都十分具体，这在后文会有进一步交代。

以"夏邛"和"鹏城"为主题的神话不仅勾勒出巴塘所经历的宗教信仰转变过程，还试图为现在巴塘城区范围内所显见的神山、活佛等因素提供一种可以溯源的本土知识库。也就是说，巴塘城现在呈现的那种让人一下子容易归结为藏族的种种现象，都能够在他们所广泛传讲的神话故事之中找到依据。至于这样的神话是不是一种现代创造，后文会有进一步分析。

总之，随着巴塘城成为鹏城，其治所之地被称作夏邛镇，人们也开始不断地从各种地理空间角度去寻找鹏鸟的身影。他们或者不辞劳苦地爬到高山上去观看，或者利用现代信息技术卫星图去描绘，直到勾勒出形象鲜活的鹏鸟轮廓，才感到心满意足。巴塘人很久以前为了灌溉而修筑的一条水渠，被叫作"巴信呷"，意思是巴塘田坝的水渠，渠头在日登寺以东约 1 公里的巴久曲河入口，顺东隆山脚下修至里塘工背后，流入巴曲河。"巴信呷"修成之后，人们从西山观望，就能看到巴曲河、巴久曲河和巴信呷三条水流，共同勾画出了向东展翅飞翔的鹏鸟形象；若从东隆山顶或拉玛多杰山顶往下看，这三条水流则勾画出向南飞翔的鹏鸟形象。也有人说，佛教中的大鹏神鸟身短、翅宽而长，从西山的格聂观之，东隆山是鹏鸟的头，拉玛多杰山脉至杜鹃山是右翅，扎金顶山脉至纳扎西山是左翅，巴曲河水流勾画出了鹏鸟的翅端和尾翼。种种说法都在为上述神话寻求现实的脚本。

## 第四节　"城"与"人"的整体状况

当地人有关"鹏城"和"夏邛"的诸多传说故事或许包含着不间断的现代累加和建构，甚至将巴塘城现在的空间格局比拟为鹏鸟，为很久以前的神话时代提供注脚，显然是不科学的。一方面，巴塘城区现在的河流和堰渠早就四通八达，以其中的巴曲河、巴久曲河和巴信呷三条水流勾勒鹏鸟形象，显示出某种牵强附会；另一方面，现在巴塘城区周边的很大一部分田坝、房屋、村庄，都是新中国成立之后不断建设与开辟的结果，这些也会影响今日辨识鹏鸟的视线和角度。从神话中的神鸟夏邛到现在人们从城区上空勾勒的鹏鸟形状，无论经历了怎样的牵强与有意识的建构，能够肯定的一点是，巴塘城所经历的改变从未停息。

如今，在巴塘的婚礼说唱环节，吉祥老人还会唱诵："早年巴塘宗、日雨宗、刀许宗、宗恩宗、麦纳宗、三岩宗、茶卡宗等七个宗到处诵，巴塘城区分为十三个部落，北区分为七个部落，东南方向分为上下日学，前者分为九个部落，后者分为六个部落。"[①] 城区的那十三个部落早已不见踪影，在历史的匆匆脚步中，化成巴塘城老城和新城并立的今日模样。

---

① 贡布吉村、洛桑吉村：《桑梓巴塘颂》，格桑曲批译，《巴塘志苑》1986 年第 1 期。

## 一 老城与新城

巴塘城今日的空间格局从大处可分为新城和老城两部分，这一格局是在1989年巴塘地区发生严重地震之后重建时规划的。在此之前，巴塘的城区主要集中在现在被称为老街的区域。地震发生后，大部分房屋都在地震中被毁坏。重建之时，除了修复老街倒塌的房屋、断裂的道路，考虑到老街的区域空间已经不能满足日益增多的人口所需，就向外进一步规划。

震后规划建设完成后，整个城区主要由四条大街贯通起来，以政府广场为中心，北边为新街，长1500米，宽13米，两旁非常集中地分布着县委机关、县人大、县政府、公安局、法院、税务局、卫生局等行政机关单位。农贸市场也在新街西边，市场共有三层，一楼大厅售卖肉类、果蔬、副食、日常用具、五金件等；二楼售卖服装鞋袜、饰品、被褥床单之类；三楼售家具，也有茶馆和饭店。市场经营者多为汉族和回族，也有本地人在一楼大厅过道上零售自己种的菜，或者在二楼经营一些藏式的服装和首饰，或是在三楼经营茶馆和藏餐厅。广场向南是幸福街，以西是文化街，长133米，宽9米，街北是藏传佛教格鲁派寺院康宁寺，街南有城关幼儿园、巴塘中学，故该街被称为文化街。文化街经过康宁寺，穿过藏族民房，尽头到达巴曲河东岸，由虾桑桥通往龙王塘，是巴塘人每年跳藏戏、耍坝子、央勒节的场所。原先，川藏公路318线沿新街而过，延伸到幸福街，如今318线向西边偏移，街道取名为安康大道，一直向南，经援越桥，一路南下。

图1-3中的老街即老城旧街，长133米，宽4米。沿街有很多小商铺，多为老街居民小规模经营，就是将临街的窗台开辟出来，卖一些小吃食和日常生活用品。街上有小庙一座，当地人称为阿琦孔，是巴塘城区的保护神庙，供奉城区保护神翁图阿琦。另有关帝庙坐落在老街上，寺庙已经破败，且无相关的宗教活动在其中举行，被认定为省级文物保护单位。老街的房子以藏式为主，也有新修的房屋兼具藏、汉两种风格。老街上原先有巴塘人民小学，后搬迁到新校址。夏邛镇治所也在老街上。

以老街为中心的一大片区域被当地人称为老城，而1989年震后重建的

图1-3　巴塘老街传统民居（翟淑平拍摄，2014年）

西边区域则被归为新城。新城建毕，机关单位、市场店铺都搬迁到新城，政治与经济的中心自然在新城落定。因此，原先在老街经商的汉商和回商也跟随迁出，在新城的农贸市场定居下来。新城的广场设有音乐喷泉，场地宽敞，是县城弦子比赛和表演的场地，也是每日傍晚时分，居民饭后聚在一起跳弦子和锅庄的地方，因而总是显得热闹非凡。

　　老街失去了之前的政治、经济中心地位之后，成为世代居住在巴塘城居民的集中聚落。他们自称为"老巴塘"，分属于四个不同的村落：拉宗伙、巴伙、泽曲伙、孔达伙。这四个"伙"构成了现今巴塘老城的主要部分，它们形成时间很早，最先都是因为某些综合实力较强的家族占据了某区域，便围绕着这些家族聚集起佃户或者差民，渐渐以户名来称呼地名，久而久之，就变成了村子名称。例如现在的拉宗伙，"拉宗"是巴塘很有声望的老堪布阿白的家族名称，所以这个村子就是以他们家族名命名。巴伙与巴塘的居喇嘛家族有关，居喇嘛的老家在格洼村，是个大领主，户名叫邦各巴，以"邦"取名，后来化作"巴"，之后居喇嘛迁到巴塘，其妹

图1-4　巴塘老城与新城（翟淑平拍摄，2014年）

妹嫁给了当地的一个大户人家，这个村子就取名为巴伙。泽曲伙村是以两兄弟的家族名命名。孔达伙是以"孔当益"家族名命名的。

这四大区块便是早期巴塘城的核心构成。新中国成立之后，巴塘人口增加，城区逐渐饱和，在不断向外扩建之后，新城和老城的区分就形成了。新城的居民是由老城这四大区块的人向外迁移形成的，也有不断从内地迁来的汉商、回商等。如今，询问起居住在新城的居民，很多人会自称是这四个村子的村民。曾有一个阶段，四个村子名字改成东风社、向阳社等具有时代特征的名称，但这与世代传承下来的历史记忆相比，不过是短短一瞬，因此并不会彻底改变老巴塘对自身来源的记忆。尤其是震后重建时，他们对于街道、街区的命名进行了认真讨论，最终恢复了原先的名称，因而在老城居民向外迁移时，依然延续了旧称。

新城形成之后，逐渐将周边的村落纳入城区范围之中，形成城乡一体化的总体格局。有的是政府主导下开辟的新村，为安置无房户或者因突发自然灾害而失去家园的人们，例如城区东北的扎金顶新村就是20世纪70年代之后才规划的。原先老城几个家庭共同生活在一栋藏房之中的情况很多，因为"民改"时，贫民分地主的房子，民多而房少，就数家合居，并延续下来。随着家庭人口逐渐增多，房子不够用，就由政府主导在城边另外开辟村子，安置这些居民。除了扎金顶新村是这样的情况，架炮顶村和河西村也类似，只不过，河西村早就出现，并世代作为康宁寺的佃户，村子地广人稀，与城区只有一河之隔，因此在20世纪七八十年代，不少老城的居民就被政府迁到那里，建房造屋，定居下来。此外，四里龙、上磨坊、下磨坊等村也逐渐成为现在巴塘城区的组成部分。老城原先的四大区块，变为四个行政村，村民随着新城规划，向外扩展，也分布在不同的新村和老村，依然构成了巴塘居民的很大一部分。

总之，现在的巴塘县城，呈现出老城和新城并立的局面，而且新城替代老城承载了巴塘的政治、经济、文化、信仰等中心功能，因此比老城更具有一种主体地位。然而，新城仍旧是以老城四大区块为主体向外扩散而逐渐形成的，这样的穿梭消弭了新城和老城对立的格局，而且这些迁出的居民自称为"老巴塘"，与后来不断进入城区范围生活的其他人加以区分。于是，"老巴塘人"和"新巴塘人"，与"老城"和"新城"的区分，形成呼应，这样一来，城市中的人和空间各自的格局就发生了关联。

## 二 "老巴塘"和"新巴塘"

如今在巴塘县城，有"老巴塘"和"新巴塘"这一对人群区分的概念，细问下来，这跟当地人对于"巴塘人"的一种集体认知有关。在当地，"巴塘人"是一个颇具弹性的概念或者范畴，从不同的层次上看，有不同的内涵。在甘孜州境内，若说谁是巴塘人，指的是在巴塘县辖区内的任何人，并不做进一步的区分。若踏入巴塘县境内，人们延续清末民初对巴塘全境划分的东西南北中五个区，对辖区内的人做出进一步的区分，一般而言，他们认为的巴塘人指的是中区的居民，也就是巴塘城区这一范围，其他人则被归为"东区的""北区的"等。更进一步将目光集中于城区之内，巴塘人的含义更为集中和窄化，并与生活于城区的非巴塘人[①]对应起来，他们是在一种相互映衬之下，互相定义着对方，共同构成了巴塘城区

---

① "非巴塘人"是我根据"巴塘人"这个自我称呼而提出来的相对化的说法，在巴塘城当地，他们只是认为这些人不能算作"巴塘人"，但并没有一个专有的称呼。

的居民构成状况。

在现在的巴塘城区，有很大一部分人虽然生活、工作都在巴塘，却不被视为巴塘人（这里所说的是上述狭义范围的巴塘人概念），而且他们对于作为巴塘人的自我认同尚未形成，因而未被纳入巴塘本地人的范围之内。这些非巴塘人内部也包括不同的情况。

第一类是被称为"乡下人"，或者以巴塘本地的说法叫"老乡"的本县农村人。他们从县城周边其他乡镇或者村子里搬迁到巴塘县城，在城里买房子、买地，全家都生活在城里。他们或者因为巴塘县城海拔相对较低、气候温暖而感觉住着舒服，或者因为县城看病就医较为便利，也有的是考虑到孩子上学接受教育在县城的选择性更多，而且教学质量更为可靠。

第二类是来自巴塘县之外的藏族人，他们多从芒康、白玉等地方而来，也是受巴塘海拔低、气候温暖、医疗方便、教育发达等方面的吸引而来。当地人说，他们在巴塘买房子，也不问什么市场价格，看中哪套房子，就和房主直接谈价格；他们也会直接买一块地，在上面自己盖房子。这些外乡的藏族人之所以有足够的钱买房子、买地，有些是来自捡虫草和捡菌子的收入，有的是因为做生意赚了钱，就搬迁到生存环境相对好的巴塘来。我在田野调查期间，经常去拜访的格勒和拉姆这对老夫妇家旁边的一块地，就被白玉县三岩地区的一家藏族人买走了。他们用了数月时间在那块地上圈起一个大大的庭院，盖起了一座漂亮的三层藏式楼房，院子里拴着牛和马，显得十分富足。

当地人口中的这两类"乡下人"，都是藏族，信仰藏传佛教，但是分为不同的派别，主要是格鲁派和宁玛派。虽然巴塘县城的康宁寺属于格鲁派，也不代表这些人不能进去拜佛和从事宗教活动，同为信众，他们并不因为教派不同而彼此排斥，更有信奉宁玛派的乡下人从康宁寺请喇嘛到家里念经做法事。与这种教派之间的融合宽容相比，他们更易从神山信仰和祭祀方面相互区分彼此。巴塘城区的神山主要是巴杰东隆和拉玛多杰两座，这些"乡下人"虽然已经在城区定居，也能够到康宁寺烧香拜佛，却不朝拜和祭祀当地的神山，而是要回到他们或远或近的家乡去祭祀。巴塘县城架炮顶村一带的一个地巫安置村的情况就非常具有代表性。

这个地巫安置村是整体搬迁到巴塘架炮顶村一带的。因为原来的村子二十年前发生了一场严重的泥石流灾害，整个村子几乎都被掩埋在泥沙之下。巴塘县人民政府为解决这个村子的居住问题，讨论商议，将地巫村整体搬迁到县城。地巫村人信奉的是宁玛派，安置点的房子保持着他们原先的建筑风格，与巴塘民居非常不同，色泽艳丽，房顶上插着一簇簇的经幡，颇为壮观，屋顶由胳膊粗的木条累积压制而成，一尺来厚，涂成红色，像是喇嘛寺的风格，而且安置点的房子样式统一，集中在一起，显示出原先的地域风格。这个安置村延续着原先的宁玛派信仰，为了弄清楚他们定居巴塘城后，是不是要转向巴塘城的两座神山信仰，我去调查过几次。刚开始他们戒心很强，不肯多说什么。我问带我去调查的扎西次仁大叔，为何会如此，他告诉我，地巫人崇拜他们的山神，是一位女娃娃，叫地巫阿琦，这个女神嫉妒心强，报复心强，所以他们一般不愿意同外人讲和地巫阿琦有关的事情。后来在扎西次仁大叔的帮助下，我对这位个性分明的女神也有了一定的了解，而且还厘清了这个安置点的地巫人是如何处理自己对于巴塘的地域认同和自我身份认同的。

地巫的山神也就是这位叫作地巫阿琦的女神，深受地巫人崇拜和信奉。村民对山神心存敬畏，甚至有点不敢招惹，因为这位女神嫉妒心强，最讨厌女人打扮得花枝招展、花花绿绿，见到这样的女人，她会给予严厉的惩戒，甚至会让当事人变疯变傻。经过一番调查和询问，我发现，他们认为这与他们地域内的生殖崇拜有关。地巫的年长村民说，地巫一带历来是"打冤家"最为严重的地方，这造成了社会内部的男女比例长期失衡，因为"打冤家"基本都是男人参加，死去的可能性大，留下很多女人。"打冤家"的习惯延续到20世纪50年代，很多男人死去，男女比例严重失调，以致耕地、放牧这些原本是男人干的活，变为女人在做。正是因为这一地域的男性比例太低，凡是打扮得花枝招展的女人无形中就占据了稀缺的男性资源，相当于降低了生育力，这位女神就会施以惩罚。这样的讲述反映的是他们作为一个村落共同体的整体社会心理。

地巫安置点的例子证明，神山信仰和祭祀是紧密地嵌合于一定地域内社会生活整体之中的，人们共享着一套他们能够相互理解和沟通的逻辑与知识。因此，即便地域上发生更改，在短时间内也不会立即将神山和山神有关的信仰进行彻底更换与转变。与之相对的是，这些"乡下人"与巴塘本地的藏族是共同处于一个更为宏大的藏传佛教信仰之下，因此，即使改变了地域，依然能够在寺院这样的神圣空间之内，实现在宗教信仰上的沟通和交流。

因此，我将这些"乡下人"的主体特征归结为"拜寺庙而不祭神山"（当然，他们拜寺庙，却不拜城区保护神庙翁图阿琦庙），他们离开家乡来到巴塘城区生活，在短期内却没有将其社会生活的整体迁移到新的地方。他们平日里在巴塘城区内转寺庙、转佛塔，在广场喝茶、晒太阳，接送娃娃上学，到了捡虫草和捡菌子的相应季节，就回到原来的家乡。因为他们自己的地盘是在原先家乡的山上，即使迁移到巴塘来，也不被允许在巴塘的山上捡虫草和捡菌子。所以说，很难将这些人归到狭义的巴塘人概念之中，一是共同的社会生活与文化逻辑尚未建立起来，以神山信仰和祭祀为主导的地域性区分仍然存在；二是他们自身和家乡的诸多层面的联系仍在继续，他们身为巴塘人的自我认同没有建立起来。在这样的情况之下，这些"乡下人"也被称为"移民"，巴塘城则相应地被本地人称作"移民城市"。

当然他们口中的"移民"概念也包含了其他的群体。这就是第三类被归结为"非巴塘人"的群体，包含了现今巴塘城区的汉商、回商等。他们全部集中在新城之中，占据了巴塘城区市场的绝大部分，除日常做生意之外，无论是回族群体，还是汉族群体，都有着各自的占据空间、活动规模、相聚方式以及参与巴塘城区社会生活的方式。然而，他们共同的特征在于离土不离乡，也就是说，虽然生活和工作都在巴塘，却总会定期地回到自己原先的家乡，而这个周期是取决于各自群体内部的一种集体时间。对于汉族群体来说，他们一般在春节回老家；回族群体则更倾向于在斋月期间回老家。

当然，还有一类群体，准确地说，并不能将他们归为单独一类，即国家公务人员，因为他们除各自归属于自己的民族群体之外，更有一套国家行政的时间、节日安排在固定着他们的生活和工作。他们主要来自藏族、汉族、彝族等民族，也有本地和外地的区分，但是都在国家行政化时间和节日的划分之下，构成了这个特殊的群体，他们在是否为"巴塘人"这个维度上不像其他群体那么清晰明朗。

以上这几种"非巴塘人"群体的划分，使巴塘城区形成了几个起伏较大的时间节律点。一个是虫草季节，一般在每年的公历 5 月和 6 月期间，"乡下人"纷纷返回各自的家乡挖虫草，城中的人一下子会少许多，就连广场上每天傍晚跳弦子的圈圈都非常小，虫草季节一过，整个城区就会一下子热闹起来，甚至让人觉得拥挤不堪。另一个是春节。做生意的汉族人几乎都会选择在春节时返乡和家人团聚，因此，到了春节，年货置办完毕之后，农贸市场的商户就寥寥无几，街上的其他商店、饭铺都停止营业，城区会显得空荡安静。可以说，人、空间和时间在巴塘城区这个范围之内，是一个密不可分的体系化存在，即使都被归到"非巴塘人"的笼统概念之下，他们也都围绕着各自占据的空间，在各自的时间体系之下，参与着巴塘城的社会生活。他们在作为城镇地域的"巴塘"和作为人群共同体的"巴塘人"这两个维度上，有着层次不同的参与和融合程度，相互区分，又混杂一处，一同参与着城市生活，在人-空间-时间这个体系中，构成了巴塘的城镇区位格局。

那么，与之相对的"巴塘人"又是怎样的状况？

如前所述，在巴塘城区的范围内谈及"巴塘人"，这是一个颇具情境性的概念，因而具有弹性和宽泛性，而且是相对于"非巴塘人"所形成的概念，更多地显示出一种这个自称为"巴塘人"群体的自我认定、主观强调，甚至带有刻意为之的痕迹。那么，在巴塘城区范围之内，这样的身份界限是如何产生的？

在巴塘期间，我数次听到当地人这样感慨："巴塘人像面条里的葱子一样少。"这个比喻不时地出现在人们的闲谈中，甚至被写进他们喜爱吟唱的弦子词中。我忍不住好奇："你们说的巴塘人到底指的是谁？巴塘有这么多的人，怎么会像面条里的葱子一样少？"扎西次仁听后脸上露出无奈神情。我们一同在龙王塘的白塔那里转塔子时，他指着绕塔疾行的男男女女说："你看，这么多人中，除了我自己，只有那一个老头子是巴塘人，其他都是乡下的！"我很惊讶："你怎么晓得？"他说："我在巴塘生活了这么多年，老巴塘我都认识，原来巴塘立大门的有 500 户，你看现在，外来的人太多喽！"拉姆阿姨也说："以前走在街上，到处都是认识的人，都是巴塘人，现在，走一圈，谁都不认识了，巴塘外来的人太多了，巴塘本地人少，街上认得到的没几个呀！没得办法呀，土地流转，可以买地、买房子，乡下人挖了虫草，有了钱就来巴塘了。"

家住中山广场的另一位拉姆阿姨说："原来的巴塘人爱干净得很，穿的衣服再旧，都是干干净净的，街道上呀、房子里呀，都收拾得好好的，人也有文化。"

一位巴塘当地公务人员和我聊天时，讲到巴塘作为"移民城市"的话题，他说："乡下人到巴塘来买地买房，外县的人也来巴塘。买了之后，他们这一代在老家还有房子有地，当然不会说自己是巴塘人，但到了第二代、第三代，已经不知道父辈的老家是哪了，自然会认同自己就是巴塘人。但那个时候，巴塘已经变了。"

"葱子"和"面条"的比喻、"移民城市"的说法，显示出人们对巴塘的担忧。的确，这些"乡下人"大量地出现在巴塘城区，除了在数量上给这些世代居住于此的巴塘人带来巨大的挤压感，还给他们带来了许多困扰，这让他们意识到一种"我者"和"他者"的区分。他们也开始从社会生活的诸多层面，为这种区分寻找解读和阐释。

从饮食方面来看，巴塘人自认为对吃特别讲究。他们常说："巴塘人看重吃的方面，对于穿着和房子倒不是特别讲究，为了吃花多少钱也不在乎，但修房子没有康北那些地方讲究。"这是实话，巴塘城区的饮食文化丰富多彩，各种点心、面食、肉食，不仅花样众多，还做得精致，人们甚至还半开玩笑地对食物加以讨论讲述。例如巴塘有种说法叫"包子格桑"，大致是说，蒸包子的时候馅儿里必须放点牛肉，然后再拌以牛油，这样才会香。"包子格桑"的意思就是，包子蒸熟之后，里面的油很多，人们吃的时候，先用两只手掰开，油顺着胳膊就流到手腕了，吃的人急忙举手去舔手腕上的油，谁知包子里滚烫的油又滴到后脖子了，吃的人"哎哟"一声，全是幸福的疼痛！"格"是脖子之意，"桑"是烫的意思，加上汉语的"包子"，真是汉藏结合，既有生活意味，又包含着他们对食物的热爱之情。还以包子为例，哪家的主妇和婆婆不懂得各种各样的包法？圆形的、月牙形的都算最简单的，边缘的封口捏褶子更不必多说，可捏成辫子形状，也可以做成锯齿状。在这些手巧的主妇看来："乡下人是怎么都学不来的，他们根本不会包，顶多学会包最普通的月牙形！"甚至说："乡下的吃饭都不讲究，连面皮子都做不来，更别说其他的了，他们整不来啥子吃的哟！"

再来看穿的戴的，巴塘人和"乡下的"也有很大不同。巴塘妇人头发辫上缠的毛线大多数为红色的，鲜红、暗红、桃红、粉红都有，一般都用单色的毛线和头发一同编成辫子。但"乡下的"则喜欢用红色、蓝色、黑色、绿色等毛线缠在一起，花花绿绿地编在头发里，和城里很不一样。再说妇人的围腰，她们叫"邦得"，城区和乡下也是有区分的，城里巴塘人的"邦得"顶端是蓝色的，下面围腰主体部分是黑色的。而"乡下人"就没有这样的讲究，没什么规律，"是乱的"。此外，"邦得"的系法也不一样，城区人的腰带是露出一个须须在外，放在左侧，而乡下人的则要露出两个须须，左右各一。头上所戴的银饰叫"别别"，也就是两根银棒，并列置于头顶上，做装饰用，巴塘城区"别别"只一端有彩色须线穿出来，而乡下的两端都有彩色须线穿出来。

总结来看，巴塘人的自我身份认同与他们所受的空间、资源、文化等方面的挤压感有关，在这样的挤压感和焦虑感中，自我与他者的边界不断被塑造着，从而界定了巴塘人的集体认知。

巴塘人的焦虑反映出当地城镇化的一系列问题：耕地被占，而且城镇的设施又不完备，卫生意识、交通环境、服务设施都难以跟上，人们虽住在城里，但依靠的粮食、蔬菜又必须来自仅存的土地（例如当地人对糌粑仍有很大的需求），他们靠卖虫草、松茸的钱，购买生活必需品，前提是物资得具备，而巴塘靠外来蔬菜、粮食与副食的程度，令人咋舌，大米、面粉、蔬菜、鸡蛋、肉类大多都要依靠内地运输来，所以，本地的土面、土猪、蔬菜，会成为极珍贵和难得的东西。比起历史上发生在巴塘城区的数次人口移入时主旋律是"带来"，这些年城镇化带来的大规模人口迁移，给本地人带来的挤压感甚为明显。巴塘城区的本土资源受到空前规模的占据，包括旅游资源、自然资源、空间、土地、文化、话语权等，这种趋势逐渐改变着巴塘城区整体的社会生活状况。

城镇化的持续带来了不可避免的流动，让他们产生了一定程度的不适应，进而出现了我者与他者的区分。他们说起自己，总以"地地道道的巴塘人"为骄傲，对身份的强调显示出了一个时代即将终结，实现身份认同，从历史中书写纵向的"我者"，意图与新进的外来者加以区分，塑造了自我的文化自觉、身份自觉，来调整因流动而产生的动态性。然而，有一个问题不容忽视：现在的巴塘不正是经由历史中不同民族群体的流入而层累性地塑造出来的吗？虽然第一代移民仍与原乡有关联，但接下来的数代在持续的社会生活中已经形成了作为巴塘人的认同。因而所谓巴塘人，正在动态和持续地变更着，永远没有所谓的纯净纯粹，因为人类社会永远不会与世隔绝，人的交流永无止息。这与格勒所说的"巴塘已死"不谋而合，但须知，巴塘只有"死了"，才能让其生命延续，才会真正地"活着"。而追求"纯粹的""黄金时代"的巴塘，只会让它消失于历史的滚滚洪流之中。因为，正是在不断的变革与发展之中，才有了现在的巴塘。只有不断地改变，才能真正地做"自己"。当那一批"真正的巴塘人"老去和逝去——很多已经老去和逝去了，巴塘会成为什么样子？巴塘如何保留自己曾经的身影，而不是无影无踪地消失在时代与历史的巨变之中，这些都是值得讨论的问题。

第二部分

# 现实人文区位

# 第二章　巴塘的回族

从本章开始，就进入本书的第二部分。这一部分基于现实的田野调查，描述巴塘城区的回族、汉族、纳西族、彝族等群体的社会生活状况，呈现这些多元民族群体如何构成巴塘城区的现实人文区位格局和整体城镇生活。

从上述对"城"和"人"这两方面的总体勾勒来看，老城与新城构成了巴塘城的空间区位，而围绕着"谁是巴塘人"这一主题则能够对现居群体做大致的划分。若从如今的民族身份进一步对他们做出区分，能够发现，虽然藏族占主体，但汉族、回族也为数不少，还有纳西族、彝族等。汉族群体在巴塘主要以经商为业，集中在农贸市场和商业步行街，另一部分则是公职人员，在政府部门工作。相比之下，后者更倾向于在巴塘置办房产、安家落户，且与本地藏族通婚的比例也较高。这一方面是因为他们在这里的工作更为稳定、变动性较小，另一方面也与政府鼓励藏汉通婚的政策有关。而经商的汉族往往因交通不便而不能频繁地返回家乡探亲，因此在内地寻求到更好的生意机会时会选择离开巴塘，流动性相对较强，与当地人通婚安家落户的可能性较小，而与家乡的联系依然十分紧密，巴塘于他们而言，更多的是寻求商机、赚钱的地方。汉族人会在一年一度的重要节日——春节期间，大规模返乡，和家乡的亲人团聚，而其他诸如端午、中秋之类的传统节日就在巴塘度过，和老乡、朋友聚餐是主要的过节方式。这一点与巴塘的彝族人非常类似，而彝族人的聚餐活动更为频繁，他们甚至在巴塘、理塘成立了"彝族儿女会"，选出会长，主持节日和日常的聚会，或者为一些突发的事件举行仪式活动。正因为汉族会定期返乡，而平日里并不像藏族或者回族那样有较为严格的仪式要求，所以，他们在巴塘城的社会生活更多地围绕市场与临时安置的住处进行。当然也有一些做生意的汉族会去康宁寺烧香拜佛，但他们在盛大的佛教节日中，更多的是以一种看热闹的心态去寺庙观看，宗教参与的程度并不深。

而相较于汉族，巴塘的回族虽然会定期返乡，与故乡的联系也非常紧密，但他们在日常礼拜和定期聚礼的宗教要求之下，在巴塘除了围绕市场开展社会生活，还有群体内部的公共空间。而围绕这一空间，在定期的宗教聚礼以及由此带来的紧密社会联系之中，形成了在巴塘城之中具有相对边界的自我群体社会。

## 第一节　货品与牛羊

田野调查和历史文献所获得的信息显示，巴塘的回族可以根据进入巴塘的时间，分为两部分。早期的一批是随着清代经营藏事的军队而来到巴塘并定居的（此内容在第三部分的历史追溯中有详细呈现）；另一批则是自新中国成立以来，尤其是改革开放之后，陆陆续续来巴塘做生意的回族。然而，若是现在去询问一下城区的老巴塘们关于城区回族的情况，他们大多只会提及城里那些"做生意的甘肃人"。而历经了清代、民国并不断与巴塘当地藏族交融的那些回族移民，在他们看来，已经"完全变成藏族了"。他们也会用"姓马的"来称呼早期的回族，但更多是对其来源地的一种说明，以便与那些"姓张的""姓刘的"汉族移民区分开来。

如今在巴塘城区做生意的这一批回族人，大多是在 20 世纪 80 年代后陆陆续续到来的。他们均以做生意为业，出售藏族人日常生活需要的大部分物品，从牧场需要的马具、帐篷，到农区的犁锄农具，一应俱全，还有被褥衣物、锅碗瓢盆等日杂用品。他们出售的东西恰恰是藏族人生活中不可缺少的，比如打酥油茶的机器、挖虫草的小锄头、家家必备的卡垫和羊毛毯子，甚至各式各样的藏装、藏袍。

现在巴塘城区的回族人有十几家，马云龙①是我在巴塘认识的第一个

---

① 马云龙为化名，后文出现的马云龙均是同一个人的化名。

图 2-1 巴塘回族人经营的商店（翟淑平拍摄，2014 年）

回族人，正是经由他，我才了解到他们这一群体在巴塘生活的总体情况。

马家的铺子设在菜市场的二楼一角。我初到巴塘，在市场闲逛之时，看他店里的东西十分齐全，就想着进去买一张桌布。他一开口说话，我便听出是甘肃一带口音，正欲询问他家乡何处，又从铺子里间走出一名裹着头巾的年轻女子，便证实了我的猜想。一番交谈之后，我对他们家的情况有了初步的了解。正是由于这一次的偶遇，我和他们一家人成了好朋友，并在后来的田野工作中不断深入地参与进他们的日常生活和仪式生活之中。

马云龙家的铺子大约有 30 平方米，店铺的客堂在前，后面有一个小小的房间，是他们的卧室兼厨房，窄小到仅有立足之地。我刚开始还无法想象，在少有清真餐厅的巴塘县城，他们的一日三餐都要自己动手来做，而这促狭的小厨房真的能够满足需求吗？然而之后的日子，我在那小小的房间内，吃到过太多地道的家常滋味。他们的仓库在市场的三楼，比较宽敞，平日存货颇丰。店铺隔壁是马云龙叔叔家的铺子，两家所售商品毫无二致，平日里做生意也是相互帮衬，非常和睦。其实是叔叔先来巴塘的，1991 年他就在巴塘设铺子做生意。三年后，也就是 1994 年，马云龙的父亲也来到巴塘，盘店做了同样的买卖。两家的生意不断发展，店铺扩大，便将甘肃临夏老家的家人一同带来。

马云龙的父亲在巴塘的回族圈内可算得上是一个非常有名的人物。他虽然晚自己的弟弟三年来到巴塘，然而这几十年下来，他说巴塘话的地道程度堪比本地人，而且非常了解巴塘人的性格特点，与他们极为谈得来，总是能让前来买东西的人感到愉悦满足。对于有的顾客，他根本就不在店铺里做生意，而是直接领到三楼仓库里去，敞开挑选。至今还流传着一桩令他们家人提起来都骄傲的事情，那就是他在一天的时间内卖出了一万多块钱的货，到现在还无人能超越。因为如此，他在巴塘交了不少朋友，虽然只是生意上的来往，但这些当地人对他的佩服和喜爱之情，也是毫不掩饰的。我在巴塘的那段时间，马云龙和他的二弟照看店铺，他父亲和母亲在老家盖房子、准备二弟的婚事，因此我无缘认识这位厉害角色。然而我常常能够在店铺中听到顾客询问他。有的顾客一进到店里，就问马云龙："你爸爸呢？好久回来？"马云龙解释一番后，他们就竖起大拇指，一阵夸奖，最后总是说："噢，那等你爸爸回来，我再来买吧，我习惯和他做生意。"对于此，马云龙也是笑呵呵地说："好哦，好哦。"我问他是否有点失落，他说："有什么失落的，只能说明我还没学到我爸爸的本事嘛。"

马云龙说得没错，并不是每个回族人都拥有这般本事能和本地人成为朋友，而且这样的朋友关系多是建立在做买卖的基础之上，撇开这层关系，他们并无更多的交往。巴塘本地流行大大小小的被他们称为"打平伙"的聚会，其中吃喝是大事，再配以跳舞打牌玩乐，人们相互之间的交往方式总是无法绕开饮食。而饮食上的禁忌在一定程度上也影响着回族人参与"打平伙"这类聚会活动。

然而，回族人与当地藏族人的联系也无处不在。除了日常的生意往来，他们每年的宰牲节都要从藏族人手里购买数量不少的牛羊，由他们的临时阿訇念经后，进行集中屠宰，储备一年所需的肉食。基本上，每家回族人都能通过在店铺内做买卖与拥有牛羊的藏族人建立比较稳定的关系，解决宰牲节买羊买牛的问题。而这种相互的经济往来，也有可能建立起双方更深的关联，例如，马云龙的父亲之所以能成为当地人总是谈论的能人，与他和当地人的广泛交往是密不可分的。

在巴塘，回族商人为当地藏族提供生活中需要的各种货品，而他们宗教节日中所需的牛羊要从藏族人那里获得。这样一种表现为经济交换的相互关系，有着超越经济的更多内容和社会含义，两个民族群体在城镇这样的空间之中的交往与互动，让巴塘具有了一种文化杂糅的状态。然而，这并不影响巴塘的回族人形成具有相对性的自我边界，与其他民族群体区分开来，其基础在于伊斯兰教"穆斯林皆兄弟"的观念。

## 第二节　"穆斯林皆兄弟"

巴塘的回族人有一个共同的特点，都是少言寡语的好脾气，平日里做生意总是一副谦恭姿态。他们多来自甘肃，家乡情怀与宗教同源让他们彼此之间联系得更为密切。他们来到巴塘，也是一家跟着一家，沾亲带故地慢慢扩大规模，比如马云龙的父亲和叔叔，而街上的另几家回族店铺是和马云龙的婶婶有亲戚关系的，总之都是乡亲邻里、亲朋好友相互帮衬，一家家慢慢聚集成一定规模。去年冬天，马云龙的表姐与表姐夫一家就是在马云龙一家的帮扶之下，从拉萨来到巴塘。他们夫妇二人在拉萨待了五六年，做废品收购的生意，听姑姑（也就是马云龙的妈妈）说巴塘做生意还不错，就计划从拉萨转到巴塘。他们先托姑姑在巴塘街上替他们租了一个小门店，过来巴塘之后，又直接从马云龙家的仓库拿了一些货放到店里卖。因此虽然是初入巴塘，却也能立刻开门营业，省去了许多开头的艰难之处。

回族男人们之间的交往，一是生意上的往来，二是一起礼拜。巴塘的回族店铺经营范围几乎相同，所以货物品种和来源非常一致，都是从他们的家乡甘肃临夏批发来的。由于路途遥远，走其他的物流和货运价格不划算，他们总是周期性地一起补货，凑够一卡车，就共同分摊卡车由临夏运到巴塘的货运费用。待卡车把货运到，再按照订购的品种与数量，各自取货。除了一同进货，在平日的生意中他们也多有往来，比如到了虫草季节或者挖贝母的时节，他们也会相互介绍可靠的老板，一起做些生意。

一般而言，无论男女，每天的五次礼拜都会在自家的店铺或租住的房子内完成。然而星期五主麻日和其他宗教节日里的聚礼，他们会有公共的地点，不过只允许男人前去，女人只能在家里做礼拜。公共聚礼点原来一直设在马云龙家三楼的仓库里。由于仓库比较宽敞，也比较清静，很长一段时间他们都集中在那里做礼拜。自从去年马云龙的父母回老家盖房子，马云龙年纪尚轻，号召力比起父亲自然逊色不少，而且也难以担当代理阿訇的重责，来做礼拜的人慢慢地少了。城南团结桥头有几家做门窗、架子等钢铁制品的铺子也是回族人开的，其中有一家腾出一间大屋子，供做礼拜之用，还有一位稍年长者对《古兰经》较为熟悉，也就慢慢地将大家聚集起来，共同前去礼拜、听经。马云龙的表姐夫由于店铺离他们这个新的礼拜点比较近，也就过去了，同时还把马云龙一家也介绍过去。自然，马云龙的叔叔，以及婶婶的那一大串亲戚，也就渐渐聚拢到那里去了。这个地方成为他们在巴塘的临时清真寺，他们每周五都会集中在那里聚礼。我随马云龙参加过几次主麻聚礼，发现过程比较简单，下午 2：00 前后，回族男性从家里或店铺出发，来到临时聚礼点，聚齐后，临时阿訇说几句开场白，就开始做礼拜，持续大约 40 分钟，之后就各自离开。

## 第三节　"离家不离乡"

1991 年，当马云龙的叔叔终于在巴塘开起了属于自己的店铺时，他并没有料想到自己会和这片土地有长达数十年的联系，而且这种联系甚至会延续下去。初来巴塘之时，他还是个二十多岁的小伙子，如今已经身为爷爷。刚开始，父母妻儿都留在家乡，家中的大事小情无不时时牵动着他的心，他已经记不清这么多年来自己多少次往返于家乡和巴塘之间的漫漫长路上了。如今大儿子娶妻生子，小儿子也长大成人，他也慢慢把妻儿老小都带到巴塘，一起生活。但一年之中，总要至少回家乡一次，要么是老两口一起回去，留两个儿子照看生意；要么是儿子们回去，他们留守。总之，虽然离开了家乡，但这种离开并不是一种永恒，在不时的返乡过程中，一次次加深了他们与家乡的关联。在巴塘挣下的钱要拿回家修房子，想的是年老后把生意传给儿子，自己能够叶落归根。而巴塘终究只是他们的路过之地，尽管时间上并不那么匆匆。

　　马云龙家也是一样，三十来岁的他在巴塘的时间前前后后已经有八年了。从对生意皮毛不知的愣头小伙，到可以独当一面经营店铺，这个过程之中，他的父母渐渐有了足够多的机会随时返回家乡，住上一段时间。如今二弟已经到了娶亲的年纪，所以他父母又回老家去了，盖房子，准备婚礼，还要照顾在老家生娃娃的老大媳妇——也就是马云龙的妻子。虽然一家人分居两地，但联系也非常紧密，就连斋月第一天封斋的时间，远在老家的母亲还早早地打电话给马云龙，叮嘱他们一定不能错过。到了元旦前后，他们都回老家，给二弟办婚礼，逗留了好多天，才又返回巴塘。

　　表姐一家来巴塘的时间不过数月，生活不适应，生意也冷清，这些加剧了她的忧虑。她不止一次神情黯淡地向我诉说着思乡之苦，说在巴塘什么吃的都没有，没有地方玩，没有朋友，日子漫长而孤独，心里焦急不堪。她把女儿和小儿子都转到巴塘上小学了，而留在家乡寄宿中学的大儿子让她日夜担心。暑假期间，她托家乡的亲人给大儿子买了张长途汽车票，让他来巴塘相聚。老家到巴塘没有直达车，只能到理塘，十几岁的孩子在斋月里坐长途车，还要坚持封斋，一路的辛苦可想而知。当饥肠辘辘的孩子带着家乡的气息到达理塘，遇见从巴塘赶过去接他的父亲，不知在那个对他们而言都十分陌生的地方，两人会是怎样的心情。

　　牵连着他们游走于巴塘和家乡之间的不仅是亲情，还有宗教信仰上的因素。不论是每日的礼拜、周五的主麻，还是一年一度的斋月、开斋节、宰牲节，他们自然是将家乡的那一整套规则带到巴塘，尽管在时间和方式上有些许微调，但其整体格局不会发生实质性的改变。除此之外，斋月里也会有来自家乡或者其他地区的回族人，不可思议地出现在巴塘，在这些回族商户之间游走，进行斋月里的募捐。而这些游走者年复一年地周期性出现，也不断地强化着这些回族人与其家乡的联系。我在斋月的第九天，刚好碰上一拨这样的游走者。

　　那天我想着要去市场看看马云龙他们，了解一下封斋第九天他们是什么状态。我穿过市场一楼拥挤的人群，走进他们二楼的店铺时，马云龙和他弟弟正在量塑料防雨布，这是他们每天卖得最多的货物。闲下来后，他们两个又和来串门的叔叔闲聊着断网的寂寞无聊、今天卖了多少货等。忽然从门口进来三个人，一看打扮就不是巴塘本地人，也不像是观光的游客。马云龙和他叔叔就慌忙迎了上去，和来客握手。这三个来客都戴着帽子，蓄着胡须，上衣长至膝盖，其中一位还戴副斯文的金边眼镜。马云龙的小堂弟看我疑惑不解，来到我旁边，悄悄告诉我，他们是阿訇。巴塘哪儿来的阿訇呢？他们来这里干吗呢？这下我更糊涂了。这时，他们三个已经被迎入了马云龙的店铺中央，坐在马云龙慌忙摆放的卡垫上。从他们的交谈中，我得知，这三人是甘肃平凉的阿訇，趁斋月外出筹募钱款，集资修建一座清真寺，要待斋月结束后，返乡开工动土。听完他们这番话，马云龙的叔叔起身回到隔壁自己的店铺里，拿出 100 块钱，递给阿訇。马云龙也折回卧室，两只手分别拿着 200 块钱，说："一份是我的，一份是我爸爸的。"三人收到钱后，表示感谢，又是一番握手，口中说道，祝你们生意兴隆，就要转身，准备告辞。马云龙挽留："你们要是晚上没地方吃饭，就在这里开斋吧！"然而三人执意要走，马云龙和叔叔只好将三人送到楼下。

马云龙回来后，仔细地向我解释了这件事情。按照《古兰经》，穆斯林要做好"五功"，即"念""礼""斋""课""朝"。其中"课"，是指斋月里捐出去的钱，意思是"洁净你的钱"，尤其是生意人，为了多卖些钱，必然是要抬高价格。通过"课"，捐出一部分钱，起到"净化钱财"的作用。马云龙告诉我，每年斋月，都会有阿訇来到巴塘，因为这边做生意的回族人多，能募到一些钱款，他们也愿意在斋月里履行"课"的义务。我问，这些阿訇怎么会知道巴塘有回族商户呢？马云龙说，他们每年都会出来，很熟悉这里的情况，巴塘、理塘、康定、拉萨这些地方回族商户多，他们都了解的。

斋月里的游走者使"课"跨越了遥远的空间，将异乡的漂泊者与故土紧密相连，让虽然离家的他们处于一种不离乡的状态之中。

## 第四节　异乡的节庆

除了每日必行的五次礼拜和周五的主麻，对于巴塘的回族而言，开斋节和古尔邦节是他们最重视的节日。节日期间，他们除了要聚餐，男人们还要一同礼拜、祷告。

在我进入田野的两个月后，斋月即至。那个时候，我已经是马云龙家的常客，巴塘几乎所有的回族人都知道我是他们家的朋友。他们对于我在他家吃饭、跟着他做礼拜，都习以为常。临近斋月，我反复跟他确认日期，叮嘱他封斋那天务必喊我一起过。直到他答应下来，我才放心。

由于伊斯兰历每年约有 355 天，与公历相差 10 天左右，所以斋月在公历中时间不固定。因此，斋月的开始和结束都以新月出现为准。阿訇在清真寺的宣礼楼上，或者登高，遥望天空，如果看到纤细的新月，斋月即开始。由于看到新月的时间不一致，不同伊斯兰国家或地区进入斋月的时间也不完全一样。

巴塘没有阿訇，他们只能自己在伊历 9 月的第一天去看是否有新月出现，还要和家乡的亲朋打电话问询何时开始封斋。按照惯例，这一年的农历五月初一是要见新月封斋的，但因当年的农历五月是小月，只有农历二十九日，缺农历三十，且新月在农历六月初一日的凌晨没有出现，而是在当天的 16：09 才出现，所以那天没有封斋。不过，即使初一不见新月，初二必须开始封斋——不论见不见新月。马云龙发给我一张兰州的日月出现和消失的列表，他们要依照这个时间安排封斋之日的礼拜和封斋时间，如下：

U. S Naval Obseratory

Astronomical Application Department

The following information is provided for Lanzhou

（兰州，longitude E103. 8，latitude N36. 2）

Thursday 26 June 2014 Universal Time +8h

| | |
|---|---|
| Begin civil twilight | 05：18 |
| Sunrise | 05：49 |
| Sun transit（日凌） | 13：07 |
| Sunset | 20：26 |
| End civil twilight | 20：56 |

|  | Moon |
|---|---|
| Moonset | 18：33 on preceding day |
| Moonrise | 04：59 |
| Moon transit | 12：11 |
| Moonset | 19：24 |
| Moonrise | 05：49 on following day |

Phase of the Moon on 26 June：waning crescent with 1% of the Moon's visible disk illuminated.

New Moon on 27 June 2014 at 16：09（Universal Time+8h）

　　按照这个时间列表，当月的新月出现在公历 6 月 27 日，也就是农历五月初一的 16：09，所以当日凌晨没法封斋，要等到次日凌晨 3：00。

　　我 6 月 27 日上午去店铺找马云龙，得知了封斋的确切时间，就请他一定在凌晨封斋前来叫我一同参加。当日晚上，我早早睡下，半夜迷迷糊糊中被马云龙的短信吵醒，一看时间，已经快凌晨 3：00 了，马上跳起来，简单洗漱，冲出门去。在路上，他告诉我，远在临夏的父母已经在凌晨 2：30 给他们两兄弟打了电话，说老家的人不到 3：00 就封完斋了，让他们赶紧起来做饭，不然就来不及了。所以他让二弟在家里做饭，赶着时间来接我。凌晨的街道十分寂静，我们俩匆忙的脚步声，惊起几只野狗的吠叫。走到市场，里头漆黑一片，里面的流浪狗听见动静，竟也此起彼伏地狂叫起来。

　　终于来到了他们在二楼的店铺，半垂的卷帘门里透出橘黄色的光，总算叫人略微感到一丝安全和温暖。他弯腰进去，我也紧随其后，平日码在门口的货物一到晚上就被他们搬回店中，因此店铺的空地被占得满满当当，只剩一条窄窄的通道，把我们引入他们那简陋、拥挤但也算井井有条的卧室兼厨房。二弟正在炒最后一道菜，空地上倒扣着一个纸箱子，上面已经放着他们精心准备的封斋饭：一盘牛肉炒莲心白，一盘清炒西葫芦，两张厚厚的烙饼，三盒牛奶，三瓶矿泉水，一盘切好的西瓜。二弟把最后一盘金灿灿的土豆丝放上去，笑着招呼我们俩坐下吃饭。三人坐好，马云龙把每样菜都拨出一点，放到我平时在他家吃饭用的一只大碗内，又随手掰了一块烙饼递给我，说："快吃吧，尽可能多吃一点哦，你说了要和我们一起封斋，那今天白天就得不吃不喝了，这顿饭一定得吃饱喝足。"我点头答应，再没有其他的话。三个人奋力低头吃饭。我从来没有在这凌晨时分进餐，仍在睡梦中的胃尤为不适。这种任务型的用餐同时也充满了某种仪式性的庄严和奇妙之感。思绪万千的我尽量在西瓜、烙饼、炒菜之间忙碌着，努力唤醒味觉和肠胃，还不忘田野工作者的职责，拍了一些照片。吃到中途，二弟看看手机，说："现在3：30了，还有半个小时就封斋了，得快点吃！"他们家乡的父母是3：00封完斋的，算上两地的时差，在巴塘就要4：00封完斋。我们最终在3：50吃完主食，又喝下牛奶和矿泉水，吃掉一个苹果。这种方式让我感觉不是进食，而是井然有序地把胃里所有的空隙都填满，像一个娴熟的搬运工，除了搬运货物，还要负责把货物码得恰到好处，将空间分割得精巧灵活，在这个过程中，人的身体已经通过食物，开启了进入仪式的重要之门。

饭后，二弟继续到三楼他们家的仓库——那是他平日的卧室——睡觉去了，因为他并不做每日的五拜，但封斋是一定要做的。马云龙稍微收拾一下，等着隔壁叔叔吃完饭来找他，一起去钢铁铺子的聚礼点做礼拜。4：50，马云龙的叔叔来了，我们三人锁门出发。此时的市场已经有第一家商户开始营业了，一个藏族妇人正在用木头生火做锅盔，浓烈的柴烟味在市场弥漫开来。

时值夏日，却是寒冷异常。我们三人在路上都不说什么，只有"哒哒"的脚步声回荡在安静的小城上空。十几分钟后，我们到了钢铁铺子聚礼点，橘黄色的灯把那间小小的礼拜堂照得温暖宁静。在蓝灰色夜幕之下，已经有多位头戴小白帽的男子走了进去，他们脱鞋，进门，坐下，彼此轻声交谈问候，互道斋月吉祥。礼拜者陆陆续续到来，时间已经到了5：45，一个略迟的男孩匆匆跑进去，礼拜正式开始。

天色微亮，黑黑的山影沉默不语，路灯三三两两地亮着，矿场搅碎石料的轰鸣声从远处传来，却渐渐被诵经礼拜的声音淹没了。一阵诵经声被紧接着的窸窸窣窣声掩盖，那是他们在磕头跪拜。我在那时想起列维-斯特劳斯说的："一张跪毯就是他们的整个文明。"① 在这远离家乡的陌生之

---

① 〔法〕列维-斯特劳斯：《忧郁的热带》，王志明译，生活·读书·新知三联书店，2005，第125页。

地，他们仅仅需要一张跪毯，便可以和自己的兄弟姐妹一起，与他们唯一的真主对话和对视，赞美他，敬畏他，向他忏悔，祈求平安吉祥，似乎他们的全部生活，都在这礼拜之中显现出来。真主，他们唯一的神，关照着、注视着、守护着这群异乡人、这群信奉者。

6：00，一个男人从礼拜室出来，他是钢铁铺子的老板，因为礼拜完而不再继续听代理阿訇讲经，就先出来把他的铺子门打开，迎接一天的生意。天亮了，周边的环境清晰地显现出来，其简陋和乱糟糟的程度与礼拜时的安静圣洁形成了鲜明的对比。6：06，天大亮起来，礼拜的人陆陆续续走出来，然后各自消失在清晨之中，去往不同方向。马云龙和他叔叔要回店铺，稍微休息一下，就准备开门做买卖了。

封完斋，进入斋月。他们像往常一样做生意，只是省去了白天买菜做饭的种种麻烦，反而比以往清闲起来。马云龙和他叔叔依然在每天凌晨封完斋后，就结伴去礼拜，然后回来做生意，晚上开斋，每日的数次礼拜照常进行。

为期一个月的斋月是以伊历 10 月 1 日的开斋节为结束标志的。在巴塘，开斋节的气氛没有那么浓烈，只有一天。节日前的几天，钢铁铺子临时聚礼点的那家回族人已经邀请其他回族人到他们那儿聚会过节。大家都对聚会表示赞成，一来，节日当天，反正也是要来聚礼点做礼拜；二来，地方宽敞，带家人一起来聚餐也比较方便。因此众人商议之后，就把此事定了下来。

开斋节的一大早，马云龙和他二弟就穿戴一新，带着他们前一天买的饮料、瓜子、花生、水果，往钢铁铺子走，他们决定上午关闭铺子不营业了。叔叔家人比较多，就留了大儿子看店做生意，他带着家人，还有礼物，也早早去钢铁铺子了。早上 8 点多钟，钢铁铺子那里已经聚了不少家庭，平日里少见的孩子们也聚在一处玩耍。我看到马云龙的表姐，走过去和她说话，她带了一些蔬菜和鸡蛋过来，见到我时，正站在一堆女人中和她们说笑。男人们见面，一般会握手，互道"色俩目"，然后走进礼拜室。女人们不允许前去，就在家准备吃吃喝喝的事情。厨房里已经堆满了大家拿过来的东西，有人做了油香、馓子，有人拿来了鸡，还有的人像是商量好了一样，带了不同的蔬菜、瓜果、饮料。女主人早已经摆放好水果、瓜子、花生、饮料，招呼不去做礼拜的女人还有小孩，闲聊之中，已经和姐妹们麻利地动手准备饭菜了。一个小时不到，各种蔬菜已经被理好、切好，一盆盆整齐地放着，等待下锅；一个个揉得圆圆滑滑的馍馍已经摆放在蒸屉里，一盖上锅盖，旺旺的柴火就烧起来了。有的人也插不上手帮忙，干脆坐在凳子上吃瓜子闲聊。

看男人们礼拜快结束了，女人们开始把菜下锅。一番忙碌之后，三桌饭菜已经准备停当。所有的人上桌入座，男主人举起一杯可乐，祝大家开斋节快乐。众人举杯，一起高喊"色俩目"，之后就是热闹的宴饮环节。一整个月的封斋以这次丰盛的午餐宣告结束，欢乐的气氛、难得的聚会、美好的食物，让这群异乡人暂时忘记思乡之苦，沉浸在欢聚的美好和快乐之中。

饭后，男人们又习惯性地到礼拜室休息、聊天，女人们则是辛劳而欢快地收拾饭桌。经过一番忙碌，收拾停当，大家纷纷向主人家道谢，陆续回家。

开斋节过后，斋月结束，巴塘回族的生活又回归平淡，他们仍旧在生意和每日的数次礼拜之中，重复着每日的生活，期待着下一个节庆的日子。

开斋节过后大约七十天，巴塘的回族迎来他们的另一个重要节日，古尔邦节，又称宰牲节。马云龙说，在他的家乡，古尔邦节要过三天。但在巴塘，只过两天，往年也有只过一天的情况。他说，在家乡过节，节前要打扫卫生，做油香、馓子、花花，孩子们换上节日服装，大家要沐浴，净身，燃香，换上整洁的衣服赴清真寺参加会礼。阿訇带领全体穆斯林向西鞠躬、叩拜。聚礼中，大家要对犯过的罪行做忏悔，阿訇要宣讲"瓦尔兹"，即教义和需要大家遵守的事等。最后大家互道"色俩目"问好。会礼结束后，要举行隆重的宰牲献祭。宰牲典礼完成后，家家户户开始相互请客、吃饭，之后还有各种娱乐活动。

在巴塘，古尔邦节就冷清得多。买牛和买羊是早在好几个月前就得考虑的问题，各家也提前联系好当地藏族，定下要买的牛羊。宰牲仪式依然要在钢铁铺子那家进行，由那位临时阿訇念经，众人帮忙，之后依然是聚餐，相互请客，在临时礼拜点举行会礼。

马云龙的父亲在老家过的古尔邦节，来到巴塘之后，又请各家一起吃了饭，算是在巴塘补过。他们宰牛的肉，除赠送亲友之外，自留的那份都储存在冰箱里了，这是他们之后一整年的肉食来源。

马家过完古尔邦节没多久，因为二弟要结婚，他们全都回家乡参加婚礼，又一次踏上了返乡之路。而这漫长的往返之路，不知道还要持续到什么时候。

这第二批回族在巴塘的生活看似平淡无奇，却有一套内部共享的节日与仪式系统，并围绕着公共神圣空间展开这些表现为时间节点的活动安排，形成了包含人、神、时间、空间、仪式等在内的一整套社会生活。

# 第三章　巴塘的汉族、彝族和纳西族

本章将巴塘的汉族、彝族和纳西族放在一起，从空间、节庆、仪式和日常生活等方面，呈现巴塘这些人口数量不太多的民族在这里是如何展开社会生活和彼此交流的。

## 第一节　巴塘汉族

汉族进入巴塘的时间较早，这与康熙年间清政府经营藏地的政治军事活动有直接的关联。历史上有数次汉族迁入巴塘的过程，逐渐与当地藏族交融，成为现在的巴塘藏族，这部分内容将在本书第三部分中有专门章节呈现。而本章所说的汉族则是在非常晚近时期——基本上是在20世纪80年代以后——来到巴塘的。

### 一　市场作为公共空间

巴塘城内有一个大规模的农贸集市，集中着藏、回、纳西、汉等不同民族群体的商户。然而巴塘街头的餐馆、旅店、照相馆、服装店、打印店，却大都是汉族人在经营。他们常年生活在巴塘，有相当部分已经与巴塘本地人通婚、组建家庭。例如不少年轻人通过公务员考试来到巴塘工作，而政策规定在巴塘工作年限至少要满五年。在此期间，有的年轻公务员就在巴塘本地寻找对象，成家安家。也有的人在巴塘做生意久了，感觉住得非常习惯，索性就购置房屋，把内地家中的妻儿老小都接过来，从此定居巴塘。

尽管有的汉族人在巴塘有了家庭，然而到了每年的春节，更多的还是大量汉族人从巴塘出去的情况。他们一年中的绝大部分时间都在巴塘度过，但是到了春节，都纷纷关起店门，回到内地的家乡，开始为期一个月，甚至两个月的漫长假日。因此，在巴塘城，春节期间人口最少。端午节，他们会在自家的店铺或者房屋门口挂艾叶和菖蒲，会包粽子，却不会像老巴塘那样蒸团结包子①。他们走亲访友，聚会吃饭，同时也不耽搁生意或者工作。中秋节，他们祭月神，吃月饼，聚餐庆祝。每年一到腊八节，他们又该收拾一番，回故乡过年了。

因此，对于巴塘的汉族人来说，市场是他们重要的公共空间，在其中，他们与当地各民族进行着频繁而丰富的经济交换。

## 二　随节而动

当然，这些汉族的节庆要受到巴塘城内其他文化群体节庆周期的影响。尤其是对于那些经商的汉族来说，他们生意的兴旺和冷清很大程度上与节日庆典带来的时间节奏起伏有关。每逢节日，人们欢聚一处，共同分享食物是必不可少的环节，因此大量的食物要消耗于各种各样的节庆活动之中。同样，人们为迎接节日，添置服装也是常有之事，连同其他的物品一样，为这些经商的汉族人带来周期性的忙碌。例如，在巴塘的传统节日央勒节期间，城内的家庭大都要在城南的龙王塘扎帐篷，在那里过 7～10 天的节日，除了这期间的吃喝用品要购置准备，他们还要在节日期间添置一些卡垫、毯子，这些大多由汉、回商户提供。也有很多商户会在节日期间，干脆在龙王塘设置临时的摊铺，跟随顾客流动。最让我印象深刻的是一位兜售酸奶的汉族老人，孩子们都叫他"酸奶爷爷"。他平日里在城内四处游走，抱着一箱酸奶，夏日里会添上雪糕和冰激凌，走到哪里都响亮地吆喝着"酸奶、雪糕、冰激凌"。巴塘城区及周边的任何聚会活动都会

---

① 团结包子其实原名叫蒸肉，是陕西人带到巴塘的一种食物。1950 年解放军十八军进藏路过巴塘时，当地民众做了蒸肉招待他们，因为个头很大，又有民族团结的意味在里头，所以被称为"团结包子"。

出现他的身影，响起他的叫卖声。无论是康宁寺举行各种大规模法会，龙王塘的央勒节，还是城内或周边村子要举行一些集体仪式活动，或者是一些婚丧嫁娶的聚会，他都会准时出现，兜售自己的商品。他像是河水一样，跟随着节庆、仪式，流动于不同的空间和场所之间，和不同群体的人们发生着关联。那些有着固定店铺的汉商虽然无法像这位"酸奶爷爷"一样，极为自由地游走在不同的空间之中，但是他们生活的很大一部分要受到其他群体节庆周期和空间占据的影响。

也存在另外一些流动性更强的汉商，他们常年游走于甘孜州内的不同地方，对各个地方的节庆周期颇为熟悉，总能赶在某个地方的大型节日期间到达，较为密集地进行生意往来，然后再前往下一个地方。在巴塘，每年四月开始的虫草季、七八月的松茸季，都会有大量的商贩从内地赶到这里，忙碌几个月，然后离开。也有其他的汉商会赶在巴塘的央勒节与大法会，定期来到巴塘，摆摊做生意，节日结束，就流动到下一个有大型节日的地方，第二年再来。

我在巴塘认识的一位汉商就是这种情况，他主要经营首饰、手串、佛珠，在甘孜州的几个县城来回游走，对每个地方的节日都非常熟悉。他每年在虫草季节结束后、央勒节开始前来到巴塘，这两次分别待一个月左右。巴塘有他的老乡，因此每次来之前他就拜托老乡提前打点一番。他说，老乡们挖了虫草，卖过后，腰包里有钱，就喜欢买东西，这边过央勒节算是大节，来摆摊也能卖出去货。很难说这些流动的汉商在巴塘有着自己的空间，然而他们周期性的到来，在游走中，也不断地参与着巴塘城内的空间格局。同时，他们的经商活动也受到城内其他群体节庆周期的影响。

生活在巴塘城的汉族人自然会遇到各种各样的问题，他们也需要求助于神灵。有时他们会采用从家乡延续过来的一些方法，例如给丢魂的小孩叫魂，或者用竖鸡蛋来占卜。如果这些都不足以应对，他们也会去城内的藏传佛教寺庙烧香拜佛，或者找高僧打卦，甚至也会像当地的藏族家庭一样，到寺庙点灯祈福。

总的来说，巴塘的汉族多为生意人，他们的生活与工作围绕着城内的市场和商铺展开，因而在自己的节日庆典期间，也不大能够非常集中地进行庆祝，只能各自进行或者通过聚餐和共食的方式。他们大多从事商业活动，具有流动性，能够随着其他群体的节庆和仪式活动，而与他们的公共空间发生关联，或者干脆就进入他们的庙宇，为自己祈求平安吉祥，他们正是以这样的方式，参与着巴塘城区的社会生活。

## 第二节　巴塘彝族

### 一　"彝族儿女协会"

彝族人在巴塘城内有相对开放的场所，为他们的节庆和聚会提供空间。例如他们一起跳舞的广场、经常聚会的歌厅、聚餐的饭店或者农家院。而这些节庆与聚会的组织与展开，与巴塘的"彝族儿女协会"有紧密关联。这个协会规模很大，会长、副会长的选任也是非常严肃的事情，其宗旨就是团结和帮助在巴塘生活的彝族人，让他们有一个心理归属的团体，能够更好地在巴塘展开生活。例如火把节是彝族很隆重的节日，时间在每年的农历六月二十四日；彝族新年也非常隆重，一般在每年的公历 11月 20 日。每逢这些重要的彝族节日，巴塘的"彝族儿女协会"负责人都要组织巴塘的彝族人一同庆祝，他们跳"体达舞"，也就是集体舞，或者订饭店、农家院，把彝族人都集中起来，一同聚餐。

当然，除了这些重要的节庆，巴塘的彝族人会非常频繁地举行各种聚会活动，吃饭、跳舞和唱歌是主要内容。周末闲暇时，他们三五成群地结伴出去唱歌吃饭，遇到有彝族同伴新来巴塘，会组织大家一同聚餐迎接。我在巴塘做田野的那年，"彝族儿女协会"的会长考上了理塘的公务员，他们就重新选出了新的会长，并且决定举行一场盛大的送别和换届活动。他们在城郊的藏猪养殖场买了一头猪，自己宰杀处理，再把肉拿到城里的迎宾楼饭店，请厨师做酒席。

除了这样的频繁聚会，彝族人在巴塘遇到婚丧嫁娶之类的事务，或者需要做一些仪式活动，他们也会通过"彝族儿女协会"相互帮忙，除了物质与金钱上的帮助，还有精神和情感上的支持。在不断的交往和聚会中，形成在异乡的共同体，他们寻找容身的场所，周期性地节庆、聚餐，或者进行日常的一些仪式活动，加强了他们对共同体的认同。新的成员从外面进入，不断为共同体增加血液。彝族的家支体系让新来巴塘的彝族人能更快地适应。在巴塘，他们遇到同一家支的同胞，就更能激起一种共同体的感觉。

## 二　田坝上的仪式

我遇到过彝族姑娘莎林买鸡的事情。她大学毕业后报考了西部计划来到巴塘工作。有一次她回老家西昌，再回巴塘时在康定搭了熟人的顺风车。可没想到司机是新手，路况不熟，发生了车祸，在理塘一带的路上翻了车。所幸司机和她都是轻伤，并无大碍。惊魂未定的莎林跟西昌的妈妈打电话说了这次车祸。妈妈非常紧张，一定要让她回巴塘后买一只鸡做一下仪式，除除晦气。我问她，巴塘没有你们的毕摩，那谁来主持仪式活动呢？莎林说，我们彝族的男孩有的是会念经的，他们帮着念一下，就可以了。我想起和彝族小伙阿木聊天时他给我讲的事情，他们这些男孩子小时候没有什么玩具和娱乐活动，就捉几只鸡，模仿他们的毕摩念经。我将莎林和阿木的话联系在一起，也就理解了为何在没有毕摩的巴塘，仪式活动仍可以顺利地进行。

莎林四处打听，等了好多天，终于在市场买到一只鸡。她叫了阿木还有另外几个彝族朋友，一起在一处比较安静的田坝子，由一名彝族男子念经主持，完成了她记挂了好多天的仪式活动。

莎林的这次仪式活动仅仅是巴塘彝族人日常生活中非常普通的事件。他们在生活中难免会碰到各种各样的问题，有的必须通过仪式活动来帮助排解。他们无须庙宇，一处安静的田地或者树林就足够了；他们没有毕摩，会念经和咒语的男子多的是。我与阿木和海呷①聊天，他们都是彝族人，问及这些事，性格豪爽的阿木一下子就兴奋起来了，说："我们彝族那些经文、咒语，我差不多都会！"话音未落，一串旋律感极强的咒语就

---

① 阿木和海呷均为化名。

从他的口中缓缓流出。他唱了很久，虽然我听不懂，却被那略带苍凉的念诵深深吸引。等他唱完，一旁的海呷开始讲起他们小时候的事，他们拿家里的鸡模仿毕摩做仪式，把家里的鸡弄得半死不活的，结果就是被家长揍一顿，但下次仍然乐此不疲。在这样的过程中，做仪式成了他们习以为常的事情。即使到了异乡，他们仍然能够轻易地找到一片属于自我群体的天地，来安放世俗生活之外的其他事务。

在巴塘，这些彝族人拥有一些临时的仪式场所，他们本就没有庙宇或者祭台，只要有那么一个相对隐秘和安全的地方，就能够成为他们流动的公共空间。在其中，他们可以为日常生活中的困顿与意外找到宗教信仰方面的依托和支持，让异乡的生活能够平顺地进行下去。这些仪式性的场所和空间大多在巴塘城较为边缘的地带，巴塘的彝族人正是通过这些相对隐秘场所中的仪式活动，才能够以更为开放的状态融入巴塘城的社会生活中。

总的来说，巴塘的彝族人占据着属于自己的临时空间，节庆和仪式在其中展开，在不断的相聚和互动中加强内部的联系，形成他们自己的共同体。生活在巴塘的彝族人，尽管他们没有庙宇或者经堂这种可见性的神圣空间，但是当诸如莎林姑娘出车祸那种需要通过仪式来驱除厄运的情况发生时，他们仍能够找出替代性的毕摩来主持仪式。而稍微僻静一点的田坝子都能够立即充当他们的仪式场所，更别说他们平日里那种有组织的、频繁的聚餐活动。因此，在彝族人那里，也是存在着统合了人、神、时间、空间、仪式等因素在内的整体性事实的。

对比上一章巴塘回族的情况，能够发现他们具有共同之处，即节庆从简，仪式也相对将就，有个大体的意思就好了，很多细节是没法讲究的。我访谈巴塘宗教局原局长时，他说，我们也不去干涉别人的宗教生活，大家只要相安无事，就好了。确实如此，他们在自己的空间、节庆、仪式方面具有相对的自主性，有时候也会跨越这三个层面，而与其他群体发生关联。例如，有一次，莎林在参加公务员考试前，很想去寻求一点神性的保护，在巴塘她听说康宁寺的菩萨很灵验，就一直想去学着别人烧香拜佛。后来邀请我和她同去，我问明缘由后，问她，你去拜人家的菩萨不怕你们的生气吗？她想了一会儿，笑着说："哈哈，应该不会吧！"我们选定了一个普通的日子，两人一起去康宁寺，给菩萨敬茶、烧香、磕头。我看着莎林在菩萨像前双手合十、默默念诵自己的祈愿，觉得一切都那么自然和真实。这就是他们的生活。

# 第三节 巴塘纳西族

## 一 当地人口中的"藏化"

纳西族在巴塘话中被称作"绛巴"，他们进入巴塘的历史较早。明隆庆二年（1568），云南丽江的纳西族木氏土司向北扩展，占领巴塘，采取移民政策，先后将众多丽江纳西族迁入巴塘。纳西族素善耕种，到巴塘后，平日作为木氏土司的属民，要开田造地，修房筑屋，遇到战事则拿起武器成为士兵，驻守要塞，驰骋疆场。当时，除修筑军事碉堡外，他们在巴塘城郊、白松（现在已经划归得荣）、中咱、中心绒等地开垦了大量的梯田，修建了水渠，种植红米，渐渐在巴塘定居下来，世代繁衍生息。明崇祯十二年（1639）底，青海蒙古族和硕特部首领固始汗攻占巴塘，摧毁了木氏土司在巴塘七十余年的统治。木氏土官从巴塘撤走时，看到沿途土地肥沃、气候温暖的地方，就特地留下一些纳西属民在这些地方落户。所以从巴塘城郊到中心绒、中咱和白松，都零零落落地留下很多纳西族，同当时的巴塘藏族一起生活。经过明、清两代以及民国时期的不断交融，巴塘的纳西族已与藏族很相似。不过，依然在有些方面，保存着纳西的文化特征和生活习俗，尤其是在更接近丽江的白松地区，纳西文化更为明显。

如今在巴塘县城，提到纳西族，其中很大的一部分就是指这批历史早期就进入巴塘，并且不断融入巴塘本土社会生活的纳西族。他们虽然在很大程度上已经融入当地，为巴塘人的形成做出了贡献。但是，他们为当地带来的文化影响，到现在依然存留在人们的记忆中，并被不断地讲述。例如，巴塘的老人会说，纳西族妇人习惯穿百褶裙，梳辫子时用绿头绳编辫头，红头绳编辫梢，然后用银丝缠绕，并将发辫盘在头上，上面再安放一个银盘；或者将发辫编成若干小辫，披在背后，并将小辫的下端扎在一起形成一条粗辫，辫尾用银丝缠绕，系在围腰带子上，头顶戴银盘。而来到巴塘之后，纳西妇人的衣着与服饰打扮渐渐接近巴塘藏族的风格，除保留头上戴银盘的习惯外，其他均与藏族相同，不过，用红、绿头绳扎辫子的习惯影响了巴塘藏族妇女，在现在的巴塘，仍可看到。此外，巴塘城郊的一些灌溉堰渠也是出自早期到来的纳西族人之手，他们带来稻米耕作技术，对现在巴塘农耕技术产生了长久的影响。一些纳西语也渐渐融入巴塘话中，例如巴塘话中有一句"巴拾来"，意思是"收红米"，就是在纳西族到来之后才出现的新说法。

这批早期来到巴塘的纳西族虽然已经与藏族非常相似，但依然能通过家族历史的追忆、自身节庆和习俗的延续等方式，保留着某些纳西特征，而与其他文化群体区分开来。尤其是白松、中咱、中心绒等地区的纳西族迁移到巴塘县城之后，他们逐渐形成了特定的群体。

## 二 节庆、仪式、生计

尽管生活习惯逐渐靠近藏族，巴塘的纳西族人在过纳西新年那天还是要严格遵从纳西风俗的。在纳西族更为集中的白松乡，他们的纳西新年时间为藏历的十一月初一到初五，而他们从十月下旬就开始准备了。十月二十九日，每家都要吃一顿由骨头、豆类、小麦、奶渣、人参果、牛油、青菜等混合煮成的小麦稀饭。三十日那天，杀猪宰羊，吃坨坨肉、喝米酒、煮红米饭、吃"呷来"。"呷来"是白松纳西族非常喜爱的食品，做法是先将红米蒸熟，放入碓窝里舂烂，取出来用擀面杖擀开，表面涂一层蛋黄，切成块，晾干。食用时，把晾干的米块切成小片，放在核桃油里炸，炸后的米块呈白色，如同虾片，酥脆可口，是纳西新年必不可少的食品。晚饭后，各家在房顶上设祭坛，十一月初一，也就是纳西新年第一天，清晨鸡一叫，他们便开始敬神，祈求新年吉祥，然后邀请最好的一位朋友到家吃早饭。天亮后，全家待在自家吃喝玩乐，不出门做客。到了初二，各家开始轮流请客，一直持续到初五过大年，举行集体抢树枝活动。抢树枝，意思是抢吉祥物，在新年前的藏历十月二十九日，全体村民推举出 12 个"肚几如"，即主持抢树枝活动的人，上山砍一根柏树枝、两根青冈木树枝和一些杉树枝，全村人在半路迎接，带上吃食请"肚几如"享用。之后，"肚几如"把树枝立在村子的公共场所，供奉起来。初五这一天，"肚几如"会杀只公鸡，掏出苦胆、内脏挂于树枝上，再把村子里抬来的肥猪宰掉，用猪血和煮至半熟的红米灌猪肠。待全村人聚齐此处，先由"阿古东巴"（东巴教主）主持祭天神仪式，众人分享米肠，喝米酒，然后分猪肉。分猪肉时，由"肚几如"将猪肉砍成坨坨，分成堆堆，大家抽签取肉，谁抽到猪头，他的运气和福气就最好。最后，开始抢树枝活动。12个"肚几如"站在树枝周围，一是不让树枝倒地，二是不让人们随意抢到树枝。而人们为了抢到树枝，就想尽办法，相互争夺、追打，即使互相冲撞拉扯也不会伤了和气，或是受到指责，因为抢树枝这一活动就是为大家提供一个人人平等的机会。抢树枝完毕，大家一起唱歌跳舞，互道节日祝福。结束后，人们带着各自抢到的树枝回家，珍藏起来，用来辟邪，平日遇到灾难或者霉运时，拿些树枝焚烧，就可以得到天神保佑，消难禳灾。初八这天，全村男女老少再次集中起来，载歌载舞、尽情欢娱，标志着新年结束。①

　　相比之下，巴塘城区的纳西族过新年不如白松地区那般热闹，持续时间和活动内容也不及白松地区。一方面，白松地区是纳西族的主要聚集区，各种节庆和习俗能够更容易保持下来，文化边界更容易维护。与此不同，巴塘城区的纳西族较为分散，且数量不如白松地区那般众多，有些文化事项难以长久地保存。另一方面，城区的纳西族已基本上不种地了，红米种植在城区更是已经消失不见，不但"呷来"这种节日食品不易做得，而且他们从事的职业也不允许他们有足够的时间来持续数日，庆祝各种节日。巴塘城内做银饰、银器生意的多为纳西族，集中在老街和靠近寺庙的一条商业街上。他们大多是从云南丽江迁居而来的，平日就在店铺里敲敲打打做银饰和银器，除加工和销售之外，还做些回收旧首饰、古董的买卖。此外，还有一些纳西族人从云南来到巴塘，从本地农民手中承包和租赁田地，盖蔬菜大棚，种植各种蔬菜，在市场做蔬菜和水果生意。另外还有些纳西族人在政府行政部门工作。总的来说，这些生计方式很难让他们有足够多的时间来过本民族的节日。

---

① 黄德权：《巴塘县的纳西族》，《巴塘志苑》1991 年第 2 期。

因此，城区的纳西族过纳西新年，只用一天时间来庆祝。他们有时集中在规模较大的银铺内，有时就在田坝的蔬菜大棚边。他们也集体出钱买猪买羊，宰杀后共同吃肉。一起跳舞唱歌也是有的，但是抢树枝活动一般就略过了，因为只有一天的时间，很多环节都无法做到。如果哪家在白松有亲戚，就能够得到一些红米，数量不足以做"呷来"，做成红米饭，这也是他们珍爱的节日食品。他们自己规定，至少在新年的这一天里，要尽量严格地遵从纳西的新年风俗。

## 三　习大叔的家族史

巴塘一位纳西老人对自己家族史的讲述能够反映巴塘的纳西族和藏族之间的关联。初识他时，他特意强调自己姓习，并坚称自己家族的这一姓氏是纳西族中绝无仅有的。他的家乡原本在云南丽江，他幼时被父母带到巴塘，说到其中的缘故，他讲得还有些神秘。在他之前，父母陆续生了四个孩子，但是每一个活到两三岁便夭折了。等他出生后不久，父母担心相同的噩运会再次发生，便去找巫师占卜。巫师占卜后告诉他们，想要保住这个孩子，必须迁到藏族生活的地方。于是，他们就举家搬迁到巴塘来，生活至今。他的父母现在已经离世，年近八十的他一直小心地保留着他们的家谱。家谱的前记表明他们祖上在清同治年间从江西某个县（县名缺损）迁往丽江县，但是原因未写明。根据后面所列的谱系来看，到丽江不久，祖上就娶了当地纳西族木姓的女人为妻，繁衍下去。一直到了民国三年（1914）腊月二十三，习大叔的父亲出生（他迁到巴塘之后有了新的名字，叫福海阿宝，所以现在的巴塘老人还是以这个名字来提他）。习大叔的口述透露了一个令人惊讶的事实：他的父母并不是在丽江出生的，而是在巴塘的中咱出生的。我追问其中原委，才明白了来龙去脉。习大叔说：

> 我爷爷是相当有文化的一个人物，是大理地区某个县的县长，他退下来之后就开始做生意，到处跑，来到巴塘的中咱时，和当地的藏族姑娘生了一个儿子，就是我的父亲。我爷爷有了我父亲之后，回了

大理，后来又在丽江一带做生意、生活，留下我父亲在中咱。长大之后我父亲娶了中咱姑娘，他们在中咱太艰难，生活不下去了，这两个人就一路讨口子（乞讨）到丽江，去找我爷爷，也就在丽江生活，做生意，再后来，他们连续死了四个娃娃，才打卦算命，把我带到巴塘来。[1]

根据习大叔的讲述，他们的家族从江西迁到丽江，和当地的纳西族通婚，开枝散叶，而他父亲这一脉是祖父与巴塘的藏族姑娘偶然结合而在巴塘延续下来的。对于他本人而言，婴儿时期就来到巴塘，却对纳西族身份尤其看重，他不会说纳西话，向往着能够有机会学习，年轻时还时常找机会回到丽江走亲戚。他说，有一次，他在丽江住下，晚上做梦，有一位白头发、白胡子的老头走进他的房间，站在床边和他说话："你作为纳西族，却连一句纳西话都不会说，也不会写东巴文，这很不像话。"于是，这位老头开始教他纳西文，他在梦里学得很顺利，感觉几个小时下来，都学得非常好了，于是心里非常开心。谁知，第二日清晨醒来，梦里学的内容全部都忘记了。习大叔讲起来这件事，显得非常无奈和伤感，因为他再也没有机会真正地学习纳西文了。

习大叔从小在巴塘生活，长大后娶的是藏族姑娘，生活习惯、宗教信仰很难完全保留纳西族文化的色彩。再加上他的父母本就出生在巴塘的中咱，是后来为讨生活才再到丽江寻找父亲的，而这位父亲身上也延续着汉族的血脉，虽然祖上迁入丽江后和纳西族结合，却十分郑重地记录着家族的历史和传承，生怕后代遗忘。

总的来说，巴塘城的纳西族可以分为两批。明代纳西木氏统治巴塘时期，陆续迁移到巴塘的纳西族是第一批，他们教会巴塘本地人修灌溉渠、种稻米，并在语言、饮食、衣物装饰等方面对当地人产生影响。经过不断地向巴塘藏族靠拢，无论是他们自己还是别人，都认为这批纳西族已经渐渐地融入当地。然而，到了现在，他们依然保留着诸如纳西新年等节日，并在这样的时间周期中保存着文化群体的记忆。随着第二批纳西族在 20 世

---

[1]　2015 年 3 月，我在巴塘老街习大叔的家中翻看了他精心保存的家谱，然后对他进行家族史方面的访谈。

纪 80 年代来到巴塘，被视为"新移民"的他们能够借助第一批人的历史
文化记忆，比较迅速和便利地展开新的异乡生活，他们在巴塘城拥有自己
的生活空间，在特殊的时间节点进行自己的节日庆典，他们在内部互动的
同时，也与城内其他文化群体发生关联，既拥有自身的"人-空间-节庆-
仪式-神灵"统合体，又以此为基础与其他群体发生关联。

# 第四章　巴塘的藏族

前文对巴塘"城"和"人"的整体状况进行描述时，我概括了空间区位上的新城、老城的并立，群体层面上的巴塘人和非巴塘人的划分，并详细区分了当地人对巴塘人的各种界定。然而，从现实情况来看，巴塘藏族依旧被视为巴塘城的主体，尽管这个群体本身经历了历史上的多民族交融，但在现实生活中，除了那些对历史有文化自觉的当地文化精英，普通民众并不深究其中的渊源和流变，而是自然而然地践行着日常生活。本书将在第三部分专门分析"巴塘人"与"巴塘藏族"的详细关联，本章将暂时搁置这个内容，对当地人共同认知的巴塘藏族进行总体呈现，从其公共空间、节庆和仪式、神灵体系等方面进行叙述，通过建立"人-空间-节庆-仪式-神灵"统合体，展现他们社会生活的底色。

## 第一节　整体空间图式

### 一　神山

第一章讲述了以"夏邛"和"鹏城"为主题的几则神话故事，这不仅描述了巴塘地区的创世神话，还把巴塘之地所历经的"原始信仰-苯教-藏传佛教"这一信仰流变过程大致勾画出来，这是理解巴塘城区宗教史和社会史的重要方面。这些神话传说故事不仅从本土视角解释了巴塘城区的神山信仰起源，还涉及诸如活佛、寺院等方面的内容。所以，本章还是要回到这些神话传说中，为呈现巴塘藏族的整体文化图景和社会生活做出相应的分析。

根据前文所讲述的神话传说，巴塘城区的两座神山巴杰东隆和拉玛多杰最初是天界的"天老爷"派下来降服女妖的天神，他们死后，化身为大山，继续守护这片土地。这一情节所反映出的神山信仰和山神崇拜是理解藏族本土原始信仰体系的重要方面。藏族生活的环境多为山环水绕，生产和生活也全然取之于山水之间，面对以当时的知识水平无法解释的诸多自然灾害或自然现象，他们怀着敬畏之心，营造出山水背后的神灵并拜伏于神灵之下，也是一种理性选择。于是，他们将身处其中的世界分为天界、人间、地下三层。"拉"是天神，居住在天界；"赞"神和"年"神居住在人间；"鲁"居住在地下。天界又分为十三层，居住着各种不同的神灵；"赞"神和"年"神居住在人间，游荡于山谷，在岩石、树林、沟壑里居住；"鲁"神居住在地下，主要是地下或水里的各种水栖阴性神灵。① 这些神灵所依附的自然物也是多种多样的，将山作为处所的神灵更是多见。

佛教传入之后，神山信仰体系被纳入藏传佛教系统之中。对于普通民众而言，他们并不会仔细地对自身信奉的山神身份和性质进行更深刻的思考，因而在经由他们而流传下来的神话故事之中，巴塘山神的形象表现出复合性、多元性、混杂性。在他们口中，山神可以是为民除害的英雄，有着七情六欲，也可能是天老爷派下来拯救人们于水火之中的天神，在包活佛将之收服为佛教护法神之后，他们又变成了"菩萨"，接受人们的虔诚供奉。然而，透过这些看似反复的故事，我们能够看出从原始信仰到佛教的不断递进。在传说之中，巴塘这一地方最早并无人类居住，主宰者是一只女妖。人类踏上这片土地后，不仅受到女妖的迫害，也不时遭到湖底恶龙的侵扰，更有旱神助纣为虐，这些形象都充满了原始自然崇拜的味道。后来，天老爷派遣两位天神东隆和拉玛多杰从"天界"下到"凡间"，杀死女妖，解救人们于水火之中。从这样的叙述中，能够看到"天界-人间-地下"构成的三界宇宙观。之后，又有来自拉萨布达拉宫的高僧派神鸟大鹏前去治妖，包活佛追封东隆和拉玛多杰为巴塘山神，二者则转变为守护佛法的神灵，成了人们参拜的"菩萨"。因此，透过这些并不见得系统和

---

① 谢继胜：《藏族萨满教的三界宇宙结构与灵魂观念的发展》，《中国藏学》1988 年第 4 期。

完善的神话故事，巴塘的山神经历了他们的命运和身份转变，折射出这一地区的人们所经历的信仰过程。

包活佛将东隆和拉玛多杰封为巴塘山神之后，最先是让东隆作为巴塘地区的保护神和首席山神的。然而发生的两件事情使包活佛改变主意，让拉玛多杰取而代之。第一件事情是因为东隆只管离开巴塘、"外出"的人和事，不管巴塘"里面"的人和事。例如，如果两个人在巴塘发生矛盾，因为他们都是巴塘"里面"的人，所以东隆是不加理睬、不管不问的，只有当他们两个离开了巴塘，到了"外面"，东隆才会管，让他们团结一致，共同把生意做好、把事情做好。因此大家评价东隆"只管外面，不管里面"。

第二件事情涉及包活佛收服护法神"昌苯根"之事。"昌苯根"，意思是昌波之地的苯教大师，他本名叫甲衣祖堆，是巴塘昌波乡旺各村的人，"旺各"意思为"昌波之上村"。此人天资聪慧、勤奋好学，他自学了苯教的各种经典，又长时间念诵莲花生咒语上亿遍，道法高深，这让本身就桀骜不驯、从不服人的他更加骄傲，甚至狂妄。这样的个性使同村的很多人非常不满，加上佛教传入之后，村中很多人开始改信其他教派，对苯教心生厌倦和抵触之情，所以与他的矛盾就愈加尖锐深刻。到后来只有昌苯根一个人还在坚持信奉苯教，本来其他村民对他已是心怀怨恨，加上信仰的分歧，他们聚众商量，要把昌苯根沉到金沙江中，于是找来"各洞"（湿牛皮），将他裹起来，扔到金沙江里。直到这个时候，他还在说："整个金沙江，从头到尾，全部由我来做主！"但他还是被淹死了，之后他的冤魂不散，四处飘荡，最后游到拉萨。他一面与其他教派决战以分出高下，一面到处喊冤、作恶，闹得人心惶惶。但是拉萨的高僧大德都不能把他降伏，就在乃琼寺打卦。卦象显示，只有康巴地区的一位喇嘛才能把这个冤魂降伏，那就是巴塘的包活佛。昌苯根的冤魂得知后，惊恐万分，附在一个小扎巴身上，欲逃过此劫。但包活佛岂能放过？他召集巴塘众神，前去降伏他，最终将昌苯根收为自己的护法神。只是包活佛召集巴塘神灵前去作战时，东隆不知何故，推脱不去，包活佛因此非常生气。

这两件事情加到一起，终于让包活佛做出重大决定。他召集巴塘众神到虎头山开会，其间只把东隆叫到帐篷中，让其他神在外面等着。在帐篷里，包活佛把东隆的事情前前后后都说了一遍，批评他不尽职尽责，辜负了巴塘守护神和山神首领的地位，于是把东隆的这两个头衔交给了拉玛多杰。东隆羞愧难当，抽泣起来，最后跌跌撞撞地从帐篷中出来，在众神的注视之下回到自己的山上。而拉玛多杰从此成了巴塘的守护神和山神首领。不过，巴塘藏族依旧在藏历新年的初五去祭拜东隆。东隆山高，祭台自然也路远，几乎位于山顶，好多人都难以走上去，于是就让村里年轻力壮的小伙子把同村所有家户的柏树枝、大米、小麦、糌粑、茶叶等祭品带上去，代为祭祀，他们也会出钱给上山的人，让他们买些食物，在山上吃个午饭，休息一下。此外，巴塘那些在外做生意、上学、当官的人，也会因为东隆原先"只管外面，不管里面"的特点，继续供奉和祭拜他。

与此相比，拉玛多杰由于受到包活佛的提拔，更为巴塘藏族所尊崇。拉玛多杰的祭台是巴塘的风水宝地虎头山，而藏历新年初三这个朝拜他的日子，每家每户都要派至少一名男子到虎头山转山、祭拜。喇嘛寺会派人去祭台念经祝祷，藏戏团也会助兴，更有赛马等项目相伴随，是全城藏历新年祭礼的头等大事。

可以看出，正是由于活佛的参与，东隆和拉玛多杰才真正成为巴塘的山神，守护着一方水土。他们被纳入佛教系统，虽不能进入寺庙的大殿和护法神殿，却也可以在大殿门口的壁画上占据方寸之地，展示着他们的威武。寺庙的僧人和普通的民众念经祈祷之时，口中也会随时呼唤着他们的名字。观念上的内化，日常生活与节日期间的外显性仪式活动，共同发挥作用，使神山和寺院成为巴塘地区社会生活的两个中心，"城镇-寺院-神山"共同构成理解巴塘藏族生活世界的一个重要图式。

在这一图式之下，神山对于城镇整体的意义不仅仅在于民众那种祈福、消灾的信仰诉求，它更是事关巴塘整体的风水与气运，成为其不可分割的一部分。拿东隆山来说，这座高山顺着其西面山麓缓缓而降，经过扎金顶，慢慢过渡，形成了现在城区所在的平缓坝子，再往西就是一大片沃土，是巴塘历来的种植之地。然而这种平缓而悠长的过渡却被巴曲河骤然切断，与现在的河西地区形成了一个断层，再经过"却堆丁"（两河交汇之地），被河水不断冲刷，断层被加剧，破坏了城镇的整体气运。尼玛大师对此一直都放不下，他是康宁寺前任堪布根阿白的上师，对风水堪舆非

图 4-1　巴塘城区的神山巴杰东隆和拉玛多杰（翟淑平拍摄，2014 年）

常精通。他认为，那个破坏整体性的断层在风水方面非常恶劣，导致河西
岩石洞中那名斯莫抓普女妖又开始频频作祟（这名女妖在前文已经出现
过，被天老爷派下来的东隆和拉玛多杰制服后躲在岩石洞里不敢出来），
不但威胁着周围的民众，更对城区的坝子产生了非常消极的影响。尼玛大
师提出了应对之策，在河上建一座桥以连接断层，同时建一座镇妖塔来降
服女妖。他把这一心愿告诉了根阿白，根阿白一直牢记上师的心愿，寻找
机缘，经过不断努力，终于在巴曲河上建起吊桥一座，并在巴曲河与巴久
曲河交界之处修建镇妖塔，以镇伏罗刹，守护巴塘的平安和气运。巴塘的
老人说，小时候每次经过那个岩石洞，都会想起流传下来的关于斯莫抓普
的恐怖故事，恨不得长了翅膀赶紧飞过去，那个时候当然没有人有胆量把
房子建在周围，吊桥和塔子修建之后，陆续有人在河西筑屋居住。如今，
河西村房屋密集、人口剧增，在新修的桥梁和道路的沟通之下，与巴塘城
坝连成一片，呈欣欣向荣之势。

　　同样，虎头山也被视作巴塘的重要风水之地，它形似卧虎，呈随时腾
空跃起之势，是巴塘卧虎藏龙、生机勃发的象征，加上它是神山拉玛多杰
的祭台，终年香火旺盛，为巴塘带来无尽的吉祥。然而，在巴塘也流传着
另外一种关于山与城区风水的说法。这种说法认为，巴塘城坝往北被帕拉

山（猪头山）遮挡，往南被库由拉山（杜鹃山）阻隔，东西则夹在东隆、拉玛多杰和象鼻山之间，整个城区被围困，虽有虎头山显出卧虎藏龙的气象，终难摆脱四面受困之势。因此，当地人认为，虽然巴塘城内出了不少小有名气之人，却始终难以走出去，成就一番功业。

总之，巴塘的山、水、城构成一个整体，气运、风水由此生出，而生活在其中的人则环绕着山、水、寺，日复一日、年复一年地营造着这一城镇的社会生活。围绕着神山，人们不仅在周期性的节庆仪式之中祭祀、转山，还会在最平凡的日常生活之中，受到神山信仰带来的种种禁忌的影响。

在拉玛多杰取代东隆成为巴塘地区守护神和首席山神之后，围绕他们展开的祭祀仪式也就渐渐固定下来。每年藏历新年初三这一天，是全城僧俗祭祀拉玛多杰的节日。这天一大早，康宁寺的堪布会带领寺庙僧人准备供品、念经，然后骑马上虎头山——这是拉玛多杰神山的祭台。随从除寺庙众僧之外，还有藏戏团、祭拜山神之后参加赛马比赛的人马，这支浩浩荡荡的队伍会在沿途不断吸纳前去祭拜山神的民众。人们穿戴一新，都以能和寺庙堪布、僧人同行而感到殊胜。于是队伍会逐渐壮大，等走到山顶的祭台，已聚集起了绝大部分前来敬拜神山之人，而那些没赶上队伍的人则会取捷径，顺着崎岖山路，背着祭品，匆匆赶到。按他们的说法，越早到达神山，就越能显示自己的虔敬之心，而第一个到达神山祭台的人福报也最大。堪布携众僧先按佛教仪轨主持祭拜山神仪式，诵经迎请山神降临。待山神收下各种礼物、享用供品之后，堪布代表僧众向山神祈求，保佑人们在新的一年能够幸福安康、吉祥如意、畜牧兴旺、五谷丰登。之后，堪布和僧人先在神塔里煨桑，敬献茶酒、五谷、果品，挂经幡，围绕祭台顺时针转三圈。接着，堪布独坐法台，众僧两边围坐，开始诵经祈福。他们先赞颂佛、法、僧三宝及雪域诸神山，引出本土神山，并高声念诵《世界煨桑》《当地山神之煨桑》《贡布本日煨桑》《嗦嘎》等吉祥经文，其间还不断变换各种手印并以鼓锣配合。

僧人念经期间，其他民众或者去塔子煨桑、摆供品，或者不停地顺时针转山，挂经幡，顺手将垂到地上的陈旧经幡重新系起来。有的年轻人则不断地点燃买来的火炮，用震耳欲聋的声音配合诵经，众人听到后，齐声高喊"拉嗦喽"（敬菩萨），让整个气氛更显热烈。诵经要持续到午饭时分，结束后，大家开始在山上进餐。早有人将僧人的午饭摆放整齐，一般是巴塘本地习惯做的锅盔和酥油茶，再配以各色果品。而前来祭山的民众所食之物则更为丰富，他们自发地聚集围坐，在地上摆满新年准备的各种食物，有的还带来啤酒、青稞酒，吃喝之间，还乘着兴致歌舞一番，拴在一边的赛马也被打扮得花花绿绿，为节日增添一抹色彩。

午饭后，热烈的赛马活动开始了。比赛由堪布主持，获胜者还可以从堪布手中领取贵重的礼品。赛毕，大部分人陆续返回城里，也有少部分人就一直待在山上吃东西、聊天，或者仅仅是闲坐着，直到神塔里的烟火熄灭、祭台变得寂静无声，才起身下山。

相对于拉玛多杰神山热闹的祭祀仪式，藏历新年初五祭拜东隆神山就冷清得多，因为山高路远，能够坚持攀登的只是少数年轻力壮的男子。他们就作为代表，收集众人的祭品，代为祭祀供奉，康宁寺的僧人并不前去，因此整个过程颇显冷清。

除这一年一次的隆重仪式外，藏历的每个月十五日，是祭祀拉玛多杰神山的重要日子。不过也只有一部分家庭会坚持每个月都去，大多数家庭会请他们带去煨桑物和供品，或者在自己家屋顶上的"苏空"（煨桑炉）里煨桑祭祀。

这种周期性的仪式活动除具有涂尔干所言"集体欢腾"带来的社会意义之外，也是伊利亚德所说的回到"历史之初"[1]。在伊利亚德看来，那些创世神话带有"永恒回归"的属性，以戏剧、节日、仪式等时间周期再生的形式，重复不断地在神话所覆盖的群体之中展开自身，人们经由这些特殊的时间节点，重温那看似远去的古老源头。两则神山神话在当地的流传表明，巴塘的两座著名神山和这一地区的人类社会是同时起源并且共生的，正是为了护佑最初踏上这片土地的人们，两位天神化身为高山。为了向两位天神表示感激和纪念之情，人们开始祭祀和供奉，二者相生相伴，一直延续到今天。通过这些仪式和节日的祭祀活动，人们与山神共同处于特定的时空之中，似乎回到了起源神话那种共同在场的状态，只是转换了

① Mircea Eliada, *The Myth of the Eternal Return: Cosmos and History*, New Jersey: Princeton University Press, 2005.

相处的方式。而正是基于这样的仪式和节日周期，神话成为一种神圣的历史，它所衍生出来的仪式活动让历史获得了一种可以触摸和实践的属性，历史过程与社会生活获得了一种实在而有意义的背景支撑。

当然，社会生活不仅被节庆和仪式营造，每一个平凡的日子都在不动声色地塑造着它。巴塘藏族与山神的互动也不只体现在某些特殊时间节点上，在日常生活的诸多方面也不少见。神山信仰一旦确立，其权威对于仰赖它护佑的人们而言，不容忽视。如前所述，"天界－人间－地下"的世界图式一直延续下来，其中与人间的赞神和地下的鲁神相关的观念依旧非常强烈地影响着巴塘藏族的日常生活。他们非常认同赞神具有多种多样的种类，根据神灵依附的自然物，至少可以分为地赞、树赞、岩赞、路赞等。在巴塘，有太多被赞神"牵走"的人至今无处寻觅，他们或者是因为砍伐了住有赞神的树木，破坏了住有赞神的岩洞，或者仅仅是因为在山上打了个盹，挡住了赞神骑马飞奔的道路，就被赞神掠去为自己牵马。在巴塘藏族人看来，赞神生性好斗，勇猛无比，脾气暴躁，整日漫无目的地骑马在山谷间游荡。赞神动不动就毫无理由地扇狐狸的耳光，让狐狸的哀嚎声响彻山谷，也掠来无意间得罪了他们的普通人，让这些人一刻不停地为他们牵马飞奔。而且，赞神飞奔的时候从不选择道路，所以牵马的人总是跑得丢掉了鞋子，衣服被山上的刺笆划得褴褛不堪，稍有怠慢，就招致赞神的一顿耳光。被赞神牵走，鲜有机会逃脱，即使遇到家人上山来寻，他看得见家人，听得见他们说话，却发不出声音，也无法被家人看见。巴塘有几个被赞神牵走，后来又逃脱的人，问起他们给赞神牵马的情境，他们只说，赞神给他们吃白色的小石头，没日没夜地牵马奔跑，至于其他，完全是恍惚不知所以。巴塘很多老人于每日黄昏时分，聚在一起，用十分悠长美妙的音调诵唱六字真言。我听过那种吟诵声，苍凉、空灵之中透出一种耐人寻味的韵律，加上黄昏中四起的炊烟，总能叫人驻足聆听。他们说，诵唱这样的六字真言，是为了让那些被赞神牵走的可怜人听见后，知道自己没被遗忘，而赞神听到后，也会为音韵打动，停下飞驰的马蹄，安静聆听，这时，牵马的人就可以休息片刻，缝补被刺笆划破的衣裳。多么悲伤却又温情的场景！

和赞神不同，鲁神大多居住于有水之地，属于阴性神灵，得罪了他们也是非同小可。巴塘东南郊的龙王塘有一处泉水，被当地人视作神泉，传说里面就住着鲁神，并建有两个方塔形房子，叫作鲁空，是鲁神住的房子。由他们守护，泉水汩汩不绝，终年流淌，没人有胆量去污染水源。泉水周围有许多老树，也因为泉水之故，老树成了鲁神的居所，无人敢去随意折树枝，更别提砍树锯木了，若是无意得罪，还得用仪式去消灾、赎罪。因此这汪泉水也备受巴塘藏族珍视，它不仅为龙王塘增添了几分神性，也使其成为巴塘非常重要的公共空间。巴塘民众喜欢在龙王塘"打平伙"，每年的迎夏节、送夏节都是在这里举行。从鲁神到神泉，从龙王塘到社会生活，都可以丝丝入扣地关联起来，而这一长长的逻辑链条，却是起始于神山信仰。

因此，无论是赞神崇拜还是鲁神崇拜，经由他们生发出来的诸如敬畏、禁忌以及由此而产生的相关仪式活动，是构成巴塘藏族社会生活的重要部分。究其源，神山信仰提供了不可忽视的意义参照。如果说这是从禁忌的消极层面展示了神山信仰对于社会生活营造的意义，那么，对于神山的日常敬奉和节日祭祀，则是人们基于神山信仰，以供奉为总体形式，积极地参与和构建着社会生活。

## 二　寺院

康宁寺坐落于巴塘城西南的巴曲河畔，占地约 16 亩，住寺僧人 200 余名，内设佛学院一座。康宁寺不仅是巴塘城区居民宗教佛事活动的主要场所，还是巴塘境内格鲁派主寺，拥有众多分支寺院。因供有开口说过话的旃檀木释迦牟尼佛像"觉松"而闻名于康区。据巴塘当地藏族人所说，康区的许多藏族人若是受条件制约，实在不能到拉萨朝佛，来康宁寺朝佛"觉松"，其功德与效用也是一样的，就连有的拉萨人也会慕名来到巴塘朝圣"觉松"。巴塘人去拉萨朝佛时，拉萨人有时会对他们说，你们何苦千里迢迢来拉萨，你们那里有觉沃松扎玛，朝拜他也是一样的。

值得一提的是，康宁寺在历史上经历过更为辉煌的局面，规模也更为浩大。如今的康宁寺修建于清顺治十六年（1659），当时，五世达赖喇嘛派德莫活佛昂旺格勒（西藏丁吉林寺主）、彭波·昂旺嘉措到巴塘，仿照拉萨哲蚌寺洛色林学院，修建一座规模不小于它的寺院。当时党村百户长德拉和竹洼曲洛桑、英古布泽仁、西松苯德、郎吉四人在寺庙的四面立了四块石头祭奠，最终在僧俗的合力之下，按照要求修建完毕。德莫活佛为寺庙举行开光典礼，五世达赖喇嘛赐名"噶丹彭德林寺"，巴塘的纳卡活佛庚呷·洛绒邓珠（当时为十五世）任寺主，制定了符合佛法教化的清规条文与制度。

图 4-2　巴塘康宁寺的"觉松"（翟淑平拍摄，2014 年）

寺院修建后，举行了大愿法会，开始了密集胜乐、能怖金刚等本尊四续部及诸护法神的修行与供奉，并定期开展供朵玛等法事活动，这些修行、供奉和活动绝大多数与下密院僧院举行的活动相似，显密佛教法规等都非常严格，噶丹彭德林寺成为当时康区颇为有名的寺院。当时的噶丹彭德林寺设 8 个康村，有下属支寺 18 座，后来僧众逐渐增加到 1800 多人。寺院周围栽种翠柏，静谧中透露出佛教的肃穆威严。巴塘民歌中唱道："寺庙佛事兴旺，神柏布施围绕。"

康宁寺名声渐起，拥有 10 座活佛的传承体系，分别是包活佛、居纳活佛、仰恩、呷打、莫多、拥争喇嘛、刀许喇嘛、达然客松、八角活佛、向子诸古。其中，包活佛和居纳活佛为主要活佛。关于包活佛的神通，在巴塘也流传甚广。人们传讲，包昂武活佛某世在康定被一官员砍了九次头，但接连长出了九个脑袋，官员的管家见状非常惧怕，再三祈求，脑袋才没继续长出来。为此，人们称他为九头喇嘛。人们又说，康定历来洪灾严重，自包活佛遗体被安葬在那里后，就再未发生过洪水灾害。现在还流传着一种说法，当年，蒙古准噶尔部来到藏地时，对包昂武活佛的法力颇为怀疑，就寻机试探他的法力。准噶尔首领问包活佛，我的母亲是否安康？包活佛说，您的母亲在您到达藏地前就已经去世。首领十分惊异，赞叹道："好喇嘛就是您！"除此之外，仰恩喇嘛、居纳活佛、呷打喇嘛、八角活佛、刀许喇嘛都很有名，均被奉为上师。①

康宁寺现在所在的地方原为纳西族木氏土司的官寨。巴塘人称康宁寺的坝子为"达然"，意思是"射箭的坝子"，就是从木氏官寨的名字延续下来的。巴塘的很多老人都说，他们小时候见过寺院周围厚厚的城墙，上面还有箭口，就像内地的城墙一样。16世纪后半期开始，云南纳西族木氏土司逐渐向西北方向扩展势力，1566年占据了巴塘，并派大臣噶伦伯土（有说大臣布底）驻扎巴塘。噶伦伯土在巴曲河与巴久曲河的交汇处修了一座官寨，据守于此。当时木氏土司在巴塘地区修建了两个"宗"（城堡），一个就是上述这座官寨，另一个位于现在的中咱区，现在中咱的山岗上还有旧城遗址。

前文提到的"觉松"佛像就是木氏土司带到巴塘的，并赠予了当时巴塘的扎塔寺。根据巴塘老人现在的说法，这尊佛像是藏传佛教噶举派创始人玛尔巴·曲吉洛追自印度迎请来的。1407年，噶玛巴第五世活佛德银协巴被明成祖封为大宝法王，他的弟子中也有好几位被封为国师、大国师。他们得知云南纳西族木氏土司也信奉噶玛噶举派，为了得到土司的支持，便将这尊佛像赠予了木氏土司。木氏入巴时，巴塘的寺庙是信奉噶举派的扎塔寺（位于现在扎金顶烈士陵园一带），木氏土司就将佛像转赠给扎塔寺，以护佑巴塘地区的吉祥安宁。1639年，青海蒙古族和硕特部首领固始汗率兵入康，打败了木氏土司，占领后者在巴塘所驻扎的官寨。扎塔寺也在战火中遭到一定程度的破坏，附近村民将这尊佛像埋于地下。之后，信

① 贡布吉村、洛桑吉村：《桑梓巴塘颂》，格桑曲批译，《巴塘志苑》1986年第1期。

奉格鲁派的和硕特部让巴塘地区的众多寺庙改宗格鲁派。1648 年，扎塔寺改名为丁宁寺（也作丁林寺、丁零寺），改信格鲁派。清顺治十六年（1659），始在原木氏土司官寨修建寺院，又改名噶丹彭德林寺。

根据当地人一致的说法，1703 年，巴塘一位老妇人到扎塔寺旧址附近挖红泥巴涂墙，突然从土中传出"啊哟"的叫声和"朝左挖，朝右挖"的恳求声。老妇人大吃一惊，连忙跑回城里向人们诉说此事。噶丹彭德林寺住持和地方头人获悉后，派人前去挖掘，结果挖出了这尊在地下沉睡了几十年的释迦牟尼佛像。因为佛像开口说话，巴塘人称之为"觉松"。佛像出土后，噶丹彭德林寺和地方头人都争相供奉此佛，互不相让。后来达成协议，在城边甲日龙村背后一块名叫白日宗的地方搭起帐篷，将释迦牟尼佛像置于帐内，双方派人监护，不准任何人入内，并议定，如果翌日早晨佛像面向寺庙，则由寺庙供奉，如若面向城里，则由地方头人供奉。第二天清晨，大家进帐篷一看，佛像朝向噶丹彭德林寺方向，于是按照约定，便将佛像迎入寺院，成为镇寺之宝。

木氏官寨修建之时，沿着官寨围墙栽种一圈柏树，几百年下来，这些柏树已经粗壮葱郁，更把寺院衬托得肃穆庄严。巴塘人在弦子词中歌颂赞美这些神柏，很多老人还记得他们小时候绕柏树玩儿的情境，说整整有 80 棵，他们那时候转寺一圈，要花不少时间。初修的噶丹彭德林寺占地面积 60 亩（也有说 80 亩），内设经殿、佛殿、活佛行宫及僧舍 2000 余间。殿宇金碧辉煌，四周古柏环绕，并有高两丈、厚四尺的围墙，十分壮观。光绪三十一年，驻藏帮办大臣凤全在巴塘推行较为激进的宗教改革政策，引起巴塘僧俗不满，后凤全被戕，引起清廷震怒，派赵尔丰来巴平叛。在这个过程中，噶丹彭德林寺损毁严重，城东日登村的村庙日登寺（又叫哑巴庙），被当地僧俗作为噶丹彭德林寺的替代寺。这种情况持续了 18 年，噶丹彭德林寺重建，国民政府考试院院长戴传贤赐名"康宁寺"，此名一直延续下来。20 世纪 50 年代后，康宁寺先后被巴塘中学、巴塘师范学院、巴塘县医院、巴塘县武警中队等十几个单位占用。直到 80 年代以后，康宁寺才逐渐要回寺址，恢复重建。

从扎塔寺到丁宁寺再到噶丹彭德林寺，实现了从噶举派到格鲁派的过渡，这一过程也可以被该寺包活佛的世系传承佐证。包活佛现已传承二十世，分别为：

一世拔巴曼呷巴（拔巴指与众不同，圣者）；

二世老本·桑松哇；

三世竹青·新打巴；

四世尼·阿扎柏央；

五世各洛·色郎降村。

这五世为藏传佛教未出现教派前的苯教首领。

六世吉色·打马东德；

七世得普·松安东布；

八世仲庚·哈呷仁青；

九世德青·松布多吉；

十世甘玛·额德诸古；

十一世丹戈喇嘛，甘玛·丁曾旺秀；

十二世丹戈喇嘛，甘玛·曲竹炳巴。

以上六世到十二世，系噶举派。

十三世王村赫毕·昂旺·洛绒巴登（系汉族，据传是一位姓王的男子，藏语王村赫毕意思是姓名叫王）。

十四世活佛庚呷·洛绒曲珠；

十五世活佛庚呷·洛绒邓珠；

十六世诸古·降央扎巴；

十七世更·格绒土登汪修；

十八世昂旺当曲；

十九世昂旺洛绒·登比志玛·青绕赤乃甲措；

二十世昂旺洛绒·登比吉村（我调查的时候，这一世活佛居住在丹麦）。

从十三世至二十世，则属于格鲁派。[1]

巴塘藏族对于包活佛世系的梳理是一种"向前回顾"的方式，或许有些牵强，尤其是一世至五世的苯教阶段。"活佛"一词最早出现于元代，

---

[1]　四川省巴塘县志办公室编《巴塘志苑》1986 年第 3 期，第 62~63 页。

元朝皇帝忽必烈封萨迦教主八思巴为"西天佛子，化身佛陀"，此后，元代人就开始称西藏高僧为"活佛"，以指宗教修行中取得一定成就的僧人。活佛转世制度最初也是在13世纪由噶玛噶举派黑帽系首创，是佛教僧侣集团为解决其宗教首领的传承继嗣问题，依据佛教灵魂不灭、轮回转世的理论而建立起来的。格鲁派兴起以后，采用了噶玛噶举派创设的这种特殊制度。在此之前的苯教传承时期，其宗教首领的产生采取的是世袭制度，其真法是口耳相传、一脉相传、从未间断的法脉传递系统。巴塘藏族相信包活佛在苯教时代已经是地区的宗教首领，他的传承并未因流派的改宗而中断，而是一直延续下来，见证着巴塘地区从苯教到噶举派再到格鲁派的发展过程。以至到了现在，他们以包活佛的世系作为康宁寺历史悠久的根据，将苯教时期在虎头山的苯教寺院、噶举派时期在扎金顶的扎塔寺，都作为康宁寺的历史，加以历史化的叙述，并将虎头山和扎金顶出土的一些刻有古藏文的玛尼石作为实物依据。

这样的一种地区性文化自觉不见得准确，却反映了他们对于自身历史的一种想象和认知，也能够部分地解释他们为何视虎头山和扎金顶为神圣之地。虎头山是神山拉玛多杰的祭祀台，是巴塘城区藏族定期朝拜神山的必到之地；扎金顶位于神山巴杰东隆缓缓过渡到城区坝子的必经之地，是构成巴塘坝子整体不断裂的重要地带，因此是决定巴塘城区风水的必要之处。

现在的巴塘藏族以藏传佛教为信仰主体，生活的方方面面都与康宁寺有着不可分割的关联。从生到死的一系列人生过渡礼仪，寺院和僧人都要参与其中。出生后到寺院求活佛打卦赐名，去世后请高僧做颇瓦以使灵肉分离，更好地往生，还要在四十九天内，逢七做法事念经。其间的漫漫一生，无论是上学、工作、做生意，还是平日里出行、做事、遭遇意外，都要到康宁寺拜菩萨，点灯、敬茶是必不可少的。而在平常的日子里，很多人每天清晨和傍晚都要围绕康宁寺转寺，已经成为一种习惯。

以家庭为单位到康宁寺拜菩萨，在每个月里也有固定的日子。有的选初三，有的选十五。他们带着茶叶、大米、麦子、酥油到寺庙外头的"苏洞"里燃烟烟（即煨桑），再到寺庙的茶房提小茶壶，给弥勒佛、吉祥天母、"觉松"一一敬茶，最后到护法神殿敬拜。除此之外，每个家庭在每个月的十五或者二十五，会固定请两个喇嘛到家里做"苏卡洞"，也是家庭的日常供奉。每年，以家族为单位，凡是经济上过得去的，都要在寺院点一次"千盏灯"，祈福众生，也为自家祝祷。

除个人和家庭到康宁寺烧香拜佛外，寺院每年举行的大型宗教节日，民众也会聚集到寺院坝子观看。这一方面是他们参与寺院活动的方式，另一方面也是自我修行的一部分。例如观看寺庙的金刚神舞，里面的各个鬼神角色，他们年年观看，牢记于心。他们认为，到了往生之时，在各个关口碰见的形象都曾在观看金刚神舞时学习过，就不会因为害怕而误入歧途，投入恶道。

康宁寺有八个"甲伙"，或称"康村"，是以僧人所来自的村子为依据划分的，有志南甲伙、巴甲伙、勒牛甲伙、竹曾甲伙、安足甲伙、英各甲伙、冷卡甲伙、西松甲伙。每一甲伙由众喇嘛推举首领一人，称"西格"，三年一选。又由众西格在大喇嘛活佛中推举"堪布"一人，主持全寺。堪布权力最大，也是三年一选，但是可以连任。堪布之下，设八职分管各项事务：（1）"下布"，即管家，八人，由八个"甲伙"各推举一人，专管寺内财产及收支，两届交接时要在佛前赌咒以表明没有贪污行为；（2）"格戈"，即铁棒喇嘛，一人，由活佛格西堪布参加的会上研究确定，专负监督、维持寺规及惩处之责；（3）"格戈"下设"格约"一人，为维持秩序的弹压执事；（4）"翁则"，即掌经喇嘛，有正副二人，负责念大经时领诵经书及解释疑义；（5）"西索"，二人，专负经营商业之责；（6）"戈尼"，二人，专负佛前清洁和日常诵经之责；（7）"领松"，一人，专负寺院保卫之责；（8）"曲吉"，一人，专负法神占卜决疑之责。

以上人员，除掌经喇嘛可连任外，其余人员都是三年一换。其中，选铁棒喇嘛的时候，若是哪个"甲伙"的喇嘛被选中了，那个"甲伙"的村民就盛装打扮，到喇嘛寺来"包"寺院所有僧人一天的茶饭，还要捐款布施，费用就由他们"甲伙"来平摊。铁棒喇嘛很有宗教权威，职权范围也很宽，若是哪个"甲伙"的喇嘛当选了铁棒喇嘛，整个村子会倍感荣耀。康宁寺的八个"甲伙"与其对应的村子在宗教权威上形成密切关联，这些村子也围绕康宁寺这个中心，构成一个整体。

除此之外，康宁寺还对巴塘城区的气运和平安有重要作用。年底的大法会，不仅是为了答谢一年来城区民众对寺院的布施和供奉，为所有的人念一次回向的大经，也是为了辞旧迎新，驱除一年中可能累积的厄运，迎接新一年的好运。到了藏历正月二十九，寺院举行"聂洼鲁"仪式，仪式的最后是将酒精猛抛进烧得滚烫的酥油汤之中，当即火光四溅，而高僧就从火光之中观想，从中卜得巴塘来年的整体运势。

个人的一生、家庭的安乐、巴塘城的运势，都可以在康宁寺中找到一种宗教上的慰藉与源头。撇开宗教上的这一层，康宁寺作为一个人人都愿意去的地方，更是人们平日相聚的好场所，即使最孤独的人也能够在寺院的门前和转寺之路上找到交谈的伙伴，行动不便的人能够整日坐在寺庙门口的太阳底下，不怕找不到说话的人。他们在这里找到了心灵的归属与精神的依靠。

除康宁寺之外，离城区较近的村落也有属于本村的村庙，例如河西村、日登村、四里龙村等，都有村庙，都是各村为了自己念经和拜佛方便而修建起来的，规模较小。各村到城区的道路便利，十几分钟就能到康宁寺，因此村民也就愿意前往康宁寺敬拜菩萨，一是那里有他们崇敬的"觉松"，二是可以见到更多的朋友和伙伴，因此，各村的村庙渐渐变成本村的婆婆爷爷们念"哑巴经"的专门场地。在这几个邻近的村庙之中，日登村的日登寺算得上规模较大的，在现在城区老街往东，修建于1820年，迄今二百年历史，是巴塘土司巴德娃属下的六十名官员为忏悔烧了龙绒寺，动员巴塘当地僧俗人员共同修建的，属康宁寺支寺。因为是念"哑巴经"的地方，故又被称为"哑巴庙"。现在，除了日登村的村民前去念经聚会，因为它离城区近，更成为城区的老婆婆、老爷爷们自发组织念经、斋戒的好去处。他们藏历每个月十五和二十五两天固定前去念经、聚餐，遇到大型的宗教节日，也会请康宁寺的高僧前去讲经说法、聚众念经。主要的宗教节日有六次，藏历正月"曲珠达哇"，四月"萨哇达哇"，六月"真比达瓦"，九月"拉抢对青"，十月"呷登安曲"，腊月"尼洛曲措"。以上六个宗教节日，过去总共要念一百八十天的经，现在已减少为六十天。

我在巴塘田野调查的时候，康宁寺遇到了一个难以抉择的问题。因为寺院佛学院规模渐渐扩大，堪布和格西意欲在附近的四里龙田坝购置土地，修建规模更大的佛学院。四里龙的村民非常乐意，很痛快地将地低价卖给寺院。但是寺院内部却发生了分歧：佛学院的师父和扎巴都很愿意搬出去，因为现在的教室和宿舍都太拥挤了；而其他僧人则认为康宁寺本身就是一个完整的整体，佛学院迁出去就一分为二了。而对于巴塘藏族来说，康宁寺是他们不假思索要去的神圣空间，像前面所说，无论对个人还是家庭乃至整个城区，这个公共空间都起着非常重要的作用，是断然不能分裂开来的，一定要保持为一个整体。而且，他们平日里请僧人到家里念经，因为僧人数量太少，总是请不到，往往要等到星期六、星期天，因为只有周末佛学院的僧人才不上课，才有空闲时间到家里帮他们念经、做法事。若是将佛学院从寺庙中搬迁出去，无异于给他们造成很大的困扰。

这反映出一个问题，公共空间一旦成为人们习惯性遵从和前往的场所，发生变动，甚至分离，会对围绕其活动的人们造成一种很大的困扰，让人无所适从。因为公共空间的形成是经过长时间的积淀，而赋予时间厚度和内容的则是人们日复一日、年复一年的重复性活动。因此，本章的这一部分我尽量详细地梳理了康宁寺的历史发展脉络，还将巴塘藏族围绕寺庙进行宗教祭拜活动的空间变换做了一番时间上的勾勒。从虎头山，到扎金顶，最后到木氏所建的官寨，既是教派改宗的历史过程，又反映了巴塘藏族随之进行祭拜的公共空间的转换。

## 三　城区保护神庙①

在巴塘的老街上，有一座并不起眼的小庙，静默地站立在纷扰杂乱的街道上。那是一座汉藏混合风格的两层小楼，在四周不断拔地而起的高大房屋群中，显得十分寂寥。没有大门和门牌，更没有院子，甚至连个最简陋的牌匾都不曾悬挂，只有楼梯边上那个并不高大的灰白色煨桑炉，才会叫人把它与庙宇曲曲折折地联系起来。然而，就是这样一个看似平淡无奇，甚至毫无生气的小庙，却供奉着巴塘的城区保护神。它虽不悬挂牌匾，却拥有一个全城民众皆熟知的名字——翁图阿琦，又叫"阿琦孔"。

每逢藏历初三、十五这样的"好日子"，翁图阿琦庙就会一扫平日的

---

① 翟淑平：《从家族护法神到城区保护神——巴塘"翁图阿琦"的身份转变》，《天府新论》2020 年第 2 期。

宁静，显出一派欢腾之气。城区的藏族人一大早就从家里出来，手提一袋，内盛小麦、大米、茶叶、酥油坨坨，有的还拿一瓶自家酿的青稞酒，路过老街的十字路口时，会花四块钱买两把从高山上采回来的柏树枝，或急或缓地向庙子走去。若是没有带青稞酒，就会在庙子附近的小商店停留片刻，买一瓶两块钱的二锅头。先要"㷫烟烟"——也就是煨桑，这是巴塘当地人的说法，把柏树枝放进早已熊熊燃烧的煨桑炉中，然后把小麦、大米、茶叶、酥油坨坨悉数倒入煨桑炉，最后用柏树枝蘸水往炉子里洒水三次，口中念出一串咒语，"㷫烟烟"便在这"净水"仪式中结束。紧接着，拜神者拾级而上，先在外厅脱帽、掸尘，低头弯腰走进神殿内，冲着击鼓诵经的喇嘛微微点头一笑，把早已备好的数元零钱恭敬地搁在钱堆上，退后两步，开始在巨大的茶桶内添茶，然后走到神像前，打开带来的酒瓶，轻轻放置在神坛前，双手合十，顺时针在殿里转上一圈，来到神殿正中，认真地磕三个等身长头，起身，闭眼，合掌，默念出自己的祈愿。

图 4-3　巴塘老街上的城区保护神庙——阿琦孔（翟淑平拍摄，2015 年）

对于巴塘城区的藏族人来说，翁图阿琦庙是不可或缺的神圣之地，有的人甚至不去巴塘的主寺康宁寺参拜，而每月都要拜"翁图"。对此，巴塘本地人有自己的解释："它是城里人的寺庙，翁图阿琦是巴塘城区的保护神。"① 既然是城区的保护神，哪有不敬拜的道理？谁敢不敬？有一位老人告诉我："翁图阿琦是个老婆婆的嘛，大家都敬她，她最灵了，一到三更半夜，她就出来，到巴塘城里四处视察一下子，转一下子，看有没有人做坏事，反正她就是巴塘城里头的保护神，（人们）全部都要去拜的。"②

作为"巴塘城里头的保护神"，翁图阿琦的职责权限大致可以归结为几个方面：（1）城区领域的巡逻、监管，保障巴塘城的安全；（2）弃恶扬善的道德教育；（3）保护巴塘城区人们的出行、旅途平安；（4）调解纠纷，化解矛盾；（5）助商人生意兴隆；（6）助求学之人学业有成；（7）在巴塘山神的年度聚礼、共商巴塘城诸事务时，以她的庙宇作为聚礼场地。③

通过对已经卸任的康宁寺堪布、巴塘著名高僧根阿白的访谈，我对翁图阿琦这位巴塘保护神的来源有了非常清楚的了解。从字面的意思来看，"翁"是"大家""公家""公共"的意思，"图"是供奉的意思，"阿琦"是她的名字，合在一起，就是"大家一起来供奉阿琦"。而这位阿琦女神就是直孔噶举派护法神祖母曲吉卓玛。关于她的生平和传记，直孔·贡觉嘉措所著的《直孔阿琦传》④ 中有非常详细的介绍。而她成为巴塘城区护法神，是在五世达赖喇嘛管理时期，随五世达赖喇嘛派至巴塘管理地方事务的第巴（土官）一同入巴的。

这一时期，清政府对于藏地并不是直接管理，而是采取以蒙治藏的策略。当时的藏地，阐化王帕竹政权支持的格鲁派和藏巴汗支持的噶玛噶举派之间，矛盾激烈，双方为了夺取统治全藏的佛教教主地位展开政治、经济、宗教诸方面的斗争，也纷纷向蒙古各部王公贵族寻求支援。五世达赖和四世班禅派遣使者前往和硕特部，请固始汗入藏帮助。后者于1636年从乌鲁木齐附近出兵，攻入青海，在乌兰胡硕战败却图汗的四万大军，建立了在青海的根据地。次年，固始汗又秘密进入拉萨，会见了五世达赖和四世班禅，并于拉萨大昭寺释迦牟尼佛像前举行了结盟仪式。帮助五世达赖

---

① 访谈格勒，格勒为化名。
② 访谈林扎西的爱人。
③ 翟淑平：《从家族护法神到城区保护神——巴塘"翁图阿琦"的身份转变》，《天府新论》2020年第2期。
④ 直孔·贡觉嘉措：《直孔阿琦传》，克珠群佩译，西藏人民出版社，2004。

喇嘛扫清敌对势力后，西藏又一次统一，奠定了格鲁派在西藏的统治地位。1652年，固始汗同五世达赖喇嘛进京觐见清世祖，顺治皇帝对他们进行册封，确认了二者共同掌管西藏事务的地位。清政府意图政教分离，使之互相制约。甘丹颇章王朝在固始汗与格鲁派寺院集团的联合统治中，拉开了统治西藏75年之久的帷幕。固始汗利用自己的实权，实际上掌管着西藏的行政事务，并利用格鲁派及其首领达赖和班禅的宗教地位来约束民众，建立有利于蒙古和硕特汗王的统治秩序，并通过任命达赖喇嘛的大管家，来掌控达赖喇嘛的活动，而大管家就是听命于汗王的第巴，因此藏文史料称这一第巴管理全藏事务的时期为"第巴雄"时期。

正是在这一时期，五世达赖喇嘛派遣两名第巴前往巴塘管理地方事务，他们分别被称为"巴德娃"和"娘涅德娃"，意为大营官、二营官。"巴德娃"家族在西藏时，就在家庙中供奉直孔祖母护法神，后来一并带入巴塘，继续供奉。第巴行使着地方社会最高行政权威，全面管理日常事务，如给僧俗贵族分赐土地、人事任免，上至甘丹颇章的各级要员，下至各个地方宗本、军队的代本和大小寺院的堪布、强佐等的任命。因此，第巴来到巴塘之后，渐渐形成了当地藏民围绕其官寨而居住的地方格局，他们的日常生活也很大部分是围绕着第巴的管理而展开的。"巴德娃"号召巴塘地区的民众都来供奉他们家庙中的直孔祖母护法神，"翁图阿琦"的名字就是这样出现的。

可见，从第巴家庙的护法神转化为巴塘城区的保护神，其首要动力是来自上层统治者的权威和力量。在自上而下的力量实施中，普通民众也逐渐接受了这位女神，他们在得到神性回馈的同时，不断加强了这种信仰。如今依旧流传着大量关于翁图阿琦显灵的神奇故事。在这些故事中，翁图阿琦代表着惩罚邪恶的道德力量，以其神性守护着一方水土。还能满足诸多祈祷渴望，例如商人做生意，就向她祈求财源不断；学子求学，就去求学业有成、功成名就；人们之间有了矛盾和纠纷，就双双来到神殿，让她裁决是非，化解纠纷；戒烟戒酒戒赌之人在她面前起誓立愿，请她作见证；猎人跪伏在她的脚下，奉上猎枪，立誓再不杀生。当翁图阿琦护法神参与进巴塘民众生活的方方面面之后，她的保护神形象渐渐确立，并被固化于城区的康宁寺和日登寺的壁画上，与巴塘众山神一起，成为巴塘社会信仰体系的重要组成部分。

据本地人讲述，巴塘山神每年都有一次大型的聚会，总结过去一年来各自的职责功绩，相互交流沟通，以求来年更好地守卫这一地区。翁图阿琦来到巴塘，成为城区保护神之后，山神每年的聚礼场地就改在她庙前的平坝子上，而且要由她牵头来组织聚礼。可见，这个外来之神已经非常牢固地嵌入了本土社会的信仰体系之中，而且因其不断强化的城区保护神形象，呈现脱颖而出之势。巴塘人们甚至为这位保护神找到了她自己的"魂石"。这颗现在供奉于翁图阿琦庙的圆形石头，整体呈褐色，表面被复杂而有规律的螺旋状纹路覆盖，直径20公分，大约有20斤重。这块石头最初是在建"阿琦孔"（翁图阿琦的房子）挖地基时发现的，人们被其神秘的图案与花纹打动，加上当时关于这位护法神的种种神通故事和传说已经很多，就认定它是翁图阿琦的"魂石"，也就是灵魂居住处。在他们看来，翁图阿琦作为城区保护神，是巴塘城的灵魂性存在，岂能没有灵魂安放之地？

由此，巴塘城区的护法神翁图阿琦便在一种内外、上下、圣俗的复杂交织之中，成为巴塘社会重要的组成部分。历史远去，尽管他们会忘却那一段曾经鲜活的岁月，却在经年累月的跪拜和供奉之中，获得了属于他们自己的保护神。这位保护神居住在"阿琦孔"内，在老街那窄窄的街道中，历经数次劫难，最终保全了城区的繁荣、人们的安乐。尽管她门前宽阔的灯杆坝，曾是人们聚集的热闹之地，而现在似乎是偏安一隅地在老街上悄然而立，但并不能说明"阿琦孔"作为公共空间有渐渐衰落的趋势。相反，翁图阿琦作为城区保护神的形象经年累月地稳固在巴塘人的心目之中的，从物理场地来看，昔日热闹的灯杆坝已然消失，所在街道已经成为"老城"，并让位于轰轰烈烈建造起来的新城，然而，"阿琦孔"的香火却从不曾衰落，翁图阿琦保护神的角色也没有退出巴塘城的历史舞台，而是塑造着一种形而上的神圣空间，聚合着巴塘城区的藏族人。

神山、寺院、城镇保护神这三种类型的公共空间勾勒出巴塘藏族社会生活的大致轮廓，也折射出带给他们吉祥与安乐的佛神系统。然而，除这宗教和仪式氛围深浓的公共空间之外，巴塘人也拥有可以供其娱乐和欢聚的另一种宗教氛围并不那么浓烈的场所，具体来说，就是文化广场和龙王塘。

## 四　节律与献祭：龙王塘

### （一）一场社会戏剧——"央勒节"

我在巴塘进行田野工作的第五个月时，"央勒节"终于姗姗来迟。关于巴塘的这个传统节日，从我进行田野调查的第一天起，每个人都乐此不疲地向我讲述它的种种，"送夏-龙王塘-帐篷-藏戏"勾勒出了他们观念中"央勒节"的轮廓。然而，当我终于被人潮裹挟着，穿梭于龙王塘那错综复杂的帐篷海洋之时，身处一片欢腾，我意识到一场壮丽的社会戏剧即将上演。

那么，先来看看这场剧目的名字吧。"央勒"是藏语，从字面上看，"央"是夏季之意，"勒"意为送走，合在一起，就是"送夏"（也有一种译法是"夏令安居"），与"央索"（意为"迎夏"）是对应的，二者来自佛教的迎夏送夏节日。两个节日期间，巴塘康宁寺会聚集全寺僧人，分别念"迎夏经"和"送夏经"，祈求和庆祝丰产。

我调查的这一年，"央勒节"开始于公历 9 月 23 日，但在这个日子之前的一个月内，大家都已经开始忙碌起来。康宁寺负责打卦确定日子、准备念经事宜，藏戏团忙着排练预演，城里的家家户户要先到龙王塘，把自家地盘清理干净，为搭帐篷做好准备。节日前夕，我受银巴之邀去他家在龙王塘的帐篷内做客时，着实吃了一惊：功能区域划分清晰，厨房、会客室、卧室各自独立，桌椅、板凳、床铺、橱柜、电视、冰箱、锅碗瓢盆、气化炉、电磁炉等，一应俱全，甚至连佛像和供奉佛像用的灯具、果盘都搬到了帐篷之中。他们家还用布围起一个庭院，在树下摆放桌椅，供打麻将、喝茶之用。这简直就是举家搬迁。再看周围，大大小小、外形色彩各异的帐篷已经笼罩了整个龙王塘，灯火透过帐篷，幽幽地照着预留出来的弯曲小路，树木把影子投射在半透明的帐篷上，尽显夜的宁静。

第二天的龙王塘就迎来了它一年一度的沸腾。一大早到龙王塘的人和车如潮水一般，在维持秩序的警察指挥之下，涌向那片帐篷所在区域。龙王塘大桥两边设有摊点，卖毯子衣服的、小孩儿玩具的，还有推车卖小吃的。从桥边的小门进去，是条临时的商业街，颇有点巴塘步行街的味道，帐篷搭起的临时商铺货物琳琅满目。小卖部里各种玩具、零食、饮料算最普通的了；临时饭店里有包子、抄手、面条；烧烤摊上的烤肠、蔬菜、肉类散发着辛辣味道，吸引了很多食客；"凉粉、凉面、五香鸡蛋"等叫卖声也从城里来到了龙王塘，熟悉的声音几乎被淹没在一片嘈杂中；有卖佛珠手链和各种珠宝的；字画、锅碗瓢盆、服装一个不缺。

　　穿过商业街，来到一顶帐篷前，这里是藏戏演出的舞台，其实就是一块圆形草坝，直径十多米。舞台的一侧是康宁寺的帐篷，上百位僧人坐在里面；绕在圆形的草坝舞台周围，圈圈层层地分布着看戏的人，有的干脆直接坐草地上，或是随便垫块纸板，讲究点的早就搬了凳子占好座了；音响设备竖立在藏戏团房子和舞台中间的路上，调音师已经准备就绪；击鼓者在悬起的大鼓前端坐，藏戏演员在舞台中间亮相；县政府的领导宣布"央勒节"开幕，电视台记者跟进拍摄。华丽的开幕式上演过后，政府人员退场，康宁寺的堪布主持了煨桑仪式，用烟的香气、众僧的诵经，去供奉带给人们丰收的夏季，开启"送夏"之门，随后便走到康宁寺在龙王塘的房子二楼，在大窗前就座。藏戏团的团长带领众演员向着舞台中间悬挂的藏戏祖师——唐东杰布的画像，敬拜一番，鼓钹响起，藏戏演出便开始了。

　　正经看戏的多为老人，也只有他们才真正能听懂看懂，年轻人和小孩大多是看热闹，流动性极强，看一会儿，拍个照片，便四处游逛去了，他们三五成群地吃东西、喝茶，去不同的帐篷做客，他们的流动给龙王塘带来了极大的活力。也有人看戏看厌了，干脆走到旁边的佛塔转塔子去了。除了本地的生意人把店铺临时挪到龙王塘，更有生意人千里迢迢，从云南等地辗转到此。巴塘人说："云南的人把骆驼牵来，孔雀带来，稀奇古怪的东西整来，让人合影，收费。"每家都有守帐篷的人，他们在自己的临时家屋中，打麻将、喝茶、准备餐食，兴致来了，就一起跳弦子。学生娃娃也放假了，撇开功课，在这丰盈多彩的欢乐之地，尽情地耍乐。牛场娃也从牧场下来了，他们虽然没有搭帐篷的地盘，也听不懂藏戏，但热闹的节日岂能错过，带上娃娃，穿着新衣，赶集似的穿梭于龙王塘。小孩子看不懂戏，没关系，热情的老人会不厌其烦地讲给他们听，精彩的故事会叫他们瞪大眼睛，两眼放光。城里的回族人也会来这里逛一逛，"看看藏族人是咋过节的"，我的朋友小马甚至计划着"搬点货也来龙王塘卖一卖"。

图 4-4　央勒节期间龙王塘的藏戏表演（翟淑平拍摄，2015 年）

泉水边是嬉戏打闹的小孩，还有端着锅碗瓢盆或者蔬菜前来清洗的大人。龙王塘唯一的水源就是这潭泉水，男人们提着巨大的水桶，用锃亮的铜瓢舀水，提回自家帐篷，直到把帐篷内的大水缸装满。他们视之为神泉，因为有神灵居住，所以人们认为"用龙王塘泉水煮出的冒面是最好吃的"。

政府的职能部门也会搭设帐篷，提供后勤服务保障，主要是医疗、安保、拍摄宣传等方面。在国营经济时代，还会把商业百货、饭店、书店、电影、广播、医疗等部门统统搬到龙王塘来，满足节日期间民众的各种需求。

藏戏的剧目都很长，有的要演上两三天，才能把一个剧目完成。往往是今天在哪个情节停住，明天续上，一直往下走。但一天之内，演出是不间断的，演员在交替下场时休息吃饭。观众累了饿了，回帐篷吃饭休息，然后重新去看戏。直到傍晚一天的演出结束，演员退场，观戏的人散去，在龙王塘搭了帐篷的就回帐篷，住城里的慢慢回城，意犹未尽的仍然四处逛逛，吃东西、喝茶，或者玩游戏。

夜幕降临，炊烟升起，但龙王塘的热闹丝毫不减，"夜市"更有它的迷人之处，人们在帐篷里享用晚餐，盛大的"共餐"在一片灯火中上演，直到夜深人静，所有人伴随龙王塘入眠。

这样的时光持续了八天，直到9月30日，舞台上重复了剧目《顿月顿珠》在前一天下午演出的一个情节，就是野猴摘果子送给王子的情节。所有观众都把自己随身带来的各种食物抛向舞台中间，多为苹果、梨子、核桃、葡萄等，数量之多，叫人惊讶。这个环节持续了近半个小时，舞台的草坝子被这些瓜果淹没，所有演员也停止了演出，拿起背篓、口袋，在舞台上到处走动，捡那些食物，然后背的背、扛的扛，把这些食物都收到藏戏团的房子里去了，之后重新上场把剩余剧本演完。在所有观众的注视之下，藏戏团演员们齐力把事先准备好的糌粑面粉抛向空中，口中高喊着"亚拉索"。众人跟着欢呼，然后再把舞台中间竖起的柳树条推倒，央勒节结束了！藏戏团团长一一念诵出各家各户捐献的钱物，表示感谢。康宁寺的堪布携寺院高僧来到舞台中间，对藏戏演员给予嘉奖，一起合影留念。观众散去，忙着拆各自的帐篷，生意人不知何时已经人去摊空。几个小时过后，龙王塘从八天的沸腾中沉寂下来，寥寥数顶未来得及拆去的帐篷，更为它平添了一丝寂静。

（二）何以龙王塘？

为何是龙王塘？它如何成为这样一个与央勒节紧密联系在一起的公共空间？

龙王塘依山傍水，风景秀丽，它最早见于史料是在巴塘粮务钱召棠在道光二十二年（1842）所著《巴塘志略》中，但仅是一笔带过："龙王塘在河西岸，土民公建。"[①] 其他再无笔墨，可见，那时的龙王塘不大可能是巴塘人节日聚会的公共空间。到了光绪三十一年三月，"巴塘事件"引发

---

① （清）钱召棠：《巴塘志略》，中央民族学院图书馆编印，1978，第10页。

的一系列事件揭开了川边改土归流的大幕。傅嵩炑追随赵尔丰在其中发挥了重要作用。宣统三年（1911），已是四川总督的赵尔丰举荐傅嵩炑为代理川滇边务大臣。同年六月，傅氏在《奏请建设西康省折》中正式提出西康建省主张，拟将巴塘作为西康省会，并在巴塘修建衙署、文庙等。这时的龙王塘被列为"巴塘八景"之一，载于《巴安县志》："城西南二里许，有龙庙一座，前为巴楚河，沿堤老柳树数十株，每值春夏，人们于此避暑，名曰'逛柳林子'，骑马较射，酒醉歌舞一娱乐场也。"[1] 并有诗赞曰："讲武当年事已迁，空留迹地忆前贤，一湾绿水千株树，避暑人为九夏天。"[2] 此时的龙王塘被定位为"逛柳林子""避暑"的"娱乐场"，仍旧没有与央勒节和藏戏发生关联。

民国三十二年（1943），一位名叫蒋永和的人来到巴塘（当时巴塘更名为巴安），恰逢巴安演藏戏，于是他与同伴花费了五六天的时间，前去龙王塘看藏戏。可见，这个时候龙王塘已经成为藏戏演出的固定场所。当时正值战乱动荡岁月，康区很多地方已经停止了藏戏演出，但巴安仍坚持一年一度的奏演。这位蒋永和在观剧的同时，也对巴安藏戏做了一番调查。他在《藏戏在巴安》一文中记录了奏演的情形。

　　那时的藏戏每年奏演一次，时间在中秋节前后，在每年最热闹、最盛大的会期，巴安城乡所有人都会提前数日，即到龙王塘搭帐篷、支锅置灶，当日则携全家老小，一起搬到那里去，几个人或十数人共用一个帐幕，每一个帐幕的人成立一个临时的饮食团，谓之"平伙团"，在这几日所吃的东西，要丰富多彩。珍馐具备，由"平伙团"均等凑份子，出钱购办，谓之"打平伙"。在穿着方面也十分讲究，罄其祖先以来之所有，一以显示其姿容之美，二以表明其家产之富。若是自己无力购买，则出钱租赁。往往有人以金戒指、金耳环、漂亮的衣服、高贵的皮靴出租数日，就可得藏洋数元乃至几十元的利润。若是不参加每年这次最了不起的藏戏演出娱乐活动，不去龙王塘"打平伙"，他们就视为没有面子，甚至是一种耻辱。所以，虽然家中已

---

[1]　白尚文等撰《巴安县志资料》（1942），巴塘县志办公室翻印，1989。
[2]　白尚文等撰《巴安县志资料》（1942），巴塘县志办公室翻印，1989。

无隔宿之粮，但即使挪借告贷，也要前去。县里的公务员、教书先生，也要放假数日。所以演剧的几天，巴安城内几乎不见人影。①

这就是蒋永和在巴安时看到龙王塘演出藏戏的情况，但他在文中也说，藏戏的演出场地原来在巴安城（那时的巴安城范围很小，仅仅包括现在的老街一带，只有东西贯穿的一条长街）北二里的底塘工山坡上，仅仅是十多年前［他在的时间是民国三十二年，往前倒推十多年，大约是民国二十年（1931）］，才改在巴曲河西岸的龙王塘表演。② 根据巴塘的地方史志资料显示，十九世纪纳卡活佛包昂武于民国十一年（1922）从西藏回巴，开始着手修复烧毁于"巴塘事件"之后的康宁寺，并致力于恢复停演多年的巴安藏戏。藏戏剧本、服装、道具、乐器在"巴塘事件"后全部被毁，包活佛集资几千块藏洋，重新添置服装、道具、乐器，增收剧团演员，亲自参与主持和管理工作，并开辟出龙王塘这块面积18亩的"柳林玉坝"，把藏戏团设于此地，并设置财务和经办伙食等人员，以使藏戏团专心整理剧目、提高技艺。对比两份资料，时间上出入不大。包活佛民国十一年回巴，经过数年打造，植树木，筑池塘，建围墙，龙王塘于民国二十年前后正式成为藏戏演出场地和民众游乐去处，也算是合情合理。同时，蒋永和也指出，以前的藏剧角色都是由丁宁寺（后改名为康宁寺）的大小喇嘛扮演，一切耗费也皆由喇嘛寺负担。到了民国三十年（1941）前后，始有地方上爱心人士和普通民众，捐钱赠物，促成了"柳林剧团"的成立。这恐怕与包活佛在民众中的威望和号召有莫大关系，其"柳林玉坝"和"柳林剧团"在名称上的联系，也恐非巧合。蒋永和写道："呼图克图包昂武氏对于藏剧颇为亲爱，对柳林剧团甚为扶持，故地方虽极贫瘠，每年亦得有一宗大款，以消费于剧场之上。"③

因此，很大程度上能够肯定，大约在民国二十年，龙王塘成为巴塘一年一度藏戏演出的专门场地，包活佛在其中起到了重要的推动作用。1942年白尚文等撰写的《巴安县志资料》记载的龙王塘，已经变成："龙王塘

① 蒋永和：《藏戏在巴安》，《康导月刊》1943年第1期。
② 蒋永和：《藏戏在巴安》，《康导月刊》1943年第1期。
③ 蒋永和：《藏戏在巴安》，《康导月刊》1943年第1期。

在桃园子对岸距城二里许。为端阳、中秋佳节康宁寺喇嘛演剧之所。有最清洁之泉水自山脚涌出。"① 然而这时，说"康宁寺喇嘛演剧"已不十分精准了，因为藏戏团虽和康宁寺关系紧密，但也是较为独立的剧团了。

"龙王塘"这个名字有何渊源？

据载，龙王塘原有龙王庙一座，系光绪年间（具体年份已无从得知）巴安繁盛时川、滇、陕三省汉商聚资修建的。民国元年（1912），庙子被拆毁，仅在泉水周边，剩下残垣断壁，供人凭吊。龙王塘的得名与这座命运短暂的龙王庙，脱不了干系。虽然龙王庙已经荡然无存，但泉水仍汩汩不绝，原先汉族敬拜的"龙王"，转换成了巴塘人所说的"鲁神"，还建起两座"鲁空"，即"鲁神的房子"。在巴塘没有人敢去打扰它，不会在泉边野炊、丢脏东西，污染水源，若是有人不小心冒犯，还要煨桑净化、驱除危险，甚至请僧人念经，代为赎罪。久而久之，就连泉水周围的老树，也被视为神圣所在，人们认为里面住着"鲁神"。我曾经看见一名男人与一位喇嘛，在泉水旁的一棵树底下念经、煨桑，就是因为无意间得罪了住在树上的神灵，在请求神灵饶恕。神灵的存在，让这个自然地点转换成具备神性的空间，神灵来了，召唤来了人，于是人们修建白塔，去那里转塔、打平伙、聚会、跳舞。人和神的共同在场，促成了公共空间的形成，再加上巴塘人人崇敬的包活佛着力打造龙王塘，更是一种宗教上的引导。自然环境、寺院、神灵、民众、藏戏等多重元素共同搭建起了龙王塘，其作为公共空间的地位一旦形成，日常的聚会、游乐、耍坝子等活动，反过来将它不断固化，央勒节这个重要的节日终于与龙王塘联系起来，再经过周期性的展演、强化，这种"央勒-龙王塘-藏戏"图式渐渐明确，成为人人熟知的符号化存在。

（三）"浓缩的巴塘"②

龙王塘一旦完成向公共空间的转换，"央勒-龙王塘-藏戏"图式便随之出现。康宁寺和藏戏团率先在龙王塘确立了属于自己的固定空间，紧随

---

① 白尚文等撰《巴安县志资料》（1942），巴塘县志办公室翻印，1989。
② 翟淑平：《"人、物、神"：巴塘藏戏的地方性与超地方性》，载四川大学中国藏学研究所编《藏学学刊》（第18辑），中国藏学出版社，2018。

其后的是当时巴安城的民众。现在很多巴塘老人都认同一种说法：民国时期的巴塘城只有"五百家立了门户"。当央勒节和跳藏戏转到龙王塘之后，人们沿袭着平日里逛柳林、耍坝子的习惯，在这个重要的节日期间，携自家老小，穿戴一新，倾其所有，到那里搭帐篷，再搬去柴米油盐、家具床铺，安心愉快地度过几日。城里的五百家存在着盘根错节的亲属关系，有的家族在龙王塘合伙搭帐篷。一来二去，三年五载，便成了习惯，再慢慢定下规矩和秩序，哪些家总一起"打平伙"和分享帐篷，就干脆把地盘划分仔细，各自分配，久而久之，就这么传下来了。于是，在城内，房屋、街道、邻居、亲缘等构成的一套空间格局和秩序，搬到龙王塘之后，邻里关系变了，但是总体格局并没有本质不同。传续至今，规矩仍在，老巴塘家庭——也就是原先一直居住在巴安城的那些家庭传承下来的人——在龙王塘都有固定地盘，而较晚近才来到巴塘的那些"乡下人"是没有的。这些老巴塘对自家地盘也很珍视，平时也种些花草树木，打理一番，若是哪年央勒节碰到什么情况，无法搭帐篷了，其他人也不能擅自占用，除非是亲朋好友，否则还要交付一定的租金。

因此，在央勒节期间，巴塘民间社会是基于家族的方式，整体性地搬移到龙王塘。换言之，在一个特定的时间内，巴塘城实现了一个空间上的转换。如前所言，其整体格局并没发生本质变化。例如，各家在龙王塘的地盘也不是白占的，安营扎寨地看戏，须得在节日期间敬献哈达、茶叶、酥油，还要捐助钱粮，藏戏团的收入是要靠这些捐助的，加上央勒节是宗教节日，也要给寺庙捐钱捐物——当然并不限于在龙王塘有帐篷地盘的家庭，各家各户捐助明细，会由藏戏团团长在央勒节跳藏戏结束时，当众宣读。这个例子说明，虽然节日期间短暂地搬至龙王塘，但和他们平时在城里的情况是一样的，逢寺庙的各种宗教节日，他们还是一样要捐钱捐物，前去供奉，逻辑相同，只是暂时变换了空间。

巴塘的寺院进入龙王塘是先导性的，因为此地的开辟就是由康宁寺寺主包活佛主导的。而藏戏团是追随着康宁寺一起进入龙王塘的，二者的关系也颇有历史渊源。巴塘藏戏是由十五世纳卡活佛庚呷·洛绒邓珠从西藏江嘎尔地区请来的群觉纳老师所传授的，所以巴塘藏戏就称为"江嘎尔"。清顺治十年（1653），五世达赖喇嘛派遣德莫活佛（西藏丁吉林寺主）到

图 4-5　藏戏团与康宁寺僧人在央勒节结束时的合影（翟淑平拍摄，2014 年）

巴塘，仿照拉萨哲蚌寺洛色林规模，修建了噶丹彭德林寺（后改名丁林寺、康宁寺），十五世纳卡活佛庚呷·洛绒邓珠是当时修建的噶丹彭德林寺寺主，西藏来巴的藏戏老师群觉纳是德莫活佛的弟弟。康宁寺大殿落成典礼上正式演出了藏剧《江嘎尔》《扎西协哇》《洛桑王子》等剧目。康宁寺和藏戏团的密切关系从一开始就奠定了深厚的基础，其后，藏戏逐渐参与进一些节日、庆典活动，并成为宗教活动的一部分。康宁寺藏戏团鼓师宗格的父亲泽吉阿冲生前在《康宁寺堪布换届祝词》中记道："康宁寺新任堪布坐床时，藏戏演员要抬帝王将相、王子、公主、仙男、仙女等，地方僧俗官员要排队朝贺（藏语叫本拉正），由地方官员一人念祝词，主要讲历史，这是历来的规矩。"① 甚至起初演藏戏的多为康宁寺的僧人，后来几经变故，尤其是在"巴塘事件"之后，才由僧人教授俗人，渐渐形成了今日的藏戏团。

　　正是因为这样的密切关系，康宁寺将藏戏加入作为宗教节日的央勒节，也在情理之中，由康宁寺主导开辟的龙王塘，也就自然而然有了藏戏团的立足之地。如今，在龙王塘，藏戏团和康宁寺的房子紧挨在一起，用并立的姿态诉说着二者的关系。央勒节期间，藏戏团每天都要吹着长号、

---

　　①　访谈巴塘藏戏团团长，他向我展示了泽吉阿冲生前写的《康宁寺堪布换届祝词》。

唢呐，引香开路，迎接堪布和众僧入座。施第一道茶时，堪布便到楼上大窗前入座观看，其他僧人在专门的大帐篷里整齐就座。经过接连四五天的演出之后，以"三聚"仪式（敬礼、悔过、随喜等三种宗教活动）面向僧众忏悔、致敬。最后，藏戏演出结束，僧俗一起进行吉祥仪式，共同把"送夏"的任务完成。

巴塘政府在央勒节期间主要以后勤服务者的角色进入龙王塘。在市场经济全面进入巴塘之前，市场贸易由政府职能部门承担，为满足央勒节期间大量的商业需求，政府会在龙王塘搭上一排排商业帐篷，派遣商业部门进驻，去经营布匹、百货、五金、日杂、油肉、糖果、餐饮等买卖。随着市场经济的深入，政府在央勒节主要发挥监管和服务的功能，也会举行一些民族文化或者物资交流会。例如，组织一些弦子和锅庄比赛，把美术、摄影、书法展览搬到龙王塘，或者以"文化搭台，经济唱戏"的形式开展大规模的物资交流会，把巴塘本土出产的种种物资向外宣传推广。

民间、寺庙、政府这三重力量在龙王塘相遇，一个暂时性的社会共同体便呈现出了其大致模样。央勒节虽然只有短短八天时间，然而这个共同体的社会生活却不会停止片刻，这三重力量各自为这种社会生活提供了情境与资源，紧凑的临时市场为之注入了经济源泉，生意人等外来人员也打破了巴塘本土的封闭边界，经由央勒节使巴塘成为不断与外界交流的开放性社会。在龙王塘央勒节，一个"浓缩的巴塘"经过一场奇异的时空碰撞，呈现出自身的轮廓。在一段特殊却又周期性地如约而至的时间中，一座城通过空间的转换、格局的调整，成功地实现了自我的复制，成为一个"迁移的模型"。

### （四）节律与献祭

一年一度的央勒节就是一场宏大的献祭仪式，是巴塘城把自我复制成"迁移的模型"，然后献祭给夏季的宏大叙事。

马塞尔·莫斯（Marcel Mauss）和昂利·于贝尔（Henri Hubert）在1899年合作完成的《献祭的性质与功能》一书中，通过分析纷繁复杂的献祭仪式，得出了献祭的一般图式和功能。其认为献祭是由"进入""牺牲""退出"构成的一种神圣力量机制，献祭需要神圣的场所、祭主和助祭人，把牺牲献出后，退出场所，然后达到献祭的目的。莫斯和于贝尔在研究中发现了一种神圣力量起作用的机制，"神圣事物被当成一个无穷无尽的力量之源，它们可以产生极其特殊又变化多端的效应"①。巴塘的央勒节是为了恭送在央索节迎请回来的夏季之神，对其带来的丰收安康表示感谢，以祈求来年能继续保持生机，带来丰收。这和莫斯、于贝尔所讨论的农业献祭具备相同的逻辑，从迎夏到送夏正是他们所说的解除禁忌和重新获得禁忌的周期性仪式。然而，通过对央勒节的总体呈现就会发现，这场节日仪式具备更宏大的主题。一方面，仪式主体涵括了整个巴塘城及周边乡村，且以各自不同的方式参与其中；另一方面，龙王塘这个公共性的神圣空间正是在央勒节的不断重复之下获得的。对于农业和牧业占了相当比重的巴塘地区而言，夏季是黄金季节，因此，对自然的节律给予定期的献祭，是整个地区的重要事项。在金秋丰收之季，借由央勒节这一社会情境，巴塘城本身充当祭主，它转换空间，在龙王塘这个献祭场所之中，把自身浓缩、转换，然后将复制的自我，作为牺牲，献祭给夏季之神，康宁寺的僧人充当了助祭人，也就是祭司，巴塘的民众则构成了作为牺牲的巴塘城的一个个组成部分。这一场全城献祭周期性重复，让巴塘永远保持着勃勃生机。

透过在龙王塘这一空间中的重要仪式央勒节，我们能够看到巴塘人各种公共空间的交叠与重合，整个城的暂时性搬迁，让龙王塘成为能够更加容易把握的整体性存在，是超越公共空间的存在，集中而浓缩地把巴塘藏族的整体性空间格局、社会生活完整地体现出来。他们的社会生活通过这些公共空间联系，体现在各种层次的节庆和仪式之中。

## 第二节　节庆与仪式

无论是宗教节日还是生活中的节日，其间总是伴随着各种各样的仪式活动与安排。巴塘藏族会将生活中遇到的很多事情都归为非自然存在，需

---

① 〔法〕马塞尔·莫斯、昂利·于贝尔：《巫术的一般理论　献祭的性质与功能》，杨渝东、梁永佳、赵丙祥译，广西师范大学出版社，2007，第14页。

要通过仪式活动来做各种处理。因此我将节庆与仪式放在一个部分,加以描述,一方面能够在一个年度周期中将节庆逐一展现,另一方面也为呈现这个群体的整体社会生活勾勒一个大致的脉络。

"我阿娅①说的是,巴塘的事情多得很,巴塘人的名堂也多得很。"9岁的嘉嘉和我聊天的时候,突然说出这样的话,叫我有点困惑:"啥子名堂?"他阿娅接过话头:"巴塘人有个啥子事情,一会儿燃烟烟,一会儿拜菩萨,一会儿又打卦念经、聂鲁,一天到晚整这些,名堂硬是多得很!"这下我明白了,她所说的各种"名堂"原来是他们日常生活中各式各样的仪式活动。随着我田野调查工作的逐渐深入,我发现巴塘城区藏族的生活是经由一个完整而全面的仪式体系而全方位展开的。从个人到家户,从村落到城镇整体,都有着不同层次的仪式活动。这些活动有的是在一年中的各个节日展开的,有的就是日常生活中最普遍和普通的事情。而且各个层次之间相互关联,交织成一张浓密的网,将城区的藏族结合在一起,营造着属于他们的整体社会生活。接下来我将从城市整体、村落整体、民间组织、家户、个人等层次,对各自对应的仪式活动做一个系统的梳理。

## 一 城镇整体

### (一) 念大经

在巴塘,每年接近年终的时候,康宁寺都会举办一个全城性的大型法会,俗称念大经。这次法会是康宁寺为整个巴塘城及周边地区人们做的一次总体回向,为他们在一整年内对寺庙所做的供奉与布施表示感谢,并以法会的方式为他们祈福,也为六道轮回中的众生祈福。

念大经活动一般持续十天,地点在康宁寺。寺院坝子里早在活动开始前两三天就已经搭起帐篷,上空拉起彩旗做装饰,空地上整齐地摆放着信众的卡垫,他们也是提前来占位子的。院坝的最北端设有高高的讲经台,是念大经期间,各个讲经师父的座位。第一天一大早,信众就陆陆续续来到寺院,各自就座,总共有上万人。他们右手持经筒,左手拿念珠,边聊

---

① 巴塘话里的"阿娅"指的是奶奶或者姥姥,并不做区分,都叫阿娅。

天边念经，边喝茶边吃锅盔。有的人没有在帐篷底下占到位置，就在四面的楼梯上、台阶上随便找个位置坐下，让整个场面更加壮观。一串串佛珠飞速旋转，经筒飞快地转动。人们穿着簇新的衣服，散发着樟脑丸的气息，很多都是压箱底的贵重衣服，念大经对他们而言，是极其重要的活动，非常珍视。彩色的辫子，各种帽子、笑脸、胡子，老人边念经边打盹，小孩四处穿梭嬉闹，负责给大家打茶倒茶的人也四处穿梭。中午休息吃饭的时候，有的人回家吃，家远的就在寺庙外头的一条临时商业街上买饭吃，学生们中午放学后也来到寺庙，找家长一起吃饭，坐下玩乐，或者拿着家长给的零钱，去买零食，他们吃冰激凌、炸得油乎乎撒上辣椒粉的土豆块、烤肠，卖酸奶和冰激凌的老头穿梭其中，叫卖声压过了念经的默诵声。

每天上午和下午分别有一位师父讲经。其余时间，信众要各自念六字真言，他们称之为"玛尼经"，一般法会的前五天都要念"玛尼经"。每天下午结束后，由专门的僧人按照帐篷内的片区统计每个人念了多少遍，加总统计。我调查的那次念大经，五天的统计结果是，七千多名信众总共念玛尼经两亿多遍。五天过后，开始念诵两天的观音心咒，然后再念诵一整天的莲花生大师咒语。

第九天要念忏悔经，也有共食环节。康宁寺准备了大量的"措"（糌粑、白糖、红糖、酥油捏成的馒头状的供品，供奉给菩萨后，人们分食）、白酒、青稞酒、生牛肉、饼干、核桃等。在信众念经的时候，由十来个小僧人从大殿里将这些已经供奉过菩萨的食物抬出来，分发给每一个信众。大家非常高兴地接过这些供品，装进早已准备好的袋子中，如获至宝，也有的直接摘下帽子，盛放供品。还有一些僧人拿着一瓶瓶的白酒、青稞酒、葡萄酒，挨个儿倒进信众伸出的手心中。人们用手捧着这些带有神性加持的酒，一饮而尽，然后用舌头舔干手心。他们从僧人所端的盆子中拈出一片生牛肉，放到口中，吃掉。有的小喇嘛为了跟大家开玩笑，故意漏掉某个人的供品。这个人就不依不饶，大笑着追去，伸手去抢，周围的人就会哄堂大笑，这时僧人才大把大把地把供品放进他的袋子中。这热烈而宏大的共食场面中，先是神享用了人们供奉的食物，然后神再将这些食物赐予人，他们称之为"菩萨请大家的客"。这一天，康宁寺还要在院坝内举行一个聂鲁（巴塘地区对火供的称呼）仪式。

念大经的最后一天是总结性的。上午有一场讲经，中午结束后，寺庙的高僧要给众人摸顶、分食甘露与次仁（长寿丸）。高僧所到之处，众人都脱帽、低头，等待他手中宝瓶的轻轻一触；小僧人将一颗颗板栗大小的糌粑球球"次仁"分给大家，那是高僧加持过的。之后，又是给大家分发甘露的时刻，是盛在茶壶里的类似牛奶的液体，手持茶壶的僧人会往每个人的手心里倒一点，众人争抢不已。最后是捐献与布施，数名僧人手持口袋，大家纷纷往袋中投入钱币，最后集中放在讲经台上。

这一年一度的念大经活动，可看作寺庙与信众的一次年度交换。信众在日常生活与宗教节日期间来寺庙布施、供奉，到了岁末，寺庙用这种讲经说法的方式将所有信众集中起来，给予一种宗教上的回报，为他们来年的平安与吉祥提供护佑。在这样的相互交换之中，时间一年一年地度过。除年终的这个大法会外，"各多节"也是一个重要的辞旧迎新节日。

（二）各多节

各多节也叫作各多法会，又叫破九节，主要是抛送驱魔送祟的食子，伴以金刚神舞，在康宁寺举行，城区及周边的人们都能够来寺庙观看神舞。各多节法会的时间是每年阴历腊月下旬，一般持续六七天。前几天寺庙僧人诵经祈福，尤其是要诵消灾经，到腊月二十八日开始跳金刚神舞，持续到腊月二十九日，举行二十九朵玛仪式，也就是指在二十九日，抛送驱魔送祟的大朵玛后，整个各多节结束。

各多节一般从腊月二十三日开始，寺庙僧人要先聚集在大殿诵经四天，从早上 5 点念到 11：30，下午又从 2：00 念到 4：20，然后从下午 4：40 一直念到晚上 9：00。而在二十七日，僧人要在凌晨 2：00 聚集到大殿，先做吉祥天母和大威德金刚的法事活动，一直到早晨 9：00 前后，参加金刚神舞的僧人开始换服装、准备道具。当天，人们早早就来到寺庙院坝，选好地方，等着观看神舞表演。

金刚神舞持续三天。在这三天之中，人们纷纷捐钱、捐茶、拜佛，情形与念大经大致相同，而城区以及周边的村子，例如泽曲伙、孔达伙、拉宗伙、巴伙、河西村、小坝村、四里龙等，都要按年份轮流提供后勤服务，主要是在寺庙负责烧茶，为寺庙僧人和前来参加法会的所有民众提供每日数次的酥油茶，还要负责全寺僧人在法会期间的餐饮。而其中所用的酥油、大茶以及钱财费用都来自信众的捐献。寺庙专门委派数名僧人负责接收信众的捐钱、捐物，并做账记录。金刚神舞期间，有两个叫作"阿拉堪觉"的角色除跳舞之外，还要背着大大的口袋，穿梭在观众中间，用搞怪的语言和动作，向大家讨要布施，而人们也非常开心地往他们俩的袋子里放钱，因为他们知道，这法会，这神舞，都是为了他们能够丢掉一年里累积的霉运，迎接新一年的吉祥与福气。

二十九日下午跳神结束后，全体僧人在法号与鼓钹声中，手持迎风飞扬的飞幡、大幢，抬着高大的红色朵玛来到寺庙外围，抛丢出去。整个各多节结束。

各多节持续八天，从前几天的诵经，到神舞表演，再到最后的抛丢朵玛，都是为了驱魔、禳灾、辞旧迎新，期待来年的大吉大利。这是寺庙为巴塘城带来的神性祝福，与念大经一样，也是发生在寺庙与信众间的一种相互交换。此外，在各多节的神舞表演中，出现的各种角色都是菩萨的幻化，这些幻化的形象会出现于人死后进行转生的中阴阶段，他们有的是非常恐怖的形象，如果人在生前没有见过或者不熟悉，在转生的过程中就有可能因为恐惧而堕入恶道。正因为如此，人们来观看金刚神舞更是一种宗教仪式上的学习，他们通过不断地观看，将各种形象牢记于心，在转生途中遇见，也不会因为畏惧而误入歧途。

（三）新年

经过各多节的辞旧迎新，巴塘进入新年。巴塘的新年分为春节和藏历新年两种，两个时间有时重合，若没有重合，现在的人们更注重春节。

巴塘的春节除了具有内地汉族春节的特征，还有一些当地的特色。从进入腊月开始，尤其是腊八节之后，年味渐浓。家家户户都会仔细清扫房屋，叫作扫扬尘，有的还要给藏房的外墙重新涂色，装扮一新。这项工作以前是在腊月二十三日小年那天进行的，但是巴塘的老人说，现在的年轻人不懂这些规矩，早早地就开始打扫，因为过年要准备的东西太多了。买肉是一项很重要的事情，他们习惯于在冬天时节大量购置牛肉和猪肉，分割成块，冻在冰柜里，以便来年食用。因为在他们看来，有的季节里，牛肉是不能食用的，例如三四月，青草没有长出来，牛在草场吃草的时候无从选择，就会误食一些原本不能吃的草，得病的可能性很大，肉也不好，还可能造成肉毒。因此在以前没有便利的储存条件时，这个季节是非常难熬的。在巴塘有种说法，夏拉米朵（当地一种常见的花）盛开的时候，是人们最难度过的时光，青黄不接，人畜都受罪。如今，家家户户都有冰箱、冰柜，里面冻满肉，可供一家人一整年食用，这是巴塘的一种生活方式，甚至是一种习惯。

他们和内地很多地方一样，也要灌腊肠、熏腊肉，还要炸一种叫作花茹的果子，这种面食也是陕西人带入巴塘的，擀面，切片，涂上红色，编成花朵的样子，炸熟，在新年里招待客人，图个喜庆。临近新年，人们购置丰富的年货，在家里卤肉、准备食材，巴塘人对吃非常讲究，也愿意花时间、花精力去炮制，而新年是各种美食汇聚的时间。

贴对联是少不了的。老人说，以前，在巴塘看看谁家大门上贴了对联，就知道谁家祖上是汉族，现在分不清了，来到巴塘生活的老乡都学会贴了，有的还要贴藏文的对联。除夕夜的团聚、守岁、熬年、放鞭炮，和内地基本相同。过了 12 点，鞭炮声开始响起。然后就是"抢头水"，又叫"抢金银水"。巴塘有"抢头水"的传说：两个姑娘早上去河边挑水，第一个姑娘舀起的水是浑的，不能喝，所以第二个姑娘就对着河水祈祷：让河里的水都变清亮吧！让我舀到桶里的水都变成金子般的吧！于是桶里的水果然变得清澈、金子般闪亮。巴塘人一直有"抢金银水"的习惯，认为这是新年的好兆头。如今大家都用上了自来水，不用去河边，就改变了形式，拿一炷香、一些花茹、糖果、酥油和一只水桶，到自家的水池边或者水龙头边，将酥油分成杏子大小的几块，粘在水桶内壁的上侧，点上香，插在水池上头的土中，边上摆放花茹、糖果，然后用铜瓢舀水，装满水桶，提回厨房，这就算是抢头水了。

大年初一都待在家中，人们不会上街。初二开始到亲戚朋友家拜年，到了亲戚朋友家，先互道"扎西德勒"，主人家端起一盆"扎西德勒"（糌粑、酥油、白糖混合在一起捏成的食物，一般用于新年，也用于供奉神灵），用小勺子挖一勺，放进客人手心，客人吃掉，互道"扎西德勒"。

如果来客中有小孩，主人家会把提前封好的红包，给来拜年的小孩子，孩子说"拜年拜年"，给长辈祝福，长辈也说些祝福的话，鼓励孩子学习进步、健康成长。他们还会吃一口主人准备的人参果拌酥油汤和白糖，坐下吃点花菇、水果、糖果，有的也喝一碗酥油茶，说一会儿话，接着到下一家拜年。从初三开始，人们到康宁寺、翁图阿琦拜菩萨。初三是祭祀山神拉玛多杰的日子，这天，人们到他的祭台虎头山转山，祭祀、祈福。人们燃烟烟、撒龙达、挂经幡，康宁寺堪布带领僧人在山顶祭台诵经祈福，人们也举行一些赛马活动。初四是康宁寺过新年的日子，人们纷纷来寺庙敬拜菩萨，寺庙僧人也举行大型供奉，一同庆祝。初五迎财神，要去东隆山祭祀山神巴杰东隆。这天，藏戏团要在广场上表演藏戏，一般是演出《扎西协哇》部分，祝福大家吉祥如意。

在第巴管理巴塘的时代，新年的每一天都是有规定的。大年初一是大营官"巴德娃"的节日，叫"大营官的大年初一"；初二是二营官"娘涅德娃"的节日，叫"二营官的大年初二"；紧接着的初三就是翁图阿琦的节日，叫作"翁图罗索"；初四是康宁寺的节日。不过，经过历史的变迁，第巴早已不复存在，因此，过新年的方式也发生了变化。现在过新年，县政府有时还要在这几天举行各个村落的弦子比赛、花菇比赛，或者赛马、猜谜语、摄影展、书画展等，非常热闹。

初五之后，亲朋好友之间开始频繁的打平伙与聚餐活动，他们相聚在一起，跳弦子、跳锅庄、享受美食。而康宁寺又开始忙碌起来，为默郎措青做准备。默郎措青，意思是大祈愿法会。据传，释迦牟尼于公元前511年藏历正月初一到十五日，在印度甲布靠等地当众施展各种神变和法术。1409年藏历正月，格鲁派祖师宗喀巴为纪念释迦牟尼，在拉萨大昭寺举办了一次大祈愿法会，之后年年举行，主要召集西藏三大寺全体僧人到大昭寺，一是为众生消灾免难进行祈祷，二是向众僧讲经传教，祝福佛教繁荣昌盛。而藏历正月，被称为神变月，在这个月内，行善作恶，都会以一变为十万。后来格鲁派寺院也仿照拉萨大昭寺，每年举办一次大祈祷法会。巴塘康宁寺的默郎措青在正月初六到正月十四期间举行。正月初六上午八时前后，铁棒喇嘛带领众喇嘛先去法会首席活佛的驻地，将其迎接到寺。然后，铁棒喇嘛、领经师和全寺的僧人进入大殿，按照规定的座次，在领经师的主持下诵经。上午要上四道酥油茶，下午上三道酥油茶。上午和下午的第一道酥油茶，分别是吃早饭和午饭的时间，饭食是糌粑，要自带，寺院只供应酥油茶。下午六时前后，寺庙要给全体僧人上"巴擦"（搓成小拇指粗的面条），或者是"纤"（青稞舂细，加肉和奶饼子熬成粥）。法会期间，经济条件比较好的人要念"尼揩"，即这一天念经的所有开支由他一人负担；若是有的家庭需要在法会期间念祈祷经或者度亡经，就会给僧人布施，全寺的僧人都会依据法力深浅和威望高低，得到数量不等的金钱布施。

从正月初六至十四，大致都是上述程序。正月十五的弥勒佛迎神也属于默郎措青的一部分，但由于它与元宵节、酥油花供等结合在一起，就放在下一部分的元宵节里一并叙述。

（四）元宵节

正月十五的上午，要先进行弥勒佛迎神仪式。这个仪式，一是将弥勒佛像巡游，接受信众朝拜；二是祝愿弥勒佛早日转世，为众生化度。根据巴塘老人的讲述，以及庄学本所记录和拍摄下来的资料，以前的迎神仪式是要抬着弥勒佛神像在巴塘城区巡游一圈的，而现在只在寺庙的院坝转一圈，然后围着寺庙的外墙顺时针绕行一圈，就算完成了。

当天一大早，寺院北边的僧舍已经从三楼悬挂了一幅巨大的佛像唐卡画，一直垂到一楼地面，为防止大风吹破佛像，四角已用绳子牢牢固定。佛像前的空地上放着一顶轿子，里面是一尊弥勒佛像。早来的信众在寺庙院坝里，对着佛像跪拜祈祷，然后给弥勒佛敬献哈达、做布施，细细地打量着那巨大的佛像，口中诵经不停。

9：30前后，寺庙已是人声鼎沸、熙熙攘攘。僧人仪仗队开始演奏，鼓钹、法号、唢呐齐奏，海螺、蟒号齐鸣。手捧朵玛的喇嘛走在最前面，这朵玛是给周围神山的供品与布施；紧跟着手举"学松唐卡"的僧人、"协银"（负责经商、化缘的僧人）以及其他等级较高的僧人，他们身穿厚肩金丝缎喇嘛坎肩、披袈裟和红氆氇、头戴黄冠帽、腰前系净瓶套、手持香炉。紧接着是持幢幡的喇嘛和由锣鼓、钹、号组成的乐队以及举着各种唐卡画的仪仗队员。然后是"扎西达吉"（八吉祥徽：胜利幢、宝瓶、经轮、妙莲、右旋海螺、宝伞、金鱼、吉祥如意）、"吉虽那灯"（其中宝贝：法轮、宝石、王侯、大臣、神像、神马、马官）、"灯月拿安"（五样贡品：明镜、月琴、香水、贡果、服饰）。穿着盛装的"翁则"（领经师）和堪布在仪仗队的迎请下出场，堪布披着上等黄缎披风，戴着黄冠形堪布帽，左手拿金刚杵，右手持金刚铃，两位僧人替他打黄伞。堪布后面是八位僧人抬着轿子，轿中安放着弥勒佛像。其后是"黑帽金刚"（金刚神舞者）、"安枪"（轮鼓舞）、"甲初"（童子舞）、"曲雄"（护法神）等组成的队伍，他们边走边舞。最后是全寺的其他僧人，全部头戴黄冠帽，手拿两支香。

整个队伍非常有秩序，他们按顺时针方向，缓缓走向悬挂佛像处，然后走出寺院大门，顺时针绕寺院巡游一圈，重新回到寺院院坝。无数善男信女也跟随队伍，缓缓绕行，他们双手合十，低头弯腰，十分虔诚地向佛像顶礼膜拜。回到寺庙院坝后，僧人把装有弥勒佛像的轿子重新放置在原处，僧人队伍在轿子两侧呈半圆形围拢之势，形成一片独立的圆形场地，为下一步的一系列活动做准备。

几名僧人在空地铺四块垫子，从场地西侧缓缓地走出四个僧人，他们走路的每一个动作都被拆分成一系列更细微的动作，像机器人，也像慢镜头，花了数分钟才走到垫子旁边。面对唐卡和弥勒佛，他们跪拜磕头，也是用慢动作缓缓进行的。四周围观的民众兴高采烈，像在观看一场滑稽剧，笑声不断。几番跪拜，竟用去半个多小时。这样的慢动作跪拜，除表达更敬重和虔诚的意思之外，也具有一种教授的含义，寺庙僧人以细微、明了的身教方式，集中向信众展示该如何礼佛拜神。

参拜结束后，开始以牛奶敬献弥勒佛，同时也有一种春耕仪式。寺庙不知从谁家借来一头耕牛。一个戴面具的大头和尚坐在一把椅子上，笑意盈盈地——面具被做成笑脸的样子——看两位僧人在耕牛肚子底下装模作样地挤奶，底下还放着一只牛奶桶。挤完奶，敬献给弥勒佛，二人又做出耕地的动作，夸张和滑稽的表演惹得旁边围观的众人哈哈大笑。四个年龄很小的扎巴跳着可爱稚嫩的舞蹈到耕牛身边捣乱，一会儿拽耕牛的尾巴，一会又想把耕牛赶走。看此情形，大头和尚连忙从椅子上站起来，驱赶小扎巴，他们笑着逃开，待大头和尚坐下，又故技重演。随后，一队背着小鼓的扎巴上场，开始表演"鼓舞"和"乒叮乓当舞"①。

最后，曾在各多节跳金刚舞的所有角色又共同出场，开始表演金刚舞，活动一直持续到下午才结束。之后，僧人开始在寺庙用餐，信众也陆续回家吃饭。饭后，僧人要在大殿内为"尖安曲巴"（也就是元宵供，俗称酥油花供）举行开光仪式。堪布、经师、铁棒喇嘛、普通僧人等都要穿上盛装，按照座次坐下。堪布撞响碰铃，大殿两侧点香熏烟，经师拍钹领经，全体僧人齐声诵经。信众手捧哈达，弯腰走进大殿，在元宵供神架前献哈达、献钱，给酥油灯添油。元宵供放在木板搭成的竖架上，贡品是用酥油拌以各种颜色，用手捏成的各种佛菩萨造像，周围塑有佛光祥云、妙莲花瓣，并环有日月星辰、花草树木、八吉祥徽，技法精巧、细腻、形态逼真。

傍晚时分，众僧重新来到寺院坝子，开始等待佛学院老师宣布年终大考的成绩。寺庙堪布、佛学院老师在临时设置的讲台上站成一排，宣布成绩，分发成绩单，并根据成绩排名发奖品奖金、献哈达，其正式程度犹如大学的毕业典礼一样隆重。达吉师父在话筒前念名字、成绩、名次、分数，然后把成绩单递给堪布，听到名字的僧人跑上前，拿成绩单，依次从老师手中拿到自己得到的奖金、本子、僧衣（并不是每个人都有僧衣，有的只有信封里的奖金，5块、10块），哈达每个人都可以得到两条。佛学院的每个学生都很受重视，师父发奖品时也很和善慈祥。

成绩单是寺院的格西师父委托我做的，达吉师父提供了草图，希望我能把寺庙的图标加在上面，并用藏、汉、英三种语言书写。可见他们对佛学院教育的重视程度。我因为给寺院佛学院上了一学期汉语课，更觉得这次大考与自己关系重大，看着这庄重的场面，深深为之感动。成绩单全部发完之后，达吉师父又点名让一些成绩特别出色的学生再次上前领奖，也是本子、哈达、奖金等。围观的民众很多，他们不因夜色和寒风退缩，反而越聚越多，带着崇敬的神情，不愿离去。堪布总结了这次大考的成绩，鼓励大家继续努力，感谢了佛学院老师一年的辛勤工作，然后宣布开始辩经。于是，夜色之下，激烈的辩经便开始了。这次辩经除了僧人之间，其

---

① 这种舞由僧人专门敲鼓给出节奏，他们敲击的声音听起来就是"乒叮乓当"，非常清脆悦耳，又很有童趣。

他懂得佛经佛法之人也可以去挑战一番，听说有的中学老师很早已经开始练习辩经了，以图这个时候可以一展风采。

晚间拜菩萨的人也很多，点酥油灯祈福的更是络绎不绝。酥油灯里的油是需要将专门做燃灯之用的固体酥油融化之后，添进铜质的酥油灯盏之中。因此若要点灯，必先将固体酥油熔化，墙角烧酥油大锅的火旺旺的，前来拜佛的人都要先在喇嘛寺商店买几包酥油，然后交给专门负责烧化酥油的小扎巴。他们拿长长的刀，在酥油袋子上一砍，顺手投入大铁锅里，让其中的酥油源源不断，供应点灯之人。一直到夜里十二点，点灯活动才伴随着辩经结束而接近尾声，元宵节也结束了。

### （五）聂洼鲁

聂鲁是巴塘人对火供仪式的本地叫法，"聂"是火的意思，"鲁"意为倾倒、添加，合起来字面意思为添火、倒火，往火上倒东西，以求兴旺、驱邪、清洁、禳灾。聂洼鲁和聂鲁同为火供之意，不过聂洼鲁只能在寺庙里举行，且这个一年一度的仪式是属于全巴塘城范畴的，是为全城来年的兴旺添火。

聂洼鲁仪式定于每年的藏历正月二十九日在康宁寺举行，这个仪式也标志着藏历新年完全结束，新的一年正式开始。仪式举行前的三天时间内，康宁寺紧闭大门，谢绝任何信众入内，因为众僧人要为迎接聂洼鲁做一场特殊的法会。其间，若是有信众要到寺庙拜菩萨、煣烟烟，只能将供品从大门口递给寺庙专门负责此类事项的僧人，让其代为办理。三日期限一到，二十九日午后，僧人打开康宁寺大门，迎接早已等候在四周的人们。由于聂洼鲁仪式是所有人都可以观看的，因此很多人午饭后就早早地来到康宁寺附近，等着开门。

寺门打开后，人们涌入院坝，找好便于观看的位置，坐着或站着，等待仪式开始。院坝子正中位置砌了一个临时的石灶，灶里堆了木头。寺庙平时做聂鲁的坛城中，放了一个平躺的铁皮桶，桶身挖一圆孔，从桶口塞进许多柴火，烧得很旺。孔上坐着一个铁罐，罐中的酥油已被烧化，冒着浓浓油烟。两个僧人用长长的木杆，把酥油罐小心翼翼地端到院坝中央临时设置的坛城之上。这时，大殿内的众僧已经诵经完毕，走出一位僧人，大殿门槛外画了一条几米长的白灰线，四五个小扎巴手提香炉、宝瓶，在门口等待殿内的僧人队伍。六个乐师吹响蟒号，开始奏乐，大殿高高的台阶上，六臂黑天王的唐卡画像已经挂好。由于风太大，四个小扎巴一直用力扯着，保持画像平展。乐队先从大殿出来，在一片祥和庄严的乐声之中，仪仗队先列队走出，紧接着是手持朵玛与糌粑大鬼的僧人，然后是被左右搀扶着、盛装打扮的堪布，后面跟着跳金刚舞的黑帽金刚，最后是盛装打扮的其他僧人。整个队伍缓缓前行，顺时针在寺院坝子里转了半圈，到了寺院正门口，一行扎巴排列整齐，手里端着高大的朵玛和糌粑大鬼，堪布一一对其诵经加持，然后在两位僧人的搀扶之下，顺时针转到大门口正对的地方，继续诵经。这时乐队重新奏响，那位平日里在寺庙做杂务的喇嘛，手持前端扎着风筝模样咒语纸的一根长木杆，走向院坝中央的坛城，在酥油罐上空用力挥动。另外四个僧人把木头点燃，重新让罐内的酥油沸腾。这时院坝内的所有僧众全都聚精会神地注视着酥油，僧人们并不敢忘记自己的使命，不停地诵经、奏乐。酥油沸腾后，一位黑帽金刚在两个僧人的搀扶下，缓缓走近油罐，右手持一包液体酒精，快要接近油罐时，突然反手抛向油罐。按照仪式的规定，黑帽金刚应该右手反着将酒精扔到酥油罐中，顷刻间激起火光，通过观察火焰的高低、大小和形状，来预测新的一年中，巴塘是否五谷丰登、六畜兴旺。然而这位黑帽金刚或许是太过紧张，或许是害怕喷发的火焰伤到自己，在离酥油罐还有两米多时，反手一抛，居然没有将酒精投入酥油罐内。人群中爆发出一阵低低的、失望的呼声。旁边一个机灵的喇嘛，端起身边的一桶凉水，浇在滚烫的酥油罐上，顿时火光四射，大火迅速喷薄数米之高。众人终于开始兴奋地高呼和赞叹，气氛一下子热烈起来。那个手持木杆咒语的喇嘛将咒语纸在油罐上方又来回拂了几下，将其燃烧。几名僧人用长木杆将罐子推倒，扑灭火。然后，乐队开路，堪布由人搀扶着走向大门，长长的队伍紧随其后，信众在队伍的两旁簇拥着，一同出了大门，往门口左边，缓缓而行。堪布边走边诵经，变换着不同的手印，并不时地将一些小朵玛丢在大路中间，踩踏而过，走到路的尽头，是康宁寺丢朵玛和丢大鬼的固定位置。乐队在两旁奏乐，堪布走上前去，对着几个大朵玛和大鬼施咒诵经，并用弓箭从四个方向都象征性地射向它们，扯掉大鬼头顶的黑布，将它们抛到事先准备好的火堆之中，转身返回。仍是乐队开路，引领队伍，一直走回到寺庙大殿的楼梯处奏乐，迎请堪布，整个仪仗队奏乐，热闹非凡，向六臂黑天王致敬，唐卡画下面的台阶上已经摆放了贡品，一盘炒熟的青稞花花，一盆扎西德勒，一叠黑布。僧人队伍返回大殿，仪式结束，藏历新年也随之结束了。

对于巴塘人们来说，做好聂洼鲁仪式，关乎全城未来一年的兴旺与好运，技术好，火炸得旺、烈，巴塘在新的一年才能红红火火、兴兴旺旺。我参与的那年黑帽金刚抛酒精失手，不知道会不会影响巴塘来年的气运，也无从猜测机灵喇嘛的补救是否能及时挽回那或许已经丢失的来年繁荣。但无论如何，没有什么能够阻挡一年一度的聂洼鲁，它总会如期而至，召唤着全城的僧俗，让大家相聚在一起，透过一片火光，去预测自己来年的兴衰成败，并为其生活的展开，铺陈着近在咫尺的底色。

根据钱召棠在《巴塘志苑》中的记载，聂洼鲁之后的第二天，也就是正月三十日，两土司家开始做松老工札布仪式。这个仪式的主要内容是扎很高的纸人，延请喇嘛百余人诵经焚化，头人、士兵皆穿蟒袍盔甲，放枪放炮，驱除疫疾，这一活动在九月下旬还会举行一次。如今，土司早已不在，这个仪式也不再进行了。

（六）神山祭祀

如前所述，巴塘城区主要祭祀拉玛多杰和巴杰东隆两座神山，祭祀日期分别在新年的正月初三和初五两天。而城区周边的村落也分别拥有自己的神山，于是也存在一套包括时间、仪轨在内的神山祭祀。例如河西村的神山是他们村子后山的小格聂神山，祭祀的日期是新年的正月初三，当巴塘城区的人们在虎头山上祭祀之时，两山相对，人们还在山上互相观望，尤其是河西村民在山神祭祀时，往往伴以场面宏大的赛马活动，非常吸引人。

此外，巴塘城区的人们还要祭祀离他们更远的神山，且具有一种层次性。也就是说，他们会对外部世界的神山做出划分和认定。一种方式是以十二生肖为依据，对巴塘周边以及西藏、云南境内的著名神山进行划分，例如，巴塘老人会说，"云南的三座神山，维西那边挨着金沙江的一座，产大米，叫'拉坡达摩呢'，是猴子的神山；梅里雪山叫'夸嘎布'，是属羊的神山；鸡足山是鸡的神山"。因此，相应的年份，城区的人们会呼朋唤友，结伴包车前去祭祀，而且，如果刚好是这一属相的人，去祭祀的福报就会更大更多。理塘和巴塘交界的格聂神山就是"马的神山"，所以到了七八月鲜花开放的季节，巴塘人就结伴前往，一般还要在神山上的寺庙住上一两天，然后就是转山、祭祀。他们认为巴塘竹巴龙村的欧久贡山属于"羊的神山"，为了迎接2015年羊年朝圣的人们，康宁寺的高僧在2014年就开始筹款修路，并修建欧久贡寺庙，方便信众在来年能够更便利地到山上朝拜。

实际上，他们基于十二生肖来划分神山，虽然具有地域上的层次性，也就是说，在巴塘及周边和更远的地方，都能够将不同的神山与某些生肖关联起来。但是，具体的边界如何划分，是非常含糊的，甚至他们自己也说不清楚，巴塘及周边与十二生肖对应的神山分别是哪些，更远地方的神山又是如何与生肖相对应？他们只是能列举出其中的某些广为人知的部分，然而却坚信存在着这样的对应。

此外，巴塘的藏族在有条件的情况下，也会尽可能去藏地八大神山朝拜。

总的来说，巴塘城区的人们祭祀神山具有一种广泛性，除了祭祀城区的神山，还会将脚步迈向更遥远的外部世界，并对神山建立分类体系。

### （七）佛家节

佛家节是巴塘城区的藏族对于佛诞日的称呼，时间定于农历四月十五日，与萨嘎达瓦节是同一天。康宁寺在这天要举行一系列盛大的仪式活动，祈求佛祖福泽社会、禳灾降福。其中最重要的就是浴佛仪式，将小型的释迦牟尼佛像放置在藏红花熬制的水中清洗。城区的信众也来到寺院，礼佛敬神，他们认为在这一天，佛祖会宽恕人们所造下的恶业，如果在这一天行善，其功德也会成倍增加。

康宁寺往南、虾桑桥东头有一座石板塔，是由数量众多的玛尼石堆积而成的，其中不少石块上面刻着各种各样的动物，涂着花花绿绿的颜色。这些雕刻有狗、蛇、狐狸、猪、鱼等动物图案的玛尼石，都是人们在佛家节放上去的，是有意或者无意间伤了这些动物性命的人们为了赎罪和忏悔，花钱雇请专门刻玛尼石的匠人刻上相应的动物图像和六字真言，在这一天恭敬地放在石板塔上。一方面，这个日子是求福灭罪的吉日，代表杀生者的忏悔之意；另一方面，平日里早晚来转此塔的人络绎不绝，刻有死去动物图像的玛尼石放在这里，就表示着相应的动物能够在这每日的诵经和祈福中，在一圈圈的转塔脚步之中，早日往生，去往极乐福地。

这一天也是人们放生的日子。城区中心市场的北门口，会有两三个僧人守着几大盆不知从哪儿弄来的鱼，一边念经，一边对人来人往的行人伸手高喊："放生啦！放生啦！"一条鱼三五十块钱，算是很高的价格了，但是买的人却很多。人们买来鱼，到巴曲河畔，虔敬地将鱼放入河中，让它快活地游走。除了买鱼放生，还有的人将自家养的鸡、羊等动物抱到康宁寺，求大师父念经，并由师父系上红色的金刚结，同样表示着放生。但这种方式并不是把放生动物放出来，任其自由活动，而是像先前一样，照旧养在家中，但是今后无论任何情况下，都不能伤它们生命，直到它们寿终正寝、自然死亡。

因为佛家节处在四月里，这个月也被视为非常殊胜的月份。很多人在这个月中吃素、守斋，认为功德会很大。此外，人们还比往日更积极地前去寺庙礼佛敬拜。除了前面说的雕刻玛尼石赎罪外，还要争相雕刻普通的祈福嘛呢经，修缮破败的小庙等。就连流传于巴塘城区的民歌也唱道："四月里是佛家节，架炮顶上布谷鸣，上午抓紧干农活，晚上好去转佛寺。"

（八）端午节

殊胜的四月一过，巴塘人们又迎来了五月里的第一个节日，五月初五的端午节。城区里的端午节过得热闹丰富，与汉地的端午节大体相同，但也有非常不同的内容和形式。

一大早起来，各家各户在大门口、厅门口挂上菖蒲和艾草。那一段时间我住在一位藏族婆婆家里，看她挂完菖蒲和艾草，就问她为什么挂这些。她笑着说："我也说不来，就是城里边家家户户都挂，说是能辟邪，我们家有两个小娃娃，更得挂了。"说完，她把自己的一对双胞胎孙女拉到厨房，打开电炉，在渐渐发红的电丝上撒上一撮晒干的柏树叶子，浓烟冒起来时，用手把烟扇向两个娃娃，嘴里念一句六字真经，转头对我说："越是在过节时，小孩子越容易不舒服，燅烟烟是好的，每家都会在院子里种一些陈艾（他们对艾草的本地叫法），除了端午节挂一些在门上，还会晒干了收起来，以后遇见小孩子肚子不舒服，就熬点水给小孩子喝，管用得很。"

　　这一天，街上的店铺商家，除回族的之外，都要挂菖蒲和艾草。不过，城区的藏族家庭还要做一种特殊的食物，名叫团结包子。根据巴塘本地的说法，当年十八军进藏路过巴塘时，巴塘人民为了表示欢迎，在生活非常困难、没多少食物的情况下，仍然花了心思，做出个头很大的包子，来招待解放军，由于这包子象征了汉藏交融与军民团结，就取名为团结包子。央视七套曾播放的《军事纪实》第 1097 期——《新川藏线传奇》第四集，也将团结包子和十八军进藏联系在一起。

　　团结包子原来的名字叫作蒸肉。据巴塘的老人讲，蒸肉这个名字以及它所代表的食物本身，早已有之，是陕西人带来的做法。巴塘丰富的面食文化多源自汉族，尤其是陕西客商，蒸肉只是其中一例。汉族较大规模地踏上巴塘这块土地，可追溯至清康熙年间。康熙五十八年（1719），准噶尔蒙古进军西藏，清廷派定西将军噶尔弼进驻打箭炉，其副将岳钟琪率部西征至巴塘时，有一部分康定的陕西客商随军来巴经商。然后，经过雍正、乾隆、嘉庆等历朝对藏事的经营，随着川藏大道南线的重要性显现出来，巴塘的军事与交通地位日益提高。加上巴塘地处金沙江河谷，气候温暖，适宜小麦和玉米等作物生长，不断吸引汉族停下脚步、定居巴塘。他们带来了家乡的饮食习惯，而陕西一带的人们多以面食为主，所以各种面食的制作工艺便流传到巴塘城区地方，形成了巴塘独特而丰富的面食文化。

　　巴塘话所说的蒸肉一词，明显是取自汉语的音译，直到今天，巴塘的大多数当地人更习惯于用这个名字，而不是团结包子。但是从蒸肉到团结包子的转换，或者更确切地说，蒸肉渐渐隐匿在代表着小传统的民间社会，而团结包子则崛起于大传统之中，到底发生于何时？中间的转换机制又是什么？

　　蒸肉来自巴塘的外部世界——以陕西客商为代表的汉族世界。撇开它进入巴塘时的那种宏观时代背景不谈，它总归是具体而微地成为巴塘人餐桌上的一道饮食。然而，历史与一代代人的记忆和流传，又时不时地提醒着巴塘人，蒸肉是"外来的"东西，是"老陕带来的"。这样的传承之下，它如何能实现一种本土化，成为真正的巴塘特色或者巴塘传统呢？

机会终于来了。十八军进藏似乎为这种本土化提供了一个绝佳的社会情境。举个例子来说，就像有个贵客要到家里做客吃饭，主人总是希望能把家里最美味、最地道、最能代表自家特色的东西拿出来，招待贵客。而"贵客"十八军踏入巴塘之时，蒸肉就隆重登场了，当然，那时它还只是"蒸肉"，而不是"团结包子"，但它在努力实现一种文化符号的意义转换。退一步来说，这种转换或许只是近些年来巴塘旅游宣传时不断想去强化的文化筹码，但是早在巴塘人用蒸肉去招待和欢迎十八军时，那种不自觉的意识其实暗示出巴塘人的某种文化自觉——因为他们必须找到自己的文化基石和立足点。

对巴塘人而言，幸运的是，经过漫长的六十余年时间，这一符号意义转换终于完成了。从陕西客商的一道寻常餐食，到巴塘的蒸肉，是一次从外到内的文化内化和吸收过程，而从蒸肉到团结包子则完成了一种文化符号的具体应用、复现和强化，借助的正是十八军进藏的这一历史情境。经过这种二次符号转换，团结包子便与巴塘直接关联起来，而巧合的是，当十八军进藏、路过巴塘之时，正值端午，因此，才有了现在端午节要蒸团结包子的习俗。

此外，因为端午节刚好处在春夏交替时节，总是与央索节结合在一起。央索意思是迎夏，巴塘城区的人们要在康宁寺僧人的带领之下，迎请夏季来临，会在龙王塘扎帐篷演出藏戏，人们也会带上美食在那里聚餐、娱乐。

（九）开镰节

《巴塘志略》记载："青稞黄熟，土司先定收刈日期，禀知粮台出示晓谕三日而毕，盖同日收获不先不后，所以杜偷窃之弊也。"[1] 钱召棠所记载

---

[1] （清）钱召棠：《巴塘志略》，中央民族学院图书馆编印，1978，第16页。

的这一情形就是现在巴塘城区所说的开镰节。然而，青稞换成了麦子，土司和粮台销声匿迹，只有那些种庄稼的人，或许还隐隐约约地记得这个规定。

巴塘城区地处一片开阔平坦的坝子上，海拔较低，与周边高山形成明显的对比。因此，城区的庄稼能种收两季，农业耕作较为发达，一般种植小麦，收割之后再种玉米和豆类。开镰节就是规定开始收割小麦的大致时间，城区与周边高地的成熟时间不同，因此，两地开镰节的时间也不相同。

城区的小麦一般在公历的 6 月成熟，因此，开镰节也在那个时候。麦子将要成熟的时候，人们磨快镰具，平整麦场，做好准备工作。但是，若在这个节之前谁擅自动刀开始割麦子，人们便认为他们家的麦子会生"麦锈"，而且会将城区田坝里所有的麦子都传染上。因此，这是人们十分忌讳的事情。

然而，如今的城区中，严格遵守开镰节的人已经非常少了。耕地的较大一部分被盖上蔬菜大棚，供应巴塘城区居民的饮食。剩余的土地即使种上麦子，到了四五月的捡虫草季节，人们宁肯上山捡虫草获得更高的收入，也不愿意留在山下等麦子成熟了收割。即使能够先去捡虫草，等麦子成熟了再下来，割麦、打麦、脱粒、晒干等一系列活，都是要花费人力物力的，自然会耽搁挖虫草的工夫。两相权衡之下，很多人会选择舍弃麦田，上山捡虫草。那个时节正值麦子抽穗，绿油油一片。可是，很大一部分麦苗会在那时被收割，拉回家中，晒在屋顶上，用作牛马的饲料。扎金顶的阿称讲到此事时一脸痛心的表情："现在的人谁还讲这个开镰节，谁还在意是不是生麦锈啊？我们过去割麦得请老人看好日子，谁也不敢提前乱割，你看现在，坝子上好好的麦苗，都抽穗了，人家为了去捡虫草，就提前割了，拉回家，然后一家人到山上去了，两个月后再下来。"不过，阿称依然坚持种地，遵守着这个时令农业节日。

（十）央索节和央勒节

央索节和央勒节是一对相互关联的节日。巴塘藏语中，"央"是夏季之意，"索"意为迎请，"勒"意为送走，合在一起，"央索"就是"迎夏"，"央勒"是"送夏"，二者与佛教的迎夏送夏节日相互对应。每年藏历六月十五日是佛教的迎夏节，八月十五日前夕是送夏节，其间，自愿住寺修行不愿出门踏青的僧人，与众僧一起在康宁寺念迎夏经和送夏经，祈求和庆祝丰产。同时，龙王塘要搭帐篷、跳藏戏，僧俗欢聚，尤其是央勒节时，藏戏的演出要持续 7～10 天，且规模宏大，以致巴塘藏戏被人们称为演央勒，而在康藏各地都称藏戏为演娜姆，娜姆意为仙女，因此藏戏即演仙女的意思。

央索节时间在夏季来临、端午前后，因此如前所述，往往和端午节结合在一起，那时正值巴塘人捡虫草之季，因此，前去龙王塘观戏的人很少，且多为守家的老人和孩子。老人对藏戏十分了解，能听得明白，看得清楚，且已形成了诵经的习惯，因此能够与喇嘛寺的僧人一起，为即将来临的夏季祈福，祝祷丰收来临。

央勒节一般在藏历八月的丰收之际，秋收的喜悦连同之后的农闲时光，往往吸引着巴塘人开始一场为期十天左右的全城欢聚。如前文所说，届时龙王塘简直成为一个"浓缩的巴塘"。和央索节一样，具体日期由康宁寺打卦确定，日期定好之后，从寺庙到政府，从藏戏团到各个家庭，连同商家和店铺，都开始着手准备。

这一对跟节律相关的节日，既属于佛教节日，又因为它们与巴塘藏戏相结合，久而久之，就成为巴塘的一个传统节日。尤其是央勒节，已经成为巴塘县城的法定节日，届时，全县政府机关、事业单位等都要放假数日，共同庆祝，在民间、寺庙和政府等不同力量的共同参与下，为整个巴塘城祈福。

（十一）腊八节与燃灯节

每年冬季，巴塘要过两个风俗节日，一个是腊八节，另一个是噶丹安曲节，也就是燃灯节。腊八节在农历十二月初八，旧俗是在这一天喝腊八粥，传说释迦牟尼在这一天得道成佛，寺院每逢这一天煮粥供奉。噶丹安曲节是燃灯节，传说，宗喀巴大师于藏历十月二十五日圆寂，这天他曾吃一小碗面疙瘩，因此，这一天，家家户户屋顶点燃酥油灯，当天还要做淋了酥油汤的"牛鼻面疙瘩"，巴塘藏话称"子内"。巴塘的燃灯节，也是康宁寺一年一度更换寺庙铁棒喇嘛的日子，全城的信众都可以在这一天来观看新旧铁棒喇嘛交接仪式。新选出的铁棒喇嘛会在僧人仪仗队的引领下，接受众僧的簇拥，绕寺庙顺时针转一圈，再回到大殿。他所走的路上有白灰画成的吉祥八宝图，路两侧挤满观看的信众，他们手持两支香，对铁棒喇嘛表示恭敬，最后跟随队伍进入大殿，观看交接仪式。铁棒喇嘛所在的村子会派出大量身穿华丽服装的男性村民，表演弦子或者锅庄，表示庆祝。藏戏团也会来到寺庙，增添喜庆的气氛。燃灯节当夜，除家家户户都要点灯之外，康宁寺要在寺院坝子上点大量的灯，形成莲花、金鱼等吉祥的图案，僧俗都可以来帮忙点灯，是有功德的事情。巴塘人会说，燃灯节这天的夜里总会起风，巴塘一到这一天就开始刮风，非常奇特，一直持续到一月，进入"当拨龙达"，意思为"刮风的季节"。

巴塘城区汉族很早就来此经商讨生活，会在腊月初八这天一早，用大米和各种各样的豆类做成腊八粥，然后，挨门挨户地给周围的藏族人家送上一碗，以示友好。而藏族人家会在每年藏历十月二十五日的噶丹安曲节，做一大锅面疙瘩，也会在这天清早，给住在周围的汉族人家送上一碗，表达敬意。正是在这食物与节日的来来往往之中，汉族人和藏族人都通过这种方式给彼此送去祝福与祈祷，并在这片土地上渐渐交融，以至于到了后来，渐渐融为一体，腊八节和噶丹安曲节成为巴塘城区都要庆祝的日子。不过，巴塘城在腊八节时所做的腊八粥与汉地颇为不同，是用舂碎的青稞与牛肉或者腊肉一起煮，而非汉地的各种豆类混合在一起。

### （十二）觉均：全城范围的屡协

藏历十一月，巴塘举行觉均仪式。由康宁寺主持，整个城区的人们集中在广场上，让娃娃们拿着盆盆钵钵，挨家挨户讨要粮食豆类。各家各户不仅不拒绝，还非常乐意地把娃娃们的盆钵装满。这些娃娃把收集来的各种粮食豆子都抱到广场上，大人们支起大锅，用各种粮食熬粥，居民聚集在广场上，唱诵六字真言，庆祝丰收，祈福禳灾。大家共餐后，在广场上跳弦子、跳锅庄、欢歌笑语。同时，还要演出《师长父母》《喇嘛大仙》《虎杀虎》《鹿子》等古老的节目。其间，青壮年全副武装，领舞者边挥舞宝剑，边拖着音调说唱"驱逐替死鬼"的谴责词语，其他人则围着圆圈，边舞边重复领舞者的说辞。一番示威之后，人们开始敲锣击鼓、鸣枪射箭，围观的人们也高声呐喊，整个场面达到最热烈之时。这些强壮的年轻人将一架用糌粑和木架搭成的大鬼送至"九公里"——这个地方离城区大约九公里，是巴曲河与金沙江的交汇地，这个大鬼是作为替死鬼而被驱逐到这个地方的，人们认为它能够带走城里的污秽、厄运，替人们将那些邪恶的、不洁的一切都带去。这个活动也被叫作康巴让杂，是整个城区的一次屡协仪式。

屡协就是送鬼的意思，而鬼只是一种模糊的称呼，其实是一种代人们送走污秽、疾病、厄运的神灵。康宁寺的已卸任堪布根阿白说，其实是大白伞，他有着非常强的发心，愿意为普通的人们禳灾祈福。而在 20 世纪 50 年代之前，并不是用糌粑捏的大鬼作为替死鬼，而是有真人作为替死鬼，因此称为莫屡协，莫就是人的意思，就是以人作为替死鬼的一次仪式。作为替死鬼的人，一般来自家道艰难的贫苦人家，没有其他的生活来源，只能以此为生。因为在觉均仪式中娃娃们收到的粮食，除了集中煮粥共食，剩余的就送给这个莫屡协，而且在驱赶他到金沙江时，他要骑一头牦牛，过了金沙江之后，他在树林里躲避七日，不得见人，七天之后，这粮食和牦牛就归他了。

巴塘最后的一个莫屡协名字叫阿克根罗，在 20 世纪 50 年代之前是巴塘城区做觉均的替罪羊。他脸上长满麻子，老婆还是一个跛子，家庭非常贫困，就以做替罪羊来得到些额外的生活来源。在做仪式的时候，他穿着羊皮袄，骑在牦牛身上，被众人驱赶，一直跑到"九公里"处金沙江和巴曲河的交汇处，通过桥跑到江对面的树林中，躲避七天，然后再骑着牦牛回来，这牦牛就归他了。

这种仪式在其他人的游记或调查之中也出现过，例如《一个巴黎女子的拉萨历险记》中详细地记载过拉萨的类似仪式。该书记述的替死鬼被称作"老工甲布"（替身之王），要被驱逐到桑耶寺的沙滩地中，他身着山羊皮袄、戴假面具、假发，要在桑耶寺的敛气室中停留七天，敛气室是一单间房子，被认为是由以生灵之生命为食的魔鬼居住的地方。但实际上，这条规则偶尔被执行过，最终也被废弃不用了，只将替罪羊的羊皮袄、假面具和牦牛尾悬挂在敛气室门框的一根柱子上，接着他为僧众献一顿饭，就摆脱了所有义务。①

莫屡协在 20 世纪 50 年代就被取消了，人们便以糌粑捏的大鬼替代，但是莫屡协这一名称却流传下来，不断出现在生活之中。例如，当有的小娃娃很不听话，哭闹不止，有的家长就会大骂他是莫屡协，算是一种恐吓，要将他送到"九公里"。

现今做觉均已经省略了在广场聚众熬粥的环节了，只是由康宁寺来做这一活动。一般由寺庙的活佛打卦，确定日子，然后僧人念经作法，送康巴让杂，就是全部活动了。

（十三）　中秋节

巴塘城区的人在农历八月十五都要过中秋节。中秋节这天，一定要用鲜花供菩萨，而且一定要将芭蕉叶和长寿菊一起插进瓶子中。大部分人家中都种有这两种花，若是没有的，也尽量到亲朋好友家的花园中采摘一些。不好意思到别家采的，也没关系，街上有卖的。必须得是重瓣的长寿菊，单层的不能用来供菩萨。除了鲜花，还得做月饼。巴塘地区的月饼最早是由陕西客商带进来的，巴塘人称之为始仙，现在依然这么称呼，而且还保持着中秋节做始仙的习惯。它的外形像陕西的花馍馍，圆形扁平，但芯子却采用了巴塘本地出产的奶渣子，颇有汉藏融合的特点。做这种月饼时，要用不同的方式揉三团面，一种是用开水烫了面粉揉，一种是用凉水和面揉，还有一种是用温水和面揉，最后把三团面混合起来，这样揉出来的面筋道，烤出来的月饼酥脆可口。格勒的爷爷是从陕西户县来巴塘做生意的，娶了当地的藏族姑娘，繁衍了几代人，做始仙的习惯一直延续下来，到了格勒这一代，只有他的妹妹传承了这个手艺，每年都要做一些，给他送来一盘。另一个叔叔扎西次仁，他的爷爷来自化林坪，是随着赵尔丰的军队来到巴塘的，他的爷爷原先在化林坪一带就是有名的白案师傅，来到巴塘之后，和本地藏族姑娘结婚，教会她做点心，还用从老家带来的一套家伙事儿，在巴塘开了家点心铺子，因为点心做得好吃，他又姓张，大家习惯上称他家为"点心张"，他家原先在中秋节的时候会做大量的月

---

① 〔法〕亚历山德莉娅·大卫-妮尔：《一个巴黎女子的拉萨历险记》，耿昇译，东方出版社，2002。

饼出售。

巴塘的中秋节很是讲究，中秋时节，各种瓜果成熟，人们将其装盘放到经堂供菩萨，屋子里也摆放各色水果，用于招待客人。到了晚间，在院子里或者屋顶上，摆放月饼、瓜果、鲜花，等月亮出来，供月神，之后才分给家人吃。

这一天，即使平日不点灯的人家也要点几盏酥油灯，以求吉利。清早起来，先给菩萨供水、供鲜花、点灯，然后准备各种瓜果点心，供奉给菩萨一份，也在屋里摆放一份。这一天要全家团聚、团圆，不互相串门，不走亲戚。

## 二　村落整体

### （一）神山祭祀

如前所属，巴塘城区的神山拉玛多杰和巴杰东隆主管整个城区的安危，藏历新年的初三与初五分别是全城藏族民众前去祭祀山神的日子。这次祭拜虽然是全城范围的活动，然而往往是同村的人结伴前往，若有年老体弱，无法走远路爬山的，就拜托同村人带祭品和供品上去，例如东隆，山高路远，人们总是拜托村里年轻力壮者代劳。除这一年一次的隆重仪式外，每个月的藏历十五日，也是祭祀拉玛多杰神山的重要日子。除家住在虎头山附近的村民每个月都要上去祭拜之外，远一些的地方，比如扎金顶和四里龙的村民，并不是每家每个月都要，而是托前去的人把燃烟烟的祭品带上去，代为祭祀。也有的就在自己家屋顶上的苏空（小型煨桑炉）里煨桑祭拜。

此外，每个村落都有自己的神山。例如河西村，他们的神山就在巴曲河西岸的半山腰处，那里有一个黑色岩石组成的山包，被人们称作"小格聂"，是河西村的祭台，他们藏历新年初三到那里祭拜山神，平日里每月的十五日也上去燃烟烟。2014 年，河西村还在绕山的公路往上修了一条土路，专门供河西村民在新年祭祀完山神之后，在那条路上赛马。祭祀小格聂神山，还要自己组织赛马、娱乐活动，以娱神，期盼新的一年能有好运和吉祥平安。

对"外部的神山"的朝拜一般都在七八月，那时花开遍野，是藏地的黄金时期，也是朝拜"十二生肖"神山的集中期。2014年的"马年的神山"是理塘、巴塘交界的格聂神山，也就是巴塘人口中的"大格聂神山"。巴塘许多人家都开车或包车，或拼车，前去神山朝拜。巴塘城区原本也是由不同的自然村落构成的，后来变为生产队，现在都转化为城区之后，还保留着原先村落和生产队的区分。因此，长期以来形成的亲密关系，让他们习惯性地一起打平伙、拜山神、到龙王塘看藏戏，甚至还有的生产队每年都要收集基金，全队打一次平伙，就连在外地工作没有回来的人，也要把钱让家人带回来。一年一度的外出山神朝拜，同一村落或者生产队总是结伴包车，前去朝圣。

## （二）村落聂鲁

前文所叙述的聂洼鲁是只能在寺庙做的一种全城范围的聂鲁仪式，此外，还有村落范围内的聂鲁，为村子驱邪、清洁、禳灾，祈祷兴旺发达。

说起聂鲁，骞占堆叔叔说："以前的聂鲁，要的东西多得不得了，要100种水，大河、大江、小河、小渠、小沟里的水都要；植物也要100种，高山的、平地的、河谷的，包括各种树木花草。可是，现在哪里能弄得到这么多啊，就那么简单的几种，总的意思是，把村里一切不好的东西，都集中在这一天，一把大火给烧没了，旺旺的，往后红红火火。"

我在进行田野调查的时候，全程参与了扎金顶村的聂鲁仪式，做了详细的记录。扎金顶村位于县城北边不远处，和城区隔着一片田坝，是20世纪70年代前后所建的新村。村子建成以后，规模不断扩大，为了团结村民，每年举行一到两次的聂鲁仪式，一次是在收小麦的时候，一次是在收玉米时。村长动员全村兑钱兑物，找六七家做管家，负责相关的后勤工作，收钱、记账、四处凑聂鲁的材料、到寺庙请僧人打卦念经、找场地、准备饭菜等。

我参加的这次聂鲁是在2014年11月25日，藏历十月初三。地点就在扎金顶村的一个村民家里，他是管家之一，因为家里的院坝子比较大，不仅足够画坛城、做仪式，也有空间摆放饭桌，招待村里人吃饭。早上八点钟，已经有六七十个人到了，多为老人，他们吃过主人家准备的酥油茶和锅盔馍馍，就聚在主人家的二楼念志玛（观音经）。7位喇嘛也被村民从康宁寺接来，聚在一楼的客厅，先吃过早饭，然后开始念经。女人们在厨房洗菜、切菜、熬酥油茶，招呼不断来帮忙的村民。临时会计坐在桌子上收钱记账，本子上一条条记得清清楚楚，捐款一般都是50元、100元、130元，当然也有少数人会捐得更多。捐助物品的较多，首先就是清油，村民用各式各样的瓶子装着或是买来的或是自家榨的清油，小瓶子就是普通的矿泉水瓶，大的有二十斤装的壶，大大小小总共有一百多瓶，摆在院子里一大片，加起来有二三百斤的样子；也有人拿来酥油，已经用大火熬成酥油汤，放在一口直径60厘米左右的不锈钢锅内；村民交来的小麦有七八十斤，青稞四五十斤，还有大米、黑芝麻、谷子、豌豆、燕麦等五谷杂粮各二十斤左右。这些清油和粮食都是聂鲁时需要用到的材料，另外，节节草、吉祥草、红柳枝截成的细木棒也整齐地摆放在一旁，都是大家齐心协力找来的，就是骞占堆叔叔所说的"要找100种植物"的代表。以上这些物品他们已经花了五六天的时间才收集完备。

此外，负责后勤工作的人已经提前从市场买回了肉、菜、面条，供今天来念经做法的僧人和村民共享。帮忙的妇人和厨师干完手头的活，就在院子里聊天，围着前一天砌成的方形"泥盒盒"看表面的泥层是不是已经干了。

这"泥盒盒"其实是聂鲁火供时的坛城。用砖头砌成一个正方形的框框，高度就是一块砖的宽度，框框内用磨细的黄土填满，一层层洒水，拍实，表面用更细的黄土铺上，打理得光滑平整。一般都要提前一天砌好，经过一晚上的凝固，第二天上午再经过太阳烤晒，供僧人在上面画坛城图。扎金顶的这次聂鲁砌了两个"泥盒盒"，都在这家村民的院坝子里，东西相对，相隔四五米远。

到了上午11：00，僧人念经结束，来到院子里，为即将到来的仪式做正式的准备。二楼念志玛经的婆婆和爷爷们也陆续下来，坐在墙根底下晒太阳。两个小僧人来到"泥盒盒"边上，用手摸摸表面的土层有没有干，能不能开始"画线线"。他们摇摇头，表示还没干透，倒给了大家足够的时间去摆放那些材料了。大家七手八脚在两个"泥盒盒"边的空地上摆两张大桌子，把先前准备的各式各样材料搬到桌子上，先用小盘子把各种材料都装盘，整整齐齐地码在一张桌子上，剩余的仍然在大盆子里盛着，放在另一张桌子上，备用。

　　两个年轻僧人不断地用手试探"泥盒盒"的表面是否干透，在高原热烈的阳光之下，终于干了。他们两个用各种颜色的粉末分别放在盐巴中，用手搅拌均匀，放在一边备用。先均匀地撒一层薄薄的白色颜料，一个僧人从旁边的柴垛上拿根较为平整的木条，以钉子、绳子作为辅助，在"泥盒盒"上测量、画线，然后用手捏起拌了盐巴的色粉，小心翼翼但快速地在上面画线，组成各种图案。整个过程让人感慨，没有尺子，仅用一根木棒、一根绳子、一颗钉子，在一双巧手之下，十几分钟之后，一座简易的坛城就画好了。第一个坛城名称是"协哇"，是主吉祥和祝福的，因此彩粉的颜色非常淡雅，白底黄线。

　　坛城画完之后，人们将粗壮的木材交叉着放进坛城之中，形成一个环形的柴堆，一米多高，中间的空地也斜插着木柴。坛城的西面搭了高高的台子，是住持师父的座位，为了防止火烧到他，坛城和台子之间竖起一块厚厚的木板。中午 12：25，仪式正式开始。住持师父在两个僧人的搀扶下，登上高台，坐西朝东，拿出法器，准备念经。这两个僧人是他的祭祀助手，站立两旁，随时听候吩咐。在师父南边不远处的空地上，四个僧人在地上坐成一排，在住持师父的引导之下，共同念经。而先前在二楼念志玛经的老人，又上楼去，不断地以歌唱的方式吟诵。一位年老的村民把木棒的一端缠上布条，蘸了酥油，点着火，用这个火把将坛城内的柴堆引燃。住持师父待火势渐猛，开始往燃火的坛城之中投放祭品，顺序如下。

### 1. 小盘里的材料

　　小盘子里有黑芝麻、节节草（是长在河边的一种分节植物，预示着长寿）、大米、吉祥草（一种像芦苇一样的草，能让人安眠、心静）、小米谷子、燕麦、青稞、豌豆、麦子。每一盘都由两边的助祭僧人端起，递给住持师父，他诵经加持之后，从盘子里抓起一把，投入火中。用柏树枝在净水瓶中蘸水，给火堆净水三次，点藏香两支，诵经后，把香放在一边。这时，火势过猛，已经快要蔓延过挡板，旁边的村民用水管引水来冲挡板，给挡板降温，怕温度过高伤着师父。一番降温之后，村民将所有的红柳木棒都投入火堆中，淋上酥油。

### 2. 大盆里的材料

把大盆里所有的材料，全部倒入火中，空盆由旁边的人收起。具体来说，先后顺序为黑芝麻、节节草、糌粑粉、吉祥草（每次两根，直到用完）、谷子、燕麦、青稞、豌豆、清油、麦子（很多，5 盆），将上述材料混合在一盆，净水瓶里的水往火里倒，倒进所有的油、白色的衣服 4 套、酥油坨坨、麦子一小把。

### 3. 小盘里剩余的东西

最后一个步骤是把刚才小盘子里剩余的所有东西，一一倒入火中。顺序为黑芝麻、节节草、大米、羽毛草、糌粑粉、谷子、燕麦、青稞、豌豆、麦子，捏成塔状的酥油坨坨，先放在师父的聂鲁法器（像一把长长的汤勺，一米多长）上站立，再投进火里。

### 4. 放朵玛

朵玛是僧人上午已经捏好的，有红白两种。祭品焚烧完后，其中一位助祭僧人端出朵玛，放在院子东北方向的墙头，朵玛的尖都被掐了，因为这个名为"协哇"的聂鲁仪式是吉祥的火供，尖朵玛会显得太凶，应被掐去。

这第一个坛城的聂鲁仪式用了将近一个小时，完成之后，就是午饭时间。午餐就设在这个村民家，是米饭和炒菜：包菜炒肉、青椒炒肉、麻婆豆腐、番茄蛋汤。僧人单独吃，其余的人轮流在院子里摆放的圆桌上吃，先吃完的人就帮忙给僧人和后吃的人添饭添菜，或者去照料一下坛城，用铁锹去拨弄火，让它烧得更旺一些。

饭后，直接开始做第二个坛城的聂鲁。其名称为"杰巴"，是半凶半吉，画成黄底红线，除色彩非常艳丽之外，图案也更加复杂。往里摆放柴火，也不像第一个那样呈环形，而是摆成四方形。住持师父的台座已经搬过来了，这次的方向是坐南朝北。

总体程序与前一次相同，不过在细节上有诸多区别。红柳截成的细木棒代之为手腕粗的白桦木棒；材料之中除前一次的那些外，还加入了苹果、石榴等水果；焚烧的衣服是黄色的；捏成塔状的酥油坨坨有 3 个，还有 1 个是圆球形的；朵玛是鲜红色的，尖尖保留，被放在东南方向，"杰巴"仪式中的朵玛必须放在东南方向。

在"杰巴"的仪式进行之时,一个助祭僧不时地照看第一个坛城,挑动里面的木材,将坛城内残留的油用铁锹往柴禾上浇,助其快快燃烧。第二次仪式也持续了一个小时。

仪式结束之后,住持师父在大太阳和烈火的双重炙烤之下,已经大汗淋漓,满脸通红。大家都感慨他太"遭罪"了,他非常愉快而和善地笑笑。我问他为何要准备这么多的材料作为祭品?他告诉我,是为了供奉天龙八部、四方神灵,不同的菩萨喜欢的东西不一样,同样,村子里这么多的人,每个人祈求的东西又不一样,因此,准备的东西当然是多多益善。

图 4-6 做聂鲁所需的各种供品 (翟淑平拍摄,2015 年)

在巴塘,做聂鲁总共有四种形式。(1)吉祥的,"协哇"。(2)凶烈的,"扎布",是为了破血光之灾,坛城画的颜色最凶,朵玛鲜红,顶端尖利,烧的材料中要穷极最脏的东西,常见的例如头发、驴尿、女人的月经带等。(3)半凶半吉的,有两种,一种叫"杰巴",另一种叫"杭"。一般情况下,"杰巴"和"协哇"总是放在一起做,常常同时出现。扎金顶村的这次聂鲁仪式就是做的这两种,主要是为了祈求全村的吉利,禳灾祈福。

有关聂鲁的各种供品所代表的含义，我询问过康宁寺佛学院的格西土登曲批。大致如下：节节草可以祈求长寿，也能够消灾；清油，可以让经济兴旺，经济不好的，可以用油"发展经济"；常用的十三种粮食，大米表示福气好、豌豆可让身体强壮、小米消灾、小麦消病、黑芝麻消业障、青稞促使粮食和财宝快点聚集变多、大麦能扫除家中障碍并促使粮食丰收和经济发达；吉祥草把不好的扫除掉，放在枕头底下和床下，可以消除邪恶的、不好的；糌粑和酸奶把不好的业障消掉、加快人们去极乐世界；柴火也因坛城的不同而不同，例如，选用高山上的柳树或者带刺的植物当柴火，都能让运势旺。

在聂鲁这场有关火的盛宴之中，村落的人们相聚一处，以各式各样的物为媒介，彼此发生关联。其中，神灵降临坛城接受焚烧的供品，四方鬼怪啖食朵玛，人们捐钱捐物分享食物。这样的周期性相聚，使村落的整体性得以彰显，也为社会生活提供了基础。这些对于在 20 世纪六七十年代才逐渐建立起来的扎金顶新村而言，更有意义。

扎金顶村位于县城东北，是东隆山的一个支面，从东向西延伸，由日测格、曲登嘎布、扎金顶三个部分组成。与巴塘田坝接壤处名叫日测格，西南角落原有一座白塔，称为曲登嘎布（今烈士陵园），顶部平坦，为扎金顶。现在人们习惯上将三部分统称为扎金顶。解放前的扎金顶是城里人赶放牲畜和捕猎的地方，城里人得了传染病就把病人送到曲登嘎布隔离，以防传染，那里荒冢累累，少有人居住。历史上扎金顶曾是扎塔寺所在，挖出来过"觉松"佛像，考古发掘过不少石棺墓。1957 年民主改革之后，扎金顶修建了巴塘烈士陵园，平整土地、栽花种草，周围的环境也有所改变。1967 年后，城里的无房户逐渐把眼光投向扎金顶，先是有三户在日测格一带修了房子，之后，又有四户到曲登嘎布附近修了房子。1971 年前后，因为东风渠和红军渠两条灌溉渠的修建，扎金顶又开垦了不少耕地，修了梯田，原先的荒坡野地逐渐吸引了人们前来建房安家。到了现在，已经发展成一个三四百户的大型村落聚集区。村民大多是来自原先城里四个生产队的农民，组成新村之后，虽然说起来是属于原先生产队的，但他们更认同属于新村。他们以聂鲁等方式加强村落凝聚，并开辟了自己村落燃烟烟的地方，就在往东隆山方向的山坡上，人们会在那里相聚。

当然，除扎金顶村之外，城区的那四个村子，以及周边的河西村、四里龙村等，也会举行自己村子的聂鲁仪式，都是为了给村子禳灾祈福，表达着平安与美好的祝愿。

### （三）村落屡协

全城范围内的屡协就是前面所叙述的觉均仪式，村落范围的屡协具有相同的仪式内核，总的来说就是送鬼、驱邪。一般在岁末之时，由村子的领头人召集村民商议，到寺庙找师父打卦，根据卜出的凶吉状况，有的单做聂鲁即可，就像上面所说的扎金顶村的聂鲁。若是卜卦的结果更为凶险，除了做聂鲁，还需送屡协。这一年，城区的拉宗伙村就是这种状况。

拉宗伙村得名于著名堪布根阿白家族，由于他的家族属于城区的这个范围，就以拉宗伙来称呼。每年，村里人都会请示根阿白，由他打卦决定做什么样的村落仪式。如果感觉身体不适，或者有其他不好的征兆，人们也会再请康宁寺的僧人打卦。若是卦象显示要送小鬼，村民就要着手准备。一是到康宁寺请僧人来念经和主持仪式；二是要用糌粑和清水（不能用酥油）混合，捏成面团，村民谁有病痛的就在身体的相应部位揉搓，然后把面团重新集中在一起，请来主持仪式的喇嘛捏成鬼的样子，一路送到前文提到过的"九公里"处，将面团捏成的鬼投到河里，预示着将病痛和灾难带走。可以自己家送，可以几家人一起送，也可以整个村子一起。寺庙也要送小鬼，康宁寺举行的送"康巴让杂"是包活佛从丹麦打电话说的，他们有定期的送鬼仪式。若几家或全村一起，就把揉搓过的糌粑集中在一起，捏成鬼的形状，送走。送完之后，在"九公里"处的河边放炮、撒灰，表示与之彻底分离。所以，巴塘的忌讳之一是，别人刚走过去，你在人家后面撒灰。

当然，除了一同祭祀神山、做聂鲁、送屡协，村落层次的活动安排还有其他形式，比如日常生活中的"打平伙"、日常聚餐、跳弦子、结伴捡虫草捡菌子等，这些日常生活、文艺活动与周期性的村落仪式、宗教生活，构成了村落范围的共同生活。

## 三 哑巴斋团体

巴塘城区有一个主要由老年人组成的团体，其中女性居多，总人数有三百人左右，每年都会在固定的时间组织两次哑巴斋活动，每个月有固定的两天念经活动，还会不定期聚到日登寺，请康宁寺的师父前去讲经说法。此外，他们中有几十个人还在每天黄昏时分，集中在一起，吟唱六字真言，为众生祈福。

杨仲华在《西康纪要》中讲到康地举行"哑巴斋"的情况：

> 四月一日，各地举行哑巴斋。此斋举办情形各处不同，在家在庙，随地而异。康定举行，多在喇嘛寺院之中；康南各处，则有专供吃哑巴斋之庙宇；至于康北之甘孜等地，又系每村有一集会，公举会首，经理基金，各就其家，轮流举行。持斋之人，无分男女老幼，苟具信心，均可参与。持斋之法，按日之单双，以定持斋之标准；双日持斋，单日则否。持斋之日，不饮食，不言语，每日除数次随同喇嘛上佛殿诵经外，余惟缄口默念六字明经，或与佛前顶礼膜拜，直至单日凌晨，于佛殿诵经毕，设供献佛后，始进饮食。惟至中午一餐后，又复修持如前。各地持斋情形，大致略同。惟康定持斋者，系就各寺院中租赁房屋，并纳斋会之经费，与会首与喇嘛，逢单之日，会首须送大饼奶潭及茶水等物于持斋者。而持斋者之家亲友，亦各备食物来相馈送，如是间日一斋，有十余日者，有一二月者，圆满之日，由寺中大喇嘛结往（结往生净土之缘也）而散。至康北各属持此斋者，则多在各会首之家内，除室为坛，上悬千手千眼观音之像，下陈香灯粿麦等供养之品，左右列鼓钹，请一二喇嘛，倡首诵经，持斋之人，席地列坐，依声附和，清越可听。单日午后，并由诵经喇嘛为之传戒。此种仪式，即汉译佛典之八关斋戒，西康名为"黝勒"，汉族无知其内容，仅见其不食不言，故谓之为哑巴斋云。[1]

---

① 杨仲华：《西康纪要》（下），商务印书馆，1937，第457~458页。

从他的记述可以知道，"哑巴斋"的得名是汉族基于自己文化中的斋戒形式而来的，且这一活动在整个康区普遍存在，康南与康北有不同之处。康南有专供做哑巴斋的寺庙，信众聚集其中，在斋期要居住在里面，捐钱捐物，有专人经营钱物，负责一系列的后勤工作。巴塘的情况就是如此。

巴塘城东的日登寺被人们习惯性地称为"哑巴庙"，因为现在专供哑巴斋之用。哑巴斋有两种形式：全斋和半斋，全斋持续半个月，半斋只有一周时间。巴塘的"哑巴斋"每年两次，分别在农历四月和九月。例如，在四月，若是做全斋，就从农历三月三十日开始，四月十六日结束，若是半斋，就从农历四月初七开始，十六日结束。其间分为单日和双日，单日禁斋，不吃东西，不喝水，不说话，只能念经；双日开斋，但也是只能在午饭时吃素餐，可以喝水。

斋戒期间，婆婆爷爷们都住在日登寺，男性自带卡垫、被褥，睡在大殿中，女性则和守寺的尼姑一同挤住在寺庙的宿舍中，也需自带被褥。每次念经守斋期间，这些成员要捐钱捐物，钱物多少随自己的心意，他们的家人还有其他的信众也会捐助钱物，表明自己虽不能亲自来守斋念经，就以捐钱捐物的形式，算是支持。这个组织每年推举出十几个管事的，负责一年内大大小小的念经事宜，除经管钱物、负责念经的饭菜饮食、打扫卫生之外，还要负责到康宁寺请师父前来主持讲经，以每年的元旦为时间节点，向下一届管事的交接账目。

据巴塘老人讲述，以前人们在巴塘南面山腰叫作嗡次侧的地方念哑巴斋。那是山间一处平坦开阔的地方，嗡次侧这个名字的由来非常神奇，是六字真言里的"嗡"不知哪一日落在这个平坦之地，因而得名，意思是"嗡字降落的地方"。那里有座小庙，名字是"日车"，意思是"山间小庙"，小庙历来是巴塘城区信众举行斋戒的场所。那里山清水秀、森林繁茂，到了夏日，百花开放，景色宜人，犹如世外桃源。每逢四月佛家节，巴塘城区的婆婆爷爷们，都背着干粮和被褥，走上半天的山路，去那里守戒持斋，若是年老走不动，则由儿女搀扶上山。他们住半个月，做全斋，完成斋戒之后，还要在附近转山游玩。20世纪50年代后，日车小庙渐渐衰落，人们也不再前去。近年来，康宁寺的几位师父认为日车的破败会威胁到巴塘城的风水，影响城里人的各方面发展，就提出要重修日车寺，受到民众的热烈支持。靠着民间的力量，庙子最终修建起来，还在周围建了几十间修行房，供做哑巴斋的人们前去斋戒、修行，修行房被分为河西村、四里龙、城区的四个村子，规模甚为可观。

巴塘哑巴斋组织主要供奉空行母，而成为组织成员不是一件容易的事情，先要到寺庙师父那里保证不杀生、不背后说三道四、不扯闲话、不对自己的儿媳妇凶、对人和善等。然后要经过持续十六天的念经活动，这十六天期间，从早念到晚，想要加入哑巴斋组织的老年人就住在寺里，要学会之后念经的所有内容。十六天后，如果都学会了，才能算作成员。有的人比较幸运，在师父那里保证完后，刚好碰见这十六天念经的机会，过后就是加入组织了，这时才有资格在聚会念经的时候，坐到大殿之中。但是有时，在师父面前保证过之后，过了很久都碰不见这样的念经机会，就只能在大殿外头坐着念经、听经，一直要等到那个为期十六天的念经到来。

除一年两次固定的哑巴斋外，成员们每个月藏历的十五日、二十五日都要到日登寺念一整天的经。一大早带着锅盔过去，在寺院厨房里喝茶吃锅盔，等着开始上午的念经。一年一度选出十几个后勤人员，负责打茶做饭，招待从康宁寺接来讲经的师父吃饭，并负责在念经期间，给师父和众人添茶倒水，他们一致认为，这些后勤人员与念经的人功德是一样的。

此外，在一些宗教节日，他们也会请师父来日登寺讲经，一般情况是，上午讲经，师父午饭后离去，下午他们自己念经。这些节日与李安宅在《藏族宗教史之实地研究》中所叙述的情况大致吻合。李安宅说："不分定居与游牧，都有六个完全禁食的节日，是纪念释迦佛的重要日子：（1）正月前半月，释迦辩论战胜论敌的日子；（2）二月初七或十五（以上一年是否闰六月为定），释迦生日；（3）三月十五，第一天宣讲密宗的日子；（4）四月十五，释迦的母亲怀孕的日子；（5）六月初四，释迦初次转法轮（开始宣讲显教）的日子；（6）九月二十二日，是释迦在天上给母亲说法以后，重至地上的日子。其中四月十五和九月二十二是最重要的，四月十四、十五与九月二十一和二十二，绝大多数藏族妇女都禁食、禁饮和禁说话，以'修苦行'，可是着盛装、结队，顺时针方向围着宗教圣物转，如寺院、经轮、佛塔等。她们虽不说话，可是齐声唱'六字真言'，因为那对慈悲神是神圣的。"①

哑巴斋的一些成员还自发地在每天傍晚六七点钟聚在一起吟唱六字真言,在泽曲巷藏戏团团长家的院坝子前头,每天都会有几十个人,藏戏团团长领经。他们吟唱的方式非常独特,声音悠长、苍凉。他们认为吟唱六字真言的功德很大,能够为六道轮回中的众生祈福。例如,前文讲到被赞神掳走的人,给赞神牵马,奔波于雪山、草地、河流、峡谷之间,片刻不得休息,刺笆把他们的衣服划得褴褛不堪,身上也血流不止。而人们吟唱六字真言,能够用悠长、美妙的吟唱打动赞神,他们喜欢听这样的旋律,当吟唱响起时,赞神坐在马背上听得入了神,暂时忘记了奔跑,牵马的灵魂就可以在这难得的空隙中休息、缝补衣服。

这些婆婆和爷爷念经绝不仅仅是为了自己有个更好的往生,他们的祈求远不止于此,除了为自己和家人积聚功德,他们也为众生心生怜悯,为之念经祈福。正因为如此,康宁寺给予他们的支持也比较多,例如师父给他们灌顶、讲经、说法,组织他们学习藏文,念经时也会录下来帮他们存进播放机中便于他们日常学习念经,等等。

## 四　家户

### (一) 日常的神灵供奉与鬼魂烟祭

巴塘藏族每家每户都有一个陶罐,侧面有一个把手,底端有三个小支脚,平日就放在院墙上,或者就在门厅外的角落里,他们称之为"苏普"。这是每家每户早晚两次做糌粑烟祭的罐子,给去世家人的亡灵提供食物,也为六道轮回里受苦的生命献祭,类似于"祭鬼",巴塘本地的叫法是"苏洞","洞"表示"燋烟烟"的动作,是让烟慢慢地冒出来。因为是飨食鬼魂,这种仪式不能在屋里进行,都在院中完成。

清晨六七点钟,人们先起床,洗漱完毕,到自家的经堂供水、焚香、磕头,紧接着就下楼,开始糌粑烟祭。一般程序如下:用玉米芯、小木条等软柴在一个小铁桶里生火,等它们燃烧起来,变成红红的木炭,用小铁

---

① 李安宅:《藏族宗教史之实地研究》,上海人民出版社,2005,第12页。

铲把火炭铲到"苏普"罐子中，铺成薄薄的一层，然后用勺子挖数勺糌粑粉覆盖在火炭上，再以勺子压紧实，不能露出火炭，目的是防止烧得过快、形成火苗，以保持浓烟慢慢地、持续不断地冒出来，保持的时间越久越好，因为这种烟味持续越久，飘得越远，烟祭的效用就越大。

到了下午五六点钟，在准备晚餐之前，人们还要到经堂，将供奉在铜碗中的清水一碗碗倾倒进铜壶。一般七碗为一组，至少要供奉一组，多的不限，一般家里都会供奉三组。收集起来的供水用来浇灌院子里的花和菜，最好不过。之后又开始重复早晨的烟祭活动，结束后才烹饪晚餐。

图 4-7　早晚的烟祭（翟淑平拍摄，2014 年）

这些活动一般由家中老人承担，每日早晚都不可或缺，甚至过央勒节举家搬迁到龙王塘搭帐篷时，烟祭的罐子也要带着，每天早晚在帐篷外头做烟祭。

巴塘人爱花，家家院子中都是花草成片，鲜活美丽。鲜花盛开时，他们摘花，插在花瓶中，供奉在自家经堂中。若是自家花园中有一些少见的新奇花草，人们也会在盛开之时，拣最漂亮的摘上一背篓，背到康宁寺，恳求僧人把花供在殿内佛前，并视之为很大的功德。此外，巴塘气候温暖，瓜果丰富，家里的石榴、苹果、杏子、李子等，第一茬成熟的，也先敬菩萨，之后才是自己吃。

### （二）"拜菩萨"

到寺庙拜菩萨，是巴塘每个藏族家庭都要做的一种常见仪式活动，具有一套特定的、固定的程序。巴塘藏族将藏历每个月的初三、初五、十三和十五视作"好日子"。因此每个藏族家庭会选定其中一天，固定地在这个日子去拜菩萨，先拜翁图阿琦，再拜康宁寺。人们在吃完早饭后，准备一把茶叶、一捧大米、一捧小麦、一块酥油，混合在一起，装在一个袋子里。先到老街的路口买上两三把柏树枝，那里每天都会有从周围村子里来的老乡在卖专门燃烟烟的柏树枝、松树枝，或是从高山上砍的其他带有浓烈香味的植物，都是两块钱一捆。然后走上老街，在小商店里花两块钱买一瓶小二锅头，因为城区保护神翁图阿琦这位女神灵是喜欢喝酒的。当然，也有人带着自家酿的青稞酒去供奉她。到了阿琦孔，先在一楼用带来的柏枝、大米等祭品燃烟烟，然后到二楼给翁图阿琦敬茶、敬酒、磕头。人们在二楼外厅门口，摘下帽子，脱掉鞋子，整理衣服，弯腰进殿。殿内坐着一位击鼓念经的僧人面前摆放着一张矮桌，敬拜者把几块零钱放在矮桌上，对诵经喇嘛弯腰点头致敬，然后转身走到殿内挨着左侧墙壁的一个巨大茶水桶处，舀茶，给翁图阿琦敬茶。之后把带来的酒摆放在神像前面的台子上，开始磕头，一般都是磕三个头，起身后站立，双手合十置于嘴边，低声默念自己的祈祷。结束后，再朝诵经喇嘛点头微笑，退着走出大殿，拿起帽子和剩余的供品，准备去康宁寺拜佛。

仍旧是先在寺庙外墙的煨桑炉里燃烟烟。有时，来拜菩萨的人太多，煨桑炉里塞得密不透风，如果谁等不及，可以将供品和柏树枝堆在旁边的台子上，先去拜佛。等到火慢慢地燃起来，供品渐渐焚烧下去，后来的敬拜者会随手将那些来不及焚烧的供品放进灶膛之中。之后，人们从寺院的小门进去，先到茶房交两块钱，用小茶壶灌一壶清茶，这清茶是负责寺院厨房的僧人一大早起来烧好的。他们先去吉祥天母殿，放两块钱，给菩萨添茶敬茶，在殿中磕三个头；然后到隔壁的弥勒佛殿，放钱、添茶、磕头；之后再到最为巴塘人引以为豪的"觉松"佛殿，除放钱、添茶和磕头外，前来敬拜的人还要绕着佛像顺时针转三圈，有的人还要再供奉更多的钱；最后，敬拜者来到护法神殿，里面供奉的是时轮金刚、大威德金刚、法王等，同样进行供钱、添茶、磕头。全部敬拜仪式结束，要将小茶壶归还到寺院的茶房。

从拜翁图阿琦到拜康宁寺，整个过程要花费半个小时左右。一般而言，一个家庭每个月拜菩萨的日子是固定的，哪个人去拜也是固定的。例如，我的报道人扎西次仁大叔是每个藏历月的十三日那天去拜，若当天他有其他的事情耽搁了，家里的其他人也不会代他去拜，而是等他忙完，改个日子再去。因此，从日期到人员，在每个月的无尽重复之中，每个家庭已经形成了大致固定的程式和习惯了。

拜菩萨对于巴塘藏族来说是万般神圣的事情，因此也有许多禁忌。煨桑炉要保持洁净，任何污秽之物或是杂物都不允许往炉里丢。因此，煨桑时，人们连捆柏树枝的细绳子都要小心地取下来、收进口袋，生怕一不小心掉进去。而且装供品的袋子或者包包也不是随意从哪里找来一个就行的，也要洁净，供品不能和其他东西随意放在一起，防止被污染。我刚到巴塘时，和扎西次仁大叔一起去拜菩萨，看他提着一包供品走着蛮吃力的，于是热情地建议他把东西放在我的背包中，我替他背。结果他紧张得连连摆手："不得噢！这个要绝对干净的，你们女娃娃的包包里头啥子都要放，看电视里头还有人把鞋子装进包里去，太不干净了，我这个可千万不能放你包包里头。"此外，拜菩萨最好是早上去，除非是一些特殊的宗教节日，例如燃灯节，会在晚上拜菩萨，因为之后可以参与寺庙的点灯活动。

拜菩萨是神圣之事，所以，但凡遇到宗教节日，自然是少不了这一仪式。在各多节、新年法会、元宵节、佛家节、燃灯节、年终法会等盛大节日，人们纷纷到阿琦孔和康宁寺拜菩萨。此外，家里碰见不可预见的事情时也会前去敬拜。例如，家里有学生参加重要的考试，或者要投资一项风险不明确的生意，有家人远行或者从远处归来，人们都会祈求神灵保佑，甚至会因为做了一个不吉利的梦，惶恐地到寺院敬拜菩萨，以求驱邪祈福。

可以说，拜菩萨已经成为一个家庭面对日常生活中可能发生的各种事情的强大依靠，既有周期性的定期敬拜，又会在遇到突发状况时，临时前去祈福。这一活动是保证其家庭安稳过日子的重要基础和保障，也是他们首先要选择的举动。不过，若是拜菩萨之后，突发状况并没有好转，人们就会采取其他的举措，找僧人打卦是最普遍的，往往通过打卦结果来决定进一步的活动，或是请僧人到家里念经，或是把钱交给寺院，请僧人在寺庙念经。若是更严重的，则做聂鲁或屡协。

### （三）点灯仪式

在佛前点酥油灯被巴塘藏族视为功德之事，能够增添智慧，可以照亮往生与超脱之路，带来吉祥与福祉。有的家庭坚持点长明灯，也就是说，至少要点起一盏灯，并保持日夜不灭。这听起来似乎简单，但要做到却不容易。一盏酥油灯能够燃烧的时间不过三个小时，这就要求人们不间断地点上另一盏新的，以保持家中的灯长明不暗。现在，有的家庭为了省事，在经堂中放上一排通电的佛灯，点长明灯似乎变得容易和便利多了。

做不到点长明灯的家庭，也要每天清晨在佛堂点几盏，早上点亮，任其燃尽灭掉，到傍晚收起铜灯。点灯所用之油并不是日常食用的酥油，而是到寺庙商店或者宗教用具商店购买一种特定的油，是固体形态包装在塑料袋中的，拿回家之后需要撕开包装，放在锅中，烧火化开。铜灯的底部中央有一个小孔，插入棉灯芯之后，再把化成液体的灯油添入，并留出一小段灯芯，灯油慢慢凝固，要点灯的时候，直接拿来可用。

也有的家庭不会每天都点灯，只在每个月的初一和十五，在经堂和厨房各点上一两盏灯，算作对吉日的敬重，也是祈福的方式之一。同样，他们也会在各个宗教节日里点灯，以示祈福。

也有其他的情况以点灯作为非做不可的事情，例如扎西次仁大叔有一次出资1万多元，给大昭寺的一尊佛像镀金身，托付在拉萨的大女儿帮他到大昭寺处理。他们约定了拉萨时间下午3点半镀完，之后开始念经，扎西次仁大叔就在那个时间，同时在巴塘家里的佛堂里点灯，在同一时间，给予遥远的供奉。

燃灯节的那天，一般人们会在晚间到康宁寺供灯。他们在康宁寺的商店购买灯油，来到寺院墙角专门化灯油的铁锅旁，交给专门负责烧火化酥油的僧人，僧人手持长长的刀，在灯油袋子上一砍，顺手投入大铁锅里，让其中的酥油源源不断，供应点灯之人。

还有一种专门到寺院"点千盏灯"的仪式活动。康宁寺一直设有三个灯房，供城区居民点灯之用，因为使用多年之后，灯房被熏得乌黑昏暗，地面上积起厚厚滑腻的油渍，常使人滑倒。2014年，康宁寺借新修佛学院的机会，将旧灯房拆除，并在寺庙的围墙外新修了四座宽敞的灯房。来寺庙点千盏灯分几种不同的情况。一种是专门点灯祈福的活动，另一种是到寺庙做法事活动的伴随性活动。灯房由寺庙后勤专门管理，想要点灯的人需要提前到寺庙，向管理喇嘛申请，排日期。城区经济状况稍微过得去的家庭一年总要到寺庙点一次千盏灯，而总共只有这四间灯房，一年时间计算下来，这么多家庭是排不过来的。因此，人们会说，也是要看经济状况的，好一点的就多承担一些，穷的人就不点，一起来帮忙，功德是一样的。若是有的家庭年年都点灯，就会渐渐形成惯例，在固定的日子点灯，当然这也需要与寺庙保持密切的关系，多做供奉和布施。到寺院做法事活动伴随的点灯，除点灯外，来做法事的家庭还要供应寺庙僧人一日三餐的饮食，并给参与念经的所有僧人布施。

点灯的头一天下午，点灯的家庭要到康宁寺专管僧人那里领灯房的钥匙，并在寺店买灯油，还要从寺院借铜灯。那铜灯是被装进一个巨大的红漆木箱之中的，数量大约一千只。他们从家中带着柴火，支起灯房外头的大锅，烧化灯油，注入灯盏，并一一摆放在灯房之中。完成这些事情之后，锁上房门，等待第二天清晨一大早来点灯。当天早上六点前后，他们来到灯房，以木棒缠上卫生纸，蘸灯油，点着火，然后把酥油灯一盏盏点亮。由于灯盏数量太多，等最后一盏点亮后，已经用时很长了。这时，家里的亲戚好友也陆陆续续过来帮忙，他们坐在灯房之外，等有灯盏燃尽，便把灯撤下来，用纱布和卫生纸一一擦拭干净，重新放进红漆木箱之中。这个过程中，大家围坐擦灯，欢声笑语，闲话家常，气氛非常愉快。等到所有的灯都燃尽，人们将其擦拭完毕，装箱，还要把灯房台子上的灯油擦拭干净，锁上灯房的门，将钥匙和灯盏归还给寺院，整个点灯仪式就算结束了。

点一次千盏灯大约需要一百袋灯油。他们认为点灯是福德，因此一定会选择在康宁寺的商店购买，灯油、灯芯加上擦拭的卫生纸等，加起来的费用在七百元左右。一家点灯，亲朋邻里会前来帮忙添油擦灯，若是下次自家点灯，自然也会相互帮忙，这样的人情互往促使人们能够更多地参与进点灯这种日常仪式之中。点灯也追求洁净，不允许污秽之物出现。有一天，我到康宁寺新盖起的灯房看一个孃孃在摆放灯盏，往里面插灯芯，我和她聊天太过投入，竟鬼使神差地用右手的拇指和食指随意地拈了其中一个灯芯。那个孃孃大惊失色："你不要摸啊！你手不干净，摸了不好的啊！"于是，这盏灯就被撤下来了，这让我深感愧疚。

### （四）家庭聂鲁

除巴塘城镇和各村落层次的聂鲁仪式外，家庭也会自己请僧人来做这个仪式。例如，如果一个家庭在一段时间内事事不顺、家人灾病不断，他们会觉得家里很"闷"，将之归结为有"东西在暗中作怪"，若是在寻医问药、不断改变环境之后，仍不见好转，就会去康宁寺找高僧打卦，若卜卦结果比较严重，高僧会叮嘱他们做聂鲁，驱邪祈福。我在巴塘的朋友高个子叔叔（他特别高，于是大家都这么叫他）家就属于这种情况。他的儿子因为工作关系下乡一段时间后，莫名其妙就染上疾病，去医院检查也查不出具体问题，但是人就是不舒服，家人们都很烦恼。加上他家的邻居盖起了楼层很高的房子，将自家房子和院坝的阳光都遮挡住了，因此家中总是阴沉沉的，但是又不好对邻居说什么，因为人家在自己的地基上建房，盖多高是人家的自由。这些事情堆积一起，让高个子叔叔烦恼不已，感觉自家太"闷"，必须去寺庙打卦。果然，打卦的结果是要他做一次大规模的聂鲁，高个子叔叔也想借此机会把家中的"闷气"冲掉。他家的这次聂鲁规模相当大，包含了"协哇""杰巴""杭""扎布"四种形式，从凶到吉的环节都做了，一方面是震慑那些作祟的邪恶力量，给予告诫；另一方面则是祈求四方神灵，予以护佑。

还有一种情况，如果想在某块土地上建房造屋，却不知会不会触犯土地中的神灵，也要到寺庙请僧人来这块地上做聂鲁，算是商议、抚慰。2015年4月12日，家住扎金顶的阿称家想在自家田坝中修建一所农家乐，又有点担心贸然开土动工会不吉利。他说："我们自己镇不住的嘛，要做聂鲁，镇一下！"因为这种情形是以抚慰和求吉利为主，因此就做了"协哇"和"杰巴"两个形式。设两个坛城，一个在南，住持师父坐南朝北，主持仪式；一个在北，住持师父坐西朝东。这种情况是十分普遍的，盖新房都要先做聂鲁，以"处理地面"，然后用一半生青稞、一半炒熟的青稞，撒在要挖地基的地方，算是向居住在此地中的神灵打个招呼，祈求神灵保佑此房以后平安吉祥。若是盖房期间，出现了什么状况，也得再次做相关仪式，以求平安。有一次，巴塘发生了一次小小的地震，我当时的房东向巴婆婆就在他们家已经起了两层的房子上，撒麦子、青稞，以及经由高僧加持过的各种植物供品，她称为"神草"，来祈求平安。

做聂鲁需要的材料庞杂，前前后后的事情也繁多，光靠一家之力是难以做到周全的。因此邻里和亲朋都会到主人家帮忙，也不会空手前去，带去聂鲁所用的清油，或是到市场上买来菜肉，送去主人家，若是没有时间到家里帮忙，也会送上一二百块钱，给予支持。因为说不定哪一天，会轮到自家也做聂鲁，自然也需要别人的帮衬和照料。

## （五）家庭屡协

送替死鬼的仪式，可以是整个城区范围的觉均，也可以是村落范围岁末辞旧迎新的屡协。若是一个家庭中突然出现了成员病重、多方医治无果的情况，除了要做聂鲁，也有可能要做一个屡协仪式。其逻辑和城区、村落范围的屡协相同，就是寻找一个替死鬼将病痛与邪气带走，不过在细节上也有所简略和不同。

从程序上看，依旧是从康宁寺请来数位僧人——数量要根据病痛的程度和打卦的结果而定。僧人上午先来到家中的经堂念经，其间，主人家根据僧人开出的材料清单，把每样东西准备好，端到经堂，由其中一位僧人接起来，一样样地按照一定的顺序摆放，或者重新装盘。材料在众僧人的念经之中，得到一种仪式上的加持和处理。这些材料不外乎五谷杂粮、白糖、红糖、冰糖、青稞酒，但是也有一些诸如大蒜、洋葱、花椒、辣椒、血淋淋的半生内脏、骨头等代表着腥臭的东西。准备完这些，僧人交代主人家以清水和糌粑粉揉成面团，分成两部分，一部分送到经堂，由这位处理材料的僧人捏成一只小鬼的样子，从头到脚，非常形象。然后以家中病人贴身穿的内衣裹在鬼的身上，同先前准备的那些材料放在一起。剩余的糌粑面团分给每一位念经的僧人一块，他们用糌粑在自己身上各个地方揉搓一番，用四个手指捏成圆柱体的形状，大拇指再按压一下，统一放在一个盘子中。同时，楼下院子中，主人家的每个人也都用糌粑团在身上病痛处揉搓，也以同样的手法把面团捏成相同的形状，装在盘子中，由人托着，送到楼上。

中午吃饭、休息之后，下午继续念经。其间，那位准备材料的僧人开始做朵玛，一盘盘装好之后，端起来，其余僧人齐声念经加持。之后，僧人端着朵玛，顺着楼梯走到屋顶上，把朵玛安放在卜卦确定好的方向上。一般会做三四盘朵玛，高矮不同，但都是三棱锥形，顶部尖利，表面涂成鲜红色。把朵玛安置完后，他把上午准备的所有材料一一收进一个纸箱子中，捏的那只鬼放在中间，其他材料环绕在四周，众人揉搓过身体的糌粑团也会倒进纸箱子中。收拾完毕后，一位僧人抱起纸箱子，其余僧人跟随，走到楼下院子中，然后再走出大门，找一个十字路口，把箱子放在那里，转身回去，不能回头再看。重新回到经堂，念经，直到规定的经完全念完，整个仪式才算结束。

图 4-8　送屡协是让"替死鬼"把灾难和危险带走（翟淑平拍摄，2014 年）

家庭范围的小型送鬼活动，所捏的鬼体积很小，大约只有一个手掌那么大，而且也不会真的送到"九公里"处，只丢到十字路口，因为那里人来车往，经过脚踩车碾，也能够将污秽与邪气驱除。在巴塘的街道上、桥边河边，会经常看到这样的纸箱子，里面不外乎这些东西，有的还在细柳枝上用刀刻出一个个台阶的样子，靠在纸箱子边上。当地老人说，这是给鬼搭一架梯子，便于它通过梯子走出来，被十字路口的人和车践踏、碾压。

问起家庭、村子、城区的送鬼有什么区别，扎西大叔解释得很形象：

> 家里边送屡协，鬼做得很小；村子送屡协要整得很大，跟个七八岁的孩子一样高，戴上首饰，穿好衣服，颜色涂成黑色，面目整得很凶，青面獠牙的；喇嘛寺帮全城送的时候，是用模子倒出来的，大的中间有个骷髅头。不过意思都大同小异，就是把病痛、灾难、脏的和一切不好的东西全部都送出去，迎来新的、好的日子，可是现在有的人不懂，还在鬼的那里放钱，哪能给鬼捐钱呢？那里都是病痛不好的东西，你还跑去捐钱！菩萨那里才能跑去捐钱啊！

## （六）松洞

松洞的整体意思是以燃烟烟的方式祭祀神灵，普遍的方式就是通过焚烧松枝柏枝来熏烟，达到消灾、祈福的目的。松洞的意涵很广，包括以下几种情况：（1）拉松洞，"拉"是山的意思，就是燃烟烟，敬山神；（2）敬菩萨，到寺庙拜菩萨的时候，在寺庙外头的灶塔中，焚烧柏树枝、酥油、大米、小麦等，也属于松洞的范围；（3）赞松洞，赞神把人掳走，人们请僧人专门针对赞神念经，认为念经和燃烟烟后，赞神闻到烟味后感到欣慰，就可能把掳走的人放出来；（4）河松洞，"河"是土地的意思，与之有关的，都可以称为河松洞，是对土地里居住的神灵的敬拜，例如盖房子、动地时的燃烟烟就是河松洞。当然，若是只做"松洞"不足以镇住鲁神，要用聂鲁这个更厉害的仪式。

在巴塘，拉松洞是有固定日期的，每个月的藏历十五是吉日，要到虎头山——拉玛多杰神山的祭台燃烟烟，祭祀神山。一般而言，住在虎头山脚附近的人家，每个月都会上去做祭祀，若是离得较远，或事情忙，无法到山上去，就在自家房顶上的祭塔中，焚烧相应的贡品，祭塔的方向朝着神山，效果是一样的。在寺庙外的祭塔中做松洞也像神山祭祀一样，有固定的日期，一般就是人们在初三、十三、十五这些吉日拜菩萨时的顺带动作。然而，赞松洞、河松洞是没有固定日期的，因为这些偶发事件是无法预测的。

此外，还有另外一些突发的状况，也会做松洞。例如，在过去，若遇到冰雹、暴风雨、干旱、病虫害等属于自然灾害范围的事情，人们也要做松洞，形式各种各样。遇到冰雹或暴风雨等极端天气，人们把酥油烧成汤，和糌粑一起作为祭品，男女参加，先是向老天表示愤怒和羞辱，男人持藏刀向天，边挥舞，边大声吆喝，女人则揭裙朝天大笑，一番羞辱之后，又开始献祭，把供品奉上，予以安抚，祈求停止冰雹和暴风雨。若遇到虫害，人们就用糌粑诱喂虫子，他们称之为"转移目标"，也就是把害虫的目标从庄稼转移到糌粑上，来挽救庄稼。如果遇到天旱，除要让喇嘛念经祈雨外，以前，全村的男女老少都要走到河边溪畔，对着河水溪流做些搞怪动作，或者打打闹闹、大吼大叫，仰面朝天吼叫，对着水中的鲁神和天上的天神共同祈求，表示自己渴望甘露降临。当然，这个过程也是要用糌粑和松柏枝做烟祭的。

松洞作为一种笼统和含义宽泛的仪式，其核心在"洞"这个动作上，然后依据对象和情形，做进一步的区分。此外，还能依据做"洞"的仪式活动周期，展开另一些分类方式。

（七）节捏洞

在巴塘城区，大多数藏族家庭是每个月要固定请一个至两个喇嘛到家中念经的，人们称之为节捏洞。日期不定，可以是初三、十三、十五、二十五、三十，但是每家在每个月有相对固定的日子，这样，长久下来，形成惯例，快到念经的日期，就提前去康宁寺和僧人打好招呼，到了日子，大清早去寺院门口接到家中。大致的程序是，先招待僧人在家中吃早餐，依据僧人的个人习惯，打酥油茶，做锅盔，或是准备糌粑。饭后，即到经堂，僧人开始击鼓诵经，家中的人除了上去为他们添茶倒水送水果，或是准备念经所需要的东西，一般不能随意进去打搅。

这种每个月一次的念经活动可以称为平安经，主要是为了家中安宁吉祥，因此程序较为固定，上午和下午都是念经、献祭供品，在最后结尾的时候，做朵玛，然后丢在房顶的不同方向，饲食四方鬼神。这些朵玛最终大多落入鸟雀之口，它们闻着朵玛的气味而来，等僧人丢完朵玛之后，就大群大群地聚集在主人家的屋顶上，啄食朵玛。因此，有时候，走在街上，看见一群黑色的乌鸦乌压压地在某家的房顶上飞来飞去时，旁边的人就会说："看！他家在做节捏洞了！"

有时，一个家庭中一个月除了这次固定日期的节捏洞外，若是有些其他的突发状况，也要做一些和"洞"有关的仪式，也可算在节捏洞的范围之内。例如，家中孩子要参加重要的考试，工作的人要做重大的调动，或者有人忽然生了病，他们就去找高僧打卦，高僧会告诉他们需要准备的供品，让僧人到家中念经，也称做节捏洞。一般情况下都是请两个僧人到家中。如果情形特别严重，例如向僧人打卦时，诉说得非常严重和关键，就会有四个僧人到家中，这时就称做卓却，念的经也与笼统的节捏洞不同，而且要求中午以前，不能吃带荤腥的食物，直到下午念经完毕，方能解除斋戒。卓却可以算作节捏洞的一种特殊变体。

做节捏洞总的目的是要经过僧人这个中间媒介，周期性地把家里供奉的菩萨与护法神统统请出来，在献祭和敬拜之中，祈求他们赋予护佑。巴塘藏族家中除了供释迦牟尼，多供奉班丹拉姆、杰布（时轮法王）、大威德金刚、空行母等。不同的菩萨，念经和供品也不一样的，所做的朵玛的样式也不一致。一般的节捏洞朵玛和其他仪式中的朵玛区别不大，但是卓却这种仪式的朵玛要做成塔子形状，四周全部插上竹签，上面安着糌粑面团揉成的蛇形东西，像蛇，又像水中的鲁神形象。值得一提的是，若家里有重病之人，或者有人要参加特别重要的考试，只有像格西那样的高僧大德才能承担起念经和祭祀的重任。

## （八）苏卡洞

苏卡洞是一年一次请僧人到家念经的一种仪式，目的在于招财进宝，一般在每年的年初举行。依旧是到康宁寺请两个僧人到家中，念整整一天经。主人家把家中的宝贝、珍贵之物统统拿出来，例如珍珠、宝石、玛瑙、金银首饰等，喇嘛通过念经，沟通神灵，一方面是将珍宝献祭给神灵，另一方面也是请神灵给予加持，让这些财宝能够吸引更多的其他宝贝，为家中招财进宝。

以前，家中的藏刀、藏枪也要摆放出来，僧人念经加持。之后还要到田坝中，将自家的牛羊赶到一起，请僧人念经，祈求神灵予以护佑，让它们生殖力旺盛，产出更多的羊羔、牛犊，现在这一环节已经简化了。在加持完各种珍宝之后，僧人会拿出一根木条，上面雕刻出牛、马、羊等家畜的样子，主人家准备好糌粑团团，僧人把糌粑搓成条条，按压在木条上，动物的形象就印在糌粑条条上，再把这些糌粑条条投入燃烟烟的火中烧掉，同样也代表着祈求五畜兴旺。

苏卡洞的主体部分有三方面，念经、加持宝物、燃烟烟。然而，巴塘基本上所有的此类仪式中都有最后的一个环节，就是丢朵玛，飨食野鬼，表示着他们对所有生命形式一视同仁，对宇宙万物有悲悯之心。苏卡洞最后做的朵玛有圆形的、三角形的，还有一种非常特殊的形状，分很多层，顶端要用酥油块捏成不同的形状来装饰，以显得奢华，像珍宝一般，这在其他仪式中是见不到的，与这个仪式的招财进宝追求是有关联的。

# 五 个人

## （一）转塔

"根拉共"是巴塘城区人们对于转塔、转寺这种活动的统称。清晨，转寺的人们沿着康宁寺的院墙，以顺时针的方向，一圈圈地走，急急的脚步伴着口中成串念出的经文，给这宁静的清晨时光增添了些许忙碌。他们右手摇着经筒，左手持念珠计数，有的从凌晨四五点钟就开始转了。转塔的人给自己定了每日的任务和计划，转多少圈，念多少遍经，务必完成。也有的人是在上班前，稍微提前一点时间出发，转上三圈，或者匆匆一圈，就赶去上班。

沿着寺庙围墙的转寺之路并不宽敞，因此这里总是熙熙攘攘、拥挤不堪。有的人嫌在这里转着走不开、呼吸不畅、不安逸，就选择到其他地方转，例如康宁寺往南走下去的石板塔子，人们称之为"豆目"。"豆"是石头之意，"目"是比十万还多，也就是说"加起来石板板有十万多块"，那些石板板都是玛尼石刻，是巴塘历来在周边各地挖出来的古代玛尼石刻堆积而成的，也有后来人们为了祈福、为杀生赎罪而刻成的。"豆目"旁边有一座白塔，叫"向娜多杰"，就是菩提塔的意思，塔中所供菩萨是黑色的，手拿金刚杵，人们认为转这个塔子专门治疗关节炎、腿脚溃烂之类的病症，因此每日早晚来此转塔的人非常多。一段时间内我曾在那里看到一位年迈的爷爷，由两人左右搀扶，在转那个塔子，其行动之艰难，与态度之虔敬，形成了令人震惊的对比。他患有腿疾，希望借此来达到治疗的目的。有一次，我左腿肌肉拉伤，久久不愈，就曾被扎西大叔苦口婆心地劝导前去转塔治疗。

不同的塔子具有不同的治疗功效，这也是人们从中选择、转塔祈福的依据。四里龙田坝的塔子和石板塔"豆目"一样，都叫"向娜多杰"，治愈腿疾。河西的塔子叫"郎杰却得"，"郎杰"是脑筋和心胸开阔之意，"却得"是塔子，意思是，转了这个塔子之后，可以让人头脑聪明、心胸开阔。龙王塘的塔子叫"德西却得"，"德西"是平安、喜乐之意，塔子里装藏的内容非常丰富，转此塔能给人们带来平安和吉祥。龙王塘的塔子，虽然离城区较远，却是喜爱清静之人最爱去的。有的人在凌晨三四点钟就来到塔子边上，开始转塔，因此塔子边上扯了根电线，装上了两盏灯，为凌晨转塔之人提供照明。有时候，转塔的人要整天都待在那里转，因此他们背着背篓前来，装着暖水瓶，里面是热热的酥油茶，还有锅盔馍馍，这便是他们一天的干粮。转累了，他们就在塔子下坐着喝茶吃锅盔，休息完接着转。也有年轻母亲，把襁褓里的婴儿用褥子包好，放在塔子边的草地上，只自己去转。

转寺转塔也是老年人打发时间的一种很好的途径。转塔之时，能够和伙伴儿一起说说话，有时带了酥油茶，一群人转完，坐在塔子边喝茶休息，也不会感觉到年老带来的孤单和失落。

各种各样的塔子里面都有经书等装藏内容，被藏族视为神圣的地方，有的被当地人称为"封闭的寺庙"，塔子都有自己特定的名字，也承载着信众不同的祈求，甚至获得了某种人格化的内容。因此，转塔是一种最为常见的个人活动，也最容易完成，只需绕着塔子或者寺庙一圈圈地转，口中念诵经文，就能够给自己和家人，甚至轮回中的众生，祈求平安与吉祥。

## （二）治疗

就像不同的塔子对于治愈不同类型的疾病有不同的功效，念不同类型的经也能够对不同的疾病产生不同的效果。有一天，我到阿旺爷爷家，找他一起画画，一直没见他的老伴出来，我问何故。他说，婆婆在经堂念经呢。听他陆陆续续说了情况，我才大致了解。原来，八十多岁的婆婆左眼睛患了白内障，去县医院看，大夫说她年龄太大了，又有糖尿病，做手术的话，风险太大，建议先别做。婆婆无奈，到寺院打卦，僧人让她把某篇经文念够十万遍，总共有七八句。既然手术没法做，她只好听从僧人的话，开始念经。所以她每日忙完家务事，就坐在经堂里念经，配合着磕头，说这十万遍经念下来，恐怕得两个月的时间。

这种借助于宗教仪式来达到治疗目的的例子非常多，其形式主要就是诵经，配合着磕头，经文的类型取决于所患疾病的种类，而磕头则是通用的方式。李安宅先生将这样的治疗方式称为巫术，而我宁愿以宗教思维之下的个人仪式活动来做解释，在寻医问药无果之后，通过个人的祈祷并身体力行地磕头跪拜、念诵经文，是最习以为常的个人仪式活动，把自己的身、语、意供奉给他们信赖的菩萨，重要的是，他们相信自己能够通过这种方式痊愈。他们不在科学与宗教之间做明确的划分，也不会顾此失彼，而是在一种并行不悖的态度之中，做着自己的努力，不放弃希望。

## （三）净化

在巴塘，容易不小心触犯到一些"不干净的东西"。例如，出门遇见了谁家办丧事，或者去参加完亲朋好友家的送葬活动，回家后是一定要烧一些糌粑、麦子或者青稞、大米之类的东西，用冒出来的烟熏一下自己的，巴塘话叫作"度啊度"，意思是"熏一熏"，目的是把可能沾染上的邪气、污秽等驱除掉，用这代表着清洁的味道去压盖住不好的气味。有时，到田里耕作，菜地里挖菜，沾染了泥土，可能会触碰到土地里所居住的神灵鬼怪等，也需要用上述方式熏一熏，以表示净化。这些用来焚烧净化的糌粑、大米、青稞之类的东西，最好是经过高僧大德念经加持，这样才能有足够的力量，压制住邪气。也有的人家将晒干了的柏树叶子收集到盒子之中，碰到类似的情况，就拈一撮干叶子，往一个小铁盘中一扔，把铁盘放在电炉上，随着温度升高，浓烟冒出，右手一扇，把浓烟往自己头上赶过来，就算完成。有人甚至直接把这些东西抓一把扔到电炉丝上，效果也是一样的。

有时，遇到小孩子过生日，清晨起来，大人也要用同样的方式，给过生日的小孩熏一熏，算是消灾，也是祈福，希望他能够远离邪气，吉祥如意。若家人出远门或是从远方回来，除了要在早上去寺院拜菩萨，也要做这样小小的仪式，以确保平安。

（四）赌咒

这里所说的赌咒是人们到寺院的佛前，心中向佛祖起誓，或者表明自己在某件事情上的清白，或者立下誓愿，请佛祖作为见证，以此为动力，实现自己的誓愿。因此，也可以分为不同的情况。例如，当一个人因为丢失了某件物品，而怀疑是另一个人所为，但后者拒不承认，丢失物品的人就有可能拉他一起到寺院的佛前，跪下赌咒，若被怀疑之人能够做到坦然赌咒表明自己的清白，这件事就可以暂时搁置，因为即使真的是他偷了东西而违心赌咒，自有佛祖根据他所赌咒的条件给予惩戒，因果也就此发生。但是，因为有了这种赌咒的形式，一桩本来可能引发更多冲突与矛盾的社会性事件能够就此停止，也算是赌咒的社会功能之一。

还有另一种情况，比如一个人忽然意识到自己从前作恶多端、杀生无数，并忽然有了悔改之意，想重新做人，他为表明重生的决心，也可以到佛前发下誓愿，仿佛有了佛祖的见证，他就将自己置于一种无法回头、无法改变的境地，不容反悔。阿琦孔的佛殿里放有藏枪、藏刀，是那些来到佛殿发誓不再杀生、打架，并到寺庙起誓赌咒的人，放在佛殿做见证用的。其他的事情，例如戒烟、戒酒、戒毒等，也可以采取这种方式来激励自己。

赌咒一方面是借助信众对于佛教的信奉来解决日常生活中的纠纷，避免了冲突的升级，保持社会生活的平顺进行；另一方面，佛教的宽容也给了个人重新开始另一种新的生活方式的勇气与保障，在佛祖面前，每个信徒都拥有被原谅的机会，"放下屠刀，立地成佛"的包容态度使任何生命都不会因为一时的过错而永远失去改正的机会，他们相信，在佛前立下誓言，自己就能够用往后的忏悔、修行，去弥补之前哪怕是最大的过错与恶。

### （五）鲁松、赞松

若无意中冒犯或得罪鲁神或赞神，导致生病或其他厄运降临，人们经由僧人打卦得知此因后，往往需要借助仪式来祈求鲁神或赞神的原谅，这种针对两类神灵的仪式分别称为鲁松和赞松。鲁神居住在水中，因此要尽量避免往泉水、河水、湖水中扔脏东西。我曾见过有人在龙王塘的泉水边做鲁松，请一位僧人来诵经，作为媒介，沟通鲁神，祈求他的原谅，同时要燋烟烟，焚烧小麦、青稞、大米、茶叶、酥油等供品，最后仍是丢朵玛。赞松的过程大致也是如此，不过做仪式的地点在冲撞赞神的地方，一般在高山、森林之中。

从个人到家庭、村落乃至整个城区的这些节庆与仪式勾勒出了巴塘藏族社会生活的大体轮廓。个人生活中遇到难题，他们拥有求助的方向，祈福也有了去处，除了自身的本尊与佛菩萨的护佑，城区的保护神、地区山神都能够为他们提供保护。同样，对家庭而言，成员的安康、吉祥，家庭的兴旺，也都要落实在一个个仪式之中。若从村落和城市层面来说，对山神、城市保护神的一系列祭祀活动能够驱除污秽、疾病，提升整体运势。这些不同层次上的节庆与仪式活动，在节庆周期、活动空间、身体认同等方面展现了巴塘藏族社会生活的整体状况与格局，而这些节庆与仪式背后，是他们共享的神灵体系。

# 第三节  神灵体系

## 一  "佛菩萨"

巴塘藏族人信仰观念中最主体的部分就是他们自己所说的"佛菩萨",有时也笼统地称为"菩萨",敬拜和祭祀也被统称为"拜菩萨"。

到康宁寺拜菩萨是巴塘藏族最为常见的礼佛仪式。每年数次的大型敬拜仪式包括佛诞日、燃灯节、年终大法会、新年祭礼、寺庙跳神等,而且逢寺庙做聂鲁、聂洼鲁、画坛城、供吉祥天母、供护法等仪式活动,他们都会去寺庙点灯、添茶、磕头、转寺。除这些规模较为可观的寺庙活动之外,巴塘藏族人平日里也要不时地去寺庙拜菩萨,藏历的初一、十五是公认的好日子,初三、十三也是吉日,几乎每个家庭都会从这几个吉日中找个日子,带着酥油、茶叶、大米、麦子、柏树枝,每个月固定地到康宁寺燃烟烟,然后到佛殿和护法殿,给菩萨添茶、磕头。若是遇到一些自己难以解决的问题,例如久病不愈、噩梦缠身、家运不济等,人们会到寺庙求菩萨护佑,若是仍没有改善,就找高僧打卦,根据卦象,或念经,或做法事。

翁图阿琦作为城区保护神,也是人们重要的保护和依靠。商人求生意兴隆,学生求学业精进,出行和回家的人求旅途顺利,都可以到阿琦孔跪拜祈求。大致的程序和到康宁寺拜佛相同,也是先燃烟烟,然后到殿中添茶、布施、磕头、诉说心愿。

除了到寺庙中去敬拜,也可以请僧人到家里念经、加持。巴塘藏族每家每户都设有佛堂,尽管有的气势宏伟,有的简陋不堪,但共同之处在于除供奉佛祖之外,还有自己家的本尊神。除他们每日清晨焚香、敬水,早晚磕头敬拜之外,还要每月固定请两个僧人到家里的经堂念经,就是前文所描述的节捏洞仪式。

以个人、家庭为单位的拜菩萨活动在巴塘是非常普遍而又平常的事情,贯穿在个人生命和家庭发展的整个周期之中。除此之外,也有一些上了年纪的婆婆、爷爷自发组织起来做一些念经、敬拜的宗教仪式活动，这个被巴塘其他人称作"婆婆组织"的群体每个月的藏历十五、二十五两日固定到日登寺念经，每年守两次"哑巴斋"。如前所述，他们有自己的财务管理、后勤小组、固定场所，就连康宁寺的师父也都十分支持他们。为了让他们念经更准确，康宁寺佛学院的土登曲批格西还特地为他们开设了藏文初级课程，每日午后在寺庙院坝子上集中学习。这些"婆婆组织"里的成员自发组织起来念经，为自己随时而来的往生，也为亡灵、为被赞神牵走的人。他们相信，向菩萨祈求，能够为自己、为他人、为六道轮回中的众生，求得吉祥与安乐。

除个人、家庭在佛光的护佑之下，巴塘城区也在城区保护神翁图阿琦的保护之下。而康宁寺每年一次的年终大法会，也是为了整个巴塘的吉利，藏历正月二十九日的聂洼鲁也是为了预测全城来年的整体运势。

因此，总的来说，从巴塘整个城区，到家庭、个人，无不笼罩在佛光之下，被巴塘藏族以"菩萨"这一习惯性概念来统称。这一名称反映出在巴塘藏族神灵世界体系之中，佛教里的诸位神灵是最首要的，佛祖、天母、金刚、护法等一系列神灵在"菩萨"这一统称之中，显示了巴塘藏族神灵观念中的首要组成部分。

## 二　山神

巴塘城区的山神拉玛多杰和巴杰东隆是具有鲜明人格的山神，除护佑巴塘城区的居民之外，也与周边村落的山神有各种各样的联系。在巴塘，流传着一个有关"阿妈党顶玛"的故事，这个故事与巴塘的山神巴杰东隆名字的由来密切相关。"东隆"的字面意思是"矛瞎"，其中的缘故也和神山有关。相传水磨沟后山有一座神山，掌管这座神山的神灵名叫志斯，他有七个妹妹，长妹名叫党顶玛，长得花容月貌，巴塘城坝巴协顶的山神巴杰东隆，早就对党顶玛十分倾慕，恨不能早日相见，倾诉衷肠。他等啊等，终于找到了机会。一天，志斯不在家，只留七个妹妹在家中，巴杰东隆得此机会，来到志斯管辖的神山，把党顶玛抢走，往自己的神山跑去。

志斯不知道从哪里得到了消息，立刻赶回家，手提一杆长矛，骑着一头牦牛，向巴杰东隆追去，他在日车的戈郎岗革处追上了巴杰东隆，在那里与他进行了一场恶战。战斗持续了三天三夜，难分胜负，最后因巴杰东隆的一个小疏忽，被志斯手中的矛刺瞎了一只眼睛，剧痛之下，他只好丢下党顶玛，负痛逃回自己的神山。因为他被志斯的矛刺瞎了一只眼睛，人们便以"东隆"来称呼他了，意思是"矛刺瞎了眼睛"。不久就变成了一座高山，坐落在巴塘城的东面，因他被志斯刺瞎了一只眼睛，人们给他取名为"东隆"。而党顶玛经过此劫，也无颜再回家中见自己的六个妹妹，就在附近的茶树纳西布停下不走，从此在山上居住，深居简出，嫉恨终身。她护佑周围村落的人们，后来化作山神，天长日久，年龄增长，变成老妇人的形象，人们亲切地称她为"阿妈党顶玛"。她的六个妹妹盼望姐姐早日回家，在纳西布后山四处张望，等候姐姐党顶玛，最后变成了六座高耸挺立的神山，吸引着茶树山和水磨沟的村民前来祭祀敬拜，他们每年都要到那里去举行一次吉祥的朝圣。

巴塘也有种说法，认为阿妈党顶玛嫉妒心极强，尤其见不得女娃娃穿得花花绿绿，若是穿着艳丽，碰见阿妈党顶玛，就有可能疯疯癫癫，因此那一带村落的人结婚之时，新娘只能穿白色的羊毛氆氇，而不穿艳丽的绫罗绸缎，怕自己会因此疯掉，曾有人就是因为这个而疯掉的。

山神具有鲜明的人格特征，这是一种共同现象。此外，城区的山神和村落的山神各自管辖自己的领地，没有管辖上的从属关系。例如巴塘城架炮顶一带有个地巫安置村。因为地巫那里的村民曾受滑坡所害，整体搬迁到巴塘，在县政府的安排与资助下，集中居住在架炮顶一带。虽然搬迁到巴塘，但地巫人从来不拜巴塘的拉玛多杰和巴杰东隆两位山神，而是依旧沿袭旧时在家乡的传统，祭拜他们的山神地巫阿琦。

巴塘城区和周边村落的山神每年都要齐聚一堂，商讨巴塘一年来的大小事情，对来年的事情也有一个总体的打算，而他们聚会的地点就是巴塘城区保护神翁图阿琦的寺庙坝子，原来叫作灯杆坝的地方。可见，巴塘的山神体系与城区保护神也是联系在一起的，他们共同在佛光的照拂之下，护佑着巴塘这片土地。

## 三　赞神

在巴塘，大家也会经常在生活中遇到赞神。谈起赞神，都是谁被赞牵跑了、谁得罪了赞之类的麻烦事情。在人们的谈论中，赞神是一种非常暴烈的形象，他们总是骑马在山间奔波，会在夜间抽狐狸的耳光，也会时不时把人掳走，命其为之牵马。

人们同情被赞牵走的人，同情死后给赞牵马的人。"婆婆念经"组织中有二三十个人，每天傍晚六七点钟集中在老街泽曲伙巷藏戏团团长的院坝内，吟诵六字真言，他们是为被赞掳走牵马的人念经、祈福。其实更像是吟唱，声音悠扬、苍凉、绵长，像是在诉说一种无比深情的思念。巴塘藏族人都相信，有的人死了之后，在往生过程中误入歧途，闯入阿修罗道，而前世积下的业又使他修不成阿修罗，只能为赞牵马。赞走得很快，牵马的灵魂就得一刻不停地到处奔跑，若是稍微慢一点，赞就会狠狠地在马上抽打他们。他们奔波于雪山、草地、河流、峡谷之间，片刻不得休息。刺笆把他们的衣服划得褴褛不堪，身上也血流不止。而这样的牵马奔跑对他们而言也是漫无目的，他们并不知道为何如此，似乎命中注定就是要奔波不息，为好战、好斗的赞神牵马。为了能让他们休息片刻，这些慈悲之人就聚集在一起，吟唱六字真言，用悠长、美妙的歌声打动赞。赞神是喜欢听这个旋律的，当吟唱声响起，坐在马上的赞神听得入了神，会忘记奔跑。牵马的灵魂就可以在这难得的时间中休息、缝补衣服，马儿也能歇歇脚。这种唱经大多在傍晚进行，因为灵魂在黑夜中牵马奔劳，会更加艰辛。

> 牵马奔波不息的灵魂，
> 请等一等，
> 驻足
> 听听那悠扬、苍凉的经声，
> 为让你休息片刻，
> 缝补被刺笆划破的衣裳，

　　生者——

　　每晚，每晚，

　　都把经文吟唱。

　　我第一次跟随家住中山广场的一位嬢嬢去听他们念经时，立即就被那吟唱的声音打动了。他们在青灰色的炊烟笼罩之下，沿着红墙坐了一排，微胖的苍老身躯透出安详和宁静，刚学会走路的娃娃依偎在他们脚边，似乎也在听经。天微暗，吟唱声仿佛穿过空气、云层，飞向了那个他们能感知而我万般猜测也不知其踪的世界，在那里，正在经受磨难的灵魂会因为他们的吟唱而稍稍休息片刻，好战的赞也会在其中驻足倾听、思索。

　　有一年巴塘"八一"联欢的时候，黄昏时分结束之后，大家都往城里走，只有一个老干部除外，他往北走去，那是出城的方向。他的同伴问他缘故，他也不说，大家还以为他有什么事情，就不再管他。他家里人等到晚上，不见人回来，就打电话问情况。电话接通之后，他也说不清楚，就挂掉电话。再三拨打之后，电话就显示关机了。焦急万分的家人没有办法，只好就那样等着，一直等了三天，还不见回来。就去康宁寺找僧人打卦，卦象显示，这个人往北边去了，位置在猪头山上。家人有了这个线索，就发动亲朋邻里一起到猪头山上找。结果，还真在山上找到了他，当时他鞋子没了，衣服破破烂烂的，昏昏迷迷，神志不清，问什么也答不出来。大家把他带回家，休养了一段时间，再慢慢问起情况，他才说了个大概。那天聚餐结束后，他也不知道为什么，迷迷糊糊地就往猪头山上走去了，就好像有什么东西在引领他一样。到了山脚下，他看到有个人骑一匹白马，那人就招呼他牵马，他抓起缰绳就开始在山上跑。后来他电话响了，他接通，听见家里人焦急地问他在什么地方，他大声地回答，但家人好像听不见他说话似的。打了几次，骑马的人用皮鞭狠狠地抽他，电话也掉了，然后他就是无休止地牵马在跑了。家人问他饿了吃什么，他说，那个骑马的人从山上捡那种白色的小石头让他吃，他吃了就不觉得饿，一直就吃那白石头。他拿着白石头给家人看，大家才知道那是石英石，小块块，在山上有很多。再后来，他们跑着的时候，就听见很多人来到山上了，大喊他的名字。他后来看清是自己的家人朋友，就大声回答、招手，但显然他们看不见他，也听不见他的声音。然而家人一直在山上到处找，大声喊叫，这让赞觉得很生气，就把鞭子抽向牵马的人，他倒在山上，赞骑马快速离去。这时候，家人才找到倒在刺笆中的他，并把他带回了家。

家人分析，之所以能够这么幸运地回来，是因为他们到寺院找高僧打卦，算出来人就在猪头山上，因为消息准确可靠，他们就直接找到了地方。这让赞既生气又害怕，索性放了他，不给自己找麻烦。然而，并不是所有被赞牵走的人都能如此幸运。

巴塘有好几个被赞牵走后就再也找不到了。一个是扎金顶村的，他平时老是去东隆山上放牛。有一天晚上，他去山上准备把牛给吆喝回来，结果就走丢了。家人召集全村人上山去找，几天几夜下来，也找不见人，尸体也没找到，大家都认定是被赞牵走了。还有个从理塘来巴塘的女娃娃，也是在山上失踪了，找不到。

那么，赞到底是一种什么样的存在呢？

巴塘的藏族老人说，赞是非天里面阿修罗道里的生命状态，他们好斗、好战，性情火暴。因此，巴塘藏族人都知道赞惹不得，最好不要去招惹，更无须在家中供奉他，有位老人说，"赞就像阎王吹的风"，速度很快，所以牵马的人会很累。

赞神具有多种多样的种类，根据神灵依附的自然物，至少可以分为地赞、树赞、岩赞、路赞这些种类。赞神无处不在，种类繁多。树木、草地、道路、岩石等是神山中不可或缺的组成部分，因此人们在神山信仰之时，对于这些随时可能依附着神灵的事物必定心存敬畏。在巴塘，有太多被赞牵走的人至今无处寻觅，他们或者是因为砍伐了住有赞神的树木，捣毁了住有赞神的岩洞，或者仅仅是因为在山上打了个盹，挡住了赞神骑马飞奔的道路，就被赞掠去为自己牵马。冲撞赞的人，也要根据赞的种类，去做不同的仪式，加以抚慰，这些仪式统称赞松，一般都是请僧人念经，给赞供品，和他们协商，以求其原谅。

## 四　鲁神

2015 年 1 月 13 日早上，我和扎西次仁大叔到龙王塘提泉水，在泉水旁边的一棵大树下，一位僧人和一名男子正在燃烟烟。两三把柏树枝已经焚烧完毕，正冒着浓烟，两个人弯腰拨弄火，僧人一直诵经，而男子手持一枝柏树枝跑到泉水边，蘸了洁净的水，跑回来，在火上浇洒，往返几次，在火上浇洒时，他也口中喃喃念咒。我和扎西大叔在旁边观看，等他们念完经，做完仪式，走过去询问，才知道这名男子近日总觉得不顺，就去找高僧打卦，卦象显示，他无意间得罪了居住在龙王塘的鲁神，所以要过来做鲁松，以求之原谅，方能化解不顺。

僧人解释说，鲁神是居住在水里的一种阴性神灵，诸如蛇、龙都是鲁的范畴，他们上身显示为人像，下身为鱼、蛇的样子，他们有可能会作恶，也有可能对人的财富方面有好处，但不能专门去供奉他，也不要轻易招惹，以免得罪、冲撞。龙王塘的泉水就居住有鲁神，泉水上方几米远的地方，有两座方形的鲁空，也就是鲁神住的房子。泉水流出，两边各有台阶，平日前来挑水的人就站在台阶上舀水，并不直接从泉水池中舀取，也是怕惊扰了鲁神。顺着泉水，再往下，来龙王塘野炊、打平伙的人可以在两边洗菜、洗碗。泉水流向巴曲河中。没有人敢去打扰鲁神，也不会在泉边野炊、丢脏东西、污染水源，若是有人不小心冒犯，还要煨桑净化、驱除危险，甚至请僧人念经，代为赎罪。久而久之，就连泉水周围的老树上也住着鲁，没有谁敢动这些树木。泉水四周严禁烧烤、野炊，虽然边上时常有小孩子在玩耍，但他们不会直接去泉水里捣乱，也是源自大人的不断告诫和教导。

我们有一次在龙王塘野炊，扎西大叔的孙子和孙女看到其他娃娃在泉边抓蝌蚪，就很想一起去玩儿，扎西非常严厉地禁止："水里边有鲁神，去打扰了他，自己会生病，坚决不能去！"娃娃们急切地求了好多遍，说："那里有其他小孩在玩儿，我们为啥子不可以？"扎西大叔更生气了："他们生病是他们受，你们就是不许去！"孩子们苦恼、跳脚，扎西没了办法，他只好放轻语气："人家蝌蚪在水里游得好好的，你们去看人家做啥，打扰人家做啥？泉里住着水神，不能去打搅他们，要是他们生气了，会让你们生病或者运气不好，去那里做啥？"但他终究没有拗过孩子们，虽然允许他们去玩儿，却也立了几条规矩，不能直接到泉水里捣乱，只能在边上玩儿，不许往泉水里扔东西。几个孩子不等他说完，就飞奔而去，扎西待了一会还是不放心，又跟过去，亲眼监督着，生怕有了疏忽，得罪了鲁神。他之所以如此小心谨慎，是因为在巴塘发生过很多类似的情况。例如，有一位小学教师，在一个夏天到山里的一个泉水中洗澡，回来之后就变得疯疯癫癫，别说再继续教书了，就连生活都难以自理，他整日目光呆滞，在街头转来转去，别人碰见，也只当此人是疯子。

由于鲁总是居住在和水有关的地方，因此，当天气干旱时，巴塘的僧人也会到龙王塘的泉水边求雨。康宁寺每年做大型佛事活动后，也要把画坛城的彩色粉状颜料收集到宝瓶之中，然后由高僧护送到龙王塘的泉水边上，一边诵经，一边把颜料倒进泉水中，他们说这是对鲁神的供奉，也有给鲁神治病的功能，让鲁神给巴塘人带来风调雨顺。

鲁神除居住在水中之外，人们认为一些非常古老的大树中也居住着鲁神。如果到山上去，最好别在一些大树下睡觉，或者砍它们的树枝，这极有可能惹鲁神生气，后果就是带来一系列报复和厄运。例如，孔达伙的一家院子中有一棵巨大的桑树，人人都知道里面住着鲁。我过年前去参加他们村的屡协仪式时，扎西大叔特地叮嘱我："他们家院子里有棵大桑树，是巴塘最老的桑树，里面住着鲁，你到了之后，可以去看，但是最好别去乱摸，也别去折上面的树枝，对你不好。"我到了那家之后，问家里的婆婆，她说的确如此，树上的桑葚果可以吃，但是有的树枝即使挡住了光线，或是碍事，他们家也不敢去修剪，更别说去把树砍了。我问："树中就住着鲁，那他们家平日会不会觉得压力特别大特别紧张，万一不小心触犯了他，会不会不吉利？"婆婆说："也不会哦，我们平时不怎么碰这棵树，什么晾衣绳啦、电线啦，也不会缠在它身上，就是给它浇浇水，没啥不好的地方，只要不去打搅他，他也不会对我们有什么伤害。"

## 五　帕亲玛

巴塘城北有一座山，名字为猪头山，山上有一处滑坡地段，常常发生泥沙俱下的情况。居住在附近的人深受其害，他们都认为是一个女性的猪妖所为，叫帕亲玛，"帕"是猪的意思，"亲"是牙齿，"玛"指女性，因此字面意思是"牙齿长长的女猪妖"，包含了两层意思，一是指出了她有着猪的形状，二是指出了她是专做坏事的妖。人们以为，此妖是女性形象，但有着猪的脑壳，嘴巴长长的，耳朵大大的，因此她总是用手捂着鼻子，不让别人看见。

帕亲玛喜欢用猪嘴拱泥沙，因此很多地方的流沙与滑坡都被巴塘人认作是她干的。东南区有一地方名叫"桑登扎拉"，指的是基里口的一处长五百米的滑坡地段，上面经常有石头和泥沙落下来，也被人们认为是"帕亲玛"所为。此外，离巴塘城不远处的金沙江西岸，住着一户人家，他家的房子修建在岩石坡上，奇怪的是，院子周围的石头墙每年都垮塌，因此他们每年都要重新码石头，修院墙，而这一切都是帕亲玛在作怪。为了对付她，这家除要到寺院请僧人来家中念经镇压之外，还想出了另外一招去对付她，就是让一名男子用生殖器对着院墙倒塌之处，因为帕亲玛是女性，看到如此场景，就会害羞脸红，仓皇而逃，不再拱院墙了。

对于帕亲玛，就连巴塘的小孩子都有许多听闻，也能讲出许多相关的故事来。我常常在扎西次仁大叔家问他很多事情，有一日听见他的孙子丁真嘉措和孙女次仁卓玛在饭桌上讲"帕亲玛"的故事。丁真嘉措说："'帕亲玛'是个女妖怪，长着猪的嘴巴，所以总是用手捂着，怕别人看见，她会挖泥巴，拱沙子。有一次巴塘的两个婆婆到那边的山上，碰见了'帕亲玛'，她们俩赶紧往树上爬，这时，'帕亲玛'把捂嘴巴的手拿开了，一个婆婆当场就吓死了；我有时候放学回来，在路上走着，最怕'帕亲玛'，有一天放学，我走到田坝上，听见猪在叫，声音很凄惨，我吓惨了，以为是'帕亲玛'，吓得都不敢走了，后来又听见有人说'把猪脚抬起来'，我才晓得是人家在杀猪，才敢继续走；我和同学摆'帕亲玛'，他吓得要死，自己放学回家都不敢走那段黑路了。"小卓玛也争着说："'帕亲玛'只要碰见了，就会倒霉。"但是丁真嘉措反驳说，不是这样的。扎西大叔怜爱地看着自己的孙子和孙女，笑意盈盈，接过话头，说："要是在路上不小心碰见帕亲玛，就会看见她从一个小小的猪慢慢变大，一直长高到庞然大物，这个时候，一定不要面对着她看，而是要背对着她，脱掉自己的一只鞋子，用力往空中扔，如果鞋子扔得比变大的猪妖要高，那帕亲玛就一下子变回最初矮小的样子，然后就灰溜溜地逃跑了。"

面对频频作祟的帕亲玛，人们该如何应对？

如上述所言，为对付帕亲玛，除了到寺院请僧人来念经作法，让男子用生殖器直接对着帕亲玛，还可以用琼鸟去镇。这里有两层意思，一来，琼鸟本是佛教中的护法神鸟，法力和神通都不凡，在佛祖身后护卫，口中叼着毒蛇，两只利爪又紧紧扯着，大有凌厉之势，它来对付一方土地上小小的猪妖，自然不在话下；二来，按照巴塘的创世神话，这片土地更是琼鸟的化身之地，因此也得名夏邛镇，对付这类妖也不是难事。

面对"帕亲玛"造成的滑坡流沙，除了以上述方式去应对，人们也会在滑坡处悬挂经幡，一是祈求她不再作祟，二是希望以佛教的力量对之压制。因此在猪头山和虎头山经常滑坡之处，都挂满了经幡。县林业局曾请了省里的工作组来虎头山研究和处理滑坡情况，植被、生态也在研究范围之内。民众挂经幡去镇帕亲玛，林业局以科学手段解决滑坡问题，双方各自按照自己的方式去应对帕亲玛，颇像格桑县长所说"政府管形而下，宗教管形而上，分而治之，并行不悖"。

## 六　斯莫抓普

河西的岩石窝中住着一个叫作斯莫抓普的女妖。巴塘的阿杰爷爷告诉我，小时候每次经过那个岩石洞，都会想起流传下来的关于斯莫抓普的恐怖故事，恨不得长了翅膀赶紧飞过去。她频频出来作祟，不但威胁着周围的民众，依康宁寺前任堪布根阿白所言，这个女妖还对巴塘城坝的风水产生很消极的影响。这个女妖存在的时间极长，是与巴塘的创世神话相关的。

前面所讲的巴塘创世神话，在巴塘还没有人类居住之前，主宰这里的就是这只后来被称为斯莫抓普的女妖。天老爷同情远道而来、寻觅安身之地的人们，派遣东隆和拉玛多杰从天界下来，驱妖助人，才让人类开始栖居在这片土地之上。东隆和拉玛多杰战死后化作大山，成为护佑巴塘的神山，女妖被制服后乖乖待在山洞之中躲避，不再兴风作浪、危害四方，才给予人类在此休养生息的机会。如前所述，后因巴塘整体风水被破坏，女妖又出来作祟，康宁寺高僧将镀金的琼鸟塑像置于虾桑桥边石板塔中央的大槐树上，隔岸对着岩石窝洞，以示震慑。后来这个塑像不知为何丢失了，于是，女妖再次蠢蠢欲动。尼玛大师提出了应对之策，在巴曲河畔建一座镇妖塔，来震慑女妖。

因为斯莫抓普之故，原先在河西之地，没有人有胆量把房子建在周围。自从镇妖塔建成之后，便陆续有人在河西筑屋居住，如今，河西村房屋密集、人口剧增，在新修的桥梁和道路的沟通之下，与巴塘城坝连成一片，呈欣欣向荣之势。尼玛大师所担忧的"女妖破坏了巴塘城坝风水"之事，终于可以安然放下。如今，人们经过这位女妖的岩石窝洞，总会用神秘而畏惧的口吻，感叹一番。

帕亲玛和斯莫抓普是巴塘地区比较突出而且较为出名的妖，且都是女妖，她们共同的特点是处处作恶，人人避之唯恐不及，若是不幸撞见，便采用各种方法，镇邪祛晦，且镇压之法多仰仗康宁寺僧人的念经和作法。她们的居住之所往往能引起一种巨大的恐惧之情，让人们刻意躲避。不过，因为有佛法作为保障，人们也敢于在她们的居所挂经幡，路过之时也稍微少了一些惊恐。

## 七　其他神灵

巴塘藏族人相信在日常生活中有其他一些神灵存在，就在他们平日常见的生活场景之中，灶神就是其中常见的一位。在巴塘，藏族建房不仅非常在意房屋朝向以及大门的方位，而且屋内的灶膛也有方位上的讲究。灶门向东或向西，俗称"烧东烧西"，而不向南北。这与他们的方位观有密切关联。东方为木，火烧木，属吉利，象征着越烧越兴旺；西方为铁或金，也与火有关联，主兴旺；南方为火，火烧火，火海无边，则为太过，旺不可胜，不吉利；北方为水，水灭火，使其火苗奄奄一息，永不兴旺，也不吉利。此外，锅灶与火塘一般要设在厨房的两端，但灶门绝不能正对着房门，呈一条直线状，否则就会有惹人闲话、招人诽谤的祸端。

一家之灶膛决定着家庭的兴旺，因此建灶属于家中的重要事情。建新灶时，首先要去寺庙请高僧打卦，选好吉日，还要提前邀请一位福泽深厚的人来家中，以一桌美味佳肴招待，以求他为新灶开土奠基。此外还要从寺庙迎请四位僧人，来家中诵经，祈请新灶建成后，家中能够像灶中之火一样兴旺不衰。念经和法事完成之后，在家中宴请僧人和奠基人。

在巴塘的寻常藏族家中，有的将灶神贴于锅台上方，有的在墙上设神龛，加以敬奉，平日里烧茶、做饭之时，主妇会用勺子舀起少许，向锅台上面的墙壁轻轻泼洒上去，或者用手取出少量食物放在靠墙的锅台边，先供灶神受用。也有家庭将佛教的八宝图或者十方图画在灶台上的墙壁上，一方面是为了祈求平安，另一方面是为了防止修灶之时无意冲撞或触犯了某方的神灵。

灶神是一种很容易被冒犯的神灵，因此有关的禁忌也颇多。灶神喜洁，巴塘藏族家庭对厨房的要求也较多。首先就是要保持干净。女人梳头时掉的头发不能随手扔在柴草中，以免夹带进灶膛；冬天再冷也不能抬着脚丫到灶膛附近烤火，鞋袜也不能放在灶膛高处去烤；更不能随随便便从灶膛上跨来跨去；不准向灶膛内吐痰；不准用脚踏灶膛；不能背对灶膛而坐；严禁向灶膛方向裸露下身；不准把头发、指甲、禽毛、兽毛、人的粪便等污秽之物放入灶火中焚烧。上述的这些举动会污染灶神的清洁，若是灶膛里的火忽然猛爆，伤及人的眼睛、手，或是烧溢了锅，水扑出来浇到火里，或者无缘无故烧干了水、煮食物夹生等情况，就说明灶神已经被触怒了。这样的情况下，这家就必须举行仪式，禳灾驱邪，祈求灶神原谅。一般而言，他们会将平日里煨烟烟所用的柏树枝、松枝等香气十足的植物，投入灶膛，驱除秽气，取悦灶神，求得其宽恕。

每到新年，家家户户或者将灶神的图像更换一新，或者在锅台的墙壁上重新画上八宝图、十方图，也让灶神在新的一年中以干净和新的形象出现。巴塘人爱吃是出了名的，他们自己也总说，住的、穿的倒不是那么讲究，可是巴塘人对于吃喝却是最热衷的，为美食花费多少也在所不惜。灶神是掌管食物烹饪的神灵，自然受到他们虔诚的拜伏，对灶神的信仰也在他们一日三餐之中不断地重复和深化着。

## 八 神灵体系

藏传佛教信仰之下的神灵体系，佛、菩萨自然是最高等级和最主体的部分，以寺院为场所，在那里接受信众的敬拜与礼仪，借助寺院将佛光普照在巴塘城的上空，为其中的万物送去护佑。在这护佑之下，巴塘的山神也渐渐纳入其中，他们自成系统，以巴杰东隆和拉玛多杰为首的城区山神，统领周边村落山神，形成一个完整的山神系统。神山高高矗立，对巴塘地区施以护佑。此外巴塘的山林中、岩石中、泉水中也居住着其他类型的神灵或者鬼怪，符合苯教的三界宇宙观划分，诸如赞神、鲁神、帕亲玛、斯莫抓普等都是三界中的不同存在形式。人们就这些生命存在形式形成各种规范和禁忌，能够以更为敬畏的态度去面对自己生活于其中的环境，包括水、森林和其他万物，由此产生的相关仪式活动，是构成巴塘社会生活的重要部分。

如果说对于佛菩萨的日常敬奉和节日祭祀，是用一种积极的、正向的途径参与和构建着社会生活，而对于赞、鲁、帕亲玛和斯莫抓普等神灵则多表现为禁忌，是以一种消极的、反向的方式进行处理，而且往往要借助佛菩萨的威力去应对他们带来的问题。这样的神灵系统能够显示出巴塘地区原始信仰—苯教—藏传佛教的信仰层叠结构与递进脉络，而且它们是统合在巴塘创世神话的宏大叙事之中的。

这个神灵体系除在巴塘藏族于各个公共空间的敬拜活动之中表现出来之外，也常常出现在人们日常的述说之中。

## 九 言说中的神灵体系

### （一）说哈达

巴塘藏族围绕公共空间展开各种相应的祭祀和仪式活动，祭拜的对象勾勒出他们观念中的神灵体系。空间、仪式（周期性仪式所体现的时间）、神灵三个层面通过人聚合在一起，构成巴塘藏族社会生活的整体样貌。除了对各种神灵鬼怪施以相应的仪式和祭礼，他们日常生活最平常的情境之中，也能体现出这种神灵体系。

巴塘藏族的婚礼仪式中，有一项说哈达的环节，就会说到巴塘的各种神灵。大体来说，就是婚礼中，一位吉祥老人双手捧着哈达，说一串长长的吉词和祝祷。

> 来了！你来了！在神鸦还没有喝上一口泉水，青草上的露珠还没有滴落，顽石上的凝露还没有融化的时候，你乘着灿烂的朝霞，带着滚滚涌动的万物的"灵气"，来到了你该来的地方，回到了上天早已安排好的归宿。今天的天上，日月星辰俱现；今天的空中，风云雨雪均涌；今天的大地，五谷、花果都齐；今天的人间，和平、安宁、祥和。在这良辰佳时，有福之人结成了百年之好。
>
> 这哈达有黄色、红色、白色三种。今天我在这里不献黄色的哈达，因为黄色的哈达是献给活佛的；我也不献红色的哈达，因为红色的哈达是献给山神的。这洁白的哈达，它预示着和平，象征着吉祥，这洁白的哈达来自何方？这白色的哈达来自内地，是千万个汉族同胞纺线、千万个汉族同胞编织而成的。这洁白的哈达，没有商人罗布绒布是找不到的（传说藏族第一个与汉族经商的商人叫罗布绒布，后来这名字成了藏族对商人的尊称——笔者注），没有白唇神骡是驮不来的，没有辽阔的草原是容不下的，没有雪花白银不得卖，没有足赤黄金买不到。这洁白的哈达，上部是"八祥瑞"图，代表了佛祖一千二百种法像，中部是雍忠图，代表了藏族同胞，下部是万里长城图，代表了汉族同胞。
>
> 今天，这来之不易又无比珍贵的洁白吉祥物降临到我这福气横流的汉子手中，它给我带来了佛的圣光，带来了万物的灵气。这洁白的哈达，给所见之人带来吉祥和长寿，给所到之处带来安宁和兴旺。
>
> 我来到大门口，这门楣是日月同辉，门板是万道霞光。我拿什么敬这万道霞光？我拿哈达敬万道霞光。

　　我跨过大门，来到外院，外院里满是洁白的羊群。这洁白的羊群是提供衣食的活宝。我拿什么敬这活的宝贝？我拿哈达敬这活的宝贝。

　　我穿过外院，来到中院。这中院里满是黑色的牦牛。这满院的牦牛是不竭的奶泉。我拿什么敬这不竭的奶泉？我拿哈达敬这不竭的奶泉。

　　我走过中院，来到内院。内院里满是神驹良马，这马儿是一想就到的神物。我拿什么敬这一想就到的骏马？我拿哈达敬这一想就到的骏马。

　　迈过内院，我来到楼梯前，这撑梯的基石是卧着的神龟，阶梯是串着的象牙指环，梯首是堆积的喜玛。我拿什么敬这堆积的喜玛，我拿哈达敬这堆积的喜玛。

　　攀上楼梯，来到堂屋，地板像展开的虎皮，这虎皮般的地板中央立着中柱，柱体是神山上的檀木，柱头是佛祖的座基。我拿什么敬这佛祖的座基？我拿哈达敬奉佛祖的座基。

　　屋中铺着虎皮、熊皮、豹皮卡垫。虎皮卡垫上坐的是祈降神佑、召唤"灵气"的"苯根"（民间善施道场的苯教徒——笔者注），这"苯根"是充满万物灵气的财神。我拿什么敬奉财神？我拿哈达敬奉财神。

　　熊皮卡垫上坐的是威严的父亲，这父亲是交往八方、执掌家规、教导后生的贤人。我拿什么敬这威严的贤人？我拿哈达敬这威严的贤人。

　　正面是阴阳山神结合的灶神。这灶神给家庭招来财富，庇护着全家人的安康。我拿什么敬奉灶神爷？我拿哈达敬奉灶神爷。灶神下是上中下三灶。金铸的上灶上是八耳青铜锅，青铜锅里是长年不断的香茶；银铸的中灶上是四耳铁锅，铁锅里是招亲唤友的醇香美酒；玉琢的下灶上是无耳铜锅，铜锅里是滋养众生的牛奶。我拿什么敬上、中、下三灶？我拿哈达敬上、中、下三灶。

　　侧面是深潭似的水缸。这水缸是蛟龙的藏身处。我拿什么敬这深潭似的水缸？我拿哈达敬这深潭似的水缸。

这洁白的哈达飘向西方，迎来了佛光普度众生；这洁白的哈达飘向东方，迎来了天皇法度清明、明镜高悬；这哈达飘向高山，祝高山水草丰茂；这哈达飘向谷地，祝谷地风调雨顺、五谷丰登。

我将哈达献给高峻的山崖，高峻的山崖本无须献哈达，是我祝人们的身体像山崖一样的强健；我将哈达献江河，滔滔的江河本无须献哈达，是我祝人们的生命如江河长流水。

这洁白的哈达飘向你啊，贤惠的新娘，愿你膝下子嗣四个，以筑四方房墙、垒起四面田埂、防御四面来敌。还要有淑女两名，让贤父常聚茶会，让慈母常赴酒宴，在亲朋间搭起金桥。[①]

婚礼中这段长长的"说哈达"，也经常被巴塘人视作"啰唆""话多"，甚至有人说"叫人昏昏欲睡"。然而，这长长的赞词，除在这喜庆的日子里肆意表达祝福、吉祥之意之外，更把巴塘藏族生活中所要涉及和关联的东西都说了出来。或者说，这种祝福、祈祷和赞美所涉及的对象除婚配的双方家庭之外，更是把藏族生活之中所可能关联的很多事物都通过说哈达表达出来。

说哈达的汉子首先讲到上天的日月星辰、风云雨雪，大地上的五谷杂粮、花草树木，营造出了他们生活的大环境；说到万物都有自己的"灵气"，物走到何处，这"灵气"也随之游走。然后，说哈达的汉子开始赞美家中佛堂，以哈达敬献给佛菩萨，敬献山神，歌颂高山河流，并祈求山神保护一方水土之上的人们。一幅宏大的画面便浮现出来：在天地之间，人与万物各居其位，而佛光普照，一派繁荣。之后，新娘在说哈达汉子的敬献和赞美之中，被引入新郎家的佛堂，她除跪拜普度众生的佛祖外，还要在新郎家的本尊神面前有个正式的见面和交代，再去敬拜新郎家的财神、灶神、水缸中的神，说哈达的汉子跟随着新娘的敬拜而一一给予赞美，直到把双方家人都赞美一个遍，才算结束。

从佛、菩萨、山神，到灶神、财神，以及万物之"灵气"，都从说哈达之人的口中一一流出，反映了他们对于自身生活中会触及的神灵有非常自然而又熟悉的认知，以至于在婚礼这个经常性的生活场景之中，能够随

---

① 伍金冲：《说哈达》，《巴塘志苑》1998 年第 2 期。

口吟诵出来。再细细地看一看说哈达的内容，除了神灵体系被粗略勾勒出来，还包含着更丰富的内容。例如，在讲到哈达的由来，词中说它来自内地，是汉族千万人纺线完成的，然后经由藏族商人跋涉千里，带到藏地。又说，西方是佛光普度众生，东方是皇帝皇恩浩荡。可见，巴塘藏族除了对于自己生活世界有着明确认识之外，对于自身在宏大世界中的位置也有自我的认知，佛法是他们的精神依靠，其他民族是他们的邻居、商贸伙伴，这三者共同构成了其生活世界，在小小哈达的方寸之间，全然体现。

## （二）画作中的巴塘神灵

除说哈达这常见的仪式之外，巴塘藏族也在其他的日常活动中不经意地表述着对于神灵体系的认知，例如，画画是常见的方式。在巴塘，平日里作画的人不在少数，有的以国画见长，把巴塘的神山圣水一一描摹于宣纸之上；有的专作油画，用艳丽明快的色彩描绘着巴塘的蓝天白云、藏房牦牛；也有的专画唐卡，把巴塘本地的神灵定格在画布之上。

扎西次仁大叔，尤其喜欢画唐卡，而他所画的内容除常见的佛祖、菩萨、度母之外，更多的是巴塘本土的山神与其他神灵。他画过拉玛多杰、巴杰东隆、小格聂、阿玛党顶玛、翁图阿琦，都是巴塘城区及周边广为人知的山神。他的一幅作品构思非常巧妙：绿度母端坐在中间，巴塘这些本地神灵则围拢在绿度母的四周，每位神灵都有自己独特的形象，从坐骑、衣着、发式，到所持的武器、法器，表现得十分精细、独特。我问他是如何完成这些细节上的构思的，他说，这些山神的形象早已为巴塘人熟知，并代代口耳相传，想要具体地表现出来也不是难事。他又告诉我，早年间，这些山神在日登寺大殿外的墙壁上，也有人曾画上去过，而今岁月久远，颜色渐褪，墙皮脱落，已经难以辨认。这些山神和地方神"难登大雅之堂"，不能进寺院的大殿，只能在大殿外的墙壁上出现。因此，扎西将这些神灵环绕在度母周围，也反映了他们对于神灵体系的一种共识和观念。扎西一方面参考这些壁画，另一方面根据民间传讲，将各个神灵的形象一一画出。他所画的巴塘保护神翁图阿琦，穿着巴塘式样的藏装，里面是白色衬衣，外面是黑色长袍，乘一匹白马，既威严，又不失慈祥。拉玛多杰和巴杰东隆则气度非凡，威严有加。

除了山神，扎西还根据流传于本地的一些故事，将其他神灵的形象创作出来，表现在画布之上。例如，他曾画过一幅名叫《提荣过吉》的画。在民间传讲中，提荣过吉是一个只有一条腿的小娃娃形象，走路时一蹦一跳的，常常在金沙江边溜达，若是谁运气好，会在江边碰上这个精灵一般的娃娃。他最擅长的事情是找珍珠玛瑙等金银财宝，用钵装得满满的，天真地赠送给他碰见的人。因此，好多人就期盼着能在江边碰上这个可爱的小精灵，发一笔大财。讲起提荣过吉的来源，巴塘藏族人说，是和小孩子的夭折有关的。如果在巴塘，有未成年的小孩不幸夭折，须将他的尸骨埋在山林的刺笆之下，表示他的生命不是一种彻底的终结。因为刺笆生根发芽极快，向四周蔓延的周期非常短，埋在刺笆树根之下，表达着他们期盼小孩早日转世的愿望。若是有的父母不舍得自己的孩儿躺在那刺笆之下，而是设棺厚葬，小孩就有可能转化为提荣过吉，流浪于金沙江边。扎西所创作的提荣过吉，头上发髻稚嫩可爱，穿红衣绿裤，系一条黑色腰带，双手向后，背着一个华丽的大钵，里面盛满了金银珠宝，只有一只不分左右的脚，头略微歪着，调皮地笑。看此画时，这个叫作提荣过吉的精灵仿佛就在眼前，真切得很。

看似普通的画作，表达的是作画之人对于家乡的认知。山川河流、森林草场、藏房牦牛是他们生活之中最常见的事物，自然会被他们画进画中；而他们平日敬拜的神灵是给予他们吉祥和护佑的精神依靠，他们也会在画中有所涉及。

## （三）弦子、山歌中的神灵

除了画作，能歌善舞的巴塘藏族也会把他们崇敬的神灵歌唱出来。巴塘弦子是广受人们喜爱的艺术形式，歌舞齐全，胡琴伴奏，唱词所涉及的范围甚广，日月星辰、高山河流、天地万物，都被他们歌唱赞颂，日常生活中的大事小情也被写进词中，而他们敬拜的神灵自然也会被编成词曲，为人传唱。

巴塘的神灵体系能够将巴塘城区及周边的寺院、神山、城镇、乡村等联系在一起。其中，寺院与僧人的参与，一方面为巴塘藏族提供了神山信仰和山神崇拜的支撑性力量，另一方面也让他们在面对鬼妖山怪时，不再产生深深的恐惧，而是有一种来自佛教的力量给予支持。因而，在神山这个神圣的公共空间之外，寺院不可或缺，它是构成巴塘地区藏族社会生活的另一个中心。甚至可以说，正是因为僧人与寺院的存在，在他们的引导之下，人们才能够在僧俗共同参与的周期性仪式祭拜活动之中，不断回到最初的神圣历史起点，为社会生活提供基础。

　　以上三节的内容从空间、节庆仪式、神灵体系三个方面，试图为巴塘藏族这一共同体做不同方面的阐释和证明。神山和寺院两大神圣中心，形成巴塘藏族围绕其活动的公共空间，他们的日常生活和节庆仪式，最终形成包含城镇、寺庙、神山、人、仪式在内的结合体。公共空间和神圣中心的形成，为巴塘藏族提供了社会生活的文化前提和共享知识。神山具有地域性，城区的神山，城区周围村落的神山，人们各自敬拜，区分着对自我归属的认识；山神不断获得人格特征，相互之间会发生关联，最终表现为村落—乡镇—城镇等层面的神山体系，使神山体系与世俗行政体系相互关联起来，表现为地域等级、社会空间、社会关系，若是要超越界限，哪怕是因为人格化山神的主动越界，也会引起混乱和争斗。寺院是另一个重要的神圣空间，人们日常生活的很大一部分要仰赖寺院提供的信仰力量和精神源泉。康宁寺是总体上的护佑，是巴塘的主寺，翁图阿琦是运气的保障，是城区的保护神。人们会受到赞、鲁、帕亲玛、斯莫抓普等的侵扰，寺院和僧人能提供最有力的护佑。巴塘藏族正是在寺院和神山两大公共空间的交互之下，在不断的节庆周期和仪式安排中，在对他们共同感知的神灵体系的敬献和沟通之中，构成了他们整体的社会生活。

# 第五章　解构二元、回归多元杂糅

以巴塘和夏邛为主题的一系列神话和传说，除了作为创世神话，解释了巴塘藏族对于自身起源的认识和观念，也在故事叙述之中将他们所经历的信仰过程呈现出来。他们认为巴塘曾做过吐蕃与属地举行会盟时的地点，因此也相应地认为巴塘土地上最早的人类是雅鲁藏布江流域东迁而来的吐蕃统治下的属民。这种将自身视为吐蕃后代的自我身份的溯源和定位，与他们的神话传说故事最终转向佛教，以佛教逻辑来解释他们敬奉的神山，甚至将其生活的城镇都视作佛教神鸟的化身，具有相同的源头与逻辑。在他们传讲的神话故事之中，他们生活的土地是经由佛光护佑的圣土，他们的祖先是由西而来的吐蕃人，他们的城镇是佛教神鸟幻化而来的。这便是他们对于本土社会的文化内核的直接认识和体会。在藏传佛教文化的主轴之下，巴塘藏族围绕神山、寺庙、佛塔、玛尼堆、家庭佛堂这些信仰空间所呈现出来的社会生活，显示着浓浓的藏族风格。这便是在本书的开头，我所描述的初次到巴塘时感受到的以藏文化为主导的直观印象。那是我第一次在巴塘逗留数日形成的初始印象，因为时间短暂也许称不上是真正意义的田野调查，只是直观上感受到藏族文化的氛围。然而，在我第二次真正进入田野，经过为期一年的长时段调查和与本地人的共同生活，进入其社会生活的内部情境之中，才发现无论是衣、食、住、行、娱乐等方面的细节，还是节庆、仪式、公共空间、文化观念等方面，都包含着藏族以外更多元和杂糅的因素。正是这些更为混融的状态才让巴塘的城镇生活呈现出活力四射的生动景象。两次田野，两种目光，两种感受，中间的一种转换，便是在"一体"之中发现"多元"。

# 第一节　杂糅的城镇生活

　　前文分别对巴塘的藏族、回族、汉族、彝族、纳西族等群体在巴塘的生活进行了详细的描述，揭示了这个看起来似乎是藏族特色城镇的多民族因素。汉族大部分从事经商，公务人员也占据了相当一部分比重。回族则全部经商，他们多为甘肃籍，在巴塘设有临时的礼拜点和聚会地，充当清真寺的功能，回族的重大节日例如古尔邦节，他们要集中宰羊宰牛、念经、共餐。也有纳西族，虽然浸染在藏文化之中，从信仰到生活方式上，都与藏族相近，但在纳西新年这一天，他们也会相聚，共同杀猪、分食，并仪式性地约定这一天只能说纳西话。

　　此外，在巴塘城，被归于藏族人这一名称之下的群体也有着内部区分。城中"带姓的"藏族人数量众多，从他们的家族史来看，他们三四代甚至更多代之前的祖先多来自内地，且籍贯以陕西、四川、云南为主。他们大多随军经商一路奔波而来，到巴塘之后，停留下来。巴塘本就不大，来的商人多了，他们仅凭经商已经不能维持生计，因此除和当地人通婚从事土地耕种或者牧业之外，也会以其他的技艺作为辅助生活的手段。因此，现在这些"带姓的"巴塘人在讲起自家的来源时，制陶人、银匠、石匠、皮匠、裁缝、点心师是他们常常提及的职业。这些外来者不全是汉商，也包含回族商人，因此这些"带姓的"藏族所带的姓不乏马姓。不过，这些不同家族出处的人被统称为"老巴塘"，他们甚至自认为只有他们才是巴塘人。

　　上述这些不同情况的群体在巴塘城区范围内共存，必然造成社会生活的多元与活力，他们的宗教信仰、公共空间、节庆仪式都是现实中能够观察到的。而历史上留存下来的其他遗迹，也提醒着人们巴塘曾经的热闹和文化多元。例如曾经的清真寺、关帝庙、天主教堂、基督教堂，以及观音阁、太乙宫、药王祠等，这些不同群体的宗教空间有的已经消失不见，有的虽然依旧存在，却破败不堪，不再具备原先的宗教功能。然而无论如何，它们的存在或者曾经存在都足以显示出巴塘的丰厚历史。

除了这些宗教空间，其他的遗迹也很多。本书开头所提到的"孔道大通"只是鹦哥嘴石刻群中的一个，另有诸如"竺国通衢""易简师超""遗爱在民"等内容，让鹦哥嘴这个狭窄险峻之处成了古人表达他们对于巴塘所思所想的场地。昔日，当凤全一行在鹦哥嘴被戕，他们的阴魂游荡此处，与这些石刻日夜相伴，共同提醒着今天去观瞻的人们，这古道上曾经响起的细碎脚步。

顺着鹦哥嘴往西通向城区的路上，有一个只住着四五家的小村子，人们称为三家村，是巴塘人口中的世外桃源。这个村子就在巴久曲河南畔，四五幢藏房散落在错落有致的良田之中，田埂上栽种着垂柳株株，桃林杏林大成规模，每逢春暖花开之时，柳绿桃红，麦苗青青，流水潺潺，涂有红泥巴的藏房点缀其中，果真有世外桃源的怡然清幽之意。然而少有人知道，三家村是凤全在巴塘开办屯垦的结果。当时这个地方距离城区较远，愿意前往的垦户寥寥无几，后经赵尔丰的进一步经营，才不过有三家最终落户于此，因而称之为三家村，以此名替代原先的地名载石洞。如今，人们提到三家村，更将之视为一个踏春赏花的好去处。因为三家村有天然温泉，精明的商人也赶时髦办起了农家乐，春暖花开之时，供人在此野炊玩乐、泡温泉，其名声正如早先一直为人们所传讲的"巴塘八景"。

"巴塘八景"是清代驻巴官员文士在巴塘城区范围内所咏诵的八处景观。中国古代的文人雅士向有游山玩水、咏诗作画的习惯，即使来到偏远的高原藏地，也不忘带来原先的风雅习惯。到了今日，"巴塘八景"大都消失，"新巴塘八景"被相继炮制出来，以呼应现在的旅游大势。"巴塘八景"之一的"柳林较射"涉及柳树。文人爱柳、咏柳，也影响到了今日巴塘人对柳树的态度。格勒说："好像只有柳条飘扬，才会有一种风雅的味道，我们巴塘人对柳树非常偏爱，春日柳树发芽时，虽然不能像以前那样'柳林较射'，却可以拉二胡、跳弦子。"巴塘弦子与别处的锅庄不同，除了有唱词，更有二胡伴奏，这里的二胡又被称作胡琴，相传是蒙古人传到巴塘的。巴塘弦子这种集舞蹈、歌词、胡琴于一体的综合性艺术形式，也是受到各种文化的综合影响而形成的。

除了上述所说的种种，还有节庆、仪式以及衣、食、住、行等方面的情形，也包含着非藏的内容，这些在本书的开头已经有了大致描述，这里不再赘述。

## 第二节　多重时空体系

回、汉、彝、纳西等不同民族群体在城区占据着不同的空间，并且围绕各自的公共空间，基于自身的信仰与文化，展开各自的节庆周期和仪式生活，形成"人-空间-节庆-仪式-神灵"统合体。正是不同民族的统合体，共同构成了巴塘城区的人文区位格局整体。

芝加哥学派的人文区位学以"人-空间"模式来处理城市区位的划分，城市基于职业、阶层形成多重的空间区位。然而，在巴塘城内，除了空间这一维度，还存在着信仰与文化的区分，而由信仰、文化带来的节庆和仪式周期，在时间维度上形成了不同群体的区分，与空间维度相结合，形成了基于不同民族群体的多重时空体系。而实际上，巴塘城内不同民族群体都存在自身的"人-空间-节庆-仪式-神灵"统合体，多重时空体系之中还包含着多元文化和信仰，空间、节庆、仪式是构成他们社会生活整体的基础，在各自的公共空间之中，也就是在巴塘城的整体空间之中，他们开放自己的公共空间，与其他群体发生关联，并在社会生活的整体层面上，展开彼此的区分与关联，构成了巴塘城的整体社会生活。

在不同民族群体的多重时间体系之上，还存在着一套超越这种多元的时间体系，也就是国家层面的时间体系。具体而言，就是基于国家节庆和由此产生的国家法定节假日。对于特定民族群体的成员来说，他们至少得穿梭于自我群体和国家行政这两套时间体系之间，才能顺利地完成其社会生活。以一名最普通的国家公务人员为例，他的工作决定了他需要遵从国家法定节庆与假日的时间安排，但工作之外，当他回到私人领域，回到自我群体的社会文化氛围之中，他同样需要在这套时间体系之下生活，他的社会关系网络的很大一部分都在这里。对于巴塘城内不同民族群体来说，正是由于这套国家时间体系的存在，才使共居一城的他们在展开各自社会生活的同时，存在着彼此沟通与关联的可能性。例如，前文描述了巴塘回族的开斋节、古尔邦节，他们当然可以在伊历的时间体系中去做群体内部的沟通和交流，这套体系对他们自身而言，是共享的知识背景。然而，他们一旦和其他群体共居一城，就无法避免地与他者发生关联。他们需要从藏族的牧场中购买牛羊，供节日献祭和聚礼之用，哪怕是商谈和约定一个交易的时间，如果都在各自的时间体系内打转，这生意也是做不成的。因此，他们必须借助一套可以共享的时间，才能完成他们自身时间体系内的节庆和仪式安排，这套时间体系必须是具有超越性的。从目前的状况来看，国家行政时间能够提供这种超越性，为不同群体的沟通与交流提供一种参照标准，让他们在同一城市生活成为可能。

因此，通过前面几章对回、汉、彝、纳西等民族群体在空间、节庆、仪式三个层面的分别描述和展开，能够发现他们除共同构成巴塘的空间格局之外，还分别拥有一套自身的时间体系，并通过国家行政时间体系而彼此关联。这种多重时空体系使他们被当地巴塘藏族笼统归为非巴塘人这一状况变得含混而不准确，因为这种非此即彼的二元对立掩盖了本来存在的多元性和复合性。将这种多元性笼统地放置在"非藏"的框架之中，并与"藏"进行二元并立，其背后的逻辑仍旧在于构建一种民族地区的藏族特色城镇思维，以此来定位和描述巴塘城现实的区位格局和整体社会生活，本质上忽略甚至掩盖了城镇生活的杂糅本质。

那么，为何会存在这种二元并立的当地认知？

从现实观察和经验材料来看，这与近年来周边大量人口选择到巴塘买房买地有关。巴塘藏族在受到多重挤压的状况下，其当务之急是构建起一个具体的他者，以此来构建起我者的共同体。因而对于他者存在的多元性和差异性，并不是他们首要考虑的事情。但是经验材料都指向了这样一个结果：他们所认定的非巴塘人其实是带有主观认知的笼统模糊概念，实际上是多重的、鲜活的。

# 第三节　超越"藏"与"非藏"的二元表述

然而，巴塘藏族所坚定地认知的作为巴塘人的整体真如他们所认为的那么纯粹和一致吗？从第四章对于巴塘藏族的整体社会生活来分析，能够很轻易地看到"藏"因素中所混杂的大量"非藏"因素。

## 一　从空间、节庆和仪式看

从巴塘藏族各种公共空间的形成和发展历史来看，城区保护神庙阿琦孔的建立基于历史上西藏地方官员的家族神灵，而他们来到巴塘则是因为清廷要加强对于藏地的管辖。龙王塘的得名是因为汉族曾在那里修建过龙王庙，虽然它后来与央勒节直接关联起来，形成一体两面的不可分割的整体，依然有传说和记载提示着曾经的历史。再看康宁寺的发展历程，历次改宗、迁址，牵涉到木氏土司的管理、蒙古族的统治，以及后来的政权更替。可见，被巴塘藏族视为神圣公共空间的神山、寺庙、龙王塘其实并不那么本土和纯粹，而是处于不断的变化和流动之中，吸纳了很多外部世界的因素。

再看巴塘藏族的节庆、仪式以及供奉的神灵，也都包含了其他的成分。例如他们春节的对联有汉文有藏文，既像汉族一样过春节，又加入了拜寺庙、祭祀神山等方面的内容。腊八节和燃灯节更作为汉藏互换礼物的一对节日存在着，最后被他们共有。端午节本身已经不属于藏族节日的范畴，而且巴塘城区在这个节日之中还要以源自汉族的食物"蒸肉"作为他们的传统食品，并通过一种符号的转化赐予它新的名字——"团结包子"，这一名字所显示的政治意味，同"蒸肉"这一名称一样，都来自外部世界，在巴塘经历了本土化历程之后，才被当地藏族认定为自身的传统事物。再如，巴塘藏族过中秋节，除了和汉族传统一样敬月神，他们更不忘时时牢记心头的拜菩萨。

除节日所包含的他者因素之外，在一些仪式活动和习俗禁忌之中，也能够发现汉文化的痕迹。巴塘的禁忌非常多，例如给客人、家人倒茶要适当，倒半碗或太满都不礼貌，要用双手，忌单手端递；不能用有豁口或裂璺的碗碟；忌讳反手倒茶、倒酒、盛菜、盛饭，因为只有给死人才用反手。老人去世，家中三年内不许贴红色纸对联，只能贴白色、黄色、绿色的哀思对联；妇女在这三年内头上也禁扎红头绳，只能扎绿色、黑色的头绳。人死后的七七四十九天内，家人禁忌穿新衣、戴耳环、理发、洗头，禁止一切娱乐活动，当年更不能婚嫁；即使邻居死了人，也禁止娱乐活动。藏族有句谚语："哪怕邻居死了牛，也应哀悼三天。"另外，正月初一禁忌扫地，以免扫掉新春福分；忌向外泼水，以免财产外流；忌吃药，以免一年生病；忌说不吉利的话，过年忌借钱和借东西，忌打坏东西或打倒东西，否则会有灾难降临。夜间禁吹口哨，认为这样做会唤来鬼神。乌鸦叫是有人要死，猫头鹰白天叫，或者从窗口向屋里张望，都是不吉利的。

可以说，巴塘常见的这些习俗或者禁忌都在某种程度上与汉族或者其他民族是相同或相似的，这来自汉族在早期迁居这里、经过长期生活带来的影响。

另外巴塘城区的丧葬习俗与周边村落也有较大的不同，在多种丧葬形式中，土葬占主体，这是受汉族土葬习惯的影响，不过，土葬也保留了藏传佛教的内容和形式。我在巴塘田野期间所参加的一场葬礼可以说明这一点。

## 二　一场混融的葬礼

2014年9月3日，藏历七月九日，农历八月十日，河西村要举行一场葬礼。

这是一位妇人的葬礼。暑期结束，她送孩子到内地读书，车行到半路，山上滚落石头，砸碎了车窗，击中了坐在那个位置的她。由于是意外，她的死亡被视为凶死。

我在上午十点多到了那家的院子，发现忙乱异常，到处都是来吊丧和帮忙的人。大门口用白纸贴着对联："深悲慈母去难留，多谢亲朋来祭奠。"横批是"当大事"。人群之中，我看见次仁拉姆婆婆迎了上来，她先带我去坐在院子里，向周围的人简单介绍了我，然后拉我进屋吃冒面（这是巴塘非常有名的一种面食，又称为金丝面，在节日、聚餐和一些礼俗活动中，巴塘人都要一起吃冒面），说巴塘这边办丧事，规矩就是来的人要先吃几碗冒面。我进屋一看，里面也坐满了人，大圆桌那里有几个年轻女子在吃面，端面的人招呼我坐下。我边吃边听他们说话，看他们并无悲伤的神情，就在那里一起聊些家常，如平日聚会一般。

吃完面，我到院子里四处走了一圈，看了看院子的情况。塑料篷布把大大的院子遮起来，分成不同的功能区块，一处是支起炉子做大锅饭的，另一个角落里是专门烧纸钱的地方，是藏房边上的一间小偏房，门口贴着白色对联，是搭设的灵堂。黄色的纸钱不停地烧了又烧，四五个人在那儿烧，纸钱是长方形的，约是 A4 纸的一半，烧的时候人们用手随意一捏，就丢在火盆中，灰烬满了，就用铲子铲到一个铁桶里头。纸钱的灰烬飘落在院子的各个角落。院子的一个厨房坐着三四个女人，在洗碗和盘子，这是守灵最后一天，这些借来的餐具要归整好，还给别人。

下葬的时间已由高僧打卦定为下午 1：00。参加葬礼的人都在院子里等着，围着桌子吃瓜子、抽烟、喝水、聊天，但总体来说，讲话的声音都不大，压低了声音。到了 12：50，院中的人们纷纷起身，收拾桌椅、打扫院子，因为送葬前要把这些都收拾好，打扫干净，不让主人家再麻烦。打扫完毕，几个年轻男人从一个房间里抬出一口黑色棺材，另几个男人抬着一根粗大的木头，两端横着钉有两条短木，是用来抬棺的。

亲朋好友在院子里安静下来，站成一片，等着盖棺、钉棺。彭措①是主事的老者，指挥大家做这做那。他让人从灵房拿出玻璃框遗像和一个红纸写成的牌位，摆放在屋外的窗台上，还把一托盘的食物一个一个包起来，放在纸箱子里，有面饼子什么的，是让死者在路上吃的。接着，彭措叫死者的两个儿子到他身边，教他们该怎么抱牌位、遗像，如何磕头，交代了一番后，两个小男孩儿已经哭成了泪人儿。教完，他们俩又坐在台阶上，一个十三四岁，一个只有十岁，旁边有人安慰他俩，这时房间里传出恸哭声："你就这么撇下我们，撇下娃儿！"高个子叔叔在门口向里面喊：

---

① 彭措是化名，文后出现的"彭措"均指同一人。

"别哭了！"但是哭声并没有消失，高个子叔叔把门关起来。

彭措还在指挥干活的男人们，他们把两条宽板凳平行摆好，为摆放棺材做好准备，抬棺的木杆则横着放在一边，一个蛇皮口袋里放了绳子，放在木杆边上。彭措将牌位、遗像和那一纸箱子的食物放在板凳前面的一张小方桌上，一切就绪。又等了十几分钟，棺木被七八个男人抬出来，放在两条板凳上，他们手脚麻利地把抬杆放在棺木顶端，从蛇皮口袋里拿出绳子，把抬杆与棺木紧紧地捆绑在一起。这期间哭声又响了起来。捆绑结束，彭措用一块红布把棺木盖上，两个儿子依次在棺木前的遗像下，磕三个头，在恸哭中献上白色的哈达。彭措和另一个帮忙的人把哈达搭到抬棺木杆上，其他亲戚也依次磕头、献哈达。几十条哈达献完后，哭声响成一片，所有的人都沉浸在悲痛之中。彭措用手势示意，几个男人抬棺起身，一人把棺木前的小桌子撤走，两个儿子分别抱着牌位、遗像和食物盒子，随着棺木一起往大门外走。棺木走在最前面，送葬的人跟在后面。大门外停了好多车，领头的是一辆红色大卡车，卡车车斗已经被打开，抬棺的男人们有的先上去接棺木，有的在下边往上送，终于把棺木送到车上放好，他们也都上车，护送棺木。卡车开动，后面紧跟着几十辆小车，是送葬的亲朋好友要坐车前往安葬地点——扎金顶的公共陵园。我也坐在其中一辆车子上，跟着送葬车队缓缓向陵园驶去。

死者的亲属在车上向路边抛撒黄色的纸钱，并不折成什么形状，就那么平整地洒在路面上。雨丝飘落，路边驻足观看的人很多，车队走得很慢，经过城里的街道，已经有清洁工在打扫撒下的纸钱。到了陵园，棺木停放在陵园二进门的台阶上，送葬的人站在台阶下，举行了一个小型的简单追悼会，是她工作单位的人在念悼词。之后，男人们继续抬棺，拾级而上，将棺木放置在事先打好的墓穴里，他们把绳子解开，抬杆拿掉，将纸箱里的食物在坟前焚烧，几个人拿着成沓的黄色纸钱在新坟周围的坟墓上抛撒，给每个墓碑上都放上一叠，对干扰了它们的清静表示歉意。

很多人在四处走动，也有人坐在山坡上抽烟、聊天。两个孩子分别手捧一把泥土往坟墓里抛撒，并绕坟墓顺时针走三圈，边撒土，边伤心地哭着。然后是其他亲人，也顺时针走起，往坟墓里抛土。结束后，帮忙的这些男人便开始用铁锹飞快地往墓穴里填土。伤心的父亲搂着两个儿子走下台阶，头也不回地走了，留下三个伤痛的背影。填完土，土堆隆起，亲属将一叠纸钱用石头压在隆起的坟堆上，送葬仪式就结束了。

葬礼主人家在县城会展中心备下酒席，为这些天来帮忙治丧的亲朋好友举行答谢宴。吃完饭，整个葬礼算是结束了。

从整个过程来看，土葬的方式，以及送葬过程基本上呈现出汉族丧葬的特点。因为这位死者的公公是汉族，所以也要顾及汉族的丧葬风俗。而在这天送葬之前，他们家里已经请了康宁寺的僧人到家念颇瓦经、度亡经，仪式持续了三天，其间亲朋和邻居的一些老人也跟随着僧人一同念经。此外，之后每逢"七日"，还要请僧人念经，或者请到家中，或者送钱到康宁寺，请僧人在寺中念，一直到"七七"那天，再念一个总的经，那时亲朋好友都来参加，仪式才算结束。再然后，就是去世一周年祭日时，还要念经。也有的要等三周年之后，才完结。从这场葬礼可见，巴塘城区的土葬在形式和内容上，既保留了很多汉俗，又融入了藏传佛教的诸多仪轨，展现出藏汉丧葬文化的融合性。

实际上，巴塘地区的丧葬形式非常多样，包括天葬、水葬、火葬、树葬、壁葬、二次葬等。至于人死后采取什么样的丧葬形式，需要到寺庙由高僧打卦，由卦象决定，不过，僧人也会考虑到死者生前的愿望与倾向。

根据巴塘老人田扎西的说法，正统的巴塘藏族土葬是这样的：先挖一个方方正正的土坑，然后把尸体装进一个方木匣子里，但其中一面要留三个小孔，把木匣子放在土坑里，有孔的一面要露出来，用石头块、小石板交错着把木匣子盖上，保证三个小孔能与外边连通。随着汉族土葬习俗的进入和影响，这种传统的藏族土葬方式发生了很多变化。丧葬前依旧要去寺院打卦确定出丧时间和其他一些重要丧葬事宜，然后请僧人念经，超度亡灵，这是保留下来的典型藏传佛教仪轨。此外，丧葬要设灵堂、烧纸钱、守夜、戴孝、扶棺、哭丧、送葬等，这些则是汉族丧葬习俗。在土葬的过程中表现出的两种主流丧葬文化，在巴塘结合得天衣无缝。这种民族丧葬文化融合后的风格，在巴塘积淀至深的区域文化中，很大程度上也体现出巴塘地区极具开放性和容纳性。

现在的巴塘城区以这种混合了汉藏风格的土葬方式为主，也就是这场葬礼所体现出来的。田扎西说："现在的老巴塘几乎都是汉藏结合的后代，每个家庭至少有一名国家干部，所以都用土葬方式，一般都葬在烈士陵园，要立碑，这种不要钱，如果家里不是干部，就要付800元，买一个坟地，也是土葬。"

正如田扎西所说，老巴塘多为汉藏结合的后代，这不仅能从丧葬形式上看出来，若是从构成巴塘藏族的人员上来看，更是多元和复杂，从大量"带姓的"巴塘藏族来看，很大一部分来自汉族人口的注入，巴塘一些藏族家族史能够提供证据。

### 三 扎西次仁的家族史①

扎西次仁大叔一家，祖上姓张，自他爷爷来巴塘安家落户，繁衍到现在，已经是第五代。他爷爷原是化林坪人，名叫张自安，汉族，赵尔丰入巴塘平定凤全事件时，路过化林坪，将他带到巴塘。

清王朝经营化林坪二百多年，营盘驻军和随之而来的各色人等，成就了大山中这个坪坝的辉煌与繁荣。历年征战，化林营中历练出了不少将领，例如李麟、周瑛、杜汝昆等将领，也出现了曾显赫一时的"张菩萨"张氏兄弟。兄为白案名厨，后随赵尔丰到了巴塘，就是扎西次仁的爷爷，他在巴塘成家，一边开荒种地，一边制售点心，扎根巴塘。

张氏祖辈是早年随"化林营"到化林坪的"边民"，扎西次仁的爷爷就是在那里出生的。爷爷的父亲是"袍哥"大爷，算是化林坪的人物，在荥经、天全、泸定等地都很出名。当年袍哥有"清水"和"浑水"之分，这位祖祖是"清水大爷"，不干拦路抢劫之类的勾当，多数时候坐在化林坪飞越大道边的茶馆里头"说事"，来往于化林坪的行人，不管是贩货的、背茶的，只要有他的"条子"，就可以在飞越岭上安全行走。祖祖有两个儿子，老大就是扎西次仁的爷爷，名叫张自安，老二叫张自清，是当地一位有名的"道长"，人称"张菩萨"（当地人称有影响的入道者为"菩萨"）。

据扎西次仁说，爷爷张自安是白案高手，很会做点心，被路过化林坪

---

① 访谈扎西次仁；参见龚伯勋《长河说古之——华林篇》，《甘孜报》之康藏人文2007年2月1日。

的赵尔丰看中，带到巴塘，当时赵尔丰到巴塘是为了平定凤全被戕事件。同张自安一起从化林坪到巴塘的还有马德昌和朱老幺。他们到巴塘后，被分配到桃园子一带开荒，成了当地藏族所说的"沙甲埂"，即开荒汉族。桃园子一带的开荒汉族户，还有黎姓一家，阿旺的父亲"雅生"（他的名字由来是因为父母从内地到巴塘时，走到雅安时生下了他）一家。这些"沙甲埂"从内地带来玉米、黄豆等种子，种子种下去后，收成很好。

张自安在化林已经成了家，但来巴塘时无法带着妻儿，到了巴塘后一时又回不去，就重新安家，娶了能干的巴塘藏族姑娘友珍。他们一边种地，一边做面点。张自安把做面点的手艺都教给友珍，开了一家点心铺子。友珍学得快，点心也做得好，她性格洒脱、酒量不凡，畅饮之后，还要发点小酒疯，歪起个脖子，又唱又跳，巴塘人给她起了个绰号"歪脖子友珍"，表达对她的喜欢。他们做的点心非常受巴塘当地人的欢迎，声名远播，东到打箭炉，西过金沙江，名气都不小。久而久之，人们就把这家从化林坪来的"沙甲埂"称作"点心张"。日子渐渐安定，张自安也在巴塘修建了房子，但是一场大火把房子烧毁后，他便不愿再修，心里总想着过几年要把地卖了，把点心铺处理了，一家子再回到化林坪去。可是他没有实现这个愿望，终生都没有找到机会再回去。他一生都在巴塘种地、卖点心，生育了七个孩子，其中，两个儿子和一个女儿都在20世纪50年代随十八军到了西藏，而留在巴塘的几个孩子也都参加了革命工作。

老大，张世君（扎西旺堆）曾就读于巴塘国师校，1951年在巴塘参加革命，1959年"四反"运动时，作为工作组对账员，在巴塘北区遭土匪伏击，牺牲。老二，张世则（扎西平措）解放前到康定国师校读书，因为成绩好，被选到南京蒙藏学校学习，在南京积极参加地下党活动，解放后，随天宝一起去北京，在国家民委工作，后又随天宝回四川，带了一批巴塘进步青年，一同随十八军进藏工作。老三，张世林（扎西朗杰）在巴塘参加革命，分在县邮电局工作。老四，张世明（扎西邓珠）随十八军进藏，长期在公安部门工作。三个女儿分别是卓玛、幺妹、幺女，幺女随十八军进藏工作，另外两个女儿就留在巴塘家中。

张自安留在化林坪的女儿由他弟弟"张菩萨"抚养长大，招了个上门女婿，到他家后改姓张，取名凤麟，继承祖业，也做了一方袍哥的"舵把子"，依旧坐在茶馆里头"说事"，在"条子"上盖章，保往来行人商旅平安翻越飞越岭，也从中得点好处，养家糊口。

在川藏和泸石两条古道未修通前，翻越飞越岭的古道是出入川康的大道。化林坪位于这条古道上，位置非常重要，清政府着力经营，官兵以及随之往来的各色人等，成就了这个地方的繁荣，造就了化林古城。乾隆年间，化林古城依旧是朝廷设在打箭炉附近的军事重镇，清廷甚至将"理塘额外副土司"安插在这里，所以称为"安插土司"，这既是为了理塘地方乃至川边的安宁，也便于控制他们。清廷对"安插土司"颇为优待，赐姓建署，顶戴三品，年俸千两，外赐田庄于雅州。随着打箭炉日益兴盛，泸定番民不断汉化，化林坪的地位渐渐式微。光绪年间，制营裁撤，都司、城守诸官皆废，军士解散，市井萧条，随营的杂色人等也随之流散。粮饷一断，加上地势高，气候寒冷，营户们靠庄稼难以糊口，便陆续流散，古城也随之消散、衰落，全城住户由原先的五百多户，骤减为一百余户，后来又减到几十户，靠川康线上来往旅人食宿花销度日。随着朝廷军事重心西移，一度威震炉边的化林营形同留守，化林城渐渐走向衰落，"安插土司"也受到影响，日子一年不如一年。到了光绪年间，年俸从两千两减至一百六十两，直到清灭。民国元年，"安插土司"汪国珍死，三个儿子年壮，虽然雅州的田庄每年还可以收五十两银子，但这只是杯水车薪，只能以开店、务农为生。不久，雅州庄田也被官府拍卖，土司家族变成了平民。

张氏祖辈是早年随"化林营"到化林坪的"边民"，而化林城衰败之后，张自安又随赵尔丰营西移。一个家族的两段历史，有着惊人的相似之处，其背后的逻辑完全相同。化林古城和巴塘古城都是基于它们在有着重要战略作用的官商大道上而发展起来的，先辈为了讨生活，随营军前去化林坪，化林坪衰落，又随营军到巴塘。一个家族，见证了两个边镇的兴衰，而到了巴塘之后，还有不少后代继续西移到西藏，这个家族与川藏线是无论如何也不可分割的。巴塘和西藏的这些张氏后人在后来"寻根"到化林坪时，与那里的亲人多有感慨和唏嘘，但他们更像是无根之人，跟随着营军飘落，跟随着朝廷的经营而不断流浪。不同的是，他们到了巴塘，从"沙甲垻"转换成"巴塘人"，甚至自称为"老巴塘"，似乎终于有了根，有了强烈的身份认同。从这一个家族的简史去看他们是如何成为老巴塘，能够让人看清老巴塘的构成或者形成逻辑，而这一逻辑也能够从其他家族的历史中看到，例如格勒、林扎西、张定西等。

因此，"巴塘人"作为一个吸收了不同民族群体的共同体，并不能被简单地归结为"藏族"。以扎西次仁家的家族史为例，能够看出，"巴塘人"的形成是经历了不同人群的融入过程的。

这一部分是从巴塘城的现实人文区位格局来解构本书开头所呈现出来的二元对立认知，也就是巴塘人和非巴塘人、藏族和非藏族。而从巴塘城的现实格局来看，所谓的非巴塘人实际上是包含着汉族、回族、彝族、纳西族等的多元杂糅状态，他们被笼统地归为与巴塘人对立的他者，是因为背后有关藏与非藏的二元区分。实际上，通过巴塘藏族在空间、节庆、仪式、日常生活的种种细节以及家族史的个案，能发现当地人所努力认定的藏族纯正性只是表达了一种更为主观的认同状态。只有解析这种二元状态，才能回归巴塘城本身所具有的多元活力。因此，接下来的第三部分就回归到历史的纵深处，去呈现巴塘的这种多元性是如何在历史情境中不断获得和累积起来的。

第三部分

# 回到历史纵深处

# 第六章　巴塘城历史脉络

这一章由神话传说过渡到有史料可查的历史，更将目光集中在巴塘城从创建到现在的历史。巴塘有人居住的历史至少可以往前追溯到战国，扎金顶石棺墓考古结果显示，早在战国时期，这里已经是非常集中的人类聚集区。[①] 而有关巴塘建城的记载，则要晚得多，是在明代纳西木氏土司统治巴塘时所建。本章从五个方面来展现巴塘城从明代建城至今的历史沿革过程，呈现不同民族群体如何共同塑造了巴塘城的历史脉络。

## 第一节　从"纳西城"到"第巴雄"

巴塘志书记载："皇华城即今喇嘛城，周围土垣数百丈，地颇平旷。相传西藏军兴，于此地驻兵屯饷，故有是名。后为官员重价售于喇嘛，从东山老寺迁来居之，营员转僦舍于外。今惟粮务衙门犹在其内。僧房栉比，灌木阴森，俨然丛林气象。内有空地，广可驰马云，是先年教场颇堪步月。"[②]

云南木氏土司占领巴塘后，在城西建有"周围土垣数百丈"的城堡，也称之为"巴托卜雪城"，是木氏土官驻兵与居住的官寨，四周有厚厚的城墙环绕，在巴塘的平坝上，形成较为独立的军事管理区域。纳西族善农耕，在巴塘造地、修堰，并教会巴塘本地藏族耕作技术。在木氏土司管理巴塘的70余年时间中，巴曲河东岸的大量平坝地被垦为良田。当时的空间

---

①　甘孜考古队：《巴塘石板墓》，《巴塘志苑》1984年第3期。

②　（清）钱召棠：《巴塘志略》，中央民族学院图书馆编印，1978，第16~17页。

格局之中，有两个中心，一个是纳西官寨，另一个是位于扎金顶的扎塔寺。尽管木氏土官统治巴塘，但巴塘本土藏族的佛教信仰并没有被纳西土官改变，而且木氏也信奉噶举派，还赠送檀香木佛像给扎塔寺——这就是后来被称为"觉松"的佛像。因此，巴塘仍然保持着佛教信仰，其社会生活围绕着扎塔寺这个宗教中心和木氏官寨这个统治中心。至于迁来巴塘的纳西族，散居在官寨之外，从事农耕，服务于木氏土司，闲时耕作，战时则披甲上阵。

明崇祯十二年（1639）底，青海蒙古族和硕特部首领固始汗入康灭掉白利土司，南下打败木氏土司，结束了木氏土司在巴塘70多年的统治。巴塘转而归青海和硕特部固始汗统治，很多寺院都被改宗为格鲁派，包括扎塔寺。并没有史料记载固始汗统治巴塘时在哪里驻兵扎寨，然而，巴塘的老人都认为，固始汗攻打驻扎在巴塘的木氏土司，必先破其官寨，赶走木氏土官后，以自身兵力驻守其中。固始汗与五世达赖形成结盟，格鲁派势力壮大。为得到中央朝廷的支持，与其他教派抗衡，五世达赖进京觐见顺治帝，而清廷也有意通过佛教信仰来管理蒙古各部，对五世达赖和固始汗实行册封，并将西藏归达赖喇嘛统治。巴塘地处藏边，起初并不为达赖喇嘛重视，一直为蒙古族和硕特部管理经营。五世达赖为壮大格鲁派，在康区大规模地修建格鲁派寺院。顺治十年（1653），五世达赖命西藏派高僧来巴塘，仿照哲蚌寺的洛色林学院，修建一所格鲁派寺院，当时打卦选址，定在原来的木氏官寨，于是驻守官兵将官寨高价售于僧人，退出官寨，驻守在外。而扎塔寺则从扎金顶转到新修的寺院中，以五世达赖喇嘛所赐的"噶丹彭德林"为名。直到康熙四十二年（1703），五世达赖才从西藏派出两名"第巴"（地方管理官员）到巴塘实行直接管理，巴塘进入"第巴雄"时期。[①]

"第巴"当时建造官寨的地方就是现在的老街，而其属民就围绕第巴官寨而居，属民都是第巴的佃户，为其耕种土地、放牧牛马，甚至忙碌每日的家务之事。因此第巴官寨被属民的房屋围绕，十分便利，一是能够保障属民随时为第巴办事，二是第巴命其属民共同供奉和参拜其家庙诸神，

---

① 四川省巴塘县志编纂委员会编纂《巴塘县志》，四川民族出版社，1993，第54页。

住所邻近也便于大家共同敬奉。木氏土司时代那种木氏官寨和扎塔寺两个中心并立存在的格局发生了改变，变成了噶丹彭德林寺和第巴官寨为中心的整体局面，佛教寺庙和土官官寨显示出一种政教合一的特征。

起初，人们围绕第巴官寨而居，并没有明显的空间规律可循，呈现自然散落状态。渐渐地，人群分化，根据家户和亲属关系，形成不同的聚群，区分为四部分：孔达伙、巴伙、拉宗伙、泽曲伙。因此，巴塘"第巴雄"时代的空间格局为后来的城区人文格局奠定了遥远的基础：噶丹彭德林寺气势雄伟地矗立在巴曲河、巴久曲河交汇处，第巴官寨在不远处耸立，被其属民围绕而居，其家庙变为属民共同敬奉的中心，而属民依据家族渐渐发展为四个部分，形成第巴官寨周边的四个村落。

## 第二节　土司之城

康熙五十六年（1717），西藏第巴桑结嘉措的属下勾结蒙古族准噶尔部策妄阿拉布坦进军西藏，杀死固始汗的后代拉藏汗，西藏大乱。次年，康熙帝会陕、川、滇三军征剿准噶尔，命噶尔弼为定西将军，其副将岳钟琪于康熙五十八年（1719）五月二十四日抵达巴塘。巴塘当时的第巴陀翁布投降，并随军招抚乍丫、察木多、洛隆宗等地。同年八月，岳钟琪部收复拉萨，西藏大定。至此，巴塘归属清廷管理。陀翁布被授为巴塘第一任宣抚司，或称正土司（民众俗称大营官），其弟扎西次仁为副土司（俗称二营官），继续共同管辖巴塘，而同时，得荣、盐井、中甸、维西（包括阿墩子）等地，也一并被划给两位土司管辖。[①]

康熙五十九年（1720）四月，云贵总督蒋陈锡建议中甸及巴塘、理塘划归云南丽江土知府管辖，得朝廷准许。五月，四川总督年羹尧以"有济军务"为由，将巴塘收归川营，其间，巴塘归云南丽江土知府管辖一个月余。雍正三年（1725）十二月，经川陕总督岳钟琪奏请，将巴塘划归四川；雍正四年（1726）五月，又奏请将中甸的奔子栏、祁宗、喇晋、维西

---

① 四川省巴塘县志编纂委员会编纂《巴塘县志》，四川民族出版社，1993，第54页。

等地划归云南。清廷于当年八月令四川提督周瑛，云南提督郝玉麟、都统鄂齐，在邦木和南墩（郎堆）之间的宁静山划界。雍正五年（1727），南墩以西至硕板多被划给达赖喇嘛，南墩以东的巴塘、理塘等地划给四川，以南的中甸、阿墩子划给云南，川、滇、藏三地的疆界正式划定，巴塘被纳入四川版图，隶属于雅州府打箭炉厅。①

"西藏军兴，巴塘于雍正六年设立粮台，以供支应。乾隆九年，随师卷撤。十一年五月，征剿瞻对案内，设而复裁。迨十三年五月，重设粮台至今仍旧。其粮务委员先以佐贰后改州县。"②

雍正六年（1728），因西藏军务需要，巴塘置粮台，设粮务委员一人，平时运粮供藏军需，战时供藏军粮。雍正八年（1730），清廷将新招抚的上下临卡石、岗里（杠日洛）、隆石（桑龙西）、上下苏阿、郭布等十二处归巴塘土司管辖。雍正十二年（1734），七世达赖以其"降生地"为由，向清廷申请"请以巴塘、理塘之地还前藏"，未被清廷所允。乾隆三年（1738）七月，西藏章嘉呼图又以粮赋不足为由，奏请朝廷将巴塘、理塘、建塘等地赏给达赖管理，清廷仍然不允，只每年从打箭炉商税中取出五千两白银赏给达赖喇嘛。经过几次的申请而被拒绝之后，达赖喇嘛意识到想要重新将巴塘、理塘等地纳入自己的管辖之下，已经不大可能，也就渐渐接受了这一事实。因此，清廷的粮台和粮务就一直存在下来，和土司政权成为并存的两大机构，共同参与对巴塘地区的管理与统治。

第巴投诚，被清廷官员招抚为土司，标志着巴塘正式归入清廷直接管辖。然而从第巴到土司，更多的是名称和形式上的更改，因为仍旧采取"夷人制夷"的羁縻管理模式。而雍正六年，在巴塘设置粮台则是一个转折性的标志。粮台是清廷在康区的重要建置，是为随时可能发生的藏事做军粮的储备和运输，也显示出清廷直接管理和统治藏地的姿态与决心。粮务委员均由清廷委派各州县的流官充任，任期和俸禄都有固定标准。

粮台和粮务在原先的木氏官寨，与噶丹彭德林寺相隔不远，而土司官寨与围绕它们形成的四大片区规模日渐扩大，尤其是随军来巴的汉回客商

---

① 四川省巴塘县志编纂委员会编纂《巴塘县志》，四川民族出版社，1993，第54页。

② （清）钱召棠：《巴塘志略》，中央民族学院图书馆编印，1978，第10页。

在巴定居经商后，也穿插散居于这片人口相对密集的区域之中，为巴塘市镇的萌芽时期。

之后，经过康、雍、乾的数代经营，清廷与西藏的联系密切而频繁，川藏南线被定为正驿，在中央政府行军遣吏的不断往来中，经过此路的客商日渐增多。巴塘以其气候温暖、土地宽阔等特点吸引了不少回族和汉族的商人在此定居。这些外来者为了能够在异乡安居下来，就积极营造能够使自身团结和聚集起来的公共空间，来应对他们初来异乡可能遭遇的排斥和困难。他们建起清真寺、关帝庙、城隍庙等神圣空间，在与当地人经济交换的同时，还以通婚的方式，参与进巴塘的社会生活之中。跨越了康、雍、乾、嘉四代的漫长历史时期，巴塘市镇渐渐积蓄力量，不断兴盛。同治九年（1870），巴塘发生 7.25 级强烈地震，房屋全部坍塌，在清廷和巴塘本地僧俗的共同努力之下，巴塘城区得以重建。现在县城老街的大致格局就是此次震后重建形成的，尽管在 1989 年又因地震损毁，但震后重建依然延续着同治九年之后所奠定的格局。

根据道光年间粮务官员钱召棠亲历所记载的情况，能够对当时巴塘地区的空间格局有一个总体的了解。他在《巴塘志略》中这样描述："巴塘粮务署在喇嘛城内。都司千总向无衙署，租住民房。行台正土司官寨、副土司官寨，均在民堡内。关帝庙在堡东，乾隆十三年，汉族公建。魁星阁在关帝庙内。观音殿在关帝庙后。龙王塘在河西岸，土民公建。城隍庙在堡东半里。道光二十四年，粮务钱召棠同土司、汉、土人新建。义冢在河南夹坝顶，正副土司捐置。厉坛在义冢北，粮务钱召棠捐建。礼拜寺在夹坝顶，回族公建。卡顶平、丁林寺在本台喇嘛城内。"[1]

可见，当时整个巴塘的空间格局是由"喇嘛城"和"民堡"两部分组成，"喇嘛城"所指的范围是现在康宁寺及其周边。康宁寺初建时就是用了明代丽江木氏土官在巴塘建的官寨，其规模和占地面积比现在的康宁寺要可观得多。这源自清末赵尔丰平定凤全事件时的一次严重焚毁，后来虽然重建，也只是修了佛殿而已，规模已经大为削减，奠定了现在康宁寺的大致规格。而在道光年间，"喇嘛城"的范围很大，甚至比"民堡"还要

---

① （清）钱召棠：《巴塘志略》，中央民族学院图书馆编印，1978，第 6 页。

可观，巴塘粮务署、卡顶平、丁林寺都在其中。而所谓"民堡"除一般民众聚集而居之外，正副土司的官寨也在其中，此外，当时汉族的庙宇如关帝庙、城隍庙、观音殿、魁星阁等公共空间也都在堡内。虽然钱召棠并未提及当时的藏族在民堡内的居住状态，以及他们供奉和祭拜翁图阿琦的情况。然而，由正副土司官寨在里面，而且翁图阿琦又是最先来巴塘的第巴从西藏带来的家神渐渐转变为巴塘城区藏族共同祭祀的神灵，再加上现在老人的回忆和讲述，我们能够知道，翁图阿琦庙就在正土司官寨附近，而藏族围着官寨居住，且供奉其家神。

除了"喇嘛城"和"民堡"，钱召棠还提到了另一个重要的地方"夹坝顶"，也就是现在的架炮顶。他之所以用"夹坝"二字，是因为当时在川藏一路，"夹坝"（康地对拦路抢劫者的称呼）出没甚多，给他留下了深刻的印象。如今，巴塘人则称其为"架炮顶"，也叫"甲崩顶"，"甲"指汉族，"崩顶"是草坪、草坝之意，合起来就是"汉族家的草坪"。可见，这个地方的得名与最早的汉族移民有关。"夹坝顶"上建有"义冢"，钱召棠曾提到是正副土司捐置，"义冢"北边是"厉坛"，是祭无嗣之鬼神的地方，钱召棠捐建，都是为当时"民堡"中所居汉族而建。"夹坝顶"上的另一个重要场所是回族共建的礼拜寺，也就是清真寺，是回族的公共空间。

根据钱召棠的简单描述，能够得出当时巴塘不同群体居住的大致格局。藏族、汉族、回族共同杂居在他称为"民堡"的地方，根据现在遗存下来的关帝庙、观音殿遗址可知，这个"民堡"与现在"老街"这一区域是大致吻合的。汉族的公共庙宇就在"民堡"之内，藏族民众要出了堡子，到"喇嘛城"中的丁林寺焚香拜佛、转寺转塔。回族虽居住堡中，却要到稍远的堡子外"夹坝顶"的清真寺中聚礼朝拜。

然而，1908年，在巴塘存在了176年的粮台和粮务制度被裁撤，将巴塘带入另一个关键性的历史时期。

## 第三节　改土归流

光绪三十年（1904）三月，清廷为妥筹藏务，将驻藏帮办大臣移驻察木多，居中策应。光绪三十一年（1905），因垦务之事，滞留巴塘的驻藏帮办大臣凤全及其随从 50 余人在巴塘鹦哥嘴被噶丹彭德林寺的僧人与土司头人共同策划杀害。事变之后，川督马维骐、建昌道尹赵尔丰进剿巴塘。正土司罗进宝、副土司郭宗扎保、噶丹彭德林寺八角活佛、七沟村村民等数百人被剿办。① 光绪三十二年（1906）七月升为川滇边务大臣的赵尔丰，乘机在巴塘实行酝酿已久的系统性改土归流，废除土司制度，改派流官管辖，巴塘被设为巴安县，这是巴塘的县治之始。同年七月，巴安县升为巴安府，辖三坝一厅，盐井、定乡（赵尔丰将乡城更名为定乡）二县。

改流之后，赵尔丰也采取了一系列的措施来经营巴塘。清廷拨付川边经费一百万两白银，赵尔丰以此为资本，展开了他的宏图和计划。

农业。巴塘气候温暖、土地平坦开阔，早期来巴的纳西族和汉族不断地将农业耕作技术带入巴塘，有了良好的基础，然而规模一直没有壮大起来。赵尔丰鼓励垦荒，先后从内地招募垦夫五百余人，来巴塘开辟出田地千亩，修筑堰渠五百余丈，造水车，并引入先进的耕作技术和方法，从内地购置铁制农具、优良种子，在巴塘建立农业试验场。这一系列的农耕措施使巴塘呈现出"百谷繁荣，绣纯如云；而道途宁靖，商贾辐辏，荒地开辟，移民亦日多"② 的繁荣景象。

手工业。赵尔丰利用巴塘盛产牛皮的优势，在"巴塘地方设立制革厂一所，先由川省制革厂内，调用谙练匠人，赴边指授，建筑工厂"③。光绪三十四年（1908），拨银筹设巴塘制革厂，从日本购买机器，选拔三十名巴塘藏族青年到成都制革厂学习制革技术。第二年冬季，厂建成并投产，其产品在宣统二年（1910）被送至南阳劝业会陈列，获得皮革超等奖和军用鞋银牌奖各一枚。此外，赵尔丰也很重视制陶业，在巴塘设立陶瓷学校，聘请日本专科瓷器技师池田小岛教授手工。宣统元年（1909）又从西藏邀请制陶大师泽日大吉到巴塘教授技艺。生员就来自官话学堂，他们一面学习文化课程，一面学习制陶技术。

邮电交通。赵尔丰奏请中央拨款分由打箭炉同知和巴塘、理塘粮员购

① 任新建：《凤全与巴塘事变》，《中国藏学》2009 年第 2 期。
② 杨仲华：《西康纪要》（下），商务印书馆，1937，第 345 页。
③ 吴丰培编《赵尔丰川边奏牍》，四川民族出版社，1984，第 95 页。

料兴办交通。光绪三十四年,又派员到山西学习牛车技术,后着手铺设成都到打箭炉牛车道(未能完成),修建了打箭炉至巴安尖站、台站十一个,宿站十五个,"搭卖米麦,以便行旅",建成之后,往来客商接踵而来。光绪三十年,成都到打箭炉架设了通信电线,第二年,又架设了打箭炉到巴塘一段的电线,赵尔丰为驻藏大臣后,奏准架设巴塘到西藏的电线,并遣员勘设巴塘至察木多电线,实测竣事。宣统元年(1909),开通巴察线路,成立察木多电政局。①

医药卫生。昔川区藏民有病则祈祷拜佛,或请喇嘛诵经禳灾。改流后,明文规定修建厕所,扫除街道、房舍,预防疾病,广泛宣传卫生知识。"由川省广购各种药饵,访聘良医,厚给薪资,分赴巴塘等处为人疗病,并延请痘医前往为人种痘……继则延医服药者络绎不绝。"②

兴学教育。赵尔丰改土归流不久,就上疏表明最重要的六件事是兴学、练兵、通商、屯垦、开矿、设官,认为"惟有兴学"是"收拾遍地人心第一要务,似可缓而实不可缓者也"③,他奏请中央拨银为开办教育之经费。为培养涉藏地区的师资,他在成都设立藏文讲学堂,招四川大中学生七十余名,学习藏语藏文,毕业后分派至巴塘及川边各县。赵尔丰还任命吴嘉谟总办川边教育,拨银三万两作为学务常年经费,还将学务局移往巴安(即巴塘),设印刷局、官话学堂、初等小学,编印白话课本,聘任成都著名学者张卜(羽中)等人前往办学。鼓励藏族儿童入学,规定城区七岁至十二岁的青少年都必须入学读书,并免去其乌拉差徭,以作为鼓励。学生入学除免交一切学费外,还可以得到课本、纸张、笔墨、鞋帽、服装。教学内容分官话、修身、讲经、国文、历史、格致、地理、算术、体操、唱歌等。仅光绪三十四年,学务局就在巴塘等处"设学堂三十余校,男女学生千有余名,咸知官话,初知汉字"。宣统二年十二月二十八日,赵尔丰巡临巴塘,经过当场莅堂测试学生后,颇有感慨上疏:"巴塘一隅,男女学生等先学汉语,继学汉文,甫经三年,初等小学堂男女学生,竟能

---

① 国庆:《清代藏区驿传制度蠡测》,《西藏研究》1996年第1期。
② 傅松炑:《西康建省记》,四川官印刷局,1912。
③ 吴丰培编《赵尔丰川边奏牍》,四川民族出版社,1984,第47页。

作数百言文字，余皆试演白话，解释字义。"①

　　赵尔丰苦心经营巴塘，经过各项具体而微的举措，巴塘城区及周边农业繁荣，手工业发达，商业红火，医疗卫生水平得到很大程度的提升，学校教育也步步紧跟，加上川藏南路被开辟得更加便利，沿途有尖站、宿站，可提供行旅方便。因此，川、滇、陕的商贾纷纷来巴，他们有的携家人同行，再也不必担心边远之地无药可医、无学可念的情况发生了。此外，大量的垦夫、兵士也被招募到巴塘，开展屯垦、练兵工作，文人、教师、手工业者、医师也纷纷云集巴塘。一时之间，巴塘竟呈现康南第一繁市的景象。这些移民的到来对于当时巴塘的空间格局造成了巨大的影响，也深刻地改变了巴塘的文化格局。

　　在数百垦民的努力之下，桃园子、龙王塘、里塘工、载石洞、茨荔隆（四里龙）等荒地被垦出千余亩，他们还重修了东堰，新辟西堰、南堰和龙王堰，使大片土地得以灌溉。他们来巴之初，很大一部分就居住在原本荒无人烟的桃园子一带，被巴塘本地藏族称为"沙甲埂"，意思是"垦荒的汉族"，而正是在他们的辛勤垦荒之下，那个地方变成了每到春天就桃花盛开的美丽乐土。此外，载石洞一带也垦出田地，并有垦户迁入，因为最初只有三家居于此，人们习惯上称之为"三家村"，并沿用至今。可以说，现在巴塘城区周边的许多田地和村落都是当时屯垦之后形成的。

　　相比于垦户在城周边安家落户，那些经商的生意人、教书的先生、治病救人的医师就更倾向于定居在人口密集的"民堡"之中，以便于开展各自的工作和生活。原先那些在巴塘生活了数代的回、汉商人已经在巴塘有了属于自己的立身之所和聚集空间，且将各自的文化习俗也带入了巴塘。因此，大批新来的移民来到巴塘之后，并不会像第一代移民那样产生强烈的异乡飘零之感，而是能够在已经构建起的文化氛围基础上快速地融入他们的生活。同时，美籍医生史德文、浩格登等人经巴塘地方官员许可，租城南架炮顶三十亩地，在上面修建了教堂、学校、孤儿院和医院，并挖渠引水，开垦菜园，种植果树。

　　可以说，这一时期的巴塘虽然未建城墙，也并未设立专门的集市，但

_____

① 吴丰培编《赵尔丰川边奏牍》，四川民族出版社，1984，第 101 页。

是不同群体共居一处，多元文化荟萃一堂，且他们又各自具有各自的信仰，并具有对应的庙宇和公共空间，这样的空间与文化格局，已经让巴塘具备了市镇所应包含的因素。

此后，赵尔丰提出西康建省的设想，并拟建西康省会于巴塘，于是在已经烧毁的噶丹彭德林寺旧址上兴建巡抚衙门和县衙署。噶丹彭德林寺焚毁，日登寺成为替代寺，给巴塘藏族民众提供宗教活动的场所。这时，原本位于"民堡"之外的藏族庙宇也由外而内地进入"民堡"之内，和其他庙宇混居一处。土司制度被取消，其官寨也就失去原有功能，不复存在，而巴安县（当时已经由巴塘更名为巴安）的衙署与巡抚衙门则集中在原先的"喇嘛城"。虽然仍是相对而存在，但其中的内容已发生了根本的变化。

## 第四节　城、市归一

经过赵尔丰的一番苦心经营，巴塘达到了其历史上发展的顶峰。然而随着辛亥革命的爆发，各地军阀混战，赵尔丰被杀，国民党无暇顾及西康，边陲多故，变乱相寻，冤家格斗，战事不断，因而盗贼纵横，商旅裹足，银行歇业，电报停办，台站道路荒废，各项事业旋即废弛，生产日渐没落，经济严重衰退。20世纪30年代以后，日寇入侵，国民党节节败退，对川边稍有重视，加上巴安驻军团长傅德铨等注重生产，领导垦荒，清理粮税，减轻负担，又举办农事试验场，发放农贷，激励生产，同时设置无线电台，改步邮为骑邮，加快信息传递，从而使巴安经济有所振兴，商业又开始繁荣，但都不如赵尔丰经边时期。有文献称："川边首府移治炉城，汉藏商业，趋附北道。民国七年，宁静以西诸县陷于藏方，巴安市场，偏在一隅，遂有一落千丈之势。"[1]南北两街商业逐渐没落，变为小巷子，不再似先前般繁华。

然而，这一时期的巴安也发生了一些变化。

民国元年（1912），藏军图谋康区，5月13日，攻抵巴安，临时大都

---

[1]　任乃强：《任乃强藏学文集》（上）之《西康图经》，中国藏学出版社，2009，第69页。

督顾占文率军御敌，连接民房，镶以墙壁，构以垛雉，四角连碉楼，构建起巴安城墙。后建4门，大尹吕秀生题书"万里长城"四个字。城内有大街两条，东名皇华，西名度支。而后又添2门，共6门。东为中山门，西为中正门，南门建国门，小南门天祥门，北门复兴门，小北门定远门。各门建土碉保卫。城中街道同时更名：东段更名为中山街，西段为中正街，南北各有2街，小巷10余条。[①] 至此，巴安终于有了城墙、城门，加上赵尔丰改土归流时期经营而成的市镇特征，"城""市"合一，它终于成为名副其实的城市。

民国二十七年（1938），傅德铨又在大营官寨外仿南京中山台样式修建巴安中山台，台后有旗台、旗杆，台前广场长约80米，宽约50米。广场上设有网球场、篮球场、杠架等，为公共体育场所，四周种植花木。民国三十一年（1942），设同化镇，并设东西南北中五路保正，实行集中管理。

图6-1　1940年的巴塘城区（翟淑平从巴塘的阿旺家翻拍，2014年）

傅德铨重视生产，因此巴塘的屯垦事宜并未停止。国民党二十四军的许多兵士都要承担垦荒种田、自种自收的任务，以至于到后来国民党被打

---

① 四川省巴塘县志编纂委员会编纂《巴塘县志》，四川民族出版社，1993，第61页。

败后，他们仍留在巴塘种地生活，成为巴塘当地的农民。民国期间，巴塘的人口呈现增长之势，人们在城内兴建许多藏房，也不断地在架炮顶、日堆等地垦地种田、修屋造房。而当时巴塘城区的街道已经颇具规模，主要街道东西贯穿全城，宽4米，以阿琦孔前面的灯杆坝为中心，分为东西南北四条街，历史上形成的孔达伙、巴伙、拉宗伙、泽曲伙也在城中各据其位。商户也以灯杆坝为中心，在四周设铺摆摊，出售食品、烟草、药材、针线，也有沿街走巷叫卖的小商小贩。巴塘的阿旺[1]老人回忆起他小时候的老街情形，还记得非常清楚："那时候就一条街，卖东西都在老街上，在边边上摆摊摊，陕西做生意的在右铺面，东西从里头摆起，我是民国十九年出生的，七八岁进小学，那时候是国民党统治时期，我见到的老街就是这样的。跟现在差不多，现在街上也有嘛，在里面摆东西，一个窗户把木板取下来，就能做生意了。"[2]

根据民国时期的《巴安县图志》所载："县城踞大锁山（大朔山）右麓，于小巴冲巴楚河[3]二水合流之处，地方平坦，原无城郭，民国元年，藏番来犯，经都督顾占文以土筑围墙，分设四门，东西一街。丁灵寺居其城西，以南为架炮顶。形势威严。西康建省时，于丁灵寺建筑巡抚衙门，以都司旧署为巴安府，既后改为县署所属机关，居于城内，有学务局，收支局，邮政局，电报局，矿务局，垦务局，车务局，交报局，招商局，官药局，训练处，工程处，保正公所，西狱所，制革厂，砖瓦厂，农业试验坊，孤儿院，小学堂，美国医院，基督教，天主堂，清真寺以及关帝庙城隍庙等。"[4] 可见，民国时期巴安城中已经设了数量众多的官方办事机构，为城中居民提供便利的同时，也构成了巴安作为一个真正意义上的市镇所应包含的那些内容。

民国时期，除将巴安城区设为市镇之外，周边一些人口密集的地方也逐渐设立为类似的地方。《巴安县图志》称："西康旧制尚无市镇，自改土归流分设保正于人烟稠密之处，复设办公处，由此为镇，非市坊也。本县

① 阿旺是化名，文后出现的"阿旺"都指同一人。
② 2014年我在巴塘县城老街阿旺家中访谈阿旺。
③ 也就是现在所叫的巴曲河与巴久曲河。
④ （清）刘赞廷：《巴安县图志》，民族文化宫图书馆复制，1962，第17页。

**图 6-2　民国时期巴安城内的灯杆坝（"送大鬼"的终点）**
资料来源：《庄学本合集》，中华书局，2009。

北以郎多，东以中咱，南以邦木塘，西以西松工，及本城为之五镇，分为
五路保正。东路共四十七村，六百零二户，南路共五十一村九百五十七
户，西路共三十八村五百九十户，北路共四十村五百五十五户，中路包括
本城和二十八村，共八百二十二户。这二十八个村子分别是，桃园子，茶
树山，汤科顶，躬格曲米，独角隆，次荔隆，俄哥隆，邦渣公，生巴，达
子隆，躬格，小巴冲，银戈西喜，曲岗隆，额雍公，渣鱼顶，林多公，梅
岭顶，党巴，麻顶，仔足隆，鱼卡通，梭幸铺，邦察木，俄若，东兰多，
雍希牛场，岛许牛场。"①

　　《巴安县图志》还详细地将"本城"（又称"本台"）与其他村落进
行了区分，可见已经明确地将巴安城区视为中心部分。根据《巴安县图

---

　　①　（清）刘赞廷：《巴安县图志》，民族文化宫图书馆复制，1962，第 17~28 页。

志》，城区的构成如下：

第一村，本城商民五十八户，营兵二十二户，共八十户，村长刘天才；

第二村，本城营兵二十七户，□□（字样缺失）五十三户，共八十户，村长安尚贵；

第三村，本城甲民七十七户，村长郭吉祥；

第四村，本城甲民七十五户，村长顿朱；

第五村到第八村这四个村是混合的，包含本城的家户和邻近的其他村落，四个村子所管理的本城家户共有180户。

统计以上的数据，本城居民共有492户，其中商户58户，营兵49户，甲民205户，其他户180户。

在巴塘城区，现在还流行着一种说法，大致意思是民国期间，巴塘城内"立门户"的不超过500户，这从《巴安县图志》所记载的数据也能够得到印证。而正是这不足500户的居民，让巴塘已经基本上完成了由战时军镇到现代市镇的转换，他们之中，有商户、匠人、平民，有巴塘本土的藏族人，有外来的汉族人、回族人，也有遥远的西方传教士，他们共居一城，接受着一个新生政权的管辖，也拥有各自的庙宇，能够在各自的神圣空间中实现着一种内部的自我认同，在这种既相互关联又彼此区分的状态之中，他们构成了巴塘城区新的人文区位格局。

道光年间，在巴塘做粮务的清廷官员钱召棠在记述巴塘时，还是以"民堡"来称呼巴塘坝子的聚居区，他所用的"堡"除包含军事上的防御色彩之外，或许还隐约透露出"村庄"的意味。而到了民国期间，人们开始明确地用"城"来表示民众的聚居区，且以"本城""本台"与周边的其他村落相区分，除修建起城墙、城门外，也明确地将城内的居民区分为商户、营兵、汉族和藏族。这一时期，康宁寺被焚毁，寺址之上修建了巡抚衙门，在西康建省的高呼声中，清朝设置的都司旧署被更改为巴安府。钱召棠所描述的"喇嘛城"与"民堡"相对而立的局面被打破了，巴塘城区的格局发生了巨大变化。除了藏族、汉族、回族共存于城内，学务局、收支局、邮政局、电报局等县署机关单位也开始出现在城中。因此，可以说，直到民国元年，当顾占文为抵御进犯川边的藏军而率众垒卡筑墙，将城墙、城门修建起来时；当官员、商户、士兵、机关共处在同一空间时；当汉族、回族、藏族在相互关联之中，构建着这一空间之内的社会生活时，巴塘才真正地具有了市镇所应包含的所有特征。当时，康宁寺虽然被焚毁，但城东的日登寺成了它的替代寺，接受着藏族人的敬拜；汉族的关帝庙、城隍庙、观音殿等就在城中；回族的清真寺稍远，在架炮顶一带；西方的传教士也在架炮顶建立起一个功能齐全的社区。他们围绕着各自的宗教中心，在不断的供奉和祭祀之中，在周期性的聚集之中，形成了各自的公共空间。而正是这些公共空间的形成、变更，让终于具有市镇特征的巴塘城呈现出一种多文化荟萃的局面，而这正是今天那些自称"老巴塘"的城区居民所不断缅怀的"黄金时代"。

巴塘有重要的交通位置、温暖的气候、平坦开阔的地势，再加上赵尔丰因凤全事件率先在此实行改土归流，使得巴塘商贾云集，包括美国传教士在内的许多外来人员纷纷来巴定居，造就了其繁荣之势。赵尔丰对巴塘实行的改土归流，是汉族迁入巴塘的一次高峰，他兴农、办学、开厂、练兵，从内地招募垦民、兵士、文人、商户、匠人，大量外来人口涌入巴塘。而这次人口迁入是基于一种自上而下的政策性导向，土司制度被取消，汉官流官替代巴塘本地的头人，来管理巴塘，打消了入巴汉族人在心理层面的忧虑，为其定居巴塘提供了一种制度上的保障。

相比之下，早期来巴的汉回商客，其情形就凄凉得多。尽管也是随军队前来，然而在康熙年间，巴塘仍为西藏所管辖。康熙五十八年（1719），当岳钟琪率军进军西藏剿办蒙古准噶尔部落时，跟随他军队的少量汉回商人必定是心下凄然，并无太大的信心能够在沿途觅得安身立命之所。尽管岳钟琪抵巴之后，巴塘第巴陀翁布率众投诚，并因随军招抚乍丫、察木多、洛隆宗等地，岳钟琪念其诚，上奏清廷留陀翁布袭职，获正土司之称，扎西次仁获副土司之称，巴塘为清廷直接管辖。然而，随着岳钟琪率兵离去，这些因看中巴塘地区气候温暖、土地开阔的汉回商客，也失去了原先来自军队的照拂，且巴塘的管理者仍旧是原先的土司和头人，他们想要在异乡立足，谈何容易？正因为如此，他们相互联络同乡情谊，以"财神会"为平台互帮互助，以至于到后来建会馆，修关帝庙、城隍庙、观音殿，试图以这些庙宇和组织形式，来加强自身的认同与团结，使在异乡的生存变得更为平顺。而民国时期的大规模移民，因为有一种制度上、政策上的庇护，在巴塘的生存变得更为容易，而且经过清朝几代的经营与管理，巴塘本地民众已经非常接受外来汉族人，甚至在相互的商贸与通婚之中，实现了各方面的融合。因此，他们同再次来巴的汉族之间可能发生的龃龉也大为减少。后来的汉、回移民也无须像他们的前辈那样，辛辛苦苦地营造可以让他们凝聚在一起的会馆、庙宇以及其他公共空间，他们在已有的这些公共空间之中，很快地融入本土生活。因此，这一时期，巴塘城区的商户剧增，汉文化极大地影响了巴塘本土。那时的巴塘老街规模可观，任乃强在《西康图经》中写道："东街南街之商业较为兴盛，北街多汉族流寓之所，西街为政治机关所占据。"①

## 第五节　"藏族城镇"

1949 年 12 月 9 日，刘文辉与邓锡侯、潘文华在彭县通电起义，巴安县县长江安西通电响应，巴塘地下党（中共康藏边地工委）转向公开活动，控制了局势，巴安县宣布和平解放。1950 年 7 月，巴安县改名为巴塘县。城区由原先的同化镇变更为中区人民政府。1958 年民主改革之后，巴塘城区又变更为城关区，辖前进、团结、拉哇、竹巴龙四乡。1960 年，城关区建立城关人民公社，实行"区社合一"，将其所辖前进、团结、竹巴龙三乡改为管理区，拉哇乡未改。1961 年，城关人民公社又改为城关区，前进、团结、竹巴龙复改为乡。1969 年，城关区人民公社变更为城关区革命委员会，1972 年变为人民公社革命委员会。1978 年，又变为城关区公所。直到 1984 年恢复政权机构，复又变回乡人民政府，巴塘城区被命名为夏邛镇，辖前进、团结二乡。此时的夏邛镇，北至则顶，南至勒哇，东至扎瓦拉和藏巴拉，西至拉哇，面积为六平方公里。县城坐落在形如大鹏的平坦沃土大坝中，东西群山围合，南北谷天相连，东有邦查木雄关和鹦哥嘴天险，南有竹巴龙金沙江要津护卫。

---

① 任乃强：《任乃强藏学文集》（上）之《西康图经》，中国藏学出版社，2009，第 70 页。

　　巴塘城区历经名称变化过程，伴随其中而改变的，还有它所涵括的区域。解放初期，人口增多，原先城区已经不能满足需要，于是在原有城区的基础上，往西面平坝上扩展，开辟出新街，城内的很多机关都辗转搬迁到新街，政治中心渐渐转移出去。1978年之后，县人民政府对老街进行了彻底整治，修建了新街和文化街。新街南北向，长1500米，宽13米，机关大都坐落在两旁。文化街位于城西，长133米，宽9米，横穿康宁寺、巴塘中学，巴塘师范学院和医院分布两旁。老街仍旧保留在原来的位置，但经过翻新，开辟小街小巷九条，穿插在老街的南北两侧。

　　随着城区由老城扩至新城，周围也不断有新村相继出现。老城东边的日登村，东南的架炮顶新村，南边的桃园子村，新城西边的虾桑卡村，城北的四里龙村、里塘工村，东北的扎金顶新村等，先后发展起来，逐渐形成了许多新的群众居住区。1984年，政府财政投资4万元，由城建局修通了虾桑桥到四里龙的一段两公里的公路，并在路段的荒坡荒地中，给100户无房户、缺房户划了宅基地，形成了新的居住区。这些周边新发展起来的村子也构成巴塘县城的组成部分。

　　1989年4月16日凌晨4时33分，巴塘发生6.7级强烈地震，震中为夏邛镇的小坝村，县城房屋受损严重，老街、河西村、扎金顶、架炮顶的房屋垮塌严重，不能居住，只有推倒重建。灾后重建的工作按照图6-3进行。①

　　巴塘城现在的空间设置是在这次灾后重建的基础上发展起来的，只是在近年来旅游和宣传的诉求之下，人们习惯称呼的老街被命名为"茶马古道街"。该街道位于县城中山广场以南，整条街呈东西走向，以十字路的大槐树为起点，往上一直到日登寺。巴塘小学、阿琦孔、关帝庙、日登寺都位于老街之上，除此之外，就是民房，临街的民房多会在一楼开辟出商铺，卖一些日常物品。老街渐渐失去往日喧嚣，与轰轰烈烈兴起的新城相对而立，成为今日巴塘城的总体空间格局。老街和新城并立的空间格局，同时也反映了巴塘城区的居民分布格局，而这与20世纪五六十年代的民族识别工作有关。

---

　　①　参见巴塘县档案馆的地震资料。

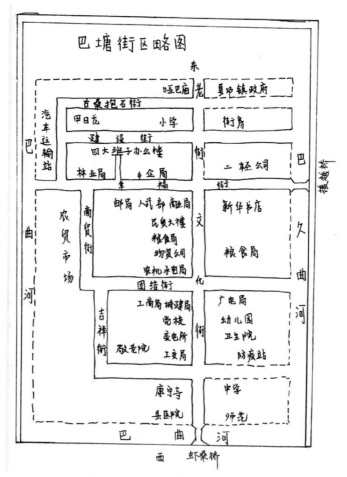

图 6-3　1989 年巴塘地震后重建规划

资料来源：翟淑平依照《巴塘县志》绘制。

　　新中国成立之后，各地少数民族纷纷要求将其民族名称列入中华民族大家庭之中。1954 年的普选中，自报的民族名称 400 多个，其中有一些情况需要甄别。例如汉族迁徙到少数民族地区后，保留了汉族的特征，或者在风俗习惯、语言上受到当地少数民族的影响，或者是原来属于一个民族，迁徙到不同地区，虽然保留着相同的语言、习惯、历史传说，但互不往来，经济上没有关联，而且各自都对自己有不同的称呼。以上这些情况混杂在一起，并不能明确地认定民族归属。这些问题归纳起来有两类。（1）他们是汉族还是少数民族？（2）他们是单独民族还是其他民族的一部分？费孝通先生说："研究这些问题就是民族识别工作。"①

民族识别工作的指导思想是历史唯物论，所参照的民族概念是斯大林提出的共同语言、共同地域、共同经济生活以及表现于共同文化上的共同心理状态的稳定的人们共同体。基于此，费孝通先生指出："民族识别工作就是用历史唯物论的观点方法来研究各自报的民族单位，从民族四大特征上说明它们的特点和它们同其他单位异同的程度及异同的历史原因。这种科学知识可以帮助各单位的人民自己来决定是否系少数民族，和是否要单独成为一个民族，还是和其他单位合并为一个民族。"② 费先生归纳了那个时期民族学的任务：（1）关于少数民族族别问题的研究；（2）关于少数民族社会性质的研究；（3）关于少数民族文化和生活的研究；（4）关于少数民族宗教信仰的研究。③

从费孝通先生的这些论述中能够看出，围绕民族识别工作所做的民族调查和民族史书写，是基于将一个个民族群体视作分立的单位，在唯物史观的阶段论之下对之进行研究。费孝通先生认为这种历史性"与实际政治是相结合的"④，以社会经济结构和阶级情况去排列少数民族的历史发展序列，这种民族史的书写在遇到城镇或者城市这样的方法论单位时，会不可避免地将城市、地域、民族等概念联结起来。正是在这样的背景下，巴塘人被认定为藏族，巴塘也逐渐显现为藏族城镇。尤其是民改之后，清真寺、关帝庙、城隍庙等也失去原有功能，回、汉等民族群体融入巴塘藏族之中，他们的民族身份经过认定和确立，成为藏族。到了20世纪80年代，面对大量从内地而来的新一代生意人，巴塘城内这些被认定的藏族人出于地域认同，开始强调自己作为巴塘人的身份，其中也隐含着他们对共同经历的历史有某种自觉，在这种情况下，"巴塘人"与"巴塘藏族"会被对

---

① 费孝通：《关于黔西民族识别工作的参考意见》，《费孝通全集》（第7卷），内蒙古人民出版社，2009，第277页。

② 费孝通：《关于黔西民族识别工作的参考意见》，《费孝通全集》（第7卷），内蒙古人民出版社，2009，第288页。

③ 费孝通：《中国民族学当前的任务》，《费孝通全集》（第7卷），内蒙古人民出版社，2009，第352页。

④ 费孝通：《关于黔西民族识别工作的参考意见》，《费孝通全集》（第7卷），内蒙古人民出版社，2009，第287页。

等起来。而这种对等所引发的"巴塘人"和"非巴塘人"的区分,也因为民族识别所认定的藏族身份,变成了"藏族人"与"非藏族人"的划分。这就是巴塘现实所能观察到的人文区位格局,也就是新城和旧城的划分,"巴塘人"与"非巴塘人"的划分。

从上述过程总结起来,巴塘城的现实人文格局有一个比较漫长的历史形成过程,是伴随着多元外来者的不断进入逐渐被塑造出来的,而这种历史过程不但见证了不同文明在巴塘之地的互动与交流、影响了巴塘城今日的区位分布,更使不同民族群体能够沿袭着历史的足迹,围绕各自不断形成的公共空间,富有节奏地进行各自的社会生活,在相互交织和关联中,构成这个城镇的整体情状。

具体来说,纳西木氏在巴塘修建官寨"巴托卜雪城",开启了巴塘"城"之历史。这一时期,纳西官寨和扎塔寺构成了纳西族和巴塘本土藏族社会生活的两大中心,整体格局呈现为城内与城外的并立。蒙古和硕特部赶走纳西木氏,接管巴塘,将原先的纳西官寨变成自己的营地,扎塔寺改宗格鲁派,依然在扎金顶,延续着先前的区位格局。纳西木氏的官员撤走之后,还留有少量纳西属民生活在当时的巴塘本土人之中,并教会后者种植与耕作技术,一同接受和硕特部的统治。这一时期,巴塘本土藏族、纳西族、蒙古族共居一处,在城之外。西藏接管巴塘,进入"第巴雄"时期,原先的城变更为寺,扎塔寺移驻其中,改名"噶丹彭德林寺"。第巴新修官寨,属民则围绕官寨而居,服务于第巴,而第巴的家庙变更为他们的属民共同敬奉的公庙,护法神也逐渐成为城区的保护神。这一时期,噶丹彭德林寺、围绕第巴官寨形成的居住区、城区保护神庙,构成了巴塘的整体格局,而第巴管理之下的属民至少包含了巴塘本地藏族,遗留下来的纳西族、蒙古族以及随第巴而来的藏族,他们混居一处,围绕第巴官寨而居,渐渐形成孔达伙、巴伙、拉宗伙、泽曲伙这四个由家族聚集然后发展起来的群体,为现在巴塘老城的四大村落奠定了早期的基础。此外,因为巴塘旧时归吐蕃管辖,与西藏拥有共同的宗教基础,在第巴到来之后,在藏文化的氛围之中,能够较易形成以藏文化为主体的格局,纳西族、蒙古族处于一种明显弱势的状态,加上蒙古族本身也在宗教上信奉藏传佛教,处于藏文化氛围之中,甚至逐渐忘却自我身份，而成为巴塘本地人的一部分。因此，到了这一时期，由纳西族建的"城"已经转换成了属于巴塘人的领地，城区保护神的出现、格鲁派寺庙的建成、四大聚落的形成，都为巴塘人的这种整体性提供了基础。

清廷接管巴塘，首先是将原先的第巴收归，并封为土司，同时直接委派清廷的官员到巴塘任粮务官，与土司共同执掌巴塘事务。汉商、回商在这一时期进入巴塘，他们先是相互抱团，组织同乡会、商务会馆，然后又以通婚等方式更深入地与本地人结合，给原先已经具有纳西族、蒙古族成分的巴塘藏族注入了更多的非藏因素。因他们发展起来的八十家汉商逐渐分散到先前形成的四大聚群中，成为城区的四大区块，实现了藏、汉、回大融合的局面。清末，尤其是赵尔丰在巴塘改土归流，大量的内地商人、垦户、工匠、士兵、文人被招募到巴塘，在鼓励与本土人通婚的政策之下，这些外来者很快就融入当地，为早期已经形成的藏、汉、回相互融合的局面又增添了更多外来力量。经过社会生活的不断积淀，市场贸易的兴盛，各个群体的密切关联，先前自上而下、行政性的"被动造城"局面，逐渐发生了改变，生活在巴塘的这些群体经过数代的延续，在逐渐获得地域认同之后，"巴塘人"共同体已现雏形。

民国时期，为抵抗藏军，顾占文在巴塘建起城墙，设城门，城内建有学务局、收支局、邮政局等行政机关，已经形成的店铺与市场也在其中，另外，孤儿院、学堂、美国医院、基督教、天主堂、清真寺、关帝庙、城隍庙也在其中。这一时期，巴塘作为真正意义上的市镇，被城墙守护，而城外原先的噶丹彭德林寺，更改为康宁寺。更多内地的汉族、回族来到巴塘，也有来自遥远的西方的传教士，他们与已经形成雏形的"巴塘人"共居一城，也拥有各自的庙宇，能够在各自的神圣空间之中实现着内部的自我认同，相互之间形成既区分又关联的格局形式，这也是诸如格勒等"老巴塘"所追忆的"黄金时代"。

这种多群体混居的局面在新中国成立之后，发生了改变，在历史中逐渐形成的"巴塘人"共同体因民族识别又获得了藏族这一民族身份。面对在20世纪80年代后不断进入巴塘的"新移民"，他们则以"老巴塘"来显示出一种历史的、地域的自我认同，进而将这些"新移民"排除在"巴塘人"之外。因此现在巴塘城区的大致格局就表现为新城和旧城的并立，以及"巴塘人"与"非巴塘人"的区分。

然而我在调查的过程之中，不断听到自称老巴塘的格勒大叔关于"巴塘已死"的叹息，或者说是一种带着复杂含义的哀叹与悲鸣。这叫我不禁惊讶起来。这样的悲叹意味着什么？是指"通过之地"和"交汇之地"的地位已经丧失了吗？死去的是哪一个"巴塘"？

通过与他的交谈，我明白他的感慨之中大致有两层含义：（1）"黄金时代"的巴塘已经长逝；（2）他们"老巴塘"赶上了"最后一班车"，而"老巴塘"也即将消失。然而，他又强调自己的藏族身份。他也是巴塘"带姓的"那一部分，爷爷辈从陕西户县随着军队沿途经商而来到巴塘，与本地藏族姑娘成家后，就在巴塘定居下来。他的父亲、爷爷有汉名，而他甚至痛恨别人在他的名字前头冠以刘姓。他说："一个人最重要的是民族认同，我自小生活在藏族文化之中，看到的是寺庙的众多菩萨，闻到的是浓烈的酥油和烧香的气味，耳边是熟悉的藏语和念经的声音，即使我从小就出去到内地读书，忘记了大部分的巴塘话，但我回忆起巴塘家乡，这些东西一下子就能在印象之中呈现出来，还有藏房、牦牛，在外头时间太长了，我已经把巴塘话忘了大半，毕业后回到巴塘，我用了很长的时间才一一拾起学会，我依然觉得我就是一个藏族人，'文革'时期很多人纷纷改回汉名，我从来都没有想过要改，我甚至不想别人把刘姓加在我名字前面。"

格勒在感慨"巴塘已死"和强调自我的藏族身份之间，其实有一个无法克服的二元困境，他一方面对作为"老巴塘"有强烈的认同，以致面对即将逝去的局面而发出悲叹；另一方面却对藏族身份恋恋不舍。他们了解自己家族的来源，并为巴塘所具有的开放性和包容性而心怀感激，对于"老巴塘"的形成和曾经的多元化"黄金时代"的活力有非常清楚的认识。面对自己的藏族身份，有着主动接受和适应的过程，而正是这样的接受与适应，逐渐将巴塘城营造为一个藏族城镇。面对日益增加的外来人口和外来文化，民族的界限似乎成为一种阻隔力量，甚至扩展到他们作为"老巴塘"之外的所有群体，而统统被界定为"非巴塘人"，即使后者和他们共处一城，参与着城镇整体的社会生活，却依然被排除在"巴塘人"的行列之外。格勒这些"老巴塘"的感慨中所包含的二元困境实际上就是将巴塘人视为藏族、将巴塘城视为藏族城镇的逻辑所带来的问题。"巴塘已死"意味着这种逻辑会让巴塘在历史上延续下来的"交汇"和"结合"展现的融合、互动等多元活力渐渐消失。[①]

---

① 翟淑平:《漂泊到融合——从巴塘关帝庙看汉藏互动下的身份认同》,载何明主编《西南边疆民族研究》(第 26 辑),社会科学文献出版社,2018。

# 第七章　超越性的认同：混融的"巴塘人"

　　从巴塘城的发展历程来看，如今在巴塘城区具有共同体认同的巴塘人在历史上是经由不同时期的积淀与叠加而逐渐形成的。在这个过程中，更需要他们从社会生活诸多层面的不断重复与实践中，为这个共同体的形成提供丰富、实在的日常素材，久而久之，形成今天我们能从经验调查中观察和体会到的内容。神山、寺院、龙王塘构成了他们公共空间的整体图景，围绕公共空间而进行的周期性节庆和仪式活动是他们社会生活的重要组成部分。他们感知着共同的神灵体系，并以一种共享的方式与之沟通和联结，正是在对公共空间、节庆仪式、宗教信仰的共同分享与周期性实践中，巴塘人才逐渐形成一种可以称作共同体的存在，而被这一名称下的这个群体去想象、去充实。然而，通过第五章对于藏与非藏的二元解析来看，无论是巴塘藏族的公共空间形成过程，还是他们的节庆仪式、神灵体系，都包含着藏族之外的其他民族群体的成分。而更为重要的一点是，从现在被共同认知为巴塘人的巴塘藏族的来源和构成来看，汉族、回族、纳西族都在历史上为这个共同体贡献了血液和力量，成为组成巴塘人的重要部分。前面通过扎西次仁的家族史，从个案层面稍稍提及了汉族进入巴塘，成为巴塘人的过程。接下来的内容就更进一步地说明汉族和回族在历史上是如何进入巴塘，实现在地化，并逐渐并入现在被称为巴塘人的这个共同体之中的。

## 第一节　背景：内外连接

　　巴塘地处川、滇、藏接合处，它的这一孔道地位是在内地与西藏久远而漫长的相互沟通与交往之中逐渐体现出来的。尤其是到了清代，川藏大道成为清廷经营西藏事务的一条重要通道，塘站、粮台等军事机构不断在大道上添设，为大道及周边的市镇形成提供了一种自上而下的行政基础。而取道于此、往来于内地和西藏之间的各色人等，则构成了这些地方外来人口的重要部分。巴塘位于川藏南线，其市镇形成和外来人口的落户定居，都得益于这条道路的不断发展和完善。可以说，川藏南线的发展是汉族、回族进入巴塘的重要背景。

## 一　藏地与内地的早期交通

早在战国、秦汉时代，原甘青地区的古羌人部落就因受到中原政权的影响而不断西迁，同西藏高原的部落发生了交往，古羌人部落"将其种人附落而南，出赐支河曲西数千里，与众羌绝远，不复交通。其后子孙分别，各自为种，任随所之"①。这些古羌人在西迁之时所开辟的古道便为后来的唐蕃古道奠定了基础。隋时期，西藏已有三条通道连接外部世界：第一条是自藏北高原出发，经康区，到西宁通往长安的东线；第二条是经藏北高原的突厥地区，可通往西域，也可到汉地的路线；第三条是经藏蕃、象雄等地直通天竺的路线。②

7世纪初，松赞干布统一西藏高原，建立吐蕃王朝。之后的近两百年时间内，吐蕃王朝不断向周边地区扩张，并与唐朝往来频繁，所用通道最著名的就是唐蕃古道。这条古老的通道在秦汉以前古羌人迁移时所开辟道路的基础上发展起来，连接陕西、青海、西藏，它通过的河湟地区，是历史早期内地与青藏高原往来的重要中介，经过汉唐时期中原历代王朝的设郡置县、屯田戍边、设置驿馆等经营，这一区域的交通道路发展起来，最终形成盛唐时期"金玉绮绣，问遣往来，道路相望，欢好不绝"的局面，据《唐书》《册府元龟》《通典》《资治通鉴》等史籍记载，吐蕃王朝的两百多年间，唐蕃双方使者往来达200多次，其中包括和亲、报丧、朝贺、

---

① 《后汉书·西羌列传》。赐支河系指今青海境内黄河发源处，"出赐支河西数千里"，范围应已同西藏高原相接近。

② 杨正刚：《苏毗初探（续）》，《中国藏学》1989年第4期。

报聘等多种内容。<sup>①</sup> 而唐蕃古道的形成有一个长期的历史过程，在正式的、具有官道性质的交通路线形成之前，民间的通道早已存在或已逐段凿通。

唐时，吐蕃也有通南诏之路，从拉萨东行，经工布地区（今西藏林芝地区）进入今西藏东南的芒康，过巴塘，然后向南顺江而下，沿澜沧江与金沙江之间的河谷地带进入云南滇西北地区。除此之外，唐时吐蕃向外扩展的另一条通道是今川西高原，是吐蕃从西南方向进攻唐朝的一个主要通道。<sup>②</sup> 例如，唐贞观十二年（638），吐蕃赞普松赞干布得知唐朝嫁公主于吐谷浑，而自己向唐朝请婚却未被应允，遂率领吐蕃军队"进兵攻破党项及白兰诸羌，率其众二十余万，顿于松州西境（今四川松潘县），遣使贡金帛，云来迎公主，又谓其属曰：'若大国不嫁公主于我，即当入寇。'遂进攻松州"<sup>③</sup>。吐蕃进攻松州，先是"破党项及白兰诸羌"，也就是平定了康区众多羌人部落，然后"率其众"向松州进军。据此，有学者推测这次进军路线是从今藏东昌都地区横渡金沙江进入巴塘，然后沿着大体相当于今川藏线的南路进抵康定，再向北而行，经乾宁、榆柯、金川而进入阿坝，再由阿坝西行，进入松州。<sup>④</sup> 这次行军从西到东，从南到北，跨越了康区的大部分地区，说明早在那时，已经存在从西藏通向康区的道路，而且康区内部的道路也相当畅通。由吐蕃向东通往四川，主要是经由南、北两大干线，北线是经今甘孜、丹巴、小金一带进抵维州和松州（此线大体相当于今川藏线的北线）；南线则是经今巴塘、理塘、康定一带进抵嶲州、黎州和雅州（此线即大体相当于今川藏线的南线）。<sup>⑤</sup>

可见，现在畅通和成熟的青藏线、滇藏线、川藏线，早在唐时已具雏形，为内地和西藏的沟通起了非常重要的作用。到了清代，有学者魏源曾论述过川藏线比起另两条通道的优越之处："其陕、川、滇入藏三路，惟

① 西藏自治区交通厅、西藏社会科学院：《西藏古近代交通史》，人民交通出版社，2001，第77页。
② 西藏自治区交通厅、西藏社会科学院：《西藏古近代交通史》，人民交通出版社，2001，第88~89页。
③ 《旧唐书·吐蕃列传》。
④ 西藏自治区交通厅、西藏社会科学院：《西藏古近代交通史》，人民交通出版社，2001，第88~89页。
⑤ 冯汉镛：《川藏线是西南最早的国际通道考》，《中国藏学》1989年第1期。

云南中甸之路峻险重阻，止通商贩，大军不能入也，故军行皆由四川、青海二路。而青海路亦出河源之西，未入藏前，先经蒙古草地千有五百里，又不如打箭炉内皆腹地，外环土司。故驻藏大臣往返皆以四川为正驿，而互市与贡道亦皆在打箭炉。"① 可见，川藏大道成为正驿，得益于自然条件和政治军事双重因素，而且，是一个跨越了数个朝代的漫长过程。

## 二　川藏大道的发展历程

如前所述，川藏大道的历史最晚可以追溯到隋唐之时，而随着吐蕃借道川西高原，与唐朝战争、贸易等往来，这条通道已经形成南北两条主干道，可以说，正是吐蕃与唐的沟通与互动为后来的川藏大道发展奠定了基础。

元代，西藏地方纳入元中央王朝的版图。为统治之便，元政府在藏地清查户口、设置行政、征收税赋、设立驿站（蒙古语称"站赤"），统归元朝的四大行政机构之中的宣政院管理，藏地建立"乌思藏、朵甘思、朵思麻三路站赤"，由宣政院管辖。乌思藏指前、后藏与阿里地区，朵甘思即四川甘孜、西藏昌都、云南涉藏地区，朵思麻即甘肃、青海、四川阿坝涉藏地区，这些地区共置二十七个驿站，它们之间又有若干小站，各站都由元政府派专人管理，"派遣名叫额济拉克的大臣，给以管领吐蕃驿站之诏书，任为同知之职，遣往吐蕃"②。元代驿站的设置使吐蕃与元代中央紧密地联系了起来，政令、诏谕、公文、信函通过驿道往来于两者之间，朝贡使节往来也更加频繁，这对巩固元朝政治的统一，加强对吐蕃的管辖，促进两地沟通和交往，意义重大。

元代的驿站制度和驿道网络为后来的明、清政府继承下来，在管理西藏事务的过程中进一步维护和完善，而且伴随着内地和涉藏地区早就开始的茶马互市，各条通道都不断地发展起来，最终形成固定的路线和规模。

明代中央政府采取"多封众建"的政策，延续元朝的土司羁縻政策，并配合"以茶驭蕃"的经济手段，因而，不但茶马互市在这一时期达到鼎

---

① （清）魏源：《圣武记》，世纪书局，1936，第154页。
② 达仓宗巴·班觉桑布：《汉藏史集》，陈庆英译，西藏人民出版社，1986，第169页。

盛，设置茶马司、制定茶法，而且朝贡活动也颇为频繁。当时的茶马古道主要是川藏线和滇藏线两条，川藏线分为南北两条：北线从雅安经康定、道孚、炉霍、甘孜、德格、江达、昌都到拉萨；南线从雅安经康定、雅江、理塘、巴塘、芒康、左贡、昌都到拉萨。明代，茶马古道川藏线成为朝贡使团进入内地的"正道"。在朝贡过程中明政府采取"薄来厚往"的方针，以致番众争相来内地朝贡。明初，乌思藏等部进京朝贡，行至康区后，取道乾宁或丹巴，然后往东北，经茂州、松潘，再至甘肃南部的洮州（临潭）、岷州（岷县），而转道进京。后来洮、岷一带出现僧人冒名进贡、骗取回赐的情况。明代规定了严格的朝贡制度："本部尝奏请给阐化辅教等王勘合各二十道，俾三年一贡，每贡不许过百五十人，俱从四川正路赴布政司，比号相同方可入贡。"[①] 这里所说的"四川正路"指的就是川藏大道，由此，这条贡道成为由中央政府做出明确规定的"正路"，贡使多从南线出入。在明代二百多年间，这条道路上，贡使、僧徒来往频繁，成为内地和西藏在政治、经济、文化等方面交往与互动的重要通道，而这也为后来川藏线的不断发展奠定了官方基础。

到了清代，川藏大道在前期的种种基础之上进一步完善、发展。康区这片广大区域作为"四川之门户""西藏之后援"，其重要意义一开始就被清廷意识到，因此，贯通其中的川藏大道也在先前各代已经奠定的基础上，被清政府进一步经营和完善。

自元代西藏纳入元中央王朝的版图以来，一直到明末，西藏实际上都处于中央朝廷的间接管理之下。明末，西藏各地方势力之间相互角逐，争夺权力，其中藏巴汗的力量逐步壮大，于明万历四十六年（1618）消灭了仅在名义上延续下来的帕竹政权，建立起第悉藏巴新政权，掌管前后藏的大部分地区。1641年，固始汗率军入藏。1642年，固始汗击败西藏的藏巴汗，推翻后者所建的第悉藏巴政权，建立起噶丹颇章地方政权，由蒙古汗王和藏族宗教和贵族势力联合执政。

"固始汗者，本厄鲁特部，于明季吞并东二部，以青海地广，令子孙

---

① 《明孝宗实录》卷九，弘治元年正月丁巳条，"中央研究院"历史语言研究所，校印本，上海古籍出版社，1985。

游牧，而喀木（康区）输其赋。"① 崇祯十年（1637），原游牧于新疆的卫拉特蒙古和硕特部击败原青海的却图汗部，占领了青海，并在青海建立和硕特部的基地。1639~1640年，和硕特部从青海进入康区，击败了康区北部的白利土司，之后又率军南进，打败当时统治理塘、巴塘的木氏土司军队，控制了康区大部。随后进入西藏，击败藏巴汗，建立噶丹颇章政权，开始了蒙古汗王与西藏宗教贵族联合执政的局面。

固始汗在西藏、青海、康区的军事实力不断增强，而格鲁派也在各教派相争中威望渐起，清廷试图依靠他们的力量管理西藏，而后者也希望借助中央朝廷的扶持进一步在藏地巩固统治地位，因此也主动进京朝觐，并获得册封。因此，清初在军事和宗教方面对西藏采取的统治方式是间接的，并未在康区广设官兵，只在化林坪设汛②，"康熙二年（1663）改汛为营，设守备、马步兵丁二百名，康熙三十四年（1695）设参将，官兵增至五百八十三员"③，这是清廷早期在康区的兵力设置。这一阶段，和硕特首领固始汗管理西藏、康区、青海之时，委派营官在康区管理土司，征收赋税，供养军队，巴塘的第巴就是在此时被委派从西藏到巴塘管理地方事务的。

康熙年间，卫拉特蒙古的准噶尔部首领噶尔丹率众不断兼并周围部落，称雄天山南北，并进一步侵扰西藏，清廷感受到威胁，准备"捍准夷而扶植和硕特"。④ 康熙二十九年（1690），清军在乌兰布通大败噶尔丹。康熙三十五年（1696），清军又取得"昭莫多之役"的胜利。噶尔丹带给西北边疆的威胁因为这两次用兵稍稍减轻，清廷开始转向和硕特蒙古控制的康区。康熙三十九年（1700），"西炉之役"爆发，打箭炉营官昌则集烈意欲取代明正土司，出兵侵犯土司辖地，并东越大渡河，侵占乌泥、若泥、昂州、岔道、嘉庆等地，进窥天全。随后，清朝出兵，斩杀营官昌则集烈，战事告终。战后，清廷从化林营调遣五百七十名营兵移至打箭炉，

---

① （清）魏源：《魏源全集》（第3册），岳麓书社，2004，第198页。
② 今四川泸定县境内。
③ 中国人民政治协商会议泸定县委员会编《泸定文史资料选辑》（第3辑），1988，第42页。
④ （清）魏源：《魏源全集》（第3册），岳麓书社，2004，第28页。

并招抚打箭炉附近五十余部落，将一万二千余户纳入清廷管辖之下，又修建铁索桥以便交通。康熙四十五年（1706），铁索桥建成，康熙帝亲自取名"泸定桥"，并在此设汛，设"把总一员，带领马站守兵三十六名"。①西炉之役后，和硕特部势力被驱赶到雅砻江以西，清廷着手经营康区，设置塘汛、粮台，委派粮员，建立行政体系，管理土司。此举是清廷以康区为缓冲与跳板，努力直接管理西藏的表现。

而在此时，西藏内部由于固始汗去世后，蒙、藏共同执政西藏事务的均衡局面被打破。固始汗之后的达延汗、达赖汗的权力受到挤压，而西藏地方政权逐渐增强。达赖汗去世后，其长子旺扎勒继承汗位，康熙四十三年（1704），旺扎勒被其弟拉藏汗毒死，后者夺取汗位，他一心想着夺回和硕特部失去的权力，与西藏地方势力的矛盾进一步激化。康熙四十四年（1705），"第巴桑杰以拉藏汗终为己害，谋毒之，不遂。欲以兵逐之。拉藏汗集众讨桑杰，诛之"②。之后，拉藏汗废六世达赖喇嘛仓央嘉措，立益西嘉措为六世达赖喇嘛，并凭借和硕特部的军事实力取得了对西藏的统治权，但与西藏僧俗的矛盾严重激化，后者寻求准噶尔的帮助。康熙五十六年（1717），准噶尔部利用西藏僧俗反对拉藏汗之机，攻入西藏，杀拉藏汗，紧接着又深入察木多（今西藏昌都地区），并向巴塘、理塘等处进兵，《清实录》称："打箭炉之外，地名里塘，向系拉藏所辖。而里塘之外为巴塘。近闻策零敦多卜，暗通密信与里塘喇嘛，诱伊归藏。"又载："准噶尔五百人，已至叉木多地方。见今里塘有察罕丹津所遣之寨桑居住，与准噶尔暗自通谋。"③清廷闻讯，从打箭炉和化林坪派兵"前往里塘弹压，相机擒剿"④。康熙五十七年（1718）六月，四川巡抚年羹尧奏言："里塘地方今因拉藏被害，无所统属。臣等飞咨护军统领温普等，速选满汉官兵，前赴里塘驻防。请设驿站，以速军机。"⑤康熙帝允之，打箭炉、理塘之间的

---

① 四川省方志办编《四川通志》（嘉庆版）（第 4 册），国家图书馆出版社，2015，第 2755 页。
② 张云侠编《康藏大事纪年》，重庆出版社，1986，第 92 页。
③ 《清圣祖实录》卷 279，康熙五十七年五月壬申条，顾祖成等编《清实录藏族史料》（第 1 集），西藏人民出版社，1982，第 210~211 页。
④ 《清圣祖实录》卷 279，康熙五十七年五月壬申条，顾祖成等编《清实录藏族史料》（第 1 集），西藏人民出版社，1982，第 210~211 页。
⑤ 《清圣祖实录》卷 279，康熙五十七年五月壬申条，顾祖成等编《清实录藏族史料》（第 1 集），西藏人民出版社，1982，第 210~211 页。

塘站也乘此机会建立起来。同年，康熙帝派遣额伦特、色楞率军入藏讨伐准噶尔，此为清开国以来首次对西藏用兵，但最终以战败收场，"是年年底似因入藏北路军失利，驻里塘清军一度撤回"①。

康熙五十八年（1719），清廷第二次用兵西藏，征讨准噶尔。清兵分两路大军，分别从西宁和四川入藏，"五十八年，平逆将军延信由青海，定西将军噶尔弼由打箭炉，两路进兵收复藏地。付尔丹、富宁安、祈里德等亦由西、北两路袭击，以分贼势"②。抚宁协副将岳钟琪受四川总督年羹尧之命，一路向西，先后招抚了理塘、巴塘、乍丫、察木多、察哇等地的第巴官员。自此，包括巴塘在内的康南各地都归于清廷之下，并由官兵驻守。

准噶尔最终于同年被驱赶出西藏，四川总督年羹尧上奏："臣查巴塘、里塘向为西藏侵占，臣宣示圣祖恩威，招抚投顺。……四川现在用兵，一切运粮调遣之事，道经巴塘，里塘，关系紧要。拨归土司，则呼之不应，移咨滇省，则往返迟延。请仍归四川管辖，有济军务。"③康熙帝允准，至此，巴塘以及以东各地从青海和硕特部势力中解除，直接归于四川总督的管辖之下，这也是汉族和回族大量进入巴塘之始。

自康熙用兵西藏始，清廷在川藏线上设置塘汛、台站，而在之后的雍、乾、嘉等朝代不断经营西藏的过程中，川藏大道南线进一步得以维护和发展，所建的粮台、台站也在不断设置和裁撤的过程之中，逐渐形成惯例，成为常设机构，维护了大道的畅通，给清廷管理西藏提供了保障。在征讨准噶尔过程中，由四川入藏的清军在西进过程中，于理塘、巴塘、察木多、拉里一线设立粮台、塘站，战争结束后，这些粮台、塘站得到保留，为清廷管理康区和西藏，继续发挥着作用，为此后川藏大道南线成为进藏"官道"奠定了基础。

雍正初年，清廷下谕："平藏之后，留兵防护，恐屯扎日久，唐古特

---

①　吴丰培编纂《抚远大将军允禵奏稿》（卷3），康熙五十八年七月二十六日奏，全国图书馆文献复制中心，1991。

②　《清圣祖实录》卷289，康熙五十九年二月癸丑条，顾祖成等编《清实录藏族史料》（第1集），西藏人民出版社，1982，第215页。

③　《清圣祖实录》卷287，康熙五十九年四月壬寅条，顾祖成等编《清实录藏族史料》（第1集），西藏人民出版社，1982，第215页。

等供应繁费，应将驻藏官兵，尽行撤回。……至两路适中之叉木多，系通藏大路，应于四川绿旗兵内，挑选一千驻防。应令总督年羹尧，于川陕总兵、副将内，拣选管辖。"① 原先因为战事而进驻涉藏地区的驻兵或撤回，或于通藏之路驻扎。雍正即位这一年（1723），固始汗的嫡孙罗卜藏丹津因为清廷使之未能继承汗王之位而心怀不满，且康区的赋税由和硕特部转至清廷，更加剧了他的怨怼之情，便趁清军撤离青海、西藏之际，起兵叛乱，并遣使联络准噶尔部为外援。同年八月，清廷命川陕总督年羹尧、四川提督岳钟琪清剿，罗卜藏丹津兵败西逃。平定之后，年羹尧呈《青海善后事宜十三条》，其中有关康藏地区，年羹尧称："打箭炉等处，亦宜添设官弁也。……又木多、乍丫地方，俱隶胡图克图管辖外，其余番众头目等俱应给与印信执照，与内地土司一体保障。打箭炉之外，木雅吉达地方应设总兵、游、守、千、把等官，兵二千名；雅砻江中渡处设守备一员、千总二员、兵五百名；里塘、巴塘等处设守备一员，兵二百名；里塘地处四冲，应设副将一员、都司一员、兵一千二百名；鄂洛地方，各路咽喉，应设参将一员、兵六百名；巴塘系形胜要地，应设游击一员、兵五百名。"②

罗卜藏丹津之乱，让清廷意识到西藏与康区无官兵驻守无法保证边境安稳，因此清廷又将撤回的官兵再置于这一区域，并在西藏实行众噶伦联合执政的制度。然而西藏地区内众噶伦不和，前藏阿尔布巴、隆布鼐和后藏康济鼐明争暗斗，西藏内部动乱，雍正派遣内阁学士僧格和副都统马腊前往西藏，居中调停。雍正五年（1727），前藏阿尔布巴等得到消息，便在钦差到藏之前杀死首席噶伦后藏的康济鼐及其随从。雍正"令陕西各路及四川、云南各派兵马预备，以侯调遣"③。雍正帝担忧阿尔布巴勾结准噶尔，"伊（阿尔布巴）若挟喇嘛逃亡准噶尔，则难措置矣"④，因此对藏用

① 《清世宗实录》卷5，雍正元年三月甲申条，顾祖成等编《清实录藏族史料》（第1集），西藏人民出版社，1982，第278页。
② 《清世宗实录》卷20，雍正二年五月戊辰条，顾祖成等编《清实录藏族史料》（第1集），西藏人民出版社，1982，第295～299页。
③ 《清世宗实录》卷61，雍正五年八月庚申条，顾祖成等编《清实录藏族史料》（第1集），西藏人民出版社，1982，第320页。
④ 中国藏学研究中心、中国第一历史档案馆、中国第二历史档案馆、西藏自治区档案馆、四川省档案馆合编《元以来西藏地方与中央政府关系档案史料汇编》，中国藏学出版社，1994，第384页。

兵时迟疑不定。康济鼐在后藏的同伴颇罗鼐断了阿尔布巴勾结准噶尔的后路。清廷于雍正六年（1728）五月派两路清军分别从西宁和打箭炉出发，进军西藏，平息了阿尔布巴事件，并任命钦差僧格和玛拉为驻藏办事大臣，并设立驻藏大臣衙门，以三年为任期，清军两千人分别驻扎前藏与后藏，由驻藏大臣指挥，察木多驻军一千，后援西藏。不久之后，雍正又开始计划从藏地撤兵，他认为："西藏驻扎弁兵，本为防护唐古忒，以防准噶尔贼夷侵犯，迩来贼夷大败，徒步奔逃，力蹙势穷，且颇罗鼐输诚效力，唐古忒兵亦较前气壮，今藏中无事，兵丁多集，米谷钱粮，虽给自内地，而唐古忒人等不免解送之劳，朕意留兵数百，余尽撤回。"① 同时，"从拉萨到阿里和多康之间，颇罗鼐王爷根据需要，派去自己的侍从和骏马，建立驿站"②，请求清廷撤去塘汛。于是，原定留驻西藏的两千四川兵减为五百，其余撤回，三年一换，由云南派兵顶替，这一制度一直保持到清朝末年。

不过，阿尔布巴事件后的清军内撤，也带来了诸多问题。乾隆十一年（1746），驻藏副都统傅清上奏呈请："臣伏查西藏地处边末，远隔川省。其中番蛮种种赋性愚顽，罔识礼义，反复无常，兼以西北界连准噶尔，北通草地青海，为蜀疆西南一带之外廓，打箭炉之门户，自雍正十二年减撤、酌留、安设塘汛，不特专为传送公文，原以联络声势，沿途遇有大小事件，蛮番不法之处，驻藏大臣皆得所闻，立法原属周详。至改设夷塘后，即抢劫杀伤各案累累，而里塘一带夹坝更甚于昔，且有罗卜藏丹津于赴京之时无故潜逃，正值卷撤台站之后，沿途虚实为其所窥。诚如军机所议，边防最宜慎重，夷情狡诈难知，准噶尔不惜重费赴藏熬茶，或萌觊觎西藏之意，亦未可知。"③ 可见，清廷裁撤川藏大道上的塘汛带来了诸多问题，尤其是乾隆十二年（1747）颇罗鼐去世后，其子珠尔默特那木札勒奉清廷之命袭郡王爵，继续执掌西藏政务。而此人性格"暴戾恣睢，矫诳杜

① 《清世宗实录》卷129，雍正十一年三月壬午条，顾祖成等编《清实录藏族史料》（第1集），西藏人民出版社，1982，第382页。
② 多卡夏仲·策仁旺杰：《颇罗鼐传》，汤池安译，西藏人民出版社，2002，第358页。
③ 中国藏学研究中心、中国第一历史档案馆、中国第二历史档案馆、西藏自治区档案馆、四川省档案馆合编《元以来西藏地方与中央政府关系档案史料汇编》，中国藏学出版社，1994，第484页。

撰，遇事不调查，草菅人命，无所顾忌"①，更是密谋叛乱，他谋害驻藏大臣，下令破坏内地进藏驿站，中断清廷对藏政令，"不论塘汛，官兵客民一齐杀害"②。珠尔默特那木札勒事件平息后，清廷颁布《西藏善后章程》（又称《酌定西藏善后章程十三条》），废除了西藏郡王掌权的制度，建立噶厦政府，以达赖喇嘛为首，西藏僧俗贵族联合执政，也规定了驻藏大臣调动兵马的权力，"凡遇调遣兵马，防御卡隘，均应遵旨，听候达赖喇嘛并驻藏大臣印信文书遵行。代本等仍不时留心地方，如遇有应防范事宜，亦即禀明钦差大臣指示遵行"③。

经过这一事件，乾隆意识到川藏大道上塘汛设置的重要性，认为"台站一事，于内地外番往来关键，最为紧要"④，"藏地关系最要者，尤在台站一事，此乃往来枢纽所在"⑤。于是，清廷恢复了在藏内驻扎五百清军的旧制，并派兵驻守川藏大道上的塘站、粮台。乾隆五十三年（1788），廓尔喀战争爆发。战后，清军进一步加强川藏大道上塘站、粮台的驻守力量，而川藏大道上塘汛、粮台设置逐步完善。"边藏戍军，自打箭炉起迄后藏定日守备止，由川中制营之阜和协所部，分配于康藏各地。南路自乍丫东部起，北路自察木多东部起，所有分配各地戍军，统归驻藏大臣节制调遣。……其理塘、巴塘、察木多、拉里、前藏、后藏六粮台均受命于打箭炉同知。……康、藏两地戍军，自游击以至把总外委均分配各地，更于各城冲要置游击都司守备，要塞冲衢，则置千总把总；腰站则置外委额外等官。就地方之重要与否，分配兵额之多寡，是为制营。由川中派戍者，以三年为更番休戎之期。此外尚有土兵，则就当地土民调充者。有步兵、马兵之分，归各地粮台节制调遣，分配南北各紧要站口，任缉捕及递传播公文等事。"⑥

① 多喀尔·策仁旺杰：《噶伦传》，周秋有译，西藏人民出版社，1986，第31页。
② 《清代朱批奏折》，中国第一历史档案馆藏，第1299卷。
③ 张羽新编著《清朝治藏典章研究》（上卷），中国藏学出版社，2002，第37页。
④ 《清高宗实录》卷388，乾隆十六年五月丁酉条，顾祖成等编《清实录藏族史料》（第三集），西藏人民出版社，1982，第870页。
⑤ 中国藏学研究中心、中国第一历史档案馆、中国第二历史档案馆、西藏自治区档案馆、四川省档案馆合编《元以来西藏地方与中央政府关系档案史料汇编》，中国藏学出版社，1994，第549页。
⑥ 李亦人：《西康综览》，正宗书局，1946，第209页。

除了对西藏用兵，乾隆对康区的几次用兵也多多少少与维护川藏大道的畅通有关。例如乾隆九年（1744），发生了"瞻对贼番，抢劫撤回兵丁行李"① 的事件；乾隆三十五年（1770），发生"萨安贼匪屡放夹坝，竟于驻藏大臣常在住宿之地劫掠巴塘副土司特玛骡马"② 事件；乾隆四十四年（1779），三岩地区夹坝发生"劫抢达赖喇嘛茶包，并伤毙护送人等"③ 事件。这些事件所涉及的地方战略位置都非常重要，清廷认为必须"散演贼匪，阻路行劫，亟宜惩创，以靖地方"④。乾隆十分重视，屡屡派兵前去征讨会剿，维护川藏大道的安全与畅通。此外，乾隆帝第二次金川战役之后，对川藏大道上的塘汛设置和管理做出了规定："打箭炉底塘至中渡七塘，马二十八匹。里塘东西二路八塘，马四十八匹。巴塘八塘，马四十八匹。江卡添马一匹。乍丫八塘，马四十八匹。又，力杂塘添马一匹。察木多十五塘，马八十三匹。甲上至西藏十四塘，马七十八匹。"⑤

实际上，清代入藏的驿道共有三条：第一，从北京皇华驿出居庸关，经陕西、甘肃到四川，由川康道赴藏；第二，由京师经直隶（河北）、河南、陕西、甘肃、青海入藏；第三，自北京、河南等地，绕道云南中甸入藏。随着军事行动、文书递送、商旅往来等的增多，西宁至藏的驿道逐渐出现了一些问题。为此上谕文书驰驿经川藏各站。黄沛翘在《西藏图考》中也称："惟云南中甸之路峻险重阻，故军行皆由四川、青海二路，而青海路亦出河源之西，未入藏前，先经蒙古草地千五百里，又不如打箭炉内皆腹地，外环土司，故驻藏大臣往返皆以四川为正驿，而互市与贡道亦皆在打箭炉云。"⑥

就这样，经过康熙、雍正、乾隆三朝对西藏事务的多次应对及对西藏

---

① 《清高宗实录》卷 233，乾隆十年正月壬寅条，顾祖成等编《清实录藏族史料》（第 1集），西藏人民出版社，1982，第 570 页。

② 《清高宗实录》卷 1010，乾隆四十一年六月乙巳条，顾祖成等编《清实录藏族史料》（第 6 集），西藏人民出版社，1982，第 2881 页。

③ 《清高宗实录》卷 1095，乾隆四十三年十一月丙午条，顾祖成等编《清实录藏族史料》（第 6 集），西藏人民出版社，1982，第 2960 页。

④ 《藏学研究论丛》（第 4 辑），西藏人民出版社，1992，第 270 页。

⑤ 中国科学院民族研究所、四川少数民族社会历史调查组：《金川案》，1963 年复制，第 122~123 页。

⑥ （清）黄沛翘：《西藏图考》（与《西招图略》合刊），西藏人民出版社，1982，第 84 页。

和康区的数次用兵，在乾隆后期，川藏大道逐渐畅通，之上的塘汛、粮台及其管理制度最终走向完善。

康藏驿道自打箭炉（今康定）至拉萨，计程 4980 里，共安台 84 处，安汛 13 处：打箭炉—贡诸桥（工竹卡）—折多山根—纳哇—瓦碛（瓦切）—东恶洛（东俄落，今康定与雅江之间）—八义—泰宁—高日寺—卧龙石—八角楼（今雅江县附近）—河口（中渡）—麻盖中—剪子湾—拨浪工（设把总 1 员，兵 10 名）—西恶洛（西俄落，今雅江与理塘县之间）—咱吗纳洞—火竹卡—里塘（设把总 1 员，兵 25 名）—纳哇奔松（头塘，即公撒塘）—海子塘（设兵 8 名）—拉二塘—立登三坝（设兵 10 名）—大所—小坝冲—巴塘（设守备 1 员，兵 50 名，总管察木多以东乍丫至打箭炉一路之塘汛）—牛古渡—竹巴龙—工拉—莽里（莽岭）—南登（南墩）—谷黍（古树）—晋拉—江卡（今西藏芒康县附近，设把总 1 员，兵 20 名）—黎树（设兵 10 名）—窄拉塘（又名阿拉塘）—石板沟（设兵 8 名）—阿足（又作阿足鲁，设把总 1 员，兵 20 名）—谷家宗（洛家宗）—乍丫（设把总 1 员，兵 30 名）—雨撒塘—昂地（襄地，今察雅县附近）—王卡—巴贡—奔地（包墩）—蒙布塘—察木多（今昌都，设游击 1 员，兵 600 名，总管以西至拉萨一路之塘汛）—恶洛藏—过脚塘（裹角塘）—拉贡—恩达（今类乌齐县附近）—九合塘—麻里（麻利）—三巴桥（嘉玉桥）—洛隆宗（今洛隆县）—紫妥（曲齿）—硕板多（设把总 1 员，兵 50 名，后裁 30 名）—中泽—八里郎—拉子—边坝（冰坝，即达隆宗，位于今洛隆县与嘉黎县之间）—丹达—郎吉宗—大窝（达模）—阿兰多—甲贡—多洞—插竹卡（叉杵卡）—拉里（今嘉黎县，设把总 1 员，兵 50 名）—阿咱（阿杂）—山湾—常多—宁多（灵多）—江达（今工布江达县附近，设守备 1 员，兵 120 名，后驻千总 1 员，兵 40 名）—顺达—禄马岭（鹿马岭）—磊达（堆达）—乌素江—仁钦里（仁进里）—墨竹工卡—拉蒙（拉木）—得庆—砌塘（蔡里）—拉萨。[①]

此外，中央政府还于康藏驿道上设立了打箭炉、理塘、巴塘、察木多、拉里、拉萨六处粮台，各驻文职 1 员，前三台月费口粮和薪饷开支归

---

① 《西藏研究》编辑部编《西藏志》（与《卫藏通志》合刊），西藏人民出版社，1982，第 45~52 页。

四川提督衙门管理，后三台归驻藏大臣衙署总理。其中，巴塘为一大汛，也设有粮台，此外，巴塘地方还设有一个"外委汛"，即竹巴龙汛，它位于金沙江以西沿岸，为川藏大道要冲。《巴塘志略》载："西藏军务告竣，巴塘安设蛮兵七塘，土兵五名，马七匹，以备驰递文报，归土司经理。乾隆十一年瞻对案内，通路各塘添设汉塘，马四匹，事竣撤。十三年，设立粮台。以三坝、邦木二塘改归里江二汛，本站计存五塘，每塘汉兵三名，号书一名，马六匹，专司邮递。东路：里塘汛三坝塘、九十里，大朔塘、六十里，奔檫木塘、六十里，巴塘底塘。西路：九十里，竹巴龙塘、九十里，空子顶塘、六十里，江卡汛邦木塘。"[1]

　　唐蕃古道、茶马古道的开辟，元、明两代对入藏道路的探索和建设，都为清代的道路驿站系统提供了基础。清代直接统治和管理西藏，在很大程度上，贯穿康区的川藏大道发挥了非常重要的作用。在元、明两代对驿道的不断经营之下，已经非常完善的驿道体系被清政府继承下来，从康熙到乾隆，川藏大道上的塘汛、粮台设置经历了反反复复的过程，这与清廷历次用兵西藏以及相应的对藏政策息息相关。台站、塘汛、粮台等机构虽然首先是作为道路交通的接点，然而也因其主要是为战事服务，所以更体现了清政府对西藏的政治管辖，同时因为有朝贡往来带来的经济交换，以及伴随着战事带来的移民、商贸、通婚等，川藏大道所具有的含义实际上是多元而丰富的。

　　川藏大道的畅通，是汉地和藏地、中央朝廷和西藏地方政府长期互动的结果。从唐蕃古道到后来逐渐开辟出的各条通藏大道，经历了漫长的历史过程，巴塘所处的川藏大道南线在无数次的战争与朝贡之中，显示出了它的重要性，被逐步确立为"正驿"和"官道"。这条因朝廷与西藏交往增多而日益繁忙的道路，为其沿线上重要的地方带来了生机，塘汛、粮台等机构虽是为了政治和军事目的所设，主要是为了战事而备，但也是为了保障川藏大道的畅通。然而驻守兵士往往带家眷而来，非战时也屯垦种田，那些未带家眷同来的，也渐渐与当地人通婚，一起生活，为当地带来了不少外来人口。关外生活艰苦，清廷规定沿途各汛戍守官

---

[1]　（清）钱召棠：《巴塘志略》，中央民族学院图书馆编印，1978，第7页。

兵"每三年调换一次，以均劳逸之计"，但是"制兵渐有家室牵绊，每届调换，退除名粮，即为土著。久之，三年一换之例化为乌有"①。戍守官兵在当地安家立业，"承平之世，藏境宁谧，官弁员丁，静居无事，多娶番妇；营生业，或设商店，或垦荒土；渐次兴家立业，繁衍子孙。三年瓜代，乐此不归者甚多。大凡康藏大道沿线汉民，十分之九，皆军台丁吏之遗裔也"②。

此外，随军讨生活的商人也来往于这条通道上，有些也因为不同的考虑而定居各处。《西康纪要》记载："迨清盛时，兵威显赫，康雍之际，既屡姣川滇陕并，进援西藏，其后增设西康各地粮员，置兵戍守，移民益多。"③清代以前，进入康区的汉族多为商贾，从康熙用兵西藏伊始，至雍正朝，军人成为滞留康区的汉族人的主要组成部分。乾隆时期，随着川藏线上塘汛设置的逐渐完备，清朝统治势力沿川藏大道不断西移，并沿大道向周边扩散，以军事实力为后盾，商人、矿工等也随之大批进入藏地经商、谋生。进藏汉族于川藏大道沿线聚居最多，清代徐瀛在担任粮务赴拉里途中记述，"十一日辛未，晴。辰正发阿娘坝，行五十里至东俄洛，宿陕人刘姓店"，"十里抵卧龙石，宿汉州人黄姓店"，"又五十里抵河口住……晚宿雅州人胡姓店"，"行四十里，宿麻盖中。主人姓黄，陕之武功人"，"复行二十里抵西俄洛，住陕西泾阳人刘姓店"。④

任乃强对汉族移入康区做过一个概述。他认为，汉族入康，以陕西人为最早，大约始于元代，元世祖绥抚吐蕃，置为郡县，西康之地俱属陕西行省，遂有陕客入康进行贸易；明代永乐之世，四川的汉族也开始入康经商，但是进展缓慢。⑤至清代，清廷在川藏线设粮台、置戍兵，大道沿线的汉族人开始增多。⑥

根据任乃强的统计：元代（1260～1368），300人，多属陕籍商人；明

① 赵心愚、秦和平等编《康区藏族社会珍稀资料辑要》（上册），巴蜀书社，2006，第42页。
② 任乃强：《任乃强藏学文集》（上）之《西康图经》，中国藏学出版社，2009，第395页。
③ 杨仲华：《西康纪要》（上册），商务印书馆，1930，第242页。
④ 吴丰培辑《川藏游踪汇编》，四川民族出版社，1985，第267页。
⑤ 任乃强：《任乃强藏学文集》（上）之《西康图经》，中国藏学出版社，2009，第389～390页。
⑥ 任乃强：《任乃强藏学文集》（上）之《西康图经》，中国藏学出版社，2009，第424页。

代（1368～1644），700 人，多属川籍商人，仅在大渡河流域活动；清之初世（顺康雍之世，1644～1735），3000 人，多属川籍军人，仅在打箭炉及泰宁一带活动；清之中世（乾隆至咸丰，1736～1861），16000 人，川籍军人、商人、矿夫，开始在南路沿线及金川各地活动。[①]

巴塘汉族和回族就是在西藏与内地的不断沟通之中，伴随着川藏大道的逐步畅通与完善，而进入并定居巴塘的。如上所述，明清两代，中央王朝为了阻断西藏和北方蒙古势力的联系，加大了经营川藏线的力度，在原有驿站制度的基础上，完善其功能、建制和管理。到了清代，川藏线南路成为出入西藏、行军遣吏、钱粮周转的重要道路。而位于南线的巴塘经过康熙、雍正、乾隆、嘉庆四代的经营，加之清末川边改土归流，成为行军、遣吏、钱粮进入西藏的咽喉之地，内地的汉商、回商、垦户、匠人等随军进入巴塘，带来的丰富多元的外来文化交汇于此。巴塘海拔不高，气候温暖，土地相对平坦宽广，留住了不少外来人口，其中汉族和回族占其中的绝大部分。他们定居巴塘，经过与当地人的不断相处，渐渐融入当地社会生活。

## 第二节　汉族入巴：在衰落中融入

道光年间的巴塘粮务钱召棠在他所著的《巴塘竹枝诗》中写道：

> 番汉居民数百家，
> 何须晴雨课桑麻。
> 繁霜不降无冰雹，
> 鼓腹丰年吃糌粑。[②]

"番汉居民数百家"显示出巴塘地区汉藏两族人民杂糅而居的状况，而且这些汉族在饮食上也接受了糌粑。然而，这种番汉杂糅的局面并不是

---

① 任乃强：《任乃强藏学文集》（上）之《西康图经》，中国藏学出版社，2009，第 38 页。
② （清）钱召棠：《巴塘志略》，中央民族学院图书馆编印，1978，第 21 页。

汉族一踏上巴塘这片土地就形成的，而是经过了他们的不断努力和适应。
就如任乃强所记载："此等汉民，造业于中华强盛之世，一切建置设施，
皆遵汉地旧俗。其村聚中，率建有市街与关帝庙；门神、对联、花钱、香
烛、桌椅、床帐、岁时行乐、婚嫁、丧葬之属，皆存汉制。又每有汉文私
塾教育子弟，人行其间，几忘其在番中也。"① 巴塘的外来汉族不仅将自身
的习俗带入他们的移入地，还在当地设置同乡会馆，修建关帝庙、城隍庙
等，并积极和巴塘本地藏族人通婚，将汉文化比较全面和深刻地带到巴
塘，使巴塘城的汉藏文化交融非常深入，甚至在很大程度上改变了当地的
社会文化生活。构成"老巴塘"的群体绝大多数都是汉藏结合的后裔，他
们的藏名前要带汉族祖先的姓氏，且能对祖先的来源略知一二，他们既接
受了藏传佛教信仰，以此为指导进行日常的宗教社会生活，又不忘祖先延
续下来的上坟、扫墓、祖先祭拜；既具有浓重的藏族民风，又十分重视诸
如端午节、中秋节之类的汉族节日。他们把丰富多彩的饮食文化带入巴
塘，也让巴塘城区的语言吸收了大量汉语词，从而与周边乡村差异巨大。
在婚丧嫁娶之类的礼仪方面，藏汉两方面的因素都有明显体现。这样彻底
的汉藏交融，即使本地的那些"老巴塘"，在自我身份认同上，都表现出
某种不确定性，在藏汉之间，他们也不能够给出清晰的边界。

然而，巴塘城的这种汉藏交融的文化格局并非一蹴而就，而是经历了
长期的内外交互与沟通。而外来汉族融入当地社会生活，也是伴随着他们
营造自己的公共空间，并在其中通过周期性的聚会来强化认同，并最终在
形成自我身份认同的同时，渐渐与当地社会关联起来，营造着巴塘不同群
体的格局。而汉族融入巴塘的过程可以通过巴塘关帝庙的发展历程来体
现，关帝庙在巴塘的建立经过了几个不同的阶段。

## 一　财神会

财神会是重要而普遍的汉族传统，它在巴塘的出现是伴随着外来汉族
人口进入巴塘而发生的。因早期来巴汉族人多以经商为生，讲信用、重义

---

① 任乃强：《任乃强藏学文集》（上）之《西康图经》，中国藏学出版社，2009，第395页。

气的武财神关羽便被他们视为自己的守护神，并被设坛供奉，以保佑其生意兴隆、团结互助。再者，关帝属于全国通祀之神，常常是人们联络乡土关系的精神纽带。

内地汉商最早进入巴塘经商驻留的时间，已难以考证，而目前关于他们在巴塘活动的文献记载，最早见于清康熙末年。康熙五十五年至五十六年（1716~1717）的《藏程纪略》称："至巴塘，气候温暖，地辟人稠，花木繁茂可观，且集市之所，内地汉族亦寓此贸易。"[①] 稍后，康熙五十八年（1719），准噶尔蒙古进犯西藏，清廷派定西将军噶尔弼进驻打箭炉，他的副将岳钟琪率部西征至巴塘时，有一部分原在康定的陕西客商随军西行，到巴塘后，被这里的温暖气候和肥沃土地吸引，遂停留驻巴经商。到了雍正年间，清政府为加强对西藏的控制，便苦心经营川藏南线，沿途设置粮台、驿站，巴塘也是一个重要的站点，为内地汉商和垦民大规模入巴提供了制度上的便利和可能。根据巴塘方志及档案馆资料记载，雍正五年（1727），从陕、川、滇随驻防巴塘制营官兵来到巴塘的商贩、艺匠已达 40余人，乾隆年间，定居于巴塘城区的外来户已有 30 多家。这些远离故土、身处异乡的人，在一个异文化氛围中，难免会遇到各种各样的困难，例如生意上的不顺、文化习俗上的隔阂，甚至还有当地人的排挤。为了相互之间有所照料，立足巴塘，这些外来户就组织了一个财神会。他们择定会址，修建庙坛，供奉关羽，宣扬有福同享、有难同当的桃园义气，意图以此为基础，形成内聚力量。[②] 这些外来人口绝大多数从事商业活动，而关帝在民间往往以武财神的形象出现，他忠义诚信的秉性恰好又与民间的商贸交易准则丝丝入扣。

财神会基本上以客居巴塘的外来户为成员，主要是汉族。他们在会员中推举办事能力强、颇具威望、人们信得过的一人至二人担任会首。会首的职责，一是处理外来户与当地人，尤其是藏汉民族之间可能发生的一些摩擦；二是筹办一年一度于农历三月十五日举行的财神会活动。每年到此会期，会员都须齐聚会址，在关羽父子牌位之前，用三牲祭祀，顶礼膜

---

① 焦应旂：《藏程纪略》，载吴丰培辑《川藏游踪汇编》，四川民族出版社，1985，第 11~20 页。

② 四川省巴塘县志编纂委员会编纂《巴塘县志》，四川民族出版社，1993，第 432 页。

拜。祭祀结束，摆"九大碗"，共宴同饮，借以联络感情，促进团结，加强认同。财神会的基金是会员根据自己家庭的经济状况，自愿捐助，集中后由专人监管，放债生息，并拿利息来办理当年的财神会与团拜聚餐，没用完的又悉数列入基金。[①]

从以上的叙述中可以看出，这一时期的财神会主要服务于外来的汉商，他们与巴塘本土社会基本上处于一种内外分立的格局之中，相互之间除商贸上的来往外，在社会生活的其他层面交往有限。这些外来者更是紧紧依附于财神会的乡土情怀和地域联结，小心翼翼地在异乡讨生活、过光景。

## 二 关帝庙

随着清政府进一步加强对西藏地区的经营和控制，内地与西藏之间交往日益频繁，行军和经商在川藏南线更为活跃，移居巴塘城区的客户也出现了较大规模的增加。到了乾隆十三年（1748），面对数量大增的内地移民，原先成立的小范围财神会已经不能有效地满足他们的社会生活需求，只能扩大其组织规模，意图修建一座功能齐全、规模更大的关帝庙。由财神会发起，他们联络驻巴绿营官兵，协同外来商户，共同筹措修建关帝庙事宜。他们推选三人为会首，主持建庙事务。[②] 在财神会早期奠定的经济基础上，进一步募捐，筹集经费，除了会员捐助，还向内外官商募捐。关帝庙最后选址城东门城墙内的广场上，这与道光年间钱召棠在《巴塘志略》所言是一致的："关帝庙在堡东，乾隆十三年汉民公建。魁星阁在关帝庙内，观音殿在关帝庙后。"[③] 之后以筹集到的资金，从内地雇请了一批泥水匠、木匠、石匠、砖瓦匠和雕塑技工等，施工建成包括房舍及内院空地，共占地一万多平方米的关帝庙，内含神殿、戏台、钟鼓楼、会馆等建筑，雕梁画栋，十分美观。庙内二殿，外殿塑关羽、关平、周仓、轩辕黄

① 财神会的详细内容参考《巴塘县城区八十家汉商的由来及其演变》（1983年5月30日），巴塘县档案馆保存，第23卷。
② 《巴塘县城区八十家汉商的由来及其演变》（1983年5月30日），巴塘县档案馆保存，第23卷，第2页。
③ （清）钱召棠：《巴塘志略》，中央民族学院图书馆编印，1978，第6页。

帝、鲁班、嫘祖、孙膑等神像；内殿塑南海观音像，左右两边是汉藏两地各种神佛塑像。

从乾隆十三年到乾隆二十年，历经近八年，关帝庙才修建完成。根据巴塘档案馆留存下来的乾隆十三年修建关帝庙的《缘簿》，捐助的范围颇广，包括：（1）陕西、四川、云南等地的众多商号①；（2）粮务官员②；（3）驻藏大臣；（4）巴塘土守备、正副宣抚司及其太太；（5）巴塘主持喇嘛堪布、巴塘纳卡活佛③；（6）巴塘本地藏民、理塘茶客；（7）绿营官兵。由此可知，除外来商户、官兵、粮务官员等给予财力支持外，巴塘地方官、土司、寺庙、民众都积极捐助，说明这一时期，外来汉族与当地藏族的关系已经比先前更为紧密，即使宗教空间的建立也得到了积极的支持。④

由于资助者分为商人和官兵两派，此时的财神会组织也相应地分解为"汉商公会"和"单刀圣会"。前者属于商人团体，继续在每年三月十五日到三月十八日，沿旧例举行财神会。届时会员们都聚集会址，摆"九大碗"，共同欢聚，借以联络感情，促进团结。而后者属绿营官兵，在每年的九月十三日，也就是关羽单刀赴会日，聚集办会。此外，每年的清明节、盂兰节、寒衣节，会员也要抬城隍出驾巡游，由县知事亲临主祭，读祭文，并为阴魂烧纸钱、烧寒衣、撒水饭；每年的观音会也要念经一天。

关帝庙的钟鼓楼上设有铜铸大钟一口，大型鼛鼓一面，每月初一、十五的正午十二点和夜间十二点整，鸣钟击鼓，提示会员这两天是敬神的日子。⑤ 庙内除塑有关羽、关平和周仓神像外，还有轩辕黄帝（农业）、鲁班（木工）、嫘祖（缝纫）、孙膑（从武者）和财神的塑像，可供职业不同的会员在平时敬香祭拜。

关帝庙除为汉族提供宗教生活上的便利外，也在日常生活的各个方

---

① 《缘簿》上记录的商号有悦和号、永盛号、恒有号、正升号、永升号、万有正记、万有号、万源号、大顺号、雅州府永升张记、悦和盛记等。
② 包括巴塘、察木多（今昌都）、拉里（今西藏嘉黎）等地的粮务官员。
③ 巴塘纳卡喇嘛是巴塘八大活佛的首席喇嘛，在当地僧俗中影响最大。
④ 翟淑平：《跨越、连接与交融作为中华民族共同体的生成逻辑——以四川巴塘汉藏共生关系为例》，《北方民族大学学报》2023年第1期。
⑤ 《巴塘县城区八十家汉商的由来及其演变》（1983年5月30日），巴塘县档案馆保存，第23卷，第3页。

面，较为全面地满足着他们在异乡的社会生活。节庆方面，除了要操办上述三月十五的财神会和九月十三日的单刀圣会，每逢新春佳节，还要按照汉族的传统习俗，组织舞狮子，耍龙灯、马马灯、船灯，共同庆祝新春，以增进团结。在农业生产方面，为避免自然灾害，祈求丰收，关帝庙也会组织会员演唱忠孝节义之类的戏剧，以求天神降恩；若遇到丰收之年，也会搭台唱戏，感谢菩萨保佑。此外，若会员有生活困难，关帝庙也会出资帮助渡过难关；对会员中的婚丧嫁娶，也出面帮忙料理，还特意置备碗盏家具、孝衣素服，为婚丧之家提供方便。若是会员内部成员相互间有纠纷，或者他们和当地藏族有了龃龉和冲突，关帝庙也会出面协调解决，以维持社会生活顺利进行。[①]

从财神会到关帝庙建成的漫长过程，是外来汉族逐渐建立起自己的社会生活共同体的过程。尤其是关帝庙不断完善和成熟之后，已经成为一种具备社区功能的组织，为这些远离家乡的人提供了社会生活的全方位便利，其社会功能在圣俗两方面都有完备体现。经过康、雍、乾、嘉数代之后，在巴塘定居的汉族（含少量回族）就已经多达 80 余家。他们初到巴塘多从事商业、手工业等，在经济生活、宗教信仰、生活习惯、语言文字等方面保留着较为明显的汉族习惯，因此当地藏族视其为整体，以"八十家汉商"称之。"八十家汉商"的称号更加强了这一社区组织在巴塘的社会基础，尽管它绝不是一个封闭的社区，而是不断与本土社会处在沟通和交流之中。而且，从财神会组织到关帝庙的建成，这些外来商户也在不断地吸纳一些新的力量。例如，绿营官兵的进入为这些外来户提供了某种制度性的庇护，这些由清廷派驻巴塘的军队，代表的是中央政府的权威，有了他们的加盟，外来商户在巴塘的生活会变得更容易，当地藏族也会更容易接纳这些来自外部世界的"他者"。但这一时期，关帝庙更多的是自成体系，与巴塘本土社会的内外分立依旧较为明显。

## 三 "庙宇-会馆"

同治九年（1870）三月十一日，巴塘发生 7.25 级大地震，关帝庙建

---

① 四川省巴塘县志编纂委员会编纂《巴塘县志》，四川民族出版社，1993，第 433 页。

筑与全城房屋毁于一旦。震后军粮府委员吴福同与"汉商公会"召集全体会员共商兴庙之策，并得到川、康、藏各地官府资助，同时巴塘正副土司、头人和寺院喇嘛等，纷纷慷慨解囊。由于筹款顺利，当年便迅速动工，同治十三年（1874）完工。新庙规模较前更为宏大。此次参加修复关帝庙的会员，籍贯基本上属川、陕、滇三省，因此便将原关帝庙改名为"川陕滇三省会馆"，并在戏台正面悬挂一块"川陕滇三省会馆"的红漆金匾。① 自此，一座兼具庙宇性质的联合性同乡会馆便形成了，我称之为"庙宇-会馆"结合体。

"庙宇-会馆"所形成的乡土之链②已经不局限于一地一乡，而是笼统地把来自内地的川、陕、滇归为一个整体。他们在汉族社会的通祀之神关帝的神性光辉之下，结合成一个共同体，并从中寻求神圣与世俗生活的双重保障。然而，这一时期，上述所说的那种颇具社区色彩的共同体已经悄然将那种内外分立的格局改变了，他们与当地社会的融合已经全方位地发生了。

地震后重修关帝庙，参与主体除外来汉商、绿营官兵外，巴塘的土司、头人、喇嘛也积极地伸出援手。同治十年（1871），巴塘宣抚司（正土司，又称"大营官"）捐建关帝庙、城隍庙的《功德文约》称："立功德文约人巴塘大营官罗宗旺登，今与阁街乡约总、值会首公众名下，为出字据事情。因同治九年三月十一日陡遭地震，已将关帝、城隍庙宇尽行倒塌，覆从修建，首事人等现在修理，自愿将城隍对门菜园一所，以及树木作银壹佰两外，青稞、麦子共叁佰斗，作银壹佰两，以捐功德，街永远管业，并不差毫……今恐人心不古，特立字约，永远街存照。"③ 巴塘土司作为巴塘地区最重要的管理机构，对重修关帝庙提供的土地、银两和粮食等帮助，意义重大，因为这势必引导着本土社会的其他力量去接纳和包容在这片土地上已经生活了相当一段时间的外来者。

也是为了向巴塘本土社会文化生活靠拢，关帝庙重修之时，会员还把

---

① 《巴塘县城区八十家汉商的由来及其演变》（1983年5月30日），巴塘县档案馆保存，第23卷，第4页。

② 王日根：《乡土之链：明清会馆与社会变迁》，天津人民出版社，1996。

③ 《四川地震资料汇编》编辑组编《四川地震资料汇编》（第1卷），四川人民出版社，1980。

藏地著名的格萨尔作为护法神供奉起来。为迎合当地藏民的宗教信仰，借关帝庙内供奉的关羽、关平和周仓三尊神像，编造了"蛮三国"（又称"藏三国"）的故事，称关羽为藏族史诗中的格萨尔王，关平是格萨尔的弟弟，周仓是格萨尔的叔叔。[①] 这样一来，就让当地藏族更容易接受关帝庙信仰。此外，还在庙内供奉 21 尊度母画像，设煨桑炉、嘛呢杆。这样一来，巴塘的康宁寺也积极行动，他们不但在重修关帝庙时派出僧人前去帮忙，还要供养关帝庙内的护法神格萨尔，因此派出两名僧人常驻关帝庙内，[②] 日日焚香叩拜，虔诚供养。在三月城隍会游城隍时，关帝庙与"三省会馆"还要敦请康宁寺的僧人念经、火供、丢朵玛，以超度亡灵。[③]

土司和寺院在外来户同当地藏族社会衔接之中，起了非常重要的引导作用。本地的藏族不仅在"三省会馆"办会、巡神、唱戏时，前去看热闹，甚至还学着汉族的样子，到关帝庙的土地庙内抽签算卦，借这种来自内地的民间信仰活动，卜问凶吉。庙内陈设签筒、竹签、卜茭、签谱等用具，抽签的程序与内地大致相仿，签文都是汉文，由关帝庙的驻庙人员当场解卦。当时，外来汉商与本地藏族的通婚已时有发生，据当地人介绍，这些汉藏结合的后代都要去关帝庙抽签卜卦，而那些"纯藏族"则去康宁寺打卦，但是仍然会有"纯藏族"，甚至僧人，前往关帝庙求签问凶吉。[④]可见，本土藏族除参与外来汉商的各类公共娱乐、聚礼活动之外，围绕关帝庙的宗教活动也会吸引他们参与，汉藏双方的社会接触便围绕着关帝庙这一原本属于外来汉商的公共空间而展开了。

不可忽略的另一方面是，虽然庙宇-会馆的建成是源自外来人口要在巴塘寻找一种乡土情怀和归属之感，但他们仍旧属于皇权体制下的臣民，因此还要举行一些尊奉皇道、宣扬神道的活动。例如在会馆正中的大堂上，悬挂有"当今皇帝万岁万岁万万岁"的金字牌匾，以示对清王朝的忠

---

①　"蛮三国"的故事在巴塘城区较为普遍，很多人都能讲上几段。

②　石硕、邹立波：《汉藏互动与文化交融：清代至民国时期巴塘关帝庙内涵之变迁》，《西南民族大学学报》（人文社会科学版）2011 年第 6 期。

③　《巴塘县城区八十家汉商的由来及其演变》（1983 年 5 月 30 日），巴塘县档案馆保存，第23 卷，第 4 页。

④　在访谈巴塘老街居住的阿旺、田扎西等老人时，他们对于小时候到"三省会馆"吃"九大碗"、看大人抽签、阎王巡街等事情还有很清晰的记忆。

顺；会馆还为光绪皇帝驾崩举行祭奠，为宣统皇帝登基举行庆典。与此同时，当地的政府也对会馆有相应的支持。① 清末和民国年间，巴塘的历任县吏，都对会馆和修建庙堂给予直接帮助，并亲自参加祭神活动。例如会馆主办三月城隍会时，要组织马队仪仗，将泥塑城隍抬至县衙，以示对县太爷的参拜；之后出驾游街，抬至南门外的架炮顶坟地，在那里，城隍要受县太爷三跪九叩的大礼回拜。正是借此双向互拜，来宣扬人间、地狱和阴阳两界的统治者的相通性和互助性。同时，官府对关帝也非常崇尚，大小官员也常常拜谒关帝庙，并刻碑题匾。清末卸职后的驻藏大臣有泰途经巴塘时，仍要"至关帝庙叩谒，仍与来时无异，新悬匾数块，有马介堂军门、吴聘三直刺"②。

这一时期，汉藏通婚频繁，"汉商公会"和"单刀圣会"的人员多在巴塘娶室置产，立业世居，而"三省会馆"又以关帝信仰为基础，把汉藏双方的距离进一步拉近，其融合程度甚为深切。清廷中央政府、巴塘土司、头人、僧人等各方势力，均不同程度地与这个庙宇-会馆体系发生关联，加上民间社会汉藏双方早已以通婚、贸易等方式往来密切。因此，这些不断进入巴塘的外来汉族已经摆脱了那种"外部他者"的"陌生人"形象，成为巴塘社会中不可分割的组成部分。自此，他们已经完成了"由外而内"的身份转型，融入当地社会文化逻辑之中。而昔日的庙馆体系已经成为巴塘县城的一个民间社会组织，不断塑造着其城镇文化格局。

此外，八十家汉商，还以男女之别为依据，同本地藏族联合组织了"朋友会"和"拈香姊妹会"组织。③ 当时这种朋友会在巴塘城区颇为盛行。老年人、中年人、青年人各自都有自己的朋友会。每个朋友会的会员，有二十人左右，会员不分组别，自愿参加，会员之间团结互助，这不仅加强了他们之间的友谊，促进了彼此的了解，而且对加强藏汉关系起到了积极作用。朋友会的具体活动，一是在会员遇到红白喜事，特别

---

① 《巴塘县城区八十家汉商的由来及其演变》（1983 年 5 月 30 日），巴塘县档案馆保存，第 23 卷，第 3 页。

② 石硕、邹立波：《汉藏互动与文化交融：清代至民国时期巴塘关帝庙内涵之变迁》，《西南民族大学学报》（人文社会科学版）2011 年第 6 期。

③ 四川省巴塘县志编纂委员会编纂《巴塘县志》，四川民族出版社，1993，第 435 页。

是遇到丧事时，大家凑钱帮助，尽力把事情办好；二是每逢年节，举办"打平伙"，组织弦子队，出街表演，让群众尽情欢乐。朋友会的会员结婚时，按照自己家庭的经济情况，自愿捐助资金，名为"喜钱"，作为朋友会的基金。朋友会成立时，要造具名册，将发起人列为第一名，以后即按入会先后依次排列，发起人为当然的第一轮会首，以后即按名册次序轮流担任。每期会首二人至三人，任期三年，负责经管基金，放利生息。以利息为每年举办"打平伙"的开支，如利息不够开支时，再由会员凑集。妇女的朋友会统称"拈香姊妹会"。而男性的朋友会种类繁多，例如，解放前比较出名而又比较活跃的有两个朋友会，一个叫"巴塘青年会"，其会员多数是八十家汉商的子弟，少数是当地藏族子弟；另一个叫"巴塘乐群会"（乐群是藏文译音，意思是青年），其会员多数是旧贵族的子弟，少数是八十家汉商的子弟。20 世纪 30 年代，格桑泽仁、刘家驹和江安西等人，先后发起的西康三大事件，都曾得到"巴塘青年会"的支持。

## 四　衰落与融入

民国十三年（1924），康区政局陷入动乱。为利于自卫，经呈准地方官府，"川陕滇三省会馆"改为"华族联合会"。民国十四年（1925），它再度改名为"西康巴安国民协进会"。这时，除三省官商子弟之外，凡属巴塘的男性民众，不分族别均可参加此会。民国三十一年（1942），它被正式更名为"巴安协进会"。至此，它完全成为没有民族界限的地方性社会组织，参与着巴塘政治、经济、文化等方面的社会活动。同年农历三月十五日，在早期"财神会"的例行活动之日，"巴安协进会"举办了它的第 222 次年会。其间，确定了协进会的新章程，推举了会长、副会长、会老、执委、监委、书记、总会首、值年会首，由他们主持和办理会务，并纳新一批会员，人数达 403 人。[①]

在国族观念的引导之下，这一民间社会组织又一次发生变化，而这次

---

① 四川省巴塘县志编纂委员会编纂《巴塘县志》，四川民族出版社，1993，第 433 页。

图 7-1 巴塘老城内的关帝庙遗址（翟淑平拍摄，2014 年）

变化使其诞生之初以及相当长时期内所具备的庙馆特征完全消失，彻底成为一种新的政治制度下的地方社会组织。

1951 年 3 月，"协进会"又发展新会员 49 人；1952 年报经巴塘县人民政府，转报西康省藏族自治区人民政府和西康省人民政府备案，改名为"巴塘县人民互助协进会"；1957 年 10 月，前进、团结两乡民主改革后，其组织自行解体，活动终止。①

自此，这个历经了数次流变的体系终结了其生命历程。甚至到了 20 世纪 80 年代，各种宗教活动陆续复兴，大量寺庙恢复、重建，而关帝庙却一直未见复兴之势，"三省会馆"也未见重启的苗头。然而，这并不是一件需要哀伤的事情，正是因为庙馆的衰落，才成就了外乡人对巴塘的全面彻底融入。经过数代的不断努力，他们终于将最初的"移民祖先"所依依不舍的"乡土之链"彻底挣断，融入一种新的"乡土"——与巴塘本土文化实现了联结。他们无须再像其祖先那样，在遥远的异乡，苦苦寻求一种血浓于水的乡土情，或者在"寻根之旅"中，聊以慰藉漂泊的身心，因为他

---

① 四川省巴塘县志编纂委员会编纂《巴塘县志》，四川民族出版社，1993，第 433 页。

们已经"由外而内"，完成了一种文化社会生活层面的全面"内化"，成为"巴塘人"；他们无须到关帝庙周期性团拜，借会馆同乡会的形式，去寻求一种"共同体"的归属感；他们的宗教生活诉求，已经转向了藏传佛教寺庙康宁寺。昔日的关帝庙仅作为一种符号化的存在，成为"老巴塘"追忆自身来路时的模糊路标。但这样的"向后回顾"绝不意味着一种异乡的哀愁，或许仅仅是一种对自己过往的集体记忆。① 而且，在当今的旅游经济刺激之下，巴塘出现的复兴和重建关帝庙之声，更加显示出其符号化特征，因为它只需要矗立在那里，标识出一种历史的过往，仅仅需要让游客感受到一种历史的深度，而无须去探究其过往究竟埋藏了多么鲜活和丰厚的故事。

纵观巴塘关帝庙的历史过程，萌芽于"财神会"，逐渐获得"移民会馆"特征，再以庙馆形式发展壮大，聚集"外乡人"，成为一个社会功能完备的"异乡社区"，这时的"内外之分"比较明显；随着庙馆在宗教信仰层面向当地藏族民众靠拢，以及官府、巴塘土司、头人、喇嘛寺参与其重建，汉族与巴塘本土社会的"内外分立"呈现弱化之势。加上民间社会的藏汉通婚、贸易往来，外来人口全面融入本土文化逻辑，关帝庙已基本失去其原有的社会功能，清王朝覆灭，以国族观念为核心的全新政治制度加快了其衰弱，最终使之沦为一种符号化的存在。

从财神会、关帝庙、三省会馆，到华族联合会、巴安协进会，然后彻底消失，这一庙馆的完整生命周期折射出巴塘城历史的一个片段：汉族来到巴塘，与当地藏族互动交流，在内外交互中持续不断地塑造着巴塘的文化格局。一群人，一个庙馆，一座城，就这样相互联结，以复调的形式，诉说着一段历史。

## 第三节　回族入巴：离散化与融合

康熙五十八年，跟随前往西藏平叛藏事的军队而踏上巴塘土地的商人

---

① 翟淑平：《漂泊到融合——从巴塘关帝庙看汉藏互动下的身份认同》，载何明主编《西南边疆民族研究》（第 26 辑），社会科学文献出版社，2018。

之中，除了汉商，也包括一直具有外出经商习惯的回族，他们多来自甘肃、宁夏地区。前文所述的八十家汉商，是个笼统说法，其中也包含回族商户。然而由于力量有限，在汉商建立起以关帝庙为中心的同乡组织时，回族并未形成自己的独立组织，他们先是依附于"汉商公会"和"移民会馆"之中，之后才渐渐修建起清真寺，展开公共社会生活。

## 一　漫长的修寺之路

最先，汉族和回族这些外来人口并不被允许与巴塘藏族人通婚，关于通婚是怎么开始的，在巴塘还有一个传说。在现在巴塘的四里龙田坝一带，有一块田被称为"甲印"，意思是"汉族的田"，田后有房屋一所，人们叫它"甲空弄巴"，意思是"汉族那一家"。关于这个汉族之家的来源，现在的巴塘人将时间追溯到"巴塘土司掌管地方事务"的年代。传说有个陕西户县的人，名叫杨宿，从家乡出来，到巴塘讨生活，他很聪明，很快就学会了当地的藏语，所以土司就派他去中央朝贡。杨宿到了京城之后，把巴塘各方面的情况详细完整地介绍给了皇帝，皇帝很高兴，重赏了他，并给主管巴塘事务的两位土司下了委任状，任命他们为大营官和二营官，并赏赐大量金银财宝。等杨宿回到巴塘，向土司汇报此事，两位土司大喜，被封的大营官将自己的 100 多亩地送给杨宿。杨宿经营这片田地，并在上面修建房屋，这就是现在的"甲印"和"甲空弄巴"。而在巴塘排位第三的贵族拉宗巴还将自己的女儿嫁给了杨宿的儿子。从那时起，原先藏汉不通婚的规定才被打破。① 之后，回族与当地藏族的通婚也随之发生。

和藏族通婚也并不会立即使其信仰改变或者消失，藏传佛教的包容使这些外来回族能够保持他们自身的信仰。然而，一直到了清末，清真寺才修建起来。

根据巴塘地方志书资料记载，巴塘最早的清真寺始建于清嘉庆三年（1798）。当时都师马正品（回族）与巴塘落户经商的马、摆、罗三家（祖

---

① 这个故事是格勒（化名）叔叔告诉我的，他说是一个老人交给他的资料，是关于户县的资料，里面是户县来巴塘做生意的人的故事，想叫他整理一篇关于这个主题的文章。而杨宿就是从户县来的，至于何时来巴，已经无从考究了。

名失传，只留下姓氏，第二代分别是马宝山、摆天才、罗玉贵）在架炮顶买了一小块地，修建了一座小小的清真寺，马、摆两家各捐献水地两亩，作为寺地，土地收入作为所有回族宗教活动的费用。①

清光绪三十一年（1905），凤全事件爆发后，清政府派建昌道赵尔丰和四川提督马维骐率兵征剿巴塘，平息"巴塘事件"。马维骐系云南回族，他在驻守巴塘期间，见巴塘清真寺不仅小，还简陋无比，同时巴塘回族马学富、马光久等人也请求他主持重建清真寺事宜。马维骐除了自己捐献，还以其影响力，化募了相当数量的银两，交予马、摆、罗三家，作为重新扩建清真寺之用。在马维骐的捐助和支持下，一座规模可观的清真寺很快建成，除建有做礼拜的大殿外，前院两边还修了几间厢房，满足了城中二十九户回族的宗教生活需求。当时由伯培阿訇主持礼拜，他去世后，由他的学生伊布然（即马学富）任阿訇，伊病逝后，又由他培养的学徒麻宜任阿訇。

这个规模不凡的清真寺存在了十五年。民国九年（1920），驻巴国民党军队和地方民团在外国传教士的挑拨下，发生武装冲突，即"民九事件"。在战乱中，民团占据清真寺，抵御驻防边军，边军攻破清真寺后，放火焚烧，七十余幢民房在大火中被烧毁，清真寺也在其列，化作一片废墟，回族也无力再修建。一直拖到民国十四年（1925）（也有说民国十二年），川康边防军二十四军第一混成旅第四十二团团长兼城防司令马成龙驻守巴塘，他也是回族，见巴塘的清真寺已经被烧毁，便和县知事刘明哲（此人信奉伊斯兰教）共同商议，召集巴安城内的回族共同募捐，并用筹集的资金，在城区甲日龙购买民房一幢，将其改成清真寺。但由于资金短缺，除装修一间做礼拜用的大殿外，其他照旧保持民房的样子，作为清真寺，显得非常简陋。回族马秋平被指定为清真寺阿訇。此时，因巴塘清真寺的背景非同一般，信教人员增多，可以说此时是巴塘伊斯兰教最鼎盛时期。

民国十六年（1927），余存永（回族，成都人）来巴安任邮政局局长时，看甲日龙民房改成的清真寺简陋不堪，那一带的饮水也不够洁净，又

---

① 彭涛：《巴塘清真寺的兴衰》，《巴塘志苑》1991年第2期。彭涛就是文中所说的马家的第四代，对巴塘清真寺的情况比较熟悉。

比较了架炮顶的清真寺旧址，认为那里环境清静优美，更适宜建寺。他同本地教友们商榷后，大家一致同意将甲日龙的清真寺卖掉，仍在架炮顶旧址上重修清真寺，所缺经费由他负责到成都和康定等地化募。就这样，在清真寺原址的废墟之上，一座两层楼房的清真寺又一次拔地而起，除了礼拜大殿外，还修了三间房屋。然而，当这座新修的清真寺初具规模时，余存永在巴安邮政局的任期已满，不得不离职回成都。一直到民国二十五年（1936），余存永第二次来巴安任邮电局局长，他继续着手修整清真寺，在寺的右侧修了厨房和盥洗间，又扩建了大门和前院的围墙，栽种了果树、花卉，整个清真寺大为改观。

清真寺建寺以来，伯培是第一任阿訇，后来的历任阿訇分别为伊布然（即马学富）、麻宜、马秋平。马秋平任阿訇四年，因不遵守教规（摆赌坊、卖酒等），引起教众的不满，大家撤去其阿訇职务，又从德钦请来马光斗，接任巴塘清真寺阿訇。马光斗任阿訇约十年，病故。其后，巴塘无人懂经，又没有足够经费从内地聘请，因此寻不到合适的接任者。众教友无奈，商议后决定仍然请马秋平再任阿訇。一是因为他毕竟略懂经学；二是因为当时的马秋平生活困苦，无所依靠。大家共议付给马秋平每年薪金24斗粮食（每斗28批），又划出五亩寺地交给他耕种，以便其维持生活。马秋平一直任清真寺阿訇，并居住在寺内，寺属的一部分果木、菜地也由他管理经营。直到他1958年逝世，再没有继任的阿訇，巴塘清真寺也就渐渐停止了宗教活动，后来他的女儿拆掉清真寺，在旧址基础上新修了宅院。至此，巴塘的清真寺随着最后一任阿訇的去世，也画上了历史的休止符。①

## 二　"寺坊"社区的形成

随着清真寺的建成，在巴塘安家定居的回族终于有了自己的精神家园和公共空间，"寺"的出现，必然带动着"坊"的形成，回族"围寺而居"的传统聚居模式在巴塘被复制出来。这些来到异乡寻找生活的人们也

① 彭涛：《巴塘清真寺的兴衰》，《巴塘志苑》1991年第2期。

终于在清真寺阿訇的唤礼之下，逐渐聚集在一起，和这座命运曲折的清真寺一道，进入了巴塘人们的记忆之中，并随着口口相传与文书记载，穿越历史长河，为后人知晓一二。接下来，我会从他们的节庆、仪式、日常生活等方面，来大体呈现早期巴塘回族在"寺坊"模式下的社会生活。

总的来说，早斯的回族在巴塘清真寺所过的宗教节日包括圣纪日、封斋节、开斋节、古尔邦节等，每年这些节日，所有的回族都要参加。平日里每周五的主麻，回族成年男子要到清真寺聚礼。在巴塘，由于回族人数不多，能够公捐的经费有限，因此这些节日并不以他们在家乡时的规模和方式进行。例如原本一个月的斋期，在巴塘逐渐减为十天，最后改为只办三天。圣纪日、封斋节、开斋节、古尔邦节，都是一天就完成的。

根据巴塘县档案馆保存的调查材料[1]可知，在巴塘清真寺的斋节活动包括以下几项。

（1）封斋与开斋。全体回族集中于清真寺进行闭斋，时间从一个月渐减为三天，开斋时前来清真寺的每个人要按规定自带白面二批（约二斤），以供在清真寺聚礼之后，一同聚餐，寺内开支100元左右；礼拜和聚餐之后，每户自愿献"费得钱"和"尼得钱"到清真寺，前者归阿訇，作为其收入，后者分给回族中的穷苦人，算是斋月里的善功。

（2）圣纪日。一天，寺内开支20元，归阿訇收入。

（3）古尔邦节。一天，寺内开支20元，归阿訇收入。

（4）夜头。一夜，寺内开支40元，归阿訇收入。

（5）阿热那。一天，寺内开支20元，归阿訇收入。

上述各个节日，回族男性都要齐聚清真寺内念经。一方面，是巴塘的回族不断努力才实现了清真寺的建成；另一方面，它一经成立，便为其社会生活的聚集和形成提供了最具凝合力的场所，它不仅作为一个宗教场所，为教众提供了公共空间，还在其他层面与他们的社会生活发生着关联。

从某种程度上而言，巴塘清真寺是一个相对独立的组织，它虽是康定回族支会领导下的分会，但它们只是宗教上的关系，在经济上无来往。在

---

① 中共巴塘县工委：《清真寺调查情况》（1957年8月20日），巴塘县档案馆，第107卷。

抗日战争期间，由康定支会通知，曾在巴塘成立"回教救国协进会"，巴塘的回族人均为会员①，但并未同康定支会有过多联系。

1957年8月20日中共巴塘县工委对巴塘清真寺所做的调查显示，当时清真寺拥有旱地25亩，每年收死租60克零4批，折137斤；水地4亩，收死租16克；放债117克，每年可收利息17克零3批；果园收入300元；存现金326元。清真寺内的一切财产由董事三人共同经营和管理，每三年，在巴塘的回族中重新推举三人更换，一直轮流下去。寺内支出除了给阿訇的薪金，每年的各个节日也有粮食和钱款的耗费。清真寺最初修建完毕，只有马、摆两家各捐献的水地两亩，连同房屋，并无其他财产，慢慢发展到后来拥有几十亩田地、一片果园，这在很大程度上是巴塘回族的功劳。阿訇作为清真寺主持寺务的人，是有薪金的，而这薪金便取自回族家庭的公摊。在每年的各个宗教节日之中，这些回族人到寺内念经聚会，自然也会捐献粮食钱财，正是这样的过程慢慢积累起了其寺产基础。经营清真寺的董事用多余的钱财购买田地、果园，然后再以其产出放债收息，如此反复，积累多年之后，清真寺才有了较为丰厚的产业。

清真寺的实力不断增强，加上从起初修寺到中间的历次迁移和重修、扩建，均由中央朝廷的官员出力、扶持，经济势力和背景都很强大，这让巴塘的回族在城中具有比较强势的地位。

1957年的民改调查资料提到，巴塘清真寺附近有一块斜坡地，一直以来都是巴塘回族的公共墓地。巴塘回族死后都葬在那里，外人不许侵犯。可见直到那时，巴塘的回族依然保持着较为独立的自身社会体系，无论在宗教信仰方面，还是在生活礼俗方面，都体现了"寺坊"兼具普通社区和宗教社区的双重特征。作为一个稳定的立体结构，回族的居住模式、职业习惯、婚姻选择、宗教信仰都是这一结构得以存在的重要基础。到了民国时期，"城"与"市"合一，不同群体在其中共居，彼此之间存在着较为明显的界限和分野，尤其是回族群体，他们围绕清真寺居住，主要从事商业活动、屠宰业，并拥有自己的公共墓地，这些都是其"寺坊"社区得以存在的支撑和动力。

---

① 在旧政权移交材料中显示"于民国三十一年农历冬月初十日成立巴塘县救国协进会"之字样。

## 三　回族的离散化

20 世纪 50 年代之后，巴塘清真寺逐渐衰落，最后消失。而"寺"的衰败不可避免地带来了"坊"的解散，巴塘回族的离散化从此拉开了帷幕，传统的"寺坊"模式开始发生变化。二百多年来，陆陆续续来到巴塘这片土地上的回族，先后以不同方式出力而修建起来的清真寺，最终消失了。这或许仅仅是漫长历史的一个瞬间，然而对于一代一代的回族移民来说，他们奋力想在异乡守住属于自己的那份信仰，那个曾经给予过他们神圣而亲切的公共空间消失了，那个将他们凝聚一处、形成异乡家园的场地不见了。那么，他们自己呢？他们将如何安放自身？

我在访谈巴塘的阿旺老人时，听他讲了很多早期回族的生活情境：

> 当时有回族，他们吃牛羊肉，是阿訇主刀、念经宰了之后他们才吃。阿訇主刀后的那些羊肉牛肉信教的人才能吃，街上另外卖的牛肉他们不吃。他们要吃，就买头牛，找阿訇宰了后，大家分了吃，就是这样子的。回族有时候集中宰羊，在做生意的铺面里集中吃。回族人也是种地的，老百姓都种地，外来户进来和本地人结婚，阿訇也是和本地姑娘结婚的，结婚后就有土地了，街上住的回族人都是和藏族人结婚的，都有地了，就种地，搞农业生产。[①]

在当时的巴塘，回族聚集在一起过节，宰牛宰羊是为了过宰牲节或其他节日，也遵守着阿訇念经宰牛宰羊后食用的规定。另外，汉族、回族与藏族通婚在那时已经司空见惯。回族除做生意之外，主要也是依靠农业耕种来维持生活。

在不断努力营造自我群体的信仰空间的过程之中，巴塘回族寻找到了一种超越故乡的宗教认同，清真寺犹如不远处的温暖曙光，召唤他们克服

---

① 2014 年 11 月，在老街的阿旺爷爷家做访谈时我整理的资料。84 岁的他不但整理了自己的回忆录和人生经历，还讲述了他的姑妈在巴塘的美国基督教堂工作与生活的情况，他和哥哥曾跟着姑妈在架炮顶的基督教堂住过很长时间，后来美国传教士离开巴塘时，收养了他的哥哥并带去美国生活，现在他们还有较为密切的联系。

一个又一个困难。从清康熙盛世走到清晚期，他们终于建成了一直以来倾力以求的清真寺，他们小心呵护，尽力经营，小小清真寺凝聚着几代漂泊者对于精神家园的追寻，他们终于能够在异乡找到能够容其大声诵经和用力叩拜的一方天地，这"异乡"终于有望转换为"家园"。然而，社会剧变阻止了这个转换过程，阿訇病逝、清真寺荒废以至于到最后被拆毁改建为民房，来之不易的信仰空间轰然破碎，二百余年来数代回族的苦心孤诣顷刻间化为历史的尘烟，淡淡地飘撒在巴塘之地。他们最终接受了时代赋予他们的命运，在巴塘这片广阔的沃土上，更换一种新的方式，和巴塘藏族通婚。具有包容精神的藏族接纳了他们，同时也接纳了他们的宗教信仰，在一个家庭之中，他们可以分别有各自的信仰。

如果说这是一种历史性的离散化，即早期的这些回族随着清真寺的衰败而不断地与巴塘的藏族、汉族交融，边界渐渐模糊，好不容易形成的"寺坊"社区褪色远去。那么，在 20 世纪七八十年代来到巴塘的新一代回族移民，在这种离散化的基础上，更加散落地生活在巴塘城的老城与新城并立的格局之中，他们的阿訇是游走于家乡和异乡的，他们的清真寺更是流动性的。

## 第四节　当地藏族：从拒斥到接纳

前文记述了汉族、回族进入巴塘的历史背景，并以他们各自营造公共空间的过程来说明他们是如何与藏族互动，并积极融入当地社会生活的。现在的"巴塘人"在自称为"老巴塘"的同时，刻意认同并强调巴塘"传统"社会。然而，外来群体进入巴塘，并融入本土社会，并不是一帆风顺的过程。当汉族、回族最初来到巴塘时，为了在异乡能够生活下去，他们积极营造自身群体的公共空间，进入当地的社会生活。尽管他们进入巴塘是源自清廷对于这个地方的直接管理，或者说是一种自上而下的过程。但是，一旦他们落脚在这片土地，更多的是来自民间的沟通与交往在促使着不同群体的相互交融。到了清末，尤其是凤全来到巴塘，采取的一系列措施，更大程度上触动了当地的社会、宗教与文化根基，导致其被戕害。紧接着清廷紧急应对，派出赵尔丰前去平息事件，彻底的改土归流开始了，先前较为温和的民间沟通与交往模式被这种激烈的上层改造替代，而这种包含着"化"之逻辑的改土归流，也会遭遇拒绝和抵抗。例如"凤全事件"就是冲突较为严重的历史事件，而此次事件所引发的一次群体大迁徙，更能说明这一点，这就是"白马贡事件"①。

## 一　改土归流与出逃

清末，英、俄窥藏，尤其是光绪三十年（1904）六月，英国远征军在荣赫鹏的率领下侵入拉萨，逼迫西藏地方政府订立"拉萨条约"。面对此情此景，清廷决定"经营川边"以"固川保藏"，在康区施行屯垦、练兵、招商、开矿等新政，后援西藏，并决定将驻藏帮办大臣移驻于察木多（昌都旧称），同时命新任驻藏帮办大臣凤全在入藏沿途"就近妥筹经边各事"，"将有利可兴之地，切实查勘，举办屯垦畜牧，寓兵于农，勤加训练；酌量招工开矿，以裕饷源"。②

凤全谨遵旨意，上任入康，于光绪三十年（1904）十一月十八日到达巴塘。他见这里气候温暖，土地肥沃，粮员吴锡珍一年多的试办垦务也成效初现，便在巴塘停了下来，并上奏朝廷"勘办巴塘屯垦，远驻察台，恐难兼顾，变通留驻巴塘半年，炉厅半年，以期办事应手"③。清廷未允准，催促他尽快赴察木多就任，但凤全置若罔闻，开始在巴塘操办屯垦、练兵等事，准备撸起袖子、轰轰烈烈干一场。然而，他对巴塘的社会文化、宗教信仰并不十分了解，陡然进行的一系列新政活动毫无意外地触动了地方势力的诸多利益，尤其是练兵、屯垦和严格限制寺庙权力和僧人数量，让僧俗头人颇为不满。再加上凤全个性张扬、行事张狂，态度又十分傲慢，更是激化了他与巴塘各界之间的矛盾。随后，巴塘民众不时袭击垦场，七村沟的村民甚至在丁林寺僧人的煽动之下，焚烧了茨荔陇（今称四里龙）

---

① 关于"白马贡事件"的前前后后，我是综合了对扎西次仁、格桑尼玛等巴塘老人的访谈、《巴塘志苑》等地方史料以及《清实录》等史料，形成的完整情节。
② 任新建：《凤全与巴塘事变》，《中国藏学》2009 年第 2 期。
③ 任新建：《凤全与巴塘事变》，《中国藏学》2009 年第 2 期。

垦场，驱杀汉族垦夫。①

光绪三十一年（1905）三月一日，终于感知到巨大危险的凤全在巴塘土司的假意欺骗下，决定返回打箭炉，暂避风头。他们一行五十余人行至巴塘城东鹦哥嘴红亭子处，被埋伏在那里的僧人和民众袭击，凤全和随行人员全部被杀。清廷闻讯震怒，下令查办，命提督马维骐率提标兵五营进剿，任建昌道赵尔丰为善后督办率两营续进。② 同年六月，马维骐军队进入巴塘，将巴塘当时的正、副土司（当地人称大营官、二营官）诛杀。赵尔丰八月初抵达巴塘，是时村民仍在僧人带动下负隅抵抗。于是赵派兵进剿，平息了巴塘事变。之后，赵尔丰清查户口和田地，在巴塘展开了系统的改土归流活动。

清政府的迅速反应和强硬手段极大地震慑了巴塘城区及其周边村落的僧俗，而改土归流的系统进行又即将改变其世代累积和延续下来的生活方式，面对无法知晓的未来命运，他们陷入了一种崭新的恐慌之中。

竹瓦寺就位于巴塘城以南不远处。看到丁林寺被焚，竹瓦寺的僧人首领也感到十分不安，因为二寺有着非常密切的联系：巴塘大营官（即正土司）之子曾任竹瓦寺住持活佛。这让竹瓦寺的"相则"（大管家）普楚和"冲本"（寺庙后勤总管）杰比虾拉等首领有一种不祥的预感。因怕受牵连而面临大祸，他们紧急商讨对策。根据当地人现在的讲述，正当他们惊慌之时，一纸"天书"从德格传到寺院。众僧将内容破译，大意为：竹瓦寺将有血光之灾，周围的众生也将遭涂炭，唯有前往净土白马贡，才能避免灾祸，那是个没有争斗、欺压和痛苦的人间乐土，糌粑山洞有取之不尽的糌粑，牛奶泉眼终日流淌着甘甜的牛奶。

僧首经过数日的卜卦和商议，决定遵照"天书"指引，前去寻找圣地白马贡。于是，他们召集周围各村头人开会，公布了"天书"内容，并宣布了决议，规定竹瓦寺僧人必须统一行动，完全脱离亲友的羁绊，一同前往福地。消息很快传遍了竹瓦寺覆盖的亚日贡、白日贡、中咱、雪波、昌波、中心绒、地巫、热思，以及得荣县的茨巫、白松，乡城县的定波、正

① 任新建：《凤全与巴塘事变》，《中国藏学》2009 年第 2 期。
② 任新建：《凤全与巴塘事变》，《中国藏学》2009 年第 2 期。

斗、白巴等村。竹瓦寺的僧人绝大部分来自这些村落，上至七八十岁老人，下到六七岁孩童，家人怎忍心看他们离去而天各一方？于是，村民们决定与众僧同行，一起去寻找白马贡。另有一些家庭，虽无人在寺为僧，但其日常生活的诸多层面早已无法与寺院相隔离，如今僧人离去、寺院解散，他们自认身心无处安放，于是也自愿跟随。

经过一段时间的召集和筹备，他们终于在光绪三十二年（1906）的藏历五月出发了。在当地收集的口述资料显示，当时亚日贡村 40 户人家中，有 36 户离开；白日贡村 30 户中，走了 21 户；中心绒安宁顶村 80 户人家，走了 79 户。此外，中咱、雪波、昌波、地巫、热思等村，得荣县的茨巫、白松，乡城县的定波、正斗、白巴等地，那些与竹瓦寺有着宗教联系的人家，大部分都跟随着这支队伍，去寻找"天书"所指引的白马贡圣地。

这支大规模的西行队伍引起了清政府和官员的关注，清代驻藏大臣有泰所撰《有泰奏牍》的记载如下：

"奴才接据察木多游击转据江卡守备禀称：巴塘所属陆玉竹瓦寺、亚海贡等处番民讹传：藏内新开有白马贡地方，天生福地，五谷自生。愚民惑于浮言，举家偕往，就彼乐土。约计男妇共千余人，相望于道。守备当派把总带领兵丁前赴南墩交界截阻。据番民声称：因本地困苦，生计维艰，不得已共谋远徙，冀以逃命等语。在途行缓，随逐水草，坚意欲赴白马贡。不听开导，非语言所能阻止等情前来。奴才查白马贡在硕板多迤南，计二十余程，本藏属极边之地，界连珞瑜野番，人迹罕到，荒野旷远，惟一高山屹然独立。夷俗崇信佛教，间有二三小民，裹粮前往，朝山礼佛，谓登极乐世界。由来已久。盖白马贡三字出自佛经，系属番语，译言极乐世界。然不过寓言劝世，教人向善。岂有不耕而食，五谷野生之理？乃巴塘番民以刻下生计维艰，聚众谋亡，藉白马贡为隐射，以遂其逋逃之愿。窃恐浮言传播，迤途接踵而来，摇动边徼人心；因之不靖，更可虑者。该番民去无所靠，退无所归，致成失业游民，难保不滋扰生事，关系綦重，后患堪虞。且巴塘甫经剿平，善后未了，正宜乘此羁縻，未可任其流亡他徙。当经奴才一面饬令江卡、乍丫两汛守备开导，并译行商上转饬沿边番官，会同汛弁，极力阻截，勿令过境；一面飞咨督臣锡良，迅饬建昌道赵尔丰派员绕出番民之前拦阻，设法召回，遣归原牧，以安边氓而维大局。奴才为思患预防起见，是否有当？谨附片陈明，伏乞圣鉴训示。谨奏。光绪三十二年闰四月初四日具奏。"七月初九日奉到朱批："另有旨。钦此！"①

锡良在光绪二十九年（1903）调任四川总督后，在四川积极推行清廷提倡的"新政"，同年便在巴塘地区进行拓民垦荒活动。巴塘事变后，他也参与了平息事宜。因此，清廷命锡良迅速查明这次大规模的"番民"远徙事件，并要求他详细汇报结果。

然而，朝廷官员并未有效地阻截这次远徙。藏历五月，正值青黄不接之际，又因行事仓促、准备不足，西行之路的口粮供给成了最大的问题。大部分人家过了金沙江就已经没了食物，只好沿途讨饭度日，若是实在讨不到食物，有的人家就变卖随身所带的物品来换，甚至将子女送人。他们就这样走走停停，用了近一年的时间才走到今左贡一带，他们向当地人打听，但左贡那里的人们根本不知道白马贡这个地名，更没有听说过有着"糌粑洞"和"牛奶泉"的绝妙地方。于是，圣地白马贡的形象在迁徙者心目中开始变得缥缈和虚幻，原先的激情被路途的漫长和艰辛磨灭掉，起初的坚定信念也开始动摇。寺院的一些僧人头目和村落的头人在左贡商讨，但意见分歧很大，以普楚、杰比虾拉为首的发起者们仍坚持要继续西行，以大恩扎拉为首的亚日贡村大恩顶巴家族则坚持返回家园。双方相持不下，协商失败，只好分道扬镳：寺僧及大部分村民继续西行，大恩顶巴家族则从左贡返回亚日贡家乡，还有一部分人拿不定主意，也无力再奔波，便散居在左贡一带，随遇而安。当时的情况，他们还编成了一个顺口溜："不是相则普楚而是败家'碰'楚（败家子），不是杰比虾拉而是报丧老鸦，到了察哇安贡好似鼓上撒豆。"意思是说，败家子相则普楚和杰比虾拉把人们带到左贡，就各奔东西了。

离开家园，西行一年零四个月又二十几天后，大恩顶马家族回到了亚日贡村，一同返回的共有6户，另有几户是乡城定波的，也返回家乡。那

_____
① 吴丰培辑《清季筹藏奏牍》（第3册），商务印书馆，1938，第34~35页。

些继续西行的人到达察隅①后，又向当地人打听白马贡。当地人虽然听过白马贡的传说，却不清楚具体方向和位置，更不知如何到达。线索断了，该如何继续寻找呢？疲惫的人们决定在察隅暂住，一面休养调整，一面继续打听白马贡的具体位置。然而，经过多方查探，他们仍旧一无所获。一些人放弃了希望，他们环顾四周，忽然发现察隅山清水秀、气候温暖、物产丰富，是个适合生存的好地方，就决定在此搭建窝棚，定居异乡，渐渐形成一个村寨，并取名"巴仲"（意为巴塘人村寨），共二十多户人家，大户有马路尼玛、中巴阿普尼、次冈号学、普西顶巴等。他们与随行僧人一同在新的家乡建起寺院，并沿袭旧名，仍叫竹瓦寺。②

## 二 无奈而返

越接近白马贡圣地，"糌粑洞"和"牛奶泉"的神话就越虚无缥缈。富裕的人家尚有能力在察隅安身，那些本就贫穷的人家经过这一年多的奔波，早就一无所有，如何能够在异乡安家。美梦破碎之后，他们唯有背起早已干瘪的行囊，拖着疲惫的身心，踏上漫长的返乡之路。随后，一些僧人也要求回去，寺院首领无奈，只好让他们自行选择去留。结果，年轻的僧人大部分返回，只留下少量年事已高的，加上那些家人已定居察隅的僧人，共留下40余名。他们将竹瓦寺更名为白马寺，以表达最终没有达到白马贡的遗憾以及对圣地的向往，并把白马寺当成巴塘竹瓦寺的支寺（因为那些返乡的僧俗已把昔日的竹瓦寺恢复），认定中巴阿普尼之子登吉为住持活佛。③

谁料，返乡的旅程更为艰难和辛酸。一场虚幻的追逐不仅磨灭了人们的希望和心性，还耗尽了他们所有的物资和财富。他们依旧只能乞讨，或是帮人做工换取食物，就这样一路走走停停，直到六年后，最后一批人才

---

① 即现在的察隅县，东临昌都的左贡县，南与缅甸和印度接壤，西与墨脱县相邻。
② 这个版本的故事是我在巴塘做田野调查期间收集到的，也有其他的文献记载这些人到了雅鲁藏布江下游河谷地带，发现那里不足以容纳如此多的人生存，随即返回，返回的路线经过察隅，后文详述。
③ 他曾任察隅县政协委员等职，1992年圆寂。

回到家乡，那时已经是 1912 年了。

竹瓦寺的僧人返回巴塘后，发现寺院果然已被清官员查封。他们不敢擅自拆封，便在附近的山沟里搭起临时寺院，进行日常的佛事活动。村民们回来后，也同样面临着各种问题。当初离开时，他们将牛羊、房屋、田地或者丢弃，或者赠予他人，哪里想到会有回来的一天。而返回的时间又不统一，原来的房屋、田地、草坡先被未远徙的人占用了一部分，后来又陆续被先回来的家族，尤其是一些大家族瓜分。因此，在大部分人都回来后，围绕房产、田地和草坡发生了一系列械斗，也造成了不少命案。这种状况一直延续到解放后，才算基本平息。

关于此类械斗，巴塘地区现在仍流传着不少故事。巴塘的格桑尼玛就讲述了这样一个版本：

当初，那些朝圣白马贡的人走的时候，跟自家亲戚朋友或邻居说的是：我们的房子不是卖给你们，也不是送给你们，只是让你们住，不收租金，万一在那边没希望，回来还是要住的。土地也是一样，让你们种，不要啥子费用，回来后你们还给我们。这些朝圣者到了之后，发现活佛说的"糌粑洞"其实是山上的石头风化成了白色粉粉，一口两口吃了没问题，但顿顿吃，肯定不可能。"牛奶泉"是啥子嘞？山脚下，有白色的岩石，泉水流过岩石，就成了白色，说是牛奶。这些人到了之后，都晓得是骗局了，有的人就回来了，没回来的就在当地居住下来。谁知道，回来的人想收回自己原来的房子和田地，那些占了的人却抵赖不还。两方开始拉扯，他们先是内部谈，谈不拢，就去寺庙，还是谈不拢。就在这个节骨眼上，巴塘来了个康大人，是清朝的官员，具体名字我忘了，老百姓都喊他"康大人"，巴塘本地的官员给康大人翻译，讲了整个事情的来龙去脉。这位康大人就带着随从、翻译，到了中咱，专门协调和处理。那时候的上中咱有个"得三宁"，房子很大，康大人决定在里面升堂办案。从白马贡回来的人为了胜诉，就凑钱换了几根金条，放在长方形的木盘上，盖上糌粑粉粉，献给康大人。没有去白马贡朝圣的人凑钱买了一匹纯白的骏马，全身上下没有一根杂色的毛，配上漂亮的马鞍，也献给康大人。两相比较之后，聪明的康大人有了主意，升堂之后，惊堂木一打，就判了案子：人家去白马贡的时候，房子留给你们住，土地给你们种，都是合情的，现在回来了，你们把房子、土地都归还，也是合理的。占房、占地的人喊叫：你这个官员偏心，我们不服！康大人说，有谁不服？你们站出来！话音刚落，五个老头子就站了出来，大喊，我们不服！康大人说，把这五个老头子牵出去！砍脑壳！砍完之后，又问，现在还有谁不服？这下，没人敢发表异议，只敢说，服了，服了。这个事情就用这种残忍的手段给平息下来了，双方就是还有怨恨，也不敢再提了。[1]

从 1906 年到 1912 年，这一场前后持续了六年之久、震动到清廷的大规模人口迁移活动终于平息。但是，这一事件带来的影响并没有在短时间内消失。一方面，那些留在察隅的人渐渐形成了新的村落，也就是现在察隅县上察隅镇的布宗村，也称作"巴仲"村（也有人叫"巴巴仲"，意为"巴塘人的村子"）。据说直到现在，那个村子的人在生活习惯、衣着、语言、弦子舞等方面仍保持着巴塘东南区的很多特点，而与当地的其他藏族有较大差异。另一方面，回来的人也念念不忘途中发生的各种事情，他们的讲述代代流传下来，成为一段段特殊的历史记忆。即使到了今天，巴塘南区的人路过察隅时，还要在那里打听过去的事，若是碰巧能遇见个遥远的"同乡"，简直是一件充满惊喜的事情。

于我而言，正是这流传已久的种种讲述，才让西寻白马贡的动人故事呈现出完整的模样。那么，这个让人如此神往、不辞劳苦前去追寻的白马贡，究竟是一个什么样的地方？

## 三　何为白马贡：传说与史料

从自然地理来说，白马贡（Pad-ma-bkod）一般被视为今墨脱县的所在地，位于雅鲁藏布江大拐弯下游，喜马拉雅山脉南麓，自然环境是高山、峡谷、丛林相结合的复杂类型，东、西、北三面环山，雅鲁藏布江自北向南穿

---

① 访谈人：巴塘人格桑尼玛，地点：巴塘县城巴塘弦子广场，时间：2014 年 11 月。

过全境，向南开口，形成马蹄形的河谷地带。《藏汉大辞典》对 Pad-ma-bkod 的解释是："白马冈，西藏自治区墨脱县旧名。"①《卫藏通志》认为白马贡指的是"下波密"区域，包括今墨脱县及非法"麦克马洪线"以南的地区。②敏珠尔呼图克图（1789~1838）所著的《瞻部洲广说》③也谈到了白马贡，称其为妙地大乌坚白玛（gNas-Padma-bkod④）隐秘河谷。

然而，白马贡更多是以一种"隐秘圣地"的形象出现在历史叙述之中。"墨脱"是藏语音译，在藏传佛教经典中作"博隅白玛岗"，意为"隐秘的莲花"。这一名称的得来，与莲花生大师有关。相传，8世纪时莲花生大师受吐蕃赞普之请到藏地弘扬佛法，他骑着天马遍访仙山圣地，发现这里重峦叠嶂、风景秀丽，雅鲁藏布江穿梭其中，山水相连，仿佛一朵盛开的莲花，又形似多吉帕姆（金刚亥母）的仰卧姿态。他遂在此修行弘法，并取名"白马贡"，将其地理形象与多吉帕姆的身体关联起来。南迦巴瓦峰是她的头部，颈部在加热萨地区的甘丹至刀嘎之间，心脏在拉巴登两岸，是诸神会聚之所，右手在布曲赛格拉康，即今林芝市布曲寺，左手在波东曲拉康，手里拿着一个蝎子，右乳是白马希仁河，左乳是工日嘎布山，肚脐是仁青崩，膝部叫地东绕东（在今地东村山头），阴部在更巴拉山以南的仰桑河流域，她的尿液形成了仰桑河，河水圣洁，可治百病；雅鲁藏布江是她的大动脉，境内的三条大河是她的血管；她的衣服笼罩着白马贡大地，衣服下边隐藏着树木、花草和形形色色的飞禽走兽。⑤

房建昌在《福地追寻和圣地导引》一文中也写道："8世纪时，莲花生据说访问了白马贡，从而使这里成了西藏佛教徒向往的圣地。"⑥白马贡的大致位置就被确定在雅鲁藏布江大拐弯处，据说，就藏在雅鲁藏布江上的瀑布背后。富有传奇色彩的英国植物收集专家弗兰克·金登·沃德

---

①　孙怡苏主编《藏汉大辞典》（上），民族出版社，1985，第128页。
②　杨一真：《波密史料札记》，《西藏研究》2004年第3期。
③　《瞻部洲广说》是西藏第一本较为全面地涉及世界地理的著作。作者是青海人，是大通县广惠寺活佛，学问高深，善于钻研，他1799年住在北京，通过向他学习藏学知识的俄国驻京东正教人士，他也得以了解世界。《瞻部洲广说》成书于1820年，参考了许多著作，对于整个涉藏地区的宗教地理所做的叙述比较全面。
④　藏文gNas是福地之意，白玛意为莲花，bkod有布局的意思，佛书译作庄严。
⑤　杨一真：《波密史料札记》，《西藏研究》2004年第3期。
⑥　房建昌：《福地追寻和圣地导引》，《西藏人文地理》2010年第2期。

（Frank Kingdon Ward）一直在探寻这个瀑布是否存在。他在探寻的旅程
中，看到很多康巴人也同样在寻找白马贡。他这样写道：白马贡整个区域
无休止地下着雨，充斥着蛇、野生动物、巨型荨麻，还有无数的吸血蜱
虫、黄蜂、苍蝇和水蛭，人们可能会问，为什么想来白马贡定居？因为在
西藏的预言中，这是一块福地，当他们的宗教受到迫害，他们应该来到白
马贡，这里到处流淌着牛奶和蜂蜜，这里的庄稼不用耕种自己就能生长。①
这个预言与竹瓦寺僧人得到的那份从德格传来的"天书"内容一致，可
见，白马贡作为福地和圣地的传说相当普遍。

正因为关于白马贡起源的传说具有如此浓重的佛教意味，早在 12 世
纪，噶举派著名僧人藏巴嘉热益西多吉已将珞瑜地区的札日山视为山乐金
刚圣地，并开创了名为"札日戎哥"的大型宗教朝圣活动。15 世纪中叶，
香巴噶举派高僧汤东杰布和罗珠加措到珞瑜地区传教，佛教势力在这里进
一步加强。到了 17 世纪中叶，白马贡的名声与传说已经遍布藏地。宁玛派
掘藏师仁增江村宁布以伏藏的形式推出了《白玛科圣地指南》，将白马贡
描绘成人们死后前往的福地，并派弟子仁增堆都多杰到白马贡弘扬佛法。
仁增堆都多杰先抵达波密地区后，做了大量准备工作，规划出沿雅鲁藏布
大峡谷的朝圣路线，称其为"白玛科巡礼路线"②。大约同一时期，五世达
赖喇嘛阿旺·罗桑嘉措派遣身边的门巴族喇嘛洛卓嘉措回门隅、珞瑜地区
传扬格鲁教，并将政教合一制度带到此地，划分出行政区域，设立机构，
统一管理。1780 年前后，八世达赖喇嘛强白嘉措时期，工布地区的藏族喇
嘛干布巴来到白马贡，想在仁青崩山修建喇嘛寺，于此传扬佛法，受到门
巴、藏族的支持。但珞巴人认为仁青崩是鬼山，不能建寺，波密王出来干
预，寺庙方才建成，取名"德旺仁清崩"（中心寺庙之意），俗称仁清崩
寺，由达赖喇嘛和波密王共同主持。③

从莲花生大师第一次指出白马贡这一佛教圣地之后，经过诸教派高僧
大德的不断寻觅、考证、记述，到 17 世纪"白玛科圣地指南"出现，人

---

① Frank Kingdon Ward, *The Riddle of the Tsangpo Gorges*, Edward Arnold & co., London, 1926.
② 房建昌：《福地追寻和圣地导引》，《西藏人文地理》2010 年第 2 期。
③ 吴从众：《西藏墨脱县门巴族的历史沿革》，《中央民族学院学报》（哲学社会科学版）
1987 年第 2 期。

们追随白马贡的脚步持续不断，在历史中也出现了多次寻找白马贡圣地的朝圣和迁移活动。

18 世纪后期，居住在喜马拉雅山南麓错那县、隆子县等地门隅一带的门巴人，由于不堪忍受地方土官的压迫，又遇自然灾害，就离开家园，前去寻找白马贡。第一批进入白马贡的门巴人就是现在墨脱地区所熟知的"门堆朱巴"（意思是门堆村六户门巴人），分别是尖扎、冬德尔、开玛（女）、降措、朱米、索巴多吉（铁匠）。第二批门巴人从主隅等村寨逃出，在贾搬达哥的带领之下，进入墨脱，有一百多户。这些门巴人到来之后，受到当地珞巴人的排斥，于是斗争纷起，历史上称之为"门珞之战"。最后，门巴人在波密王的帮助下击败了珞巴人，成为墨脱人口数量最多的族群，也成为波密王的属民。[①]

19 世纪末到 20 世纪初，西藏和康区的众多信徒也在白马贡圣地的吸引之下，开始了一次又一次的寻找圣地之旅。相对于门巴人迁入墨脱受到波密王的支持，藏族则受到官府的诸多阻挠。英国皇家地理学会会员贝利（F. M. Bailey）和英属印度测量局的测绘员摩斯赫德（H. T. Morshead）是首次进入白马贡的西方人，他们的所见所闻在《无护照西藏之行》[②] 中有详细记载。1913 年，他们从米普开始旅程，探寻白马贡，途中遇见同样前来寻找圣地的人群，但并没有找到，因为白马贡的地理位置是不确切的，仅仅听说那是雅鲁藏布江下游段内的一座玻璃圣山，周围是富饶的峡谷。[③] 贝利与他的同伴在米培发现了一个藏族村落，并在那里住了一个月。其间，头人江措向他讲述了村子的来历，说村民也是被藏族的"天书"预言吸引而来的。贝利在书中说，这个预言曾经出现在法国藏学家、旅行家巴

---

① 房建昌：《福地追寻和圣地导引》，《西藏人文地理》2010 年第 2 期。

② 该书的英文原版发表于 1957 年，是作者 F. M. 贝利根据他在 1913 年 5 月至 11 月在西藏地区从事间谍活动而写成的。他是英国皇家地理学会和苏格兰皇家地理学会的会员，早年在英属印度军队服役，1904 年随荣赫鹏远征队入侵西藏，是印藏拉萨条约的策划者之一。1912 年冬，英军侵入西藏下察隅等地区，派出勘察队对周围地区进行地形勘察，贝利就是在这样的背景下直接受命于当时的英国外交大臣亨利·麦克马洪，以谍报官（即间谍）的身份伪装成探险旅行者，再次潜入西藏，开始了他的"无护照之行"，其目的是弄清楚印度和中国西藏之间的地理状况，给麦克马洪提供地图，便于让后者根据种族和地理状况进行划界，为即将进行的西姆拉会议做技术上的准备。

③ F. M. Bailey, *No Passport to Tibet*, London：Rupert Hart-Davis, 1957, pp. 35–37.

考（Jacques Bacot）的书中：当藏族的宗教信仰遭到破坏时，民众就会到白马贡去，那里是希望之乡，可以找到生活的理想之地，宗教信仰能得以复活，并最终传遍全世界。[①] 这个预言也被其他西方学者记述过，例如美国哈佛大学的哈米德·萨达尔-阿福萨米（Hamid Sardar-Afkhami）也指出，根据佛教的守护神莲花生所提出的古老预言，藏族人相信他们会在这蛮荒之野找到人间天堂，在这个纯净的王国中，到处都有水果和自动长出的谷物，在佛法黑暗时代为信徒提供避难所。[②]

头人江措还向贝利他们说，19世纪初，一批不丹人也被这个预言吸引，迁徙到雅鲁藏布江下游谷地定居。此外，在荣赫鹏远征队到拉萨的前几年，几位喇嘛也从拉萨出发，去找寻白马贡，沿途有很多藏族跟随他们一同前往，但是由于白马贡的实际地理位置含糊不清，他们并没有找到天书中所说的"希望之乡"，就在河谷定居下来。头人江措还向贝利讲述了他所看到的两批迁徙潮流，都发生在1905年前后。第一批有一百多人，从西藏东部各地来到他们村子的河谷上游，从本地人手中买下土地，双方相处还算融洽。第二批是在次年来的，规模更大，约有两千人，来自德格、波密和西藏其他地方，但不少人因为恶劣天气、蚊蝇、疾病、缺粮等原因在途中丧命，剩余的人到达谷地后，发现这些土地并不足以养活这么多人，很多人立刻就决定返回，他们多数向察隅走去，而留下的人用刀、矛等物换取土地耕种。他们在头几年还能和当地人相处融洽，后来纷争渐渐发生，这些远道而来的藏族屡受当地人设陷阱、放火、埋伏、毒箭的袭击，加上对低地势、连绵阴雨天气、吸血蚊蝇的诸般不适应，他们最终无法忍耐，确信不是预言中的白马贡福地，于是在1909年离开。但是，有一百多名老弱病残无力返回，只好留在米培，另一部分年轻力壮者为保护他们不被当地人欺负，也留了下来。贝利还记述了他们在沿途山洞里发现的迁徙者留下的箱子、用具、蒸饭锅、沉重的磨石，以及命丧归途后衣衫褴

① Jacques Bacot, *Le Tibet révolté - Vers Népémakö, la Terre promise des Tibétains 1909 - 1910*, PHÉBUS, 1997.

② Hamid Sardar-Afkhami, "An Account of Padma-Bkod: A Hidden Land in Southeastern Tibet", *Kailash-Journal of Himalayan Studies*, Volume 18, Number 3 and 4, 1996.

楼的累累尸骨。① 房建昌也写道，巴考 1907 年在藏、滇、川交界地游历时，目睹了巴塘民众的那次迁徙情况，除了提到"希望之乡"的预言，还记载了迁徙的民众在途中死于毒蛇和热病的悲惨情境。②

寻找白马贡圣地的朝圣与迁徙活动一直在继续，到了 20 世纪 50 年代，德格和昌都类乌齐的朝圣者，还去往雅鲁藏布江大峡谷探寻。他们翻越积雪的多雄拉山，穿过蚂蟥、毒蛇、毒蜂和猛兽盘踞的原始森林，到达白马贡后，食物所剩无几，只好砍"糌粑树"充饥，这实际上是青棕树，必须经过浸泡发酵才可食用。但这些外来者并不知晓，结果好多人中毒而亡，活着的人不敢再吃，又饿死许多，加上毒蜂、毒蛇的危害，上百人的朝圣队伍，几乎全部丧命，只有几个人死里逃生，才让世人得知了这悲惨的一幕。

白马贡起初的宗教圣地形象，经过不断的具象化，渐渐成为信徒们心中可以抵达的实际地点。从佛经所说的"佛之净土白马贡，隐秘圣地最殊胜"，到"不种青稞有糌粑，不养牦牛有酥油，不用木材可盖房，不用羊毛有衣穿"的更具体所在，人们相信那里藏有通往极乐世界之门的金钥匙。于是，白马贡从虚幻的宗教圣地，逐渐过渡到现实地理中可觅的生活乐园，这一转变足以让众多的信徒背起行囊，义无反顾地踏上寻觅之旅。这种"虚幻"和"真实"也是相互强化的，白马贡圣地的盛名召唤着信众，而信众一次次真实的探寻，反过来亦强化了其圣地意象。

白马贡既是一个地理概念，更包含着藏族宗教上的诸多期待、向往和幻想，有关它的朝圣指南和导引——《白玛科圣地指南》在为之增添了更多的神秘色彩之外，也给了人们追寻圣地的勇气和信心。

如前文所述，有泰奏牍中"巴塘甫经剿平，善后未了，正宜乘此羁縻，未可任其流亡他徙"的说法，佐证了巴塘地方史料有关寻找圣地白马

---

① 〔英〕F. M. 贝利：《无护照西藏之行》，春雨译，西藏社会科学院资料情报研究所，1983，第 18~19 页。
② 转引自房建昌《福地追寻和圣地导引》。巴考生于 1877 年 7 月 4 日，1907 年从扬子江流域游历至康区，1909~1910 年返回扬子江流域，其间他游历了康区及印度北部，1913 年至 1914 年及 1930 年至 1931 年，他两次在喜马拉雅地区游历。1921 年，44 岁的他任巴黎大学高等学院讲师。1936 年，59 岁的他任该学院研究指导部教授，同时也是巴黎亚洲协会会长。1965 年 6 月 25 日去世，享年 88 岁。

贡这一迁徙事件的说法。有泰所言的"剿平"针对的就是光绪三十一年
凤全被戕的"巴塘事件",而"乘此羁縻"则预示了赵尔丰后来在巴塘
进行的改土归流活动。有泰也略做考察,认为白马贡不过"属极边之
地……荒野旷远,惟一高山屹然独立",只偶尔有少数信徒前往朝拜。
这一说法在《无护照西藏之行》一书中得以印证,"白马贡宗是个沉闷
单调的地方","人口罕见",一年中最有生气的时候是香客朝圣之时,
香客于 3 月 14 日到来,15 日绕瀑布转经,16 日返回,其间能够簇拥着
三五十人,而一到冬季,景象就凄凉不堪,只有一个人留下来看管牦牛,
两个喇嘛看守寺庙。①

　　对比《清实录》、《有泰奏牍》和《无护照西藏之行》对寻找白马贡
的迁徙事件的描述,时间和地点都能够相互重合印证,《无护照西藏之行》
虽未明确指出有来自巴塘的迁徙者,但他屡次提到"西藏东部"的藏族,
也能佐证一二。因此,巴塘远徙白马贡的那一批人极有可能在江措所说的
第二批两千多人的迁徙者之列,他们之中多数到了谷地即刻决定返回,而
返回时又经过察隅,这与巴塘地方史料、老人讲述的"察隅的巴塘村"又
能够相符,因为路经察隅而被那里温和的气候、肥沃的土地留住脚步,是
合情合理的。

　　史料、口述、目击者的记载都分别从不同的视角涉及这次迁徙,巴塘
本地人代代口传下来的白马贡朝圣故事,被史料、奏折和西方旅人的记录
证实、扩充,而且在细节上也更加丰盈。本土视角和外来视角相互补充,
让这次白马贡事件的整体逐渐呈现。回过头来,思考前文提出的问题,他
们为何要逃离?这需要进入当时的社会历史背景中去考察。

## 四　从拒绝到接受

　　前文所述的巴塘事变呈现了宏观社会背景如何影响着巴塘的地方文化
格局。凤全奉圣谕来到巴塘时,他的野心与一系列果断的改革措施,将地
方社会带入中央政权史无前例的直接管理中。而当凤全大刀阔斧地实行宗

---

① 〔英〕F. M. 贝利:《无护照西藏之行》,春雨译,西藏社会科学院资料情报研究所,
　1983,第 90~91 页。

教政策改革时，当地人感受到了外来政治经济力量的强势进入，这即使不会暂时造成当地文化逻辑链条的崩裂，也至少会引起巨大改变。当地的宗教和政治首领，固然要考虑自身的既得利益，一旦原来的社会文化逻辑发生颠覆，他们的恐慌与愤怒自不必言。经过充分考量，他们选择"解决"凤全，为自己而战，以告诫凤全所代表的中央力量。此情此景，暴力抵抗不可避免。凤全死后，清廷必不善罢甘休，命赵尔丰带着剿办的任务和改变一切的势头，再入巴塘。如果说历史上的羁縻政策是对萨林斯所谓"并接结构"① 的实践，那么，这次的大刀阔斧的改革则超出了"并接"的限度，因为当地人并不愿意完全"化"在对他们而言是"他者"的文化逻辑之中，这种文化上的"消化不良"促使他们逃往自己的"文化典范中心"，在那里找寻安全感和归属感。而作为佛教圣地意象的白马贡刚好为他们提供了这样一个"典范中心"，于是，他们受着自身宗教信仰的导引，去寻觅亦"真"亦"幻"的圣地。那"真"，是镌刻在他们心中的永恒归属之地，是他们所有勇气和力量的源泉，是他们"之所以为他们"的基础；那"幻"，却让他们在途中受尽苦难，甚至失去生命，让他们永远无法在现实的地理上抵达。

　　然而，能不能在现实中寻找到圣地，对于信众或许并不是最主要的，因为圣地总是难以抵达。金登沃德（Frank Kingdon-Ward）说，很多种族都有自己的福地和圣地，而这样的传奇之地必须是难以触及和到达的，它们隐蔽在重重障碍之后，普通人难以接近。② 在某种意义上，正因难以抵达，人们更相信其神圣性，并不断地探索各种各样的指路地图和经书。地图有不同的形式，其中一种就是朝圣指引路线图，这也源自藏族的地理观念和自然认知，他们总是将地理与其宗教信仰紧密联系，例如神山、圣湖、名寺总是用于地理的表达。这一情况早已有之，后以噶举派的实地修行为主角，宁玛派的伏藏与其相辅，围绕着神山、圣湖、名寺的巡礼指南和宗教朝圣导引，出现了不少书籍，并在藏族社会中非常普及。因此，白马贡在成为一个地理概念后，也更包含着藏族宗教上的诸多期待、向往和幻想。有关它的朝圣指南和导引——《白玛科圣地指南》，在为之增添更

① 〔美〕马歇尔·萨林斯：《历史之岛》，蓝达居等译，上海人民出版社，2003，第89页。
② Frank Kingdon-Ward, *The Riddle of the Tsangpo Gorges*, Edward Arnold & co., London, 1926.

多神秘色彩的同时，也赋予人们追寻圣地的勇气和信心。朝圣者在寻找白马贡的过程中历经磨难和考验，但这让他们更确信自己在接近福地的路上。同时，这种追寻，反过来又进一步强化着这类指引书籍的可靠性和神圣性。

人类学的民族志研究相信，即使在偏远的地区，其社会也是外向的，这种外部性为作为整体的社会提供了整合的可能。"白马贡"的存在为巴塘藏族提供了一个可以想象却不可见的遥远形象，这也是社会内部面临危机时求助于"外"的行为，尽管这个"外"恰恰是他们心"内"所向往之处。通过对"外"的依赖，形成一种对"上"的敬仰，白马贡的神异世界成为巴塘藏族心中的"纯洁圣地"。

这源自藏族的宗教信仰，对他们而言，宗教与自己的社会生活已经丝丝入扣地相互嵌入。对圣地的追寻，已成为他们生活和生命中的重要部分。战争、灾害和其他可能为其带来动荡和灾难的一切事物，都会促使他们背起行囊，离开家园，开始一段也许没有结果、没有退路的漫长旅途，这既是他们的朝圣，也是其生命的必要组成部分。对于这批"出逃"的巴塘藏族来说，他们既是朝圣者，更是出逃者。然而，圣地难以抵达，他们只能回归现实，返回家乡，面对已经发生的剧变，只能将房屋、田地、财产相关的纠纷，全都交予清廷官员去判案，他们甚至在官员升堂之时，采用朝堂上颇为流行的贿赂方式，以期赢得官司。这至少在某种层面表明，他们终于在另一种文化逻辑中"安顿"下来。于是，转眼之间，那一场轰轰烈烈的圣地巡礼就变成了"历史"。在探索"典范中心"失败后，他们不得不重返家园，再度"消化"外来文化，似乎终于"并接"成功——但也很难说是"成功"，因为文化逻辑和社会环境在整体上已发生了改变，或许只能理解为一种"妥协"。总之，他们的"理性"与"非理性"都能够在朝圣中得以呈现，这一切，都是在他们的文化逻辑和意义图式下展开的。

巴塘藏族的寻找白马贡实践与事件，发端于自上而下的行政治理，然而对于广大民众而言，他们在社会文化的规制之下，不断地展开着自身的行动，书写着当地独特的历史轨迹，为政治史的一贯路径增添了更多实在和鲜活的内容。

从整体观来看，这种上下互动共同展开着巴塘在特定时期的社会历史图式：来自中央的上层力量将政治和军事权力下沉，并演变为制度前提，而地方民众则基于自身日常实践去理解和吸纳这种"外部性"带来的变革。这种强调上下关联的历史带有明显的实践性，民众对事件的参与、讲述、记忆和理解都是这种实践性的持续呈现，而将地方民众置于历史事件的细节之中，并通过长时段的政治经济过程对此历史提供背景与底色，能够为理解区域社会的历史提供更加丰富的层次，有助于从动态和互补的角度更有效地看到区域社会的历史变化。从出逃，到回归，从拒绝"化"，到接受另一种文化安排，巴塘经历了又一次更高程度的内外交融过程。

## 第五节 "外来者"成为"巴塘人"

比较汉、回进入巴塘的过程，能够发现其背后的逻辑和经历具有相似之处。清真寺的衰落标志着回族转化为"老巴塘"，正如关帝庙的衰落意味着汉族成为"老巴塘"的一部分。两者背后具有相同的文化内在逻辑和过程：外来人群进入巴塘，先是通过营造各自的公共空间，围绕它们形成各自的社会生活，而在此过程中，通过与本土群体的持续互动，在不同文化逻辑的相互调适与适应中，形成多元混杂的局面，开启一种新的城镇格局，正是这种融合之下的"新"，成为"老"巴塘的传统和历史。如此看来，格勒所念念不忘的"巴塘已死"究竟死的是哪一个，更值得追究。

### 一 "巴塘人"的形成

格勒所追忆的黄金时代，不过是多种外来文化碰撞之下的交集或者合集，"新""老"只是相对的，"生""死"也是如此。按照他的说法，巴塘早就已经"死了"，不断生成中的"新巴塘"才是"老巴塘"的坚实基础，这个转化依赖的是包括汉族和回族等不同群体的持续融入。而其融入恰恰是以他们努力营造的公共空间的衰落为前提的，他们用自身的文化主动性去抵御"边界"上的文化吸纳或者文化同化，并在公共空间上不断地以周期性的仪式和庆典去强化自身的认同，然而终究抵挡不过一个交融的结果。他们渐渐不再是最初的自己，而是被其他的文化逻辑吸纳，并转化为新格局的一部分，而这个新格局则被后来者铭记为"老巴塘"。因此，前文所论述的"老巴塘"格局实际上是经由汉族、回族等外来群体的不断进入而逐步形成的。

若比较早期进入巴塘的回族与现在生活在巴塘的这批回族，情形也大为不同。第一批回族最初来到异乡讨生活，交通和信息的不便利让他们与家乡失去了紧密的联系，所谓思乡，只能是一种形而上的抽象。他们要积极地融入巴塘的本土社会之中，并为此辛勤努力，在安身立命的同时，努力将自己的信仰带入以藏传佛教为主流的巴塘。从清代至民国的不短时期内，在中央政府官员自上而下的推进下，他们终于建立起自己的清真寺。围绕清真寺的一系列仪式活动和周期节庆，让他们成为巴塘城镇生活的重要组成部分。然而，随着清真寺的衰败和消失，他们最终成为"老巴塘"的一部分。相比之下，20世纪80年代的新一批回族来到巴塘时，经过了民族识别及其带来的城镇藏族化过程，即使早期来巴塘的回族和汉族等群体经过与当地藏族的数代共同生活，也开始逐渐形成对自我藏族身份的认同和强调，同时那种自上而下建立汉族和回族公共空间的社会条件已经荡然无存。因此，当新一批回族踏上这片土地，来进行商贸活动的时候，情况已经完全改变。没有清真寺，没有阿訇，尽管他们努力营造，不过是规模很小的临时礼拜点。尽管也进行周期性的聚会，但他们已经注定要在"封闭"的"自我群体"之中孤独生活。除了在商品往来方面，他们无意，也无法更多地融入巴塘的社会文化之中。他们的根还在遥远的家乡，与故土的联系紧密而又无所不在。他们也不可能再像自己的先辈一样积极地融入、无所畏惧地开创，他们只能是他们自己。而正是因为如此，巴塘城区的现实区位格局才呈现出"老巴塘"与"新巴塘"（甚至"非巴塘"）的并立特征。

正如格勒所说，这第二批回族并没有对巴塘地区造成什么文化方面的影响，他们是做买卖的生意人，目的就是赚钱。但第一批回族与差不多和他们同一时期来到巴塘的汉族，却给巴塘本土带来了非常重要的文化影响。

首先，他们为现在所称的"巴塘人"（或者说"老巴塘"）输入了重要的人口成分。除上文中对扎西次仁的家族史所做的追溯之外，其他一些家族迁入巴塘的历史也能够说明这一点。例如格勒，他祖上姓刘，爷爷辈原先是陕西户县的商人，清末随军经商，辗转到康定，之后又一直向西，来到了巴塘，与巴塘本地的藏族姑娘成家后，定居于此。这位藏族姑娘，也就是格勒的奶奶，非常能干，又有经济头脑，重视土地，经过不断的经商，积累资金，购买田地，一跃成为当时的新贵。据格勒说，当时巴塘的一些本地贵族也要常常向他们家借贷。此外，寺庙举行各多节法会时，会设置一些座席，邀请城中比较有身份的施主，而格勒的爷爷也跻身被邀之列。也是这种经济地位的不断提升，社会声望的累积和加深，这个藏、汉结合的家族在后来不仅仅出现了一些高僧（格勒的舅舅曾是一位非常有名望的高僧），还因为有足够的经济实力、重视教育，培养了不少有学识之人，比如格勒的父亲曾在西北大学任藏文化研究方向的教授，对藏学研究做过许多贡献，也翻译过不少藏汉著作。

还有以匠人身份进入巴塘的一些人，也渐渐在巴塘与本地人通婚，组成家庭。主要包括石匠、木匠、银匠、皮匠等职业，尤其是皮匠，人数不少，来到巴塘之后，还成立过"皮匠会"，入会的人要定期支付一些费用，作为举行聚会之用，或者会内成员有了难处，就用这个钱来应急。林扎西的爷爷就是皮匠，他来到巴塘的时候还是十几岁的小伙子，给别人当学徒，学做皮匠伙计，吃了不少苦。当学徒不用付费，但是要承担师父家中的很多家务活，刚进门的时候，师父也不教什么手艺，就是天天帮师父家里扫地、做饭、担水、劈柴，甚至还要帮师娘带娃娃。就算是几年下来，学了点手艺，想出师，自己单干，师父也不放人，还得继续留下帮师父干活。林扎西说，他的爷爷为了出师，能自己做生意，狠了狠心，把家里的一口大铁锅背到师父家里，这才愿望达成。出了师，才能自己干，攒下钱，才有资本娶媳妇儿，他的爷爷就是这样在巴塘立了足，成了家，繁衍了这几代人。

实际上，现在巴塘这些"带姓的"老巴塘，追溯他们的家族史，历程没有太大的差异，大多都是随军商人、手艺人在异乡寻找生存机会。当然，也包括一些兵士，随军驻守在巴塘之后，有的在这里成家落户，军队回撤，他们不忍妻离子散，也就留了下来。例如张定西，他的父亲就是跟随刘文辉的二十四军来到巴塘的。当时来到巴塘后，这些士兵都要承担垦田种植的任务。张父在巴塘成了家，后来刘文辉从巴塘撤走军队，他并未离开，才有了这个家族。因此，有一次张定西与邻居发生冲突，后来吵架升级，被邻居骂作"逃兵家的烂娃娃"，这让他异常生气："就算我老汉儿是逃兵，和我有啥子关系？又不是我能决定的事。"

从这些不同的家族史来看，这些外来者在此处安家之后，走上过日子的正轨，他们原先的家乡渐渐成为记忆中模糊的符号。因为从第一代定居之后，后面的几代很少能够再重新回去故乡看看。尽管现在有一些人总想打听一下自己祖上的情况，或者有条件的翻翻志书，但真正大动干戈地回去寻根的，也只有被认为特别"耿直"的贺曲批。他祖上是陕西户县的，而他也真的去户县打听寻找了，并找到了那个地方，但是没有亲戚，或许有，也早断了踪迹。他找到了故乡，却仍然要重新回到巴塘生活。这次寻找只是他用一种更为明显的方式在提醒着家族曾经历过的那次迁徙，仅此而已。因为他们早就成为巴塘的一部分，他们所自称的"老巴塘"身份是他们更为真实的体验和认知，而这是在他们日复一日的重复生活中得到的。

其次，外来者成为"巴塘人"的过程，也是为当地带来不同文化影响的过程。从饮食文化来看，巴塘不仅以各类面食为主，而且烹饪方式极其讲究，在对食物的储存、分类、处理等方面，深受汉、回族饮食文化的影响；诸如结婚和办丧等仪礼、节日庆典、习俗禁忌等方面都呈现出藏、汉混合的特征；巴塘城区的藏语中保留了大量的汉语借词；更为重要的是，巴塘城区及其周边的生计方式也因为外来群体的到来，发生了深刻的变化，放牧转换为农耕，很大程度上为上述饮食、礼俗等方面的改变提供了依据。农耕为主的生计方式仰赖于人们对水的管理与使用技术的发展，而用水的智慧和技术很大程度上来自汉、回等族，甚至是更早的纳西族。因此，有必要对巴塘城区的水利发展历程做一个大致的回顾和叙述，这是外来群体对本土社会所造成的文化影响中，非常重要的一个方面。

最后，早期汉族和回族进入巴塘对当地的生计方式也带来了深刻影响。例如早期的"八十家汉商"（也包括回商）在巴塘的生计方式是各种各样的，例如从内地购入针线、茶叶、布匹、农具及其他生产生活用品，在巴塘销售，再收购虫草、贝母、菌子等地方特产转销到内地；做泥瓦匠、木匠、铁匠、银匠、皮匠、裁缝；或者从事屠宰、餐饮、小食品加工等行业。这些商户和当地藏族不断联姻，逐渐偏重农耕，把内地较为先进的农耕技术传入巴塘。早期巴塘作物限于芫根、萝卜、苦荞、青稞等很少几种，而汉族、回族则带来了更多的品种进行试种和推广。到清末，巴塘已广泛种植葱、蒜、韭菜、芹菜、茄子、辣椒、莴苣、瓜、豆等，还引进了苹果、桃、李、杏、梨、葡萄、石榴等多种果树。民国时期，在"八十家汉商"基础上发展起来的汉族、回族在生计方式上已经发生了较大改变。从事农业的有24家，皮匠兼务农的21家，木匠兼务农的4家，银匠兼务农的5家，缝纫兼务农的3家，教师兼务农的3家，通司（翻译）兼务农的3家，务农兼任军政汉文师爷的2家，务农兼做厨师的2家，务农兼营理发的1家，务农兼从事屠宰业的1家，酿醋兼务农的1家，烤麦芽糖兼务农的1家，守水磨兼务农的1家，缝纫业1家，木匠1家，补碗补锅的1家，酿酒的1家，专任县政府汉文师爷的1家。统计下来，专事务农和兼事务农的合在一起已经高达72家，占总户数的90%多。① 可见，到了民国时期，昔日的"八十家汉商"其"商"的色彩已经逐渐变淡，他们从最初专门从事商业（含手工业）与当地人进行经济交换、互通有无，到后来在生计方式上与当地藏族逐渐靠拢、彼此嵌合，这表明汉藏双方在经济生活上的融合逐渐完成。②

接下来将从水利发展的角度，对汉族、回族等外来群体对巴塘生计方式的影响展开详细的梳理和呈现。

## 二　生计方式的改变：从水利视角看③

以放牧为主的生计方式转向农耕占主导，汉族、回族等外来群体起了

---

① 江安西、李明忠：《巴塘财神会的由来及其影响》，《巴塘志苑》1985年第4期。
② 翟淑平：《跨越、连接与交融作为中华民族共同体的生成逻辑——以四川巴塘汉藏共生关系为例》，《北方民族大学学报》2023年第1期。
③ 参考翟淑平《水以载史——从水利视角看巴塘城镇史》，《西北民族研究》2017年第4期。

重要的作用，甚至还可以追溯到更早期的纳西族。巴塘城区保留下来的不少堰渠能够为此提供证据。它们拥有自己的名字，"呷"在巴塘话中是水渠、堰渠的意思，例如"巴呷"就指的是巴塘人修的水渠，"甲呷"指汉族修的水渠，还有"洋呷"是洋人修的水渠。这些简洁的名字反映了丰富的内容，而它们修建的历史过程也反映着不同群体来到巴塘，通过对水的引导和应用，带给巴塘包括耕作技术在内的更广泛的影响。因此，厘清巴塘水利的历程，就能够明白外来群体是如何改变了巴塘城区的生计方式的。

## （一）"在野之水"

结合巴塘志书和民间流传的说法，巴塘城区一带最早的正式且成规模的水利设施出现在明末，是以堰渠的形式出现，保留至今，当地人称之为城坝渠，或者城坝埝。据《巴塘县志》记载，该渠"从巴塘城东的曾然通巴久曲北岸引水，经日堆后分别向西流经老街到巴久曲河曲汇合口，向北流经扎金顶下至里塘工，全长 2400 米，灌溉面积 1500 亩"[①]。很显然，这条渠的长度与灌溉面积是现今的情况，不过堰渠的源头、大致走向并无大的变更。这条渠的修建年代无文字可考，不过据民间传说，是在明隆庆二年（1568）至崇祯十二年（1639）修建的。这一时期，是云南丽江纳西族木氏土司攻占并管理巴塘的时期。木氏土司派一大臣驻扎巴塘，以巴塘为中心建立得荣麦那（得荣）、日雨中咱（中咱）、察哇打米（盐井）、宗岩中咱（宗岩）、刀许（波柯）等五个宗（相当于县）进行统治。纳西族崇尚农业，尤擅稻米种植，因此对于水的引导与管理，不但具有较高的技艺，也颇为热衷。当木氏土司派遣大臣前往巴塘地区管理当地民众时，也在建立的各个"宗"内迁入不少纳西族人。直到现在，白松乡（原属于巴塘辖区，后来归入得荣县治）留下的数量众多的纳西族后人，还保留着稻米种植（尤其是红稻米种植）的习惯。根据巴塘城区的老人回忆，巴塘田坝也曾种植稻米，而稻米的种植对于水的需求较为严格，因此修建堰渠才是周期性供水的保障。所以，志书记载的城坝渠"相传为明隆庆至崇祯年

---

① 四川省巴塘县志编纂委员会编纂《巴塘县志》，四川民族出版社，1993，第 144 页。

间修建"，并不是毫无凭据。纳西族进入巴塘，随之带来了稻米耕作技术，而巴塘的巴曲河东岸有大片的平坝子，开垦虽易，灌溉却需要较为完善的水利设施。巴塘的水资源来自巴曲河与巴久曲河两条河流，而巴曲河从东往西水势渐弱，从地势较高的河流北岸引渠，并分为两路。一路从东向西，沿着现在的老街，为居民生活区提供生活用水，然后汇入巴曲河与巴久曲河交汇之处。另一路向北经扎金顶、里塘工，又入田坝，灌溉着大片的田坝。

巴塘有一个流传很久的说法，"香卓工巴"，字面意思为"外来的放牧者"。至今在城区，如果看到模样似乡下人的"牛场娃"，人们仍会以"香卓工巴"来称呼他们。巴塘的老人认为之所以有"香卓工巴"的说法，说明存在着"巴塘本地的放牧者"与之对应，因此巴塘的平坝原先是放牧之地也是情理之中。而有关巴塘这一名称的来历，其中的一个传说版本是"绵羊声坝"，具体而言，在巴塘平坝这个水草丰美的地方，突然出现了一只神羊，"咩咩"地叫了起来，"咩咩"在巴塘话里发音为"巴"，而平坝在巴塘话中叫"塘"，"巴塘"之名就得自这个传说，而羊与放牧是紧密联系在一起的。可见，巴塘最初一直是以牧业为主要生计方式的。但这并不能说明巴塘本土没有水利设施，因为只要有人居住，就会发生人与水之间的一系列关系。从河中引水，便于日常的人畜之用，不过这些基于生活用途的用水设施一般规模较小，多以家户为单位，即使数家共同出力，共同使用，也并不能超过自然村落的范围，形成较大的水利格局。

木氏土司的进入打破了这样的局面。纳西族擅农耕，拥有一整套完整的农田技艺，对于水和土地的规划、使用，必然会紧随着他们征战的步伐，被传入其辖地之内。水利灌溉是农耕的基础，留存至今的城坝埝便是在那样的情况之下修筑而成的。尽管并没有确切的书面记载可以证实巴塘田坝的稻米种植是纳西族所引入的，然而巴塘流传着一种关于稻米的说法，认为大米是最珍贵、最高级的粮食，因为种植稻米的工序多且复杂，产量又低。"若是没有种植过稻米，又怎么有这么深刻的体会和感慨呢？"巴塘的老人不无感慨地说。

在巴塘南区的一些地方，至今仍有一些田地被称为"觉"，因为是

"觉巴"（纳西族）所垦之地。在"农业学大寨"时期，当地人们依然利用"觉巴"所建的堰渠放水浇田，将水头提高之后，原先的沟渠仍可达到灌溉要求。可见，"觉巴"对于水的引导和供应具备相当高的水平，经过数百年的风雨变迁，依然没有丧失灌溉功能。

纳西族木氏进入巴塘，给当地带来了深刻的变革，是农业耕作技术全面而系统地被引入巴塘的开始，打破了巴塘牧业生计方式的主导局面。城坝埝可视作一把开启这段历史的水利钥匙，经由纳西木氏对水的引导、控制和使用，地方社会历史所发生的演变得以彰显。

据现存的史料记载和巴塘流传很普遍的一种说法，巴塘古为白狼国，在唐乾封二年（667）被西藏吐蕃王朝收归为吐蕃之地，宋代对藏地采取"归者收纳，乱者不讨"的放任政策，元代的"土官治土民"土司制度，都让巴塘处于中央王朝的政权管理之外。明代延续元朝的土司制度，巴塘归属"朵甘卫指挥使司"，松散的归属关系并无明显变化。直到明隆庆二年（1568），云南丽江纳西木氏土司攻占巴塘并派大臣驻扎巴塘进行管理，先前长期存在的松散关系被打破，而巴塘之地才开始被给予直接和紧密的管理与经营。木氏派往巴塘的大臣在那里修建了坚固的官寨，让这一地区具备了"城"的特质，为其后来的"城市"身份开启了道路。然而，这种由松到紧的统治管理策略，并未结束巴塘游离于中央政权之外的局面，它仍然处于一种"在野"状态，因此纳西木氏所修建的水利设施引导的仍是一种"在野之水"。

## （二）"化内之水"

明崇祯十二年（1639）年底，青海蒙古族和硕特部首领固始汗受五世达赖喇嘛之请，入康灭白利土司，然后南下打败木氏土司，结束了后者在巴塘71年的统治，巴塘转而受和硕特部所辖。清康熙三年（1664），西藏达赖集团占领巴塘，并在康熙四十二年（1703）派第巴前往巴塘统管大小事宜。康熙五十六年（1717），西藏第巴桑结嘉措勾结蒙古族准噶尔部策妄阿拉布坦攻入西藏，杀死固始汗之后代拉藏汗，造成西藏动乱。清政府会集川、陕、滇三路大军征剿准噶尔，噶尔弼为定西将军，岳钟琪为副将，于康熙五十八年（1719）五月二十四日抵达巴塘。第巴陀翁布投降，并随军招抚乍丫、察木多、洛隆宗等地，八月，拉萨被清军收复，西藏大定。[①]

至此，巴塘归属清廷管理，正式纳入中央版图。清政府为图西藏安定，开始大力经营川藏南线，最终打通了这一"官商大道"的各个环节。巴塘不仅是这一通道的重要站点，且因其地处川、滇、藏三地的结合处，深为清政府重视。雍正四年（1726），川陕总督岳钟琪奏请清廷将巴塘辖内的奔子栏、祁宗、喇普、维西等地划归云南，清廷命四川提督周瑛、云南提督郝玉麟和都统鄂齐于邦木和南墩之间的宁静山划界，将南墩以西至硕板多划给达赖喇嘛，以东之巴塘、理塘划入四川，以南之中甸、阿墩子划归云南。巴塘正式归属四川辖区后，清廷立即于雍正六年（1728）在巴塘设置粮台，并设粮务委员 1 名，由清廷委派州、县流官充任，与土司政权并存，昔日木氏土司在巴塘所建的官寨更名为皇华城，因其所储存和周转的粮草，均为皇家处理藏事、稳固西藏之用。

这一时期，清廷逐渐在川藏南线沿途设置驿站、台站、塘汛等设施，为处理西藏事宜打通道路，巴塘作为"路过之地"的形象也从这时渐渐形成。清廷尚无在此地屯垦种植、征纳军粮的意图，因此巴塘地区的农业耕种水平仍保持在纳西木氏经营之后的状况，水利设施并未进一步得以发展。这一状况一直延续到清末光绪年间。

其实自 19 世纪中期起，西藏与康区的一系列事件纠纷就已经促使清政府加强对康区的管理。光绪三十年（1904）英国入侵西藏。为防止英军以西藏为据点，经由康区，渐侵内地，清廷开始严密控制康区局势。

驻藏大臣有泰接受锡良"将驻藏帮办大臣的驻地由拉萨迁到察木多（昌都）"的提议，且比锡良更进一步，要增加昌都的驻军来增强清政府在当地的影响。锡良提倡的温和治藏策略不为清政府满意，在后者的不断施压之下，一系列改革举措被大力推进，其中就包括在巴塘建立一块 200多亩的试验地，在上面发展农业、商业和采矿。清政府在巴塘的屯垦事宜自此正式开始。屯垦之事在《锡良遗稿》中有较为清楚的记载，第一册载，四川总督锡良奉上谕"有人奏，川藏危急，请简员督办川边，因垦为

---

① 四川省巴塘县志编纂委员会编纂《巴塘县志》，四川民族出版社，1993，第 54 页。

屯，因商开矿等语，著锡良察看情形妥筹具奏"①。锡良于 1903 年 12 月 17 日复又上奏，一番诉苦之后，称"自打箭炉以外，五谷不丰，兵米全由转运，实对国防不利"，遂遵旨在"土性沃衍，宜于垦种，气候温和"的巴塘平原"先兴垦务"②；1904 年 5 月 18 日，锡良又奏，"因垦为屯已在实施之中，该处土司等尚未梗阻"③，他已令当地文武官员在巴塘平原、巴塘镇郊外开荒屯田。凤全就是在这样的背景下接替前任驻藏帮办大臣桂霖，循旧例前往察木多就任。当他在光绪三十年十一月十八日抵达巴塘后，看那里气候温和、土地肥沃，就改变了主意，不再继续西行，而是一再逗留，并于当年十二月二十一日上奏《请限制喇嘛寺人数》《勘办屯垦请变通驿驻折》，在等待上谕期间，已经开始着手所奏之事。在锡良屯垦的基础上，凤全规划在未来"一年间约可成田一千余亩"，以期"将来以岁入之租，养防边之勇"，并视之为"国防之急务"。④ 凤全在其奏折内也称："前经督臣锡良饬派该台粮员试用知县吴锡珍，驻防都司漳腊营参将吴以忠试办开垦，一年以来计开成熟地三百余亩。"⑤

然而清政府并没有批准凤全的折子，而是催促他赶往昌都上任。但是无论是留在巴塘继续实行他的抱负，还是到昌都上任，凤全都没机会了，因为在光绪三十一年三月初一，利益被触动的巴塘僧俗头人设计杀死了凤全。这就是震惊朝廷的"乙巳凤全死亡事件"，也有称"巴塘事件"或"凤全事件"的。这一事件作为导火索，直接引发赵尔丰在康区实行改土归流，在他颁布的《巴塘改土归流章程》中，对土司头人、土司制度、寺庙经济、土地制度、税收、粮食负担、社会风俗、乌拉差役等方面做了重大的改革。⑥ 赵尔丰也看到巴塘土地肥腴、气候温暖、物产丰盛，就大力鼓励垦荒，先后招募垦夫五百多人，在巴塘开辟近千亩田地，修筑堰渠五百余丈，兴修水车，制成适于溪水灌溉高坡山地的筒车。他还引进先进的耕作方法和技术，从内地购进铁制农具，在巴塘设立农业

① 吴丰培编辑《清代藏事奏牍》，赵慎应校对，中国藏学出版社，1994，第 365 页。
② 吴丰培编辑《清代藏事奏牍》，赵慎应校对，中国藏学出版社，1994，第 360 页。
③ 吴丰培编辑《清代藏事奏牍》，赵慎应校对，中国藏学出版社，1994，第 405 页。
④ 吴丰培编辑《清代藏事奏牍》，赵慎应校对，中国藏学出版社，1994，第 1275 页。
⑤ 《德宗景皇帝实录》（第 541 卷，第 59 册），中华书局，1987，第 1274~1275 页。
⑥ 马菁林：《清末川边藏区改土归流考》，巴蜀书社，2004。

试验场，引进水稻、玉米、荞子、小麦、土豆、高粱、大豆、菜籽等优良品种，试种出莴苣、菠菜等十余种蔬菜，并推广了这些农作物的种植技术，提高了生产技术和人们的生活水平，使巴塘呈现出一派"百谷繁荣、绣纯如云；而道途宁静，商贾辐辏，荒地开辟，移民亦日多"[①] 的兴旺、繁荣景象。

赵尔丰所修的这条渠称为下埝，又名"道冉呷"或"巴麻垮呷"，从虎头山脚引巴曲河水，经扎西干各、昌堆顶，到道冉，全长4500米，主要灌溉区就是赵尔丰招募垦夫所开垦的田地。直到今日，此渠仍在使用，水量充足，渠顶牢固，水流平稳。虽已年久，但经过1981年和1989年的两次修补加固，这条渠仍在发挥着灌溉作用。

从康熙年间巴塘正式归入清廷版图，到赵尔丰改土归流取得显著成效，巴塘终于成为中央政权紧密联系的行政区域，而下埝则是其后的第一项颇具规模的水利设施。如果说是纳西木氏将农业耕作技术系统地带入巴塘，使巴塘地区具备了农耕的前提，那么可以说，清末的改土归流才使巴塘真正走上农业快速发展的道路。巴塘的水和土地随着生活其上的人们一起，被"化"在中央政权的管辖之下，"化内之水"在堰渠中流向四方田坝，为清廷的边防重任贡献自己的力量。尽管不久之后清政府的统治被推翻，帝制中国时代结束，然而巴塘地区的农业发展脚步并没有因此而停留，这"化内之水"透露出来的地方管理思维也在延续。民国二十七年（1938）12月13日，筹备许久的西康建省事宜终于有了结果，西康省成立，刘文辉任主席。刘氏在赵尔丰改土归流经营康地所取得成效的基础上，继续锐意经营，如整顿吏治、开矿山、办农场、兴学校、团结僧俗大众、移风易俗等。[②] 巴塘不仅因其重要的交通、军事地位，还因其温暖的气候、平坦开阔的地势，成为刘氏经营西康的重要地方，其地域内的另一条堰渠就是在这样的背景之下修建的。

这条堰渠名叫上埝，因其位置在虎头山较高位置，相对于山脚的下埝和山腰中间的中埝（稍后会单独叙述）而得名。巴塘本地人又称之为

---

①　杨仲华：《西康纪要》（下），商务印书馆，1930，第345页。

②　廖华西：《刘文辉治理西康的实践及其思想评述》，硕士学位论文，四川师范大学，2011。

"甲呷",意思为"汉堰",就是"汉族所修之堰"。堰渠是在载石洞①堰渠的基础上,由西康省第三保安司令兼816团团长傅德铨主持,在军民共同的努力下修建而成。直至现在,当地还流传着傅德铨招募巴塘本地人阿乑,去解决引水修渠中的诸多难题等传说。该渠引载石洞水绕虎头山腰至架炮顶新垦殖场,为垦田灌溉和垦户生活用水之用,渠长2300米,水量颇丰,解放后经过数次兴修,又延长至洛布通顶,至今仍在使用。

赵尔丰改土归流时期所修的"下埝"和刘文辉经营西康时期所修的"上埝",承载着一段浓缩的巴塘历史。通过这两条堰渠所修的过程,我们能够看到巴塘从康熙年间归入中央版图,到一步步被用心经营,真正成为版图内的重要行政区域的社会史演变过程,而这个过程也是"在野之水"向"化内之水"的隐喻转换。

（三）"社区之水"

19世纪下半叶以来,西方各国势力逐渐进入西藏并东移至康地,希望以传教为手段,将自己的力量向康地逐渐渗透。当时巴塘的西方势力以法国为主,仅在巴塘地区及其周边就设有三处天主教堂。然而其传法过程并不顺利,屡受巴塘当地僧众的阻挠,自进入巴塘,先后发生5次教案,其中一次是"凤全事件"中两名天主教士被杀,此后法国传教活动逐渐退出巴塘地区,在离川藏大道稍远的盐井一带偏安一隅。② 这时美国基督会势力进入巴塘。当时恰逢改土归流之际,赵尔丰积极引入现代科技与文明,在垦边的同时,大力发展医药事业,并允许传教士传教。有这样的政策支持,美国基督会传教士史德文（Albert Shelton）等人于1906年到巴塘考察。他们发现巴塘地处康藏腹地,连接康藏,具有非常重要的战略地位,且对于现代医疗有着强烈的需求,更难得的是还有一个较为宽松的传教环境。因此,史德文开始着手筹备并与巴塘僧俗头人沟通,还从美国邮购建筑和医疗物资,在1908年从打箭炉迁往巴塘,将传教点命名为"华西巴塘

---

① 载石洞,又叫"曾然通",意为三家村,因凤全来巴屯垦之时,在现在的三家村一带只招募到三家垦户,故得名。
② 刘传英:《巴塘藏族反教卫国斗争史略》,四川人民出版社,1993。

之西藏基督教差会"（Tibetan Christian Mission，Batang，West China，TCM），这也是 1950 年前距离拉萨最近且活动时间最长的基督新教差会。[1]

宣统三年（1911），史德文向巴塘粮务局租借架炮顶荒地 30 亩（后经开垦、购买，增至 100 余亩），议定每年的租银为 60 两，并沿山筑围墙与外分隔，内修两座三层洋楼，一座华西医院，以及两层洋楼数所，康式楼房十余所，专供洋人及教育人员居住，还有花园、草坪、菜圃、运动场、树林、池沼、养畜园等。在 1911 年至 1913 年，外籍男女牧师及其家属居留者达 30 余人，教徒 30~40 家。1922 年史德文在传教途中遇伏击受伤致死，美基督教总会于次年又派马德勒来巴塘，并经官方允许，在二营官寨的"永租地"修建礼堂 1 所。巴塘的纳卡阿西尼、玛吉村也将城内零星地皮以藏洋 5000 元"永租"给基督教会，用作修建教堂与宅基地。民国十四年（1925），基督教会又在城外购得耕地 95 亩，交予教民耕种；到民国十五年（1926）基督教在巴塘达至最鼎盛时期，有教徒 100 余人，另收孤儿 83 人，学生 80 人；同年 6 月，美总会又派罗福德来巴塘接替基督教教会工作，先后增派漠尔士、哈德、邓昆、杜加、皮得省、贝尔义、余明生、吴师帮、杨恩（女）等 30 余人到巴塘分别办理教务，设立学校、医院、孤儿院。同时分赴宁静、昌都、盐井、德钦等地进行基督教的传教和发展活动。那时的巴塘已成为康区基督教传教中心。[2]

然而，架炮顶地势较高，并无水源可用。为了解决教会成员的生活用水，满足教区的医院、学校、孤儿院等用水问题，史德文雇请巴塘本地人员从曾然通巴曲河边引水，经虎头山腰，流至架炮顶。因为处于虎头山腰中部，所以称为"中埝"，当地人因为是洋人所修，又叫它"洋呷"。美国基督教会在架炮顶打造出了一个具有自我边界但同时又要主动融入巴塘社会的社区，他们所修建的"中埝"为这一社区提供了水资源。经过基督教会的不断打造，他们在架炮顶的社区规模渐渐变大，来巴塘定居的传教士数量也越来越多，他们往往是整个家庭一起迁至巴塘，生活与传教也密切结合在一起。由于传教活动是在医疗、教育、收养孤儿等形式的掩盖下进

[1]　Douglas A. Wissing, *Pioneer in Tibet: The Life and Perils of Dr. Albert Shelton*, New York：Palgrave Macmillan, 2004, pp. 50, 99.

[2]　陈达娃：《巴塘县城区医药卫生事业的发展概况》，《巴塘志苑》1984 年第 4 期。

图 7-2　巴塘的灌溉渠：上埝、中埝和下埝（翟淑平拍摄，2015 年）

行的，巴塘僧俗民众更容易接受。

　　总之，美国基督教会在架炮顶的社区一方面形成了完整的自我共同体，另一方面与巴塘地方社会持续不断地进行着多元的文化交流，给后者带来了多方面的影响，一定程度上促进了巴塘的医疗、教育、文化事业等方面的发展，彰显了巴塘社会和文化的开放与包容。历史远去，当年的基督教会、华西医院、华西小学、孤儿院等共同营造的社区已经无踪可觅。然而，他们修建的中埝依旧承载着汩汩流水，诉说着那一段历史。有了水的浸润和浇灌，如今的架炮顶树木成荫、农田成片、民居密集，呈繁荣之象。昔日的"社区之水"打通了美国基督教会与巴塘社会的交流之路，时至今日，已经相融交汇，成为巴塘社会自身历史演进的一种无法抹去的印记。

（四）"新政权之水"

　　自明代纳西木氏在巴塘修建了第一条堰渠城坝埝起，巴塘的水利设施正式出现，后经清末改土归流、西康时期的进一步经营，已初步形成了水利系统的大致架构。这是与巴塘城镇格局的形成相互呼应的，其中原因在于人、水、土地形成的交错关系，沿着漫长的时间之轴，体现在特定空间之中。随着新政权的建立，在原先的架构之上，巴塘的水利系统又一次得到发展。

巴塘历史上从未设过专门的水利管理机构，直到新中国成立后，巴塘县人民政府在 1959 年 10 月建立了县农牧科，监管全县的水利建设。1969 年 10 月，县革委会生产指挥组下设水利组，1974 年 1 月，又改水利组为巴塘县农机水电局。1983 年 10 月，县政府将县农机水电局分设为巴塘水利电力局和巴塘县农机局，1984 年，两局合并为县农机水电局至今。

新中国成立以来，在全国性建设热情的激发之下，巴塘农业被赋予极大热情，加之人口剧增，水利设施在新成立的水利管理机构的不断经营之下，得以继续完善，在原有水利框架的基础之上，不少堰渠陆续建成。

1972 年，甘孜州州委在巴塘进行整建社试点和全县“农业学大寨”运动中，着手筹建“大寨渠”。他们计划从雅哇区党巴乡鱼卡通村对面的巴曲河引水，经黄草坪、杠洛、四里龙至吓桑卡村（河西村），全长 23 公里，并计划在堰渠所经之地开垦荒地 1200 亩，以便就近浇灌，已有的耕地 130 亩、果园 900 亩，都计划用此渠浇灌。为完成此工程，巴塘县革委会成立了“大寨渠工程指挥部”，派遣两名水利工程师会同革委生产指挥组水利组，共同测量、设计，并从城关区前进、团结两乡抽派民工，于 1973 年 6 月正式动工修建。施工中不顾质量，造成渠道底坡不一，多处积水不畅，渠底纯系沙土，无防渗能力，边墙水泥浆勾缝也不严，边坡稳定性差。1981 年 4 月，渠道修通后，从党巴乡进水口引水到杠洛用了一个星期的放水时间，还有 20 个人守护。水流到杠洛也只能浸湿渠底。经县农机水电局 1981 年 4 月 29 日检测，此渠未达到使用要求，未竣工验收。但当时没有资金再行补修，只好停建。大寨渠从动工到停建，历时 8 年，国家投资 479000 元，城关区投入劳力 301400 个，按当时每工日 1.4 元计算，折合劳务投资 901000 元。修建中挖土方 233000 立方米，开石方 166400 立方米，耗水泥 500 吨，钢材 11 吨。现在，该渠的前段，即进水口至黄草坪一段可以通水灌溉一些果园。[①]

东风渠，修建于 1971 年，从鹦哥嘴的曲之格乃坝子下引巴久曲水经东隆山达烈士陵园，全长 4000 米，灌溉面积 200 亩。该渠由革委生产指挥组

---

① 四川省巴塘县志编纂委员会编纂《巴塘县志》，四川民族出版社，1993，第 145 页。

水利组测设，团结乡东风二队组织民工修建，渠道比降为 4%，过水断面 50 厘米×50 厘米，引用流量 0.2 立方米/秒。1987 年，国家补助水泥 10 吨，县自来水厂对该渠的中段进行混凝土防渗处理 200 米。

红军渠[①]，修建于 1972 年，由前进乡干部勘测、设计，并组织前进大队民工修建，国家在火工产品方面做了适当补助。该渠从鹦哥嘴登格扎浪引巴久曲水经鹦哥嘴，沿东隆山、扎金顶至独角龙，全长 7000 米，灌溉面积 210 亩。1977 年在该渠中段的滑坡地带安装了 36 根 144 米长的铸铁管道过水，满足了耕地的灌溉。1980 年国家补助水泥 50 吨，在其滑坡地带的管道后面浇筑混凝土防渗渠道 2000 米，改善灌溉面积 60 亩。1984 年，该渠进水口段在修鹦哥嘴电站时被土石淹没 400 米，因而现在该渠引水改用鹦哥嘴电站压力前池的溢流水。1990 年红军渠由省政府"以工代赈"转款补助 60 万元修复原进水口，并用混凝土对渠道进行防渗护面处理，在滑坡地段安装铸铁管道，以改善灌面。

团结渠，位于松多乡的吉恩龙村下，从莫西的宗依龙村 1 公里处西曲河引水至松多村，全长 7000 米，灌溉面积 400 亩。该渠于 1973 年由县革委生产指挥组水利组测设，松多乡吉恩龙村和松多村组织民工修建。

除了新修的这些堰渠，原先分散在各村的一些水塘，也在水利部门的维修和扩建下，极大地增加了蓄水量，扩大了灌溉范围，被纳入巴塘的水利系统之中。此外，提灌工程也在解放后大量出现，水轮泵提灌、电力提灌、柴油机提灌等设施的不断增长，除了为农业灌溉提供便利，还为养殖业的发展奠定了基础。同时，这些不同形式的水利设施与不同时期修建的堰渠一道，在巴塘的历史上，第一次形成了完整、系统、严密的水利设施网络。

解放前，巴塘的水利设施均以水渠为主，规模有限，且水渠又多以自然村落为单位修建。虽然城坝渠、下埝、中埝、上埝是跨村落的堰渠，由于并未设立专门的水利管理机构，民间多以家户为单位，按照田地面积，采取共同摊派劳力、共同修建和维护、轮流放水、不收水费的自发管理方式。新政权建立之后，在专门的水利管理机构的监管之下，原先的自发管理方式退出历史舞台，而这种"新政权之水"从此就处于行政力量的精密

---

① 东风渠、红军渠、团结渠相关材料来自《巴塘县志》和我在巴塘田野调查期间所获得的资料。

管理之下。

## （五）水与巴塘

巴塘水源充足，却又主要集中在几条大河之中，如何应用是重要问题。农耕文明在巴塘发展和壮大，得益于纳西族、汉族的先后进入，更是因为巴塘被一步步纳入中央政权的管辖之内。从康熙时期归入清廷版图，到清末的改土归流，再到新中国成立，一条条先后修建起来的堰渠，见证着一段段历史的发展。这些外来者将更多的农耕技术带入巴塘，其中包含着对水的引导和使用，主要体现为堰渠的构筑，让集中于大河之中的水，渐渐成为四面八方延伸的网络。随着水流空间上的延伸，人的流动与交往也在发生，城区和农田交互在一起，形成了巴塘地区的独特空间格局。换言之，时间经由这些与水有关的建筑形式，转化为可见之物，在特定的时间横断面上，各条堰渠与水塘带着各自见证的历史，构成了特定的空间格局。因此，在巴塘的水利设施之上，一方面能够看到时空实现了某种结合与统一，另一方面水利的空间格局为巴塘城区的发展奠定了基础，最终形成了巴塘城区的空间人文格局。巴塘的各个堰渠、水塘在不同的历史时期出自不同的群体之手。他们在自身文化逻辑之中，对水做着不同的引导和应用。本是自然之物的水便在不同文化的浸染之下，附带了不同的特质，水与历史的关联便在这一地区的水利设施中，得到了充分的展现。此外，这些堰渠所见证的历史都是一段段不同群体的交往史，层累式的水利工程，隐喻着巴塘地区的历史过程。而其中，文化的交融和交流也在发生，不同的民族群体，在水的流动之中，逐渐形成了巴塘多民族和多元文化交汇的局面，这正是其地方性、文化性的独有历史发展路径。[①]

## 三　生成性的身份认同[②]

从汉族、回族进入巴塘并与当地藏族交往交融的过程来看，经济交换

---

[①]　翟淑平：《水以载史——从水利视角看巴塘城镇史》，《西北民族研究》2017年第4期。

[②]　这部分内容参见翟淑平《跨越、连接与交融作为中华民族共同体的生成逻辑——以四川巴塘汉藏共生关系为例》，《北方民族大学学报》2023年第1期。

和生计方式互补为他们和当地藏族提供了共同生活的物质基础，通婚使其联结为更紧密的姻缘和血缘关系。在此基础上，他们在日常生活的具体和细节方面相互靠拢、彼此渗透，形成密不可分的共生关系。而正是赖于生活层面的具体交往和联结，抽象的文化交融才能够持续地推进，进而在情感和心理层面引发出一种我者的认知，达成身份认同的灵活性和超越性。基于长期共同生活形成的亲缘关系、地缘关系、业缘关系，以及姐妹会、青年会、同岁会等群体关系，在某种程度上都是对于现代民族身份的一种超越，这种更为综合和灵活的身份认同正是因为历史上长期共存和共生而不断生成的。

具体来说，如何将不具备"天然凝聚力"的零散汉族、回族移民和巴塘当地藏族整合为表征在"巴塘人"名称下的共同体，需要细化多层次的认同生成。这个复杂的、多元的认同体系是在相互叠加中不断生成的。首先是地域认同，外来者和本地人在同一空间相聚，他们分享共同生活的智慧，在同一片土地上劳作、生活，外来者不断地"化外为内"，而本地人也努力地"转生为熟"，双方最终达至一种共享的"地方感"①，进而形成一种地域认同。这种感知和认同源自日积月累的共同生活实践，一旦认同形成，又会反过来强化人们在生活中的相互靠拢。其次是文化认同，在日常生活的共处和交流之中，他们在生活习俗、婚姻、祭祀、仪式、节庆、信仰等方面相互吸收与融合，形成一种复合性的文化特征，共享于这些群体之间，久而久之就成为其共同遵循的文化逻辑。再次，对于外来汉族、回族来说，他们还要处理家族认同（原乡的家族史记忆以及与巴塘藏族通婚后形成新的家族）、社区认同（在经济交换、婚姻缔结、生活互补等层面与当地藏族形成的地域性社区）。对于当地藏族而言，他们要处理的是如何将这些外来者纳入其地方社会，如果说汉族、回族移民要实现"由外而内"的转变，那么他们则要完成"化生为熟"的过程。这是双方在长期共同生活中的一体两面，是基于空间跨越、社会联结、文化融合这一整体过程而历史性地达成的作为巴塘人的共同体意象。最后是最关键的民族认同，这与

---

① 〔美〕段义孚：《空间与地方：经验的视角》，王志标译，中国人民大学出版社，2017，第1页。

民族国家的建构以及 20 世纪的大规模民族识别有关，基于较长时段而逐步形成地域认同和文化认同的巴塘人经历了一次彻底的身份认同变革，民族身份的获得使其在国家语境之下，形成了对藏族、中华民族、国家认同的统一。

多重身份认同的形成是自上而下和自下而上的双向关联和互动，汉族、回族移民进入巴塘多是政治和军事方面的原因，而抵达巴塘后的本土融入却要依靠底层力量的具体生活实践。因而，情境性和灵活性的身份认同生成也是一个统合了外部和内部、主观和客观的综合过程。巴塘的多重边界使其成为一个自然和文化交汇的通道，为多元民族群体在其中的互动提供了前提。他们在搁置分立、求同存异中不断结合成一个共同体，而"巴塘人"的身份确认和认同建构就是在这个过程中完成的。这种动态的、灵活的相对认同，显现出文化的杂糅性与复合性如何体现在不同民族群体交往交流过程中及对具体生活实践和自我身份界定的认知中，这是兼容他者的生存智慧和社会德性。而共同体的形成并不是为了消除差异，而是在一种文化复合性[①]的格局中智慧地对自我和他者关系进行结构化处理，让其形成一种相促相生的"生生"局面。

总结起来，除了巴塘建城早期的纳西族、蒙古族，还有清初汉族、回族不断进入巴塘，他们通过营造自身的公共空间，融入当地社会，并为它带来各方面的文化影响，在与当地群体相互交往之中，为现在所称的"巴塘人"注入了外部力量。如果这只是从个别或是局部出发，来说明现在被视为共同体的"巴塘人"所具有的历史性与多元性，或者说，是从历史的局部去说明巴塘城现实格局之中，"老巴塘"所具有的多元混杂。那么，若是回到第六章巴塘城历史脉络，更进一步进入历史的纵深之处加以探寻，就会发现，巴塘从建城之初，就开始了多民族群体的不断交流和交融。从巴塘城的历史脉络来看，纳西木氏官员最早建"城"，带来的纳西族属民居住在城外，与当时的巴塘本土人共居一处，即使蒙古族赶走纳西木氏，接管巴塘，仍留有一部分属民在巴塘生活，而此时掌管巴塘的蒙古族也派有蒙古族属民驻巴。因此，这些纳西族、蒙古族也是构成现在"巴

---

① 王铭铭、舒瑜编《文化复合性——西南地区的仪式、人物与交换》，北京联合出版公司，2015，第 2 页。

塘人"的早期成分。清廷直接管理巴塘之后，汉族、回族也不断进入巴塘，为"巴塘人"增添着外来的成分。甚至可以说，巴塘是一座由外来者创造的城镇，而且随着他们的不断创造，他们渐渐汇合在一起，构成了今天混融的"巴塘人"。

# 结　论

## 一　在城镇历史脉络中书写多民族共生和交融

从巴塘城历史脉络和巴塘人逐渐形成的历史过程来看，不同民族群体逐渐带给了巴塘丰富的多元性。首先是纳西木氏土司派官在巴塘修建军事城堡与官寨，开启了巴塘"城"之历史。数量不少的纳西族属民随之进入巴塘，和巴塘当时的本地藏族共居一城。纳西族的城、藏族的寺庙构成了两大中心，城内与城外的并立是这一时期的总体区位格局。随后，蒙古和硕特部赶走纳西族木氏，接管纳西族官寨，又有蒙古族随军进入巴塘。这时虽然纳西族木氏官员已撤走，却也留有些许纳西族属民在巴塘，这一时期，巴塘本土藏族、纳西族、蒙古族共居一处。之后，藏族接管巴塘，派西藏地方官员第巴来巴塘管理，巴塘进入"第巴雄"时期。第巴在巴塘修建官寨，属民则围绕官寨而居，第巴的家庙逐渐成为巴塘城区共同敬奉的公庙，其护法神成为城区保护神。同时，随第巴而来的藏族与纳西族、蒙古族以及巴塘本地藏族共同生活在巴塘城。巴塘旧属吐蕃，本就与西藏有共同的宗教基础，第巴到来之后，也较易保存藏文化为主体的格局。一方面，纳西族、蒙古族与当地藏族相比不占优势；另一方面，蒙古族本身也信奉藏传佛教，宗教上的靠近使其更容易融入巴塘本土藏族之中。清廷直管巴塘之后，将第巴收归，改为土司，还直接委派清廷的官员到巴塘任粮务官，与土司共同执掌巴塘事务。数量众多的汉商、回商随军来到巴塘，他们先是在异乡相互抱团、经营生意，然后逐渐借助经济往来、通婚等方式更深入地与本地人结合，给原先已经具有纳西族、蒙古族成分的巴塘藏族注入了更多元的因素。到了清末，赵尔丰在巴塘改土归流，从内地招募大量的商人、垦户、工匠、士兵、文人，并鼓励他们与本地人通婚。因此，这些外来者很快就融入当地，为早期已经形成的藏、汉、回等不同民族相互交融的局面增添了更多外来力量。"巴塘人"就是经过以上这些过程的叠加而逐渐形成的。民国时期的进一步强化，更让他们有了一种共同的历史记忆和地域认同。

巴塘城的历史与"巴塘人"的形成呈现的是一种历史的多元。这双重的多元性是现实与历史的交汇，因而是相互关联的。在现实中看到"非藏"之下的多元，是能够在巴塘城区所经历的历史情境之中寻找原因的。例如，现在巴塘城区的纳西族除了有一部分从历史早期就留存在巴塘，虽然不断地被藏文化影响，却也能够保留一些自己的文化特征。而数量更多的另一部分便是从白松乡来到巴塘城区的。白松作为纳西族聚集区，也是来自明代纳西族木氏管理巴塘时从丽江带来的属民。又例如，汉族、回族在历史早期不断进入巴塘，然后逐渐融入巴塘人之中，成为我们现在所说的巴塘藏族的一部分，并将他们的家族史以及共同拥有的历史记忆存留下来，造就了巴塘开放的、多元的形象，这是吸引后来的汉族、回族进入巴塘的重要原因。和巴塘县城的公务人员接触时，我发现他们很多都是通过参加公务员考试从内地来到巴塘工作的，有的待的时间长了，就在巴塘安家。问及他们为何会选择巴塘，除了巴塘海拔低、气候好、地方好，还有非常重要的一点，就是巴塘很早就有众多汉族人到来，教育程度高，出名人，所以较为开放和包容。我与甘孜州其他县区的人谈及这一点，他们也持同样的观点。

近代以来，尤其是新中国成立之后，在民族政策的引导之下做出民族身份认定，巴塘城历史上所历经的多元性在一定程度上被当地人对于藏族民族身份的接受和强调所掩盖，因而巴塘作为藏族城镇的形象也会较为明显地呈现在现实的观察、言说和构建之中。在本书的开头，我讲述了在巴塘城区流传的众多关于巴塘城的创世神话、夏邛神话、神山神话，反映了现在的巴塘人对于自身起源的一种认识，以及他们所经历的信仰过程。根据他们的讲述，巴塘地区最早的人类从雅鲁藏布江流域东迁而来，是吐蕃王朝统治下的，他们的神话传说用佛教逻辑解释自己供奉的神山，并将生活其中的城镇视作佛教神鸟夏邛的化身。很难说这些神话传说是何时起源、经过了多长时间的流传，然而，直到现在，人们还在不断地往上增添新的东西。

巴塘的治所以夏邛为名是在很晚近的时候，根据在巴塘调查的结果，大约在 20 世纪 80 年代之后。随即，鹏城的说法开始大为流行，人们更是将巴塘城区坝子的地形与佛教神鸟琼鸟相联系。如前文所述，巴塘人会说，从西山观望，巴曲、巴久曲和巴信呷三条水流能勾画出向东展翅飞翔的鹏鸟形象；若从东隆山顶或拉玛多杰山顶往下看，这只鹏鸟就是向南飞翔的。而这种种为神话寻求现实脚本的做法也一直在延续。

2015 年夏天，我已经完成田野调查回到北京，扎西大叔打电话跟我讲了一件事。他说，巴塘的一位老人从尼泊尔带回来一只半米长、类似利爪的弯形角质物件，上面竟然显出藏文"夏邛"的字样。这位老人认定这便是夏邛神鸟的爪子，又考虑到巴塘城就是夏邛神鸟变来的，就不顾儿子反对，坚持把这爪子带回巴塘，供奉给康宁寺。老人从尼泊尔带着这个弯刀一般、镶着银子的"夏邛爪子"，回到了巴塘，郑重地献给了康宁寺。寺庙的主管将它安置在佛堂之内，供巴塘僧俗前去朝拜，也满足他们期盼目睹圣物的心愿。从照片来看，那是一只类似牛角质感的弯刀形物件，长半米左右，从上到下，由粗渐细，但细处已经没有了锋利之态，整体也有裂缝，因此四周用银丝箍紧，点缀以小银钉。

自然，谁也无法证实这就是佛教神鸟的利爪，甚至可以说，他们并没有去证明的念头。那个在尼泊尔碰到此物的人，看到它像一只爪子，或许是出于对家乡巴塘的思念，就随手写了"夏邛"字样在上面，而转到了后来者的手中，就加上了一些基于这两个字所激发的情感。加之巴塘与琼鸟的那种关联，他们最迫切的心愿是要保护此物，将它平安地护送到家乡，供在佛殿里，这才是最为保险和妥当的做法。夏邛的爪子，自然要回到夏邛的身上，夏邛重新拥有了自己的利爪，为巴塘驱魔降妖，守护平安。这样一来，本书开头所说的巴塘神话就被现代的叙事续上了，成为完整的环节，而鹏城巴塘与夏邛神鸟的关联被述说得丝丝入扣。

非常有意思的是，表现为现代叙事和现代构建的神话故事，与我在本书中试图解析的"老巴塘"这一名称以及名称之下的群体，有着相同的逻辑。"老巴塘"人的自我身份认同很大程度上也是一种现代神话构建和叙

结论图-1　夏邛神鸟的爪子（扎西次仁拍摄，2015 年）

述的框架。

　　巴塘创世神话勾勒出巴塘地区所经历的原始信仰、苯教信仰、藏传佛
教宗教史历程，以夏邛神鸟化作巴塘的神话叙述，让这一地区彻底被藏传
佛教的神性光芒所笼罩且不断地增加着新的内容。例如这只偶然得来的夏
邛爪子，又如在巴塘城区的微信朋友圈里传来传去的巴塘城区卫星图。从
某一个角度来看，卫星图中的巴塘城区宛如一只等待腾飞的大鹏神鸟，双
翅威武，身形灵动，就连头和嘴都十分精致。他们早就毫不怀疑地接受了
自己的家园就是神鸟化身而来的土地的说法，并以夏邛来称呼自己的土地
和家园，任何有关夏邛的圣物自然不能流落在外，他们用夏邛的雕像去镇
妖驱魔，为夏邛编出动人的歌谣和优美的舞步，在传讲神话故事的同时，
也用各种各样的行动去为这个故事编写注脚，为的都是将巴塘城与夏邛建
立起直接的关联。

　　这是巴塘人对自我历史的一种认识，哪怕夹杂着想象的成分，也依然
珍贵且重要。而同样的历史认识在"老巴塘"的身份认同之中，也能够看

出来。他们以"老"来宣称一种深厚或久远的历史，以表明自我对于巴塘城区的一种主人公身份。为了让这种"老"具有可信性、合法性，他们通过社会生活的方方面面践行，在自我和他者之间建立一种明显的边界，更通过一种明确得稍显武断的方式，将"老巴塘"等同于"巴塘人"，而将他者直接排除在"巴塘人"之外。然而，他们所不愿意接受或者有意去忽略的状况却是："巴塘人"之所以成为"巴塘人"或者"老巴塘"，恰恰是因为他们的先代数辈通过"抹杀自己"而重新"获得自己"。这种有意识地忽略历史，而明确地建构起一种有关自我身份的认定的做法，背后的逻辑也是类似神话性的，与巴塘创世神话中将巴塘与夏邛关联起来的逻辑毫无二致。

而我在本书中要做的就是通过历史的追溯和对现实生活的观察，来探究这种"神话叙述"背后的逻辑，试图去展现历史中这个城镇的各种群体，是如何在相互关联和区分之中，不断形成了巴塘现实的状况。从现实的观察与分析来看，多民族共居于巴塘城，这种多元群体格局是从特定的时间横截面上，静态地显示出巴塘城的多元融合特征。而从历史层面来看，巴塘城的形成得益于不同外来者的不断进入，是人与城相互交织和作用的直接结果，有赖于不同群体经过空间的跨越、社会生活的连接、文化的交融，逐渐塑造出巴塘城的文化复合性，这种动态性伴随着巴塘城镇的发展历程，是其本质属性和特征。因此，理解民族地区城镇中的多民族交往历史和共生格局，必须回归城镇历史脉络的考察。

## 二 历史-人文区位学的综合

在导论部分的文献回顾中，我提到了不同学者对于城市内不同群体相互关系的分析持有不同的视角。例如，科恩将城市中的族群视为一种政治经济逻辑下的建构生成过程，传统的文化、宗教、习俗被作为象征符号，通过仪式活动的重复，共同实现了族群的生成和整合，因而它们最终是被纳入政治经济的逻辑之中的。换句话说，科恩在分析城市内不同群体的关系时，采用的是一种政治经济的视角。芝加哥学派的城市人文区位学对城市内群体关系的研究，是借助生态学中的竞争、淘汰、演替和优势等概念，来处理城市中人和空间的互动关系，他们注重种族、职业和阶层在人群分化中的作用，其逻辑在某种层面上说是生态性和经济性的。然而，我通过对巴塘城的考察，希望探讨以一种文化的逻辑去研究城市的可能性和可行性，尤其关注宗教和文化对城市内人群区分具有的重要意义。

本书借助芝加哥社会学派人文区位学对于人与空间关系的分析，来呈现巴塘城现实的区位格局，并通过巴塘城的历史沿革和巴塘人的形成过程，到历史情境之中为现实寻找原因，并在此过程中呈现了巴塘城区位格局的演变历程。一方面，芝加哥社会学派的城市人文区位学对城市中人和空间关系的探讨，对于巴塘城不同民族群体混居的状况仍有借鉴意义；另一方面，芝加哥学派所采用的基于职业、阶层的人文区位分析已不能充分解释巴塘城区多元民族和多元宗教的相互关联。通过分析现实和历史中多民族群体基于文化与信仰而呈现出的多重空间、节庆与仪式，本书希望沿着芝加哥社会学派城市研究的道路再往前走，尤其是对帕克早期提出的"城市是文化复合体"这一观点，重新予以关注。

芝加哥学派城市研究最初是借助生态学中的竞争、淘汰等概念来分析城市中不同人群与地域空间的互动关系，并在形成的城市空间结构中研究城市的发展规律的。不过，在早期，帕克与伯吉斯、麦肯齐的观点也有较大不同。在帕克看来，城市是一种有机体存在形式，它既有物质的组织形式，又有道德的组织形式，两者相互作用、影响和调节，共同形成一种"文化复合体"（melting-pot of different races and cultures），而"城市有别于农村，有别于乡野生活的特征正是由这种文化复合体决定的"[1]。城市所具有的文化复合体特征，使不同人群能够共存其中，包容性的城市生活也可以将各种人类个性和特征充分展示出来并将其放大，因此帕克认为宜将"城市当作一个实验室或者诊疗所，从中对人类特性和社会过程好好地进行研究"[2]。

而吉伯斯和麦肯齐则更直接地将人类生态学的概念与方法应用于城市

---

[1] 〔美〕R.E. 帕克、E.N. 伯吉斯、R.D. 麦肯齐：《城市社会学——芝加哥学派城市研究文集》，宋俊岭、吴建华、王登斌译，华夏出版社，1987，第1~4页。

[2] 〔美〕R.E. 帕克、E.N. 伯吉斯、R.D. 麦肯齐：《城市社会学——芝加哥学派城市研究文集》，宋俊岭、吴建华、王登斌译，华夏出版社，1987，第47页。

空间结构的研究。吉伯斯提出了一个关于城市发展和空间组织方式的动态模型——"同心圆模型";麦肯齐则是系统地建立了人类生态学的概念系统和分析框架,并以之为工具来研究城市社区的。麦肯齐认为人类在城市中形成空间上的联系形式是竞争和选择的结果,随着新因素的介入、人口流动和进一步的竞争不断发生,城市的空间联系形式也不断变化。在他们的分析之中,城市被视为一种生态秩序,城市空间也被当作一种资源,不同群体基于各自的利益需求去争夺它,城市的空间格局由此形成,群体又基于劳动分工在功能上相互依存和制约。

对比之下,帕克提出的文化复合体概念似乎更关注城市范围内多元文化群体的互动和交流,至少,他并不停留在以生态学的逻辑去分析人类城市。费孝通先生曾指出,帕克主张的人文区位学是将人文世界分为四个递进的层次:生物、经济、政治、道德。[①] 帕克认为城市中存在着具有道德环境的一个个小世界,它们相互毗邻,个人能在其中流动,这些小世界得以沟通,产生复杂的城市社会关系和丰富的社会生活,这也就是他所说的城市作为"文化复合体"的混杂性与刺激性。不过,帕克一方面强调城市的这种多元文化混杂和融合的特征,另一方面却集中考察社会分工、阶级差别、经济利益对于形成城市混杂的社会关系的作用。他以"小世界"和"道德区域"等概念来表达城市人群的隔离,却以社会分工、阶级差别来处理他们在经济、功能上的联系与依存,这样的不对称与他所提出的"文化复合体"并不一致。帕克将社区的文化、政治体制的建立看作生态体制基础上的,他甚至说:"艺术、宗教和政治仍然是我们参与公共生活的手段,但却已不再是我们主要关切的事情了。"[②] 帕克从一开始的"文化复合体"追求转向关注城市的"社区生态体制形式",从工业竞争、劳动分工、货币商业去分析这些经济因素对城市空间结构的影响。

早期这种带着浓厚生态学色彩的人文区位分析遭到了后来者的批评,批评者认为这种城市区位分析将人和动植物等同起来,忽略社会因素、文化象征的作用,现代人文区位学就是在批判中产生的,其中的社会文化区

---

[①]　费孝通:《师承·补课·治学》,生活·读书·新知三联书店,2002,第321页。

[②]　〔美〕R.E.帕克、E.N.伯吉斯、R.D.麦肯齐:《城市社会学——芝加哥学派城市研究文集》,宋俊岭、吴建华、王登斌译,华夏出版社,1987,第113页。

位学开始强调文化、象征、情感等非经济因素对于人类行为的决定作用，并将之引入城市区位的研究之中，文化的适应性成为区位分析的正统主题。从某种程度上说，这种批判和反思是向帕克"文化复合体"思想的回归，或者是要在他所说的生物、经济、政治、道德四个递进层次中，超越生物和经济层次而走得更远。

帕克认为城市中会形成一个个道德群体构成的小世界，但依然以经济理性的观点对这些小世界的关联进行分析，体现在职业分工、功能合作方面。当然，城市整体生活的完成，需要借助多元化的功能合作与联系，然而除这种"经济理性"之外，更需要依靠"文化理性"[①] 所起的作用。

在巴塘城内，也存在基于不同民族群体形成的"小世界"，它们彼此之间的沟通和联系当然也要体现在经济层面上。例如藏族民众所需的大部分日用商品都需要从汉、回商人那里得到，然而，回族在过开斋节、古尔邦节时，却要从藏族民众手中购买牛羊，这种交换在一定程度上是超越了经济理性，而带有文化意涵的。此外，他们并不仅仅将城镇空间视作可以争夺的经济资源，决定他们空间关系的还有他们各自的文化与信仰。例如藏族人的神山、寺庙，回族人的礼拜点，汉族人的关帝庙，这些不能完全依靠经济理性来解释，而是需要借助各自的宗教信仰，因而是深嵌入其文化整体的。可以说，城市的空间不仅仅是一种经济资源，更是一种文化表达的载体，它是仪式发生的场所，是社会关系展示的舞台，是情感交流的场景，各种社会活动经由时间的流淌在其中发生，因此也是时间的载体；它除了是物理空间，还与神话、风水、祖先、神灵发生着关联，它会有自己的名字，自己的历史，甚至自己的生命历程。不同群体在城市空间上通过周期性的节庆和仪式，将文化内涵赋予空间，并将时间和空间关联起来，这更有助于把握城市生活的全貌和细节。

对于城市空间的动态变化，早期芝加哥学派更注重以竞争、淘汰、侵入等生态学色彩的概念给予解释，而后期的社会文化区位学则笼统地以文化适应来分析。而巴塘的经验表明，城市空间格局变化的最根本原因是政治、军事。本书前面的分析已经表明，巴塘人是伴随着包括纳西族、蒙古

---

① 〔美〕马歇尔·萨林斯：《文化与实践理性》，赵丙祥译，上海人民出版社，2002。

族、汉族、回族等在内的多种群体进入巴塘，与当地的藏族逐渐交融，最后形成的混融性共同体。其最初的原动力是一种自上而下的制度性移民，根源在于中央和西藏的互动关系。从纳西族在巴塘建城之初，巴塘主要用作驻军与官寨，到清代，巴塘直接归清廷管辖，其军事与政治功能延续下来。因此，巴塘城自建城以来，一直存在着上下两个层面，即中央的政治、军事管理层面和民间社会的贸易、婚姻往来层面。这两个层面上下互动，联结在一起。人、城互相塑造，城由自上而下的政治军事塑造，人是民间的经济文化互动之结果。换一种方式来说，城的发展历程来自人的交往互动，因此，巴塘城的历史沿革，与巴塘人的形成过程，是一体的两面。巴塘从建城到现在的空间区位格局变化过程，实际上也是巴塘城整体历史发展在空间方面的体现。因为其中包含了从"城"到"市"的过程，也涉及不同群体的到来对于巴塘城的形成和变化所带来的影响。从纳西族在巴塘建"城"到汉商、回商进入后不断营造出来的"市"，包括纳西族、蒙古族、汉族、回族等在内的不同群体都在不断地参与着巴塘城的形成与发展。他们通过营造自己的公共空间，在这里占据一定的场所，并以各自的节庆与仪式强化对这些空间的认同，通过节庆和仪式的不断积淀，给空间注入时间的厚度。因此，巴塘城就是在这样的空间与时间的不断碰撞和结合中，在不同群体展开各自的社会生活时的相互区分与关联中，不断发展和变迁。巴塘的城与人所历经的历史演变，反映在区位格局方面，即表现为人与空间关系随着时间的延伸而不断累积叠加。区位格局演变的历史连续性与人、城的延续性是同一逻辑，这两个过程是交织在一起的，是理解这个地方的双重视角。通过这两个视角的交织，人、空间的关系在漫长的历史之中展现出来，这是塑造巴塘城空间格局的重要途径。

换句话说，巴塘城与人相互交织的历史进程，实际上是人与空间不断交互的过程，政治与军事方面的因素是前提，在自上而下建城的过程中，不同群体先后来到巴塘，通过营造自我的公共神圣空间，在城中占据一定的位置，并基于各自宗教文化的影响展开生活，他们先是有经济上的往来，然后逐渐通婚，打破群体边界。在空间上进行互动的同时，也展开彼此关联的城市社会生活，从而渐渐改变巴塘的城区空间格局。因此巴塘的区位格局变化，能够看作巴塘城历史展开的框架，前提是政治与军事方面的因素，为这个框架增添具体内容的则是民间层面不同群体之间的经济交换、婚姻结合和文化往来。

再来看芝加哥学派的人文区位学，其核心是以职业、阶层等因素在城市范围内将人群进行空间的区分。而巴塘的案例表明，还存在着从宗教信仰、文化生活等层面对城市内不同群体进行划分的可能性。换句话说，芝加哥学派的城市区位强调的是职业、分工上的分化，然而，在巴塘，也存在着民族、文化上的分化。而且，不同群体基于宗教、文化而不断进行的节庆活动、仪式安排，是通过在时间维度上的不断重复，为他们的空间占据提供更具体和实在的内容，甚至可以说，这是一种从时间去看空间的路径，而在这时间与空间相结合的过程中，芝加哥学派人文区位研究提出的"人-空间"模式能够被进一步扩充为"人-空间-时间"的模式，诸如宗教信仰、神灵体系、节庆安排、仪式活动都是后一模式中重要的组成部分。若是将"人-空间-时间"模式中的时间因素再向纵深之处拉伸和追溯，即是对某一时间点观察到的城市区位构成做历史分析。这种分析在关注空间格局演变过程之外，涉及了人、信仰、神灵、节庆、仪式等内容，这便是人文区位学和历史人类学的综合。

我们再回到帕克所说的文化复合体，他在提出这一点时有着生物、经济、政治、道德这四个层面的递进性思考与追求，然而后来却逐渐偏离，走到经济这一个层次后没有继续往前。然而也不能认为他就是一个"自然决定论"者，他所具有的前瞻性目光，至少能够让后来的研究者重新回到文化复合体这一概念，沿着他所说的四个层次，继续走下去。

芝加哥人文区位理论对于 20 世纪 30~40 年代中国社会学和人类学"社区研究"的兴起具有重大作用，尤其是帕克于 1932 年到北京讲学，他以人文区位理论分析城市中群体与空间结构互动规律的做法，受到吴文藻等老一辈中国学者的赞赏。帕克在此期间还担任燕京大学社会学系的任课老师，给费孝通留下了深刻印象，费先生在其 2001 年出版的《师承·补课·治学》一书中，还用大量篇幅对帕克的城市研究思想和当时的教学情况进行了详细的记录。不无遗憾的是，芝加哥学派城市研究对于中国"社区研究"的启示在当时主要表现为对于乡村社区的偏重，并未对当时的城市研究带来很大的作用，反倒是到了近些年来，这一学派的城市人文区位理论在中国引出了一大批对于城市区位、空间结构、人口分布、建筑景观等方面的研究，其中这些研究很多都体现在建筑专业和城市规划专业等领域。因此，回到帕克早期提出的"城市作为文化复合体"这一观点，除了能够重新焕发芝加哥学派城市研究的活力，也能够给人类学视野下的城市研究带来新的启发。

## 三　城镇作为民族共生与交融的复合体

巴塘城从其建成之时，就不断见证着不同民族的交往交流交融，其"城"和"人"具有双重多元性，其现实和历史显示出多元杂糅性。因而若将其归为藏族城镇，就使其失去了其本应呈现的丰富性和灵动性。这在一定程度上与特定历史时期对于民族的认定和强调有关。当用单一民族去界定城镇内经由历史互动而形成的混融群体，会窄化多元民族群体交流互动而形成的更为灵活和弹性的身份认同机制，诸如地域认同、历史认同、集体记忆认同等被沉潜在民族认同之下。因而在理解民族地区的城镇时，民族的维度会在一定程度上更加显化，从而弱化其包含的多元文化交汇特征。

我注意到不少学者也从民族地区治理的角度对民族地区的城市和城镇提出了政策性建议。例如从国家的现代化建设和少数民族地区发展的长远目标出发，设立"民族自治市"[①]、"民族城市区域自治"[②]，除了在自治区、自治州的范围内，还在自治市的层级上，让中小民族、小聚居民族开展城市自治。[③] 这些主张对于民族地区的发展具有实际意义，值得再讨论的是，如果不将这种发展置于主体民族与其他民族相互联系的历史脉络中，能否更充分地释放多样化发展的活力？事实上，民族地区的城市，从未间断民族群体之间的交流和交融，这种实质性的城市化发展进程一直存在于其历史进程中。从这个层面来看，本书所具有的现实意义在于，通过

---

① 金炳镐、田烨：《新世纪中国民族区域自治制度创新的一个亮点——"民族自治市"》，《西北民族大学学报》（哲学社会科学版）2007 年第 5 期。

② 朱伦：《民族共治论——对当代多民族国家族际政治事实的认识》，《中国社会科学》2001 年第 4 期；朱伦：《论民族共治的理论基础与基本原理》，《民族研究》2002 年第 2 期。

③ 鲍明：《中国民族区域自治的城市制度安排与制度创新》，《民族研究》2003 年第 1 期。

对民族地区的城市进行一种关注历史纵深的人类学个案研究，从民族地区城市的历史发展中汲取多元文化激荡而散发出来的活力，为其现在的高质量发展提供历史经验。对于巴塘城镇来说，历史的常态便是不同民族的一次次进入、融合，巴塘正是通过不断吸纳和融合多元的群体和文化才得以营造其自身的开放包容，焕发出生机活力。这对于今天探索其发展都是珍贵的历史经验。

此外，本书对于巴塘的研究表明，杂糅和混融才是城市这一方法论单位的本质特点，这也揭示了芝加哥学派所说的"城市作为一个文化复合体"的魅力之处。费孝通先生有一个说法，与"文化复合体"异曲同工，他认为应该关注"具体的人，按他们社会经济已经发展到的阶段，从语言、地域、经济联系和心理素质发展的情况，去看他们所形成的共同体和这个共同体在历史上的变化"①。他在这里不谈民族，而是用所指的"具体的人"的"共同体"来代替，或许也是一种有意的区分，以此表明原先属于不同群体的人在同一地域内、经过一定时期的混杂之后交融在一起，而且这个词能还原到更为具体的情境中。从这个层面来讲，巴塘人本该属于共同体范畴，却被认定在藏族这一民族范畴之中，而历史上不同群体混杂和交融的过程便在这种认定中被隐去。因此，相比之下，"共同体"比"民族"更能体现城市的特征。现实中观察到的巴塘城区巴塘人，从语言、地域、经济联系、心理素质上看，完全符合费孝通先生所说的"共同体"的内涵。而通过对巴塘城区历史的梳理能够看到，这个"共同体"是超越了民族这一概念所透露出的边界性的，它具有一种超越性，而这种超越性恰恰是城市从自身的形成和发展之中，逐渐获得的丰富性、交汇性的结果。

费孝通先生关于"共同体"的论述实际上深受其早期老师史禄国（Sergei Mikhailovich Shirokogoroff）的影响。史禄国在谈及 ethnos 这个"人类单位"时，将之视为兼具生物属性和文化属性的复合现象，而且它也绝不是一种静态的现象，而是一种过程，是各种要素和条件不断变化以维持某种平衡的动态过程。变化的发生受到两方面的影响：一是包括地形、气

---

① 费孝通：《中国民族学当前的任务》，《费孝通全集》（第 7 卷），内蒙古人民出版社，2009，第 360 页。

候、植被、动物等因素在内的原生环境；二是多样的族际压力环境，例如竞争与合作。因此，一个 ethnos 的存在和改变需要生物和精神的双重保障，换句话说，构成这个概念的要素既包括自然和生物要素，也包括社会政治和经济因素，以及文化因素（语言、习俗等），是"以起源、习俗和语言的统一而连接起来的人们集团"。[1] 正因为如此，他在北方通古斯人的研究中，用"Psycho-mental Complex"[2] 这一名称来表达通古斯群体这个复杂而融洽的整体。费先生将之翻译为"心态"，并从"地"（生存的空间和资源）、"人"（成员的数和质，即生物基础）、"文"（人造的环境，社会结构和文化积累）三个变量相克相生所形成的向心力和离心力的消长中，去理解 Psycho-mental Complex，同时，ethnos 这个"人类单位"的动态变化也是这样发生的。基于这样的思考，费孝通先生开始关注区域研究，找寻民族地区各种复杂的关系综合体，并以之为途径去分析民族史，甚至在此基础上提出了"中华民族的多元一体格局"。这一格局不仅能够解释中华民族这个更为广阔的图景，而且放在城市这个范畴和层次，也有解释力。巴塘城区这个空间范围，从其建城以降，就经历着不同民族群体的接触、混杂、联结和融合，最终形成"我中有你、你中有我"的"多元统一体"，涵盖在"巴塘人"这个名称之下。费孝通先生指出"中华民族多元一体格局"经历从"自在"到"自觉"的过程，而"巴塘人"也同样有此经历。在巴塘未建城之前的漫长历史时期，这一地域内居住的人群是古羌族南下和当地居民不断混融形成的群体。吐蕃时期，又经过一次融合，形成了属于巴塘地域的"自在"民族实体。因为吐蕃文化的影响，藏族的底色已经形成。明代纳西族进入并建城，后被蒙古和硕特部赶走，巴塘接受和硕特部管理。然后西藏达赖喇嘛接管巴塘，再之后清廷直接经营巴塘，汉族和回族也随之而来。原先已经形成的"自在的民族实体"，不断吸收这些民族的成分，在共同聚居中，形成了相互连接的网络，在既有关联又有区分的情况下，其多元性得到

---

① 史禄国：《ethnos（民族）及其变迁过程》，杜实、田夏萌译，徐业鑫校，《满语研究》2015 年第 1 期。

② Sergei Mikhailovich Shirokogoroff, *Psychomental Complex of the Tungus*, London：Kegan, Paul, Trench, Trubner, 1935.

了充分的体现。而"自觉的统一体"在巴塘是如何实现的？这正是来自
20 世纪 50 年代的民族识别和民族调查。在那样的历史情境之中，当表
现为"多元性"的各民族群体骤然面对"我属于什么民族"的问题时，
他们陷入了各自的社会记忆中，各种情况的家族史纷纷呈现在记忆之中。
他们有的是纳西木氏的后代；有的是"老陕"的后代，多少代之前就来
巴塘做生意了；有的是"回回"；有的跟随赵尔丰前来改土归流；有的
随刘文辉的二十四军而来。他们的共同之处在于都与当地人联姻，他们
在生活上渐渐靠近，信仰上"自己耍自己的鬼点子"，不干涉，不强求。
属于什么民族这样的问题，已经不是个人的事情，而是牵涉各自的家庭。
这些家庭经过了不同群体的相互交融，原先作为"自在的实体"、自认
为属于藏族的家庭成员势必会影响其他成员的自我认定和申报。而正是
在这样的情况下，藏族成为主体民族，"巴塘人"成为超越各民族的
"统一体"。

　　这个"统一体"的形成，充分表征了巴塘作为文化复合体的本质。而
当我们将目光从民族这个维度移开，投向历史中的交往交流交融时，我们
才能更本质地理解所谓的民族问题，将其回归到具体的情境之中，才能更
有效地解决真正的问题。因此，人文区位学和历史人类学的综合是必然而
且必要的。一是要认识到城市本身就是一种"文化复合体""共同体"，是
多元文明交汇的重要单位，正是这种交汇才为城市的发展注入了活力；二
是要进入历史纵深处，厘清城市与民族这两个不同范畴的概念，在具体历
史群体的交往互动中，理解城市历史发展脉络中的多民族交融。

# 参考文献

巴塘年鉴编辑委员会：《巴塘年鉴》（1991~1997），本书委员会，1999。

《巴塘县城区八十家汉商的由来及其演变》（1983 年 5 月 30 日），巴塘县档案馆保存，第 23 卷。

巴塘县地名领导小组编《四川省甘孜藏族自治州巴塘县地名录》，1986。

陈达娃：《巴塘县城区医药卫生事业的发展概况》，《巴塘志苑》1984年第 4 期。

甘孜藏族自治州文化馆编《巴安县志》，甘孜藏族自治州文化馆印，1981。

甘孜考古队：《巴塘石板墓》，《巴塘志苑》1984 年第 3 期。

龚伯勋：《长河说古之——华林篇》，《甘孜报》之康藏人文 2007 年 2 月 1 日。

贡布吉村、洛桑吉村：《桑梓巴塘颂》，格桑曲批译，《巴塘志苑》1986 年第 1 期。

黄德权：《巴塘县的纳西族》，《巴塘志苑》1991 年第 2 期。

健白平措：《巴塘地名一探和历史略述》，《巴塘志苑》1984 年第 4 期。

（清）刘赞廷：《巴安县图志》，民族文化宫图书馆复制，1962。

彭涛：《巴塘清真寺的兴衰》，《巴塘志苑》1991 年第 2 期。

（清）钱召棠：《巴塘志略》，中央民族学院图书馆编印，1978。

四川省巴塘县地方志编纂委员会编《巴塘县志》（续编），方志出版社，2001。

四川省巴塘县人民政府重建家园指挥部编印：《废墟上崛起的新城》，

《甘孜报社》印刷，1992。

四川省巴塘县志编纂委员会编纂《巴塘县志》，四川民族出版社，1993。

伍金冲：《说哈达》，《巴塘志苑》1998年第2期。

扎西朱扎：《"古桑抱石"及其传说》，《巴塘志苑》1998年第1期。

张苹措：《巴塘地名的传说》，《巴塘志苑》2008年第2期。

中共巴塘县工委：《清真寺调查情况》（1957年8月20日），巴塘县档案馆，第107卷。

中共甘孜州委宣传部编印《历史的足迹》，1990。

中国人民政治协商会议巴塘县委员会文史资料委员会编印《巴塘县文史资料》（共五辑），1996、2005、2008、2013、2015。

中国人民政治协商会议泸定县委员会编《泸定文史资料选辑》（第3辑），1988。

中国社会科学院民族研究所语言研究室主编《中国少数民族语言音档藏语康方言巴塘话》（油印本），1991。

〔意〕阿尔多·罗西：《城市建筑学》，黄士钧译，中国建筑工业出版社，2006。

〔美〕阿瑟·奥沙利文：《城市经济学》（第6版），周京奎译，北京大学出版社，2008。

北京大学社会学人类学研究所编《社区与功能——派克、布朗社会学文集及学记》，北京大学出版社，2002。

北京外国语大学阿拉伯语系：《阿拉伯语汉语词典》，北京大学出版社，2008。

〔英〕F. M. 贝利：《无护照西藏之行》，春雨译，西藏社会科学院资料情报研究所，1983。

蔡禾主编《城市社会学讲义》，人民出版社，2011。

《藏学研究论丛》（第4辑），西藏人民出版社，1992。

达仓宗巴·班觉桑布：《汉藏史集》，陈庆英译，西藏人民出版社，1986。

多卡夏仲·策仁旺杰：《颇罗鼐传》，汤池安译，西藏人民出版社，2002。

多喀尔·策仁旺杰：《噶伦传》，周秋有译，西藏人民出版社，1986。

费孝通：《费孝通全集》（第7卷），内蒙古人民出版社，2009。

费孝通：《师承·补课·治学》，生活·读书·新知三联书店，2002。

〔德〕格奥尔格·齐美尔：《桥与门——齐美尔随笔集》，鸿涯、宇声译，上海三联出版社，1991。

格勒：《甘孜藏族自治州史话》，四川人民出版社，1984。

（清）黄沛翘：《西藏图考》（与《西招图略》合刊），西藏人民出版社，1982。

焦应旂：《藏程纪略》，载吴丰培辑《川藏游踪汇编》，四川民族出版社，1985。

〔挪〕克纳德·拉森、A.S.拉森：《拉萨历史城市地图集：传统西藏建筑与城市景观》，李鸽、木雅·曲吉建才译，中国建筑工业出版社，2005。

李安宅：《藏族宗教史之实地研究》，上海人民出版社，2005。

李亦人：《西康综览》，正中书局，1946。

李迎生主编《社会工作概论》，中国人民大学出版社，2004。

刘传英：《巴塘藏族反教卫国斗争史略》，四川人民出版社，1993。

马菁林：《清末川边藏区改土归流考》，巴蜀书社，2004。

〔德〕马克斯·韦伯：《非正当性的支配——城市的类型学》，康乐、简惠美译，广西师范大学出版社，2005。

〔法〕马塞尔·莫斯、昂利·于贝尔：《巫术的一般理论 献祭的性质与功能》，杨渝东、梁永佳、赵丙祥译，广西师范大学出版社，2007。

〔美〕马歇尔·萨林斯：《历史之岛》，蓝达居等译，上海人民出版社，2003。

〔美〕马歇尔·萨林斯：《文化与实践理性》，赵丙祥译，上海人民出版社，2002。

《明孝宗实录》卷九，弘治元年正月丁巳条，上海古籍出版社，1985。

〔英〕莫里斯·弗里德曼：《中国东南的宗族组织》，刘晓春译，王铭铭校，上海人民出版社，2000。

牟钟鉴主编《民族宗教学导论》，宗教文化出版社，2009。

木霁弘等：《滇藏川"大三角"文化探秘》（第2版），云南大学出版社，2003。

牛凤瑞主编《城市学概论》，中国社会科学出版社，2008。

〔美〕帕克、E.N.伯吉斯、R.D.麦肯齐：《城市社会学——芝加哥学派城市研究文集》，宋俊岭、吴建华、王登斌译，华夏出版社，1987。

彭涛、洛桑：《巴塘弦子》，四川民族出版社，2004。

〔美〕乔尔·科特金：《全球城市史》（修订版），王旭译，社会科学文献出版社，2010。

任乃强：《任乃强藏学文集》（全三册），中国藏学出版社，2009。

〔美〕施坚雅主编《中华帝国晚期的城市》，叶光庭、徐自立、王嗣军等译，中华书局，2000。

〔美〕斯蒂文·郝瑞：《田野中的族群关系与民族认同——中国西南彝族社区考察研究》，巴莫阿依、曲木铁西译，广西人民出版社，2000。

《四川地震资料汇编》编辑组编《四川地震资料汇编》（第1卷），四川人民出版社，1980。

孙怡荪主编《藏汉大辞典》（上），民族出版社，1985。

王佳煌：《都市社会学》，三民书局，2005。

王明珂：《华夏边缘——历史记忆与族群认同》，社会科学文献出版社，2006。

王铭铭：《超社会体系——文明与中国》，生活·读书·新知三联书店，2015。

王铭铭：《人类学讲义稿》，世界图书出版公司，2011。

王铭铭：《逝去的繁荣——一座老城的历史人类学考察》，浙江人民出版社，1999。

王铭铭：《中间圈："藏彝走廊"与人类学的再构思》，社会科学文献出版社，2008。

王日根：《乡土之链：明清会馆与社会变迁》，天津人民出版社，1996。

〔英〕王斯福：《帝国的隐喻》，赵旭东译，江苏人民出版社，2009。

王颖：《城市社会学》，上海三联书店，2005。

（清）魏源：《金川案金川六种》，中国藏学出版社，1994。

（清）魏源：《圣武记》，世纪书局，1936。

吴丰培编辑《清代藏事奏牍》，赵慎应校对，中国藏学出版社，1994。

吴丰培编《川藏游踪汇编》，四川民族出版社，1985。

吴丰培：《抚远大将军允禵奏稿》（卷三），全国图书馆文献缩微复制中心，1991。

吴丰培辑《清季筹藏奏牍》，商务印书馆，1938。

吴丰培编《赵尔丰川边奏牍》，四川民族出版社，1984。

吴文藻：《边政学发凡》，《边政公论》（第1卷），1942。

吴映梅：《西部少数民族聚居区经济发展及机制研究》，人民出版社，2006。

西藏自治区交通厅、西藏社会科学院：《西藏古近代交通史》，人民交通出版社，2001。

许学强、周一星、宁越敏编著《城市地理学》（第2版），高等教育出版社，2009。

〔法〕亚历山德莉娅·大卫-妮尔：《一个巴黎女子的拉萨历险记》，耿昇译，东方出版社，2002。

杨仲华：《西康纪要》，商务印书馆，1930。

（清）允礼：《西藏志》，西藏人民出版社，1982。

张羽新编著《清朝治藏典章研究》（上卷），中国藏学出版社，2002。

张云侠编《康藏大事纪年》，重庆出版社，1986。

赵心愚、秦和平等编《康区藏族社会珍惜资料辑要》（上册），巴蜀书社，2006。

直孔·贡觉嘉措：《直孔阿琦传》，克珠群佩译，西藏人民出版社，2004。

中国藏学研究中心、中国第一历史档案馆、中国第二历史档案馆、西藏自治区档案馆、四川省档案馆合编《元以来西藏地方与中央政府关系档案史料汇编》，中国藏学出版社，1994。

中国伊斯兰百科全书编辑委员会：《中国伊斯兰百科全书》，四川辞书出版社，2007。

周一星：《城市地理学》，商务印书馆，2003。

庄学本：《庄学本全集》，中华书局，2009。

鲍明：《中国民族区域自治的城市制度安排与制度创新》，《民族研究》2003年第1期。

曹兴：《民族问题与宗教问题互动的个案分析：东帝汶问题》，《"东南亚民族关系"学术研讨会论文汇编》，2003。

房建昌：《福地追寻和圣地导引》，《西藏人文地理》2010 年第 2 期。

冯汉镛：《川藏线是西南最早的国际通道考》，《中国藏学》1989 年第 1 期。

尕藏加、德吉卓玛：《藏区多元宗教共存之历史与现状》，《中国藏学》2008 年第 2 期。

高志英、熊胜祥：《藏彝走廊西部边缘多元宗教互动与宗教文化变迁研究》，《云南行政学院学报》2010 年第 6 期。

国庆：《清代藏区驿传制度蠡测》，《西藏研究》1996 年第 1 期。

金炳镐、田烨：《新世纪中国民族区域自治制度创新的一个亮点——"民族自治市"》，《西北民族大学学报》（哲学社会科学版）2007 年第 5 期。

康·格桑梅朵：《巴塘藏族民间"谐"舞多元融汇性特征》，《康定民族师范高等专科学校学报》2009 年第 5 期。

李陶红：《大理沙址村多元宗教文化研究》，硕士学位论文，云南大学，2013。

李晓莉、杨甫旺：《石羊盐区多元宗教的形成、融合及变迁》，《云南民族大学学报》（哲学社会科学版）2010 年第 1 期。

李志农、邓云斐：《明清时期的汉族移民与云南藏区文化生态分析》，《思想战线》2015 年第 6 期。

刘晓鹏：《独克宗"乐斯"中的多元宗教文化及其社会功能研究》，硕士学位论文，云南大学，2013。

刘勇：《中华民族"共生"特质嬗变：从自在到自觉》，《人民论坛》2015 年第 21 期。

马光选、刘强：《民族关系的互嵌-共生模式探讨——对云南省民族关系处理经验的提炼与总结》，《云南行政学院学报》2016 年第 6 期。

马居里、寸炫：《云南怒江丙中洛地区多元宗教文化的调适与共容》，载何明主编《西南边疆民族研究》（第 7 辑），云南出版社，2010。

马宁：《藏汉结合部多元宗教共存与对话研究》，博士学位论文，中山大学，2010。

马戎：《理解民族关系的新思路——少数族群问题的"去政治化"》，载中国统一战线理论研究会民族宗教理论甘肃研究基地秘书处编《当代中国民族宗教问题研究》（第2集），甘肃民族出版社，2007。

马喜梅：《族际通婚对滇西北多民族共生格局的调适与优化》，博士学位论文，云南大学，2017。

彭文斌、汤芸、张原：《20世纪80年代以来美国人类学界的中国西南研究》，《西南民族大学学报》（人文社会科学版）2007年第11期。

任乃强、曾文琼：《〈吐蕃传〉地名考释（二）》，《西藏研究》1982年第2期。

任新建：《凤全与巴塘事变》，《中国藏学》2009年第2期。

沈再新：《从"中华民族多元一体格局"到"共生互补"》，《湖北民族学院学报》（哲学社会科学版）2010年第3期。

石硕、邹立波：《汉藏互动与文化交融：清代至民国时期巴塘关帝庙内涵之变迁》，《西南民族大学学报》（人文社会科学版）2011年第6期。

史禄国：《ethnos（民族）及其变迁过程》，杜实、田夏萌译，徐业鑫校，《满语研究》2015年第1期。

王峰、周智生：《藏彝走廊多民族经济共生时空演进模式及其优化路径》，《西南民族大学学报》（人文社会科学版）2015年第8期。

王铭铭：《远方文化的谜——民族志与实验民族志》，《西北民族研究》1996年第2期。

王铭铭、翟淑平：《松潘、巴塘、中甸——记三个西部城镇的研究》，《西北民族研究》2017年第2期。

王志捷：《概论宗教与民族文化的关系》，载牟钟鉴主编《宗教与民族》（第6辑），宗教文化出版社，2009。

吴从众：《西藏墨脱县门巴族的历史沿革》，《中央民族学院学报》（哲学社会科学版）1987年第1期。

吴文藻：《边政学发凡》，《边政公论》（第1卷），1942。

吴银玲：《独克宗：中间地带城镇的历史民族志》，博士学位论文，北京大学，2015。

谢继胜：《藏族萨满教的三界宇宙结构与灵魂观念的发展》，《中国藏学》1988 年第 4 期。

许宪隆、袁年兴：《中华民族的多元一体与各民族的共生互补——兼论第二代民族政策》，《中南民族大学学报》（人文社会科学版）2012 年第 5 期。

颜小华：《多元民族与宗教的和谐共处——对藏边盐井村的历史与现状考察》，第二届"宗教对话与和谐社会"学术研讨会，兰州，2009 年 6 月 11 日。

杨上广、王春兰：《上海城市居住空间分异的社会学研究》，《社会》2006 年第 6 期。

杨一真：《波密史料札记》，《西藏研究》2004 年第 3 期。

杨正刚：《苏毗初探（续）》，《中国藏学》1989 年第 4 期。

游斌：《民族与宗教互动的欧洲经验》，载牟钟鉴主编《宗教与民族》（第 6 辑），宗教文化出版社，2009。

友珍：《清代至民国时期汉族移民在巴塘活动之面面观》，《西藏研究》2010 年第 1 期。

袁年兴：《民族共生理论的构建——基于社会生物学的学术共鸣》，《岭南学刊》2009 年第 5 期。

袁年兴：《族群的共生属性及其共生逻辑》，《广西民族研究》2009 年第 4 期。

翟淑平：《从家族护法神到城区保护神——巴塘"翁图阿琦"的身份转变》，《天府新论》2020 年第 2 期。

翟淑平：《地名与神话中的地方世界：四川巴塘地名研究》，《百色学院学报》2020 年第 6 期。

翟淑平：《跨越、连接与交融作为中华民族共同体的生成逻辑——以四川巴塘汉藏共生关系为例》，《北方民族大学学报》2023 年第 1 期。

翟淑平：《漂泊到融合——从巴塘关帝庙看汉藏互动下的身份认同》，载何明主编《西南边疆民族研究》（第 26 辑），社会科学文献出版社，2018。

翟淑平：《"人、物、神"：巴塘藏戏的地方性与超地方性》，载四川大学中国藏学研究所编《藏学学刊》（第 18 辑），中国藏学出版社，2018。

翟淑平：《水以载史——从水利视角看巴塘城镇史》，《西北民族研究》

2017 年第 4 期。

张晗：《民族互嵌与文化共生——对芒旦傣族村"与汉为邻"的文化透视》,《西北民族大学学报》(哲学社会科学版) 2016 年第 5 期。

张践：《多元宗教信仰与各民族的和谐共生》, 载牟钟鉴主编《宗教与民族》(第 6 辑), 宗教文化出版社, 2009。

张庆松：《云南多元宗教对民族关系的影响》,《学园》2010 年第 6 期。

张小军：《三足鼎立——民族志的田野、理论和方法》,《民间文化论坛》2007 年第 1 期。

赵艾东、洪泉湖：《1908～1922 年美国传教士史德文在巴塘的医疗活动及与康藏社会的互动》, 载四川大学藏学研究所编《藏学学刊》(第 7 辑), 四川大学出版社, 2018。

赵艾东：《美国传教士史德文在 1917～1918 年康藏纠纷中的活动与角色》,《西藏研究》2008 年第 6 期。

郑少雄：《康定土司的政治过程——以清末民初的末代明正土司为中心》, 博士学位论文, 北京大学, 2011。

周智生、陈静：《清末民初云南藏区多民族人口流动与族际共生》,《云南师范大学学报》(哲学社会科学版) 2013 年第 6 期。

周智生、缑晓婷：《藏彝走廊地区多民族经济共生关系促动机制及其演变模式》,《云南民族大学学报》(哲学社会科学版) 2014 年第 3 期。

周智生：《明代纳西族移民与滇藏川毗连区的经济开发——兼析纳藏民族间的包容共生发展机理》,《思想战线》2011 年第 6 期。

朱伦：《论民族共治的理论基础与基本原理》,《民族研究》2002 年第 2 期。

朱伦：《民族共治论——对当代多民族国家族际政治事实的认识》,《中国社会科学》2001 年第 4 期。

朱悦梅：《鹿传霖保川图藏举措考析》,《西藏研究》2012 年第 5 期。

Bonnie, Urciuoli, Ethnography in Chicago, *Anthropology News*, March/April 2013.

Christen, T. Jonassen, *Shopping Center Versus Downtown*, Ohio State College of Admin Science, 1955.

Cohen, Abner, *Custom and Politics in Urban Africa: A Study of Hausa Migrants in Yoruba Towns*, Berkeley: University of California Press, 1969.

Eliada, Mircea, *The Myth of the Eternal Return: Cosmos and History*, New Jersey: Princeton University Press, 2005.

Ellen, Hertz, *The Trading Crowd: An Ethnography of the Shanghai Stock Market*, Cambridge: Cambridge University Press, 1998.

Fontaine, J. S. La, Custom and Politics in Urban Africa (Book Review), *Africa*, Journal of the International African Institute, 1975.

Fredrik, Barth, Introduction, Barth Fredek ed. *Ethnic Groups and Boundaries: The Social Organization of Culture and Difference*, Boston: Little, Brown and Company, 1969.

Freedman, Maurice, *Chinese Lineage and Society: Fukien and Kwangtung*, London: The Athlone Press, 1966.

F. M. Bailey, *No Passport to Tibet*, London: Rupert Hart-Davis. 1957.

Hamid Sardar-Afkhami, An Account of Padma-Bkod: A Hidden Land in Southeastern Tibet, *Kailash-Journal of Himalayan Studies*, Volume 18, Number 3 and 4, 1996.

Hoyt, Homer, *The Structure and Growth of Residential Neighbourhoods in American Cities*, U. S. Government Printing Office, 1939.

Irving, Firey Walter, *Land Use in Central Boston*, Harvard University Press, 1947.

Jacques Bacot, *Le Tibet révolté-Vers Népémakö, la Terre promise des Tibétains* 1909-1910, PHÉBUS, 1997.

Jiao Jian, *Ethnicity & Ethnic Groups in China*, Hong Kong: Chinese University of Hong Kong, 1989.

Kingdon-Ward, Frank, *The Riddle of the Tsangpo Gorges*, Edward Arnold & co. , London, 1926.

Mueggler, Erik, *The Age of Wild Ghosts: Memory, Violence, and Place in Southwest China*, California: University of California Press, 2001.

Shirokogoroff, Sergei Mikhailovich, *Psychomental Complex of the Tungus*, London: Kegan, Paul, Trench, Trubner, 1935.

Douglas A. Wissing, *Pioneer in Tibet: The Life and Perils of Dr. Albert Shelton*, New York: Palgrave Macmillan, 2004.

Wolf, Arthur, "Gods, Ghosts, and Ancestors", Arhur Wolf ed. *Religion and Ritual in Chinese Society*, Stanford: Stanford University Press, 1974.

# 后　记

　　本书是在我博士学位论文的基础上修改完成的，从最初的选点、选题，到具体的田野调查工作，以及书写论文时的结构安排、逻辑框架和一些细节问题，我的导师王铭铭教授都给了我耐心的指导和有力的帮助。在此，我向他表示最诚挚的谢意！

　　在巴塘进行田野调查的一年时间里，我得到了很多人的无私帮助。我的好朋友巴登托他在巴塘的同学登巴帮助我找房子，使我在向巴婆婆家住了下来。在她家的几个月时间里，婆婆在生活上给了我很多照顾，教我说巴塘话、跳巴塘弦子、做巴塘美食，带着我一起去拜佛、念经。通过她，我也认识了很多和她一样的巴塘婆婆。正是跟着她们，我参加了许多仪式活动，听到了很多神话传说和有趣的故事。后来，格桑县长帮助我又找到一个住处，生活上更为便利。我认识了木呷以及其他几位彝族人，参加他们的聚会，和他们一起跳舞，很长时间都与他们相处，还和马林、伍各、木呷成为非常要好的朋友，他们为我了解巴塘的彝族提供了很多资料。我对巴塘回族的调查得到了马正浩许多的协助和支持，从他家扩散到他的亲朋好友家，都是通过他完成的。格勒和扎西次仁是我很重要的两位报道人，他们对于巴塘的历史和地方知识非常了解，也收集了大量的材料，都很慷慨地共享给我。而且他们头脑聪明、思维敏捷，无论是带我去做访谈，还是去看仪式，都能给我很多启发，让我收获满满。他们两个人的家也是我在巴塘非常温暖的去处，格勒叔叔和他的爱人拉姆阿姨，就像家人一样，隔几天做好吃的让我去家里，每次分别都是千叮咛万嘱咐，让我注意安全。经由他们，更多的人认识了我，也不同程度地在各方面帮助和照顾了我。张叔叔、阿杰叔叔、骞叔叔、次登叔叔、列雄叔叔、次仁拉姆孃嬢、跃先嬢嬢以及被戏称为"鸳鸯队"的那一群嬢嬢和叔叔，给我在巴塘的生活带来了很多快乐。此外，扎西洛洛家、林扎西家、格桑县长家、格旺家、德钦雄勒家是我常常去做客和串门的地方。格旺教我画牦牛、帐篷和藏戏角色，还送画给我，使我在调查之余，学到了很多画画的技能。巴塘县档案局和县志办工作人员为我提供了不少志书和地方资料，让我受益良多。此外，康宁寺佛学院的格西土登曲批邀我在寺院学习藏文，并让我教里面的小扎巴学汉语，让我收获良多，也是我很快取得巴塘人信任的重要原因。康宁寺前任堪布根阿白给我讲述了巴塘寺庙的很多历史，对我的论文有直接帮助；英巴活佛、僧人四郎多吉也解答了我的很多疑问。

　　以上所列出的名字只是一部分，在此一并感谢这些慷慨而友善的人，让我在巴塘的田野调查能够顺利完成，也给了我整理和书写的动力。但恰恰因为他们，我会为本书的缺点与不足感到惭愧和内疚，但愿这能够成为激励我不断努力前行的动力。

2024 年 2 月

**图书在版编目(CIP)数据**

孔道大通：巴塘城的历史人类学研究 / 翟淑平著.
北京：社会科学文献出版社，2025.1. -- ISBN 978-7
-5228-3835-9

Ⅰ. K0

中国国家版本馆 CIP 数据核字第 2024W2F329 号

## 孔道大通
### ——巴塘城的历史人类学研究

著　　者／翟淑平

出 版 人／冀祥德
责任编辑／周志静
责任印制／王京美

出　　版／社会科学文献出版社·人文分社（010）59367215
　　　　　　地址：北京市北三环中路甲 29 号院华龙大厦　邮编：100029
　　　　　　网址：www.ssap.com.cn
发　　行／社会科学文献出版社（010）59367028
印　　装／三河市东方印刷有限公司

规　　格／开　本：787mm×1092mm　1/16
　　　　　　印　张：20　　字　数：314 千字
版　　次／2025 年 1 月第 1 版　2025 年 1 月第 1 次印刷
书　　号／ISBN 978-7-5228-3835-9
定　　价／98.00 元

读者服务电话：4008918866